KB047113

근대전환기
평택과 평택인의 삶

모시는지역학02

근대전환기 평택과 평택인의 삶

성주현 지음

평택은 삼국시대부터 지역사를 가지고 있지만 현재의 지역 명칭인 '진위'는 신라, '평택'은 고려 시기에 명명되었다. 이후 진위와 평택은 경기도와 충청도를 넘나들면서 근대를 맞았다. 한때 공주부에 속하기도 하였지만 일제강점기인 1914년 3월 진위와 평택이 진위군으로 통합되었다가 1938년 평택군으로 명칭이 변경되었다. 해방 이후 평택군은 송탄시, 평택시, 평택군으로 분구되었다가 1995년 재통합되어 오늘에 이르고 있다. 이 과정을 거치면서 지역적으로 정서를 달리하는 모습이 드러나기도 하였다. 여기에다가 최근에는 고덕국제도시의 출범과 미군기지의 이전으로 기존의 지역적 정서의 갈등이 확대되어 가고 있다. 이는 도시개발 과정에서의 불균형도 한 원인이 된다.

도서출판 모시는사람들

서문

평택은 평평한 땅에 연못 밖에 없어 '평택(平澤)'이란 지명을 갖게 되었다고 한다. 지역 대부분의 지형이 평야와 수십 미터 정도의 낮은 구릉들뿐이고 큰 산이 없다. 지정학적으로는 경기도 서남부에 위치하면서 동쪽으로 안성, 동북쪽으로 용인, 서쪽으로 충남 당진, 남쪽으로 충청남도 아산과 천안, 북쪽으로 화성과 오산 지역과 접해 있다. 경기도에서는 가장 남쪽에 위치한 이른바 '핫'한 지역이다.

최근에는 세계 최대의 삼성반도체 공장이 자리잡았으며, 해질 무렵부터 해 뜨는 새벽까지 공장 증축 공사로 불이 꺼질 줄 모르고 있다. 예전에는 전형적인 농어촌 지역이었으나 근대 시기 이후 철도가 부설되면서, 이른바 근대 신도시로 향하는 기반이 구축되었다. 현대는 '미군 부대'와 '세계 반도체 수도'라는 복합적인 이미지로 세계화, 즉 국제도시를 지향하고 있다.

필자가 과거와 현재, 농촌과 도시가 공존하는 평택에서 생활한 지도 벌써 30여 년이 되어 간다. 큰아이 초등학교 입학하고 얼마 지나지 않아 평택에 정착하였지만, 흔히 말하는 물설고 낯선 지역이었다. 그렇더라도 어려서부터 워낙 이사를 많이 하였던 탓에 웬만하면 평택 생활이 익숙해지련만, 서울 직장과 집만 오르내리다 보니 쉽게 정이 들지 않았다. 그야말로 타향이었다. 이렇게 10여 년이 지나서야 평택이라는 곳이 내 집처럼 느껴지기 시작하였다. 이는 그나마 역사를 공부한 덕분이었다.

한곳에 머물러 오랫동안 생활하지 못하였던 필자는 지역사에 크게 관심을 가지지 못하였다. 아버지로부터 영향을 받은 천도교라는 종교인으로 생활하면서 동학과 동학농민혁명, 천도교에 집중적으로 연구하였으며, 또한 시대사와 관련하여 일제강점기 민족운동과 지배정책 등이 주요 연구주제였다. 그런 가운데 각 지역에서의 동학농민혁명이나 일제강점기 민족운동 연구 등과 관련하여 '지역'의 의미가 눈에 들어오기 시작했다. 평택에서 생활한 지 10여 년이 지나면서 평택이라는 지역에 관심을 갖게 되었고, 평택 지역과 관련된 연구에도 조금씩 눈을 뜨게 되었다. 2010년 평택의 독립운동가 원심창에 관한 논문 두 편을 발표하면서 평택 지역사에 대해 본격적인 연구가 시작되었다. 이후 평택문화원, 평택인문연구소, 평택박물관연구소 등 지역학 관련 단체에서 주최하는 학술연구에 적극 참여하게 되었고, 그렇게 10여년 간 연구한 성과를 모아 『근대전환기 평택과 평택인의 삶』이라는 연구서를 출판하게 되었다.

이 책은 크게 다섯 부분으로 구성되었다. 제1부는 「평택지역과 민족운동」이다. 평택지역의 3·1운동과 청년운동을 중점적으로 살펴보았다. 특히 평택지역 3·1운동은 문헌과 구술의 불분명하여 잘못 알려진 부분이 없지 않았다. 역사학자로서 재검토가 이루어져야 한다는 생각에 관련 문헌 자료를 비교하여 새롭게 정리하였다. 청년운동은 선행연구자들이 깊이 관심을 갖지 않았던 탓에 필자에게 기회가 되었다. 3·1운동 이후 평택지역의 주류로 성장해 가는 청년들의 활동을 추적해 보는 것도 의미 있는 연구였다고 자평한다. 제

2부는 「근대 평택인과 민족운동」이다. 평택은 다른 지역보다 명망가가 많지는 않았다. 특히 근대 시기에는 손가락에 꼽을 정도였다. 그러다 보니 인물에 관한 연구가 소홀하였다. 필자도 예외가 아니었지만 원심창, 안재홍, 이택화, 이병헌, 이석영 등에 대해 연구함으로써 평택지역사에 대한 빚을 갚은 듯한 느낌이다. 물론 앞으로 더 많은 인물을 발굴하고 연구해야 할 과제가 남아 있지만. 특히 원심창에 대해 애정이 많다. 이는 아마도 필자가 최초로 연구한 인물이기 때문일 것이다. 제3부는 「근대전환기 평택지역의 사회동향」이다. 근대 시기 평택지역의 행정구역 변화와 평택의 정체성에 대하여 살펴보았다. 근대 시기에 형성된 평택의 사회적 지형이 오늘날까지 이어지고 있다는 점도 새롭게 밝혀보았다. 제3부에서는 청일전쟁 이후 이름이 붙여진 '안성천'에 관하여 집중적으로 분석했다. 현재 '안성천'이라고 불리는 지명은 일제의 영향이 컸음을 확인할 수 있었다. 그리고 근대 시기 평택지역의 체육 활동도 간략하게 정리해 보았다. 제4부에서는 근대 전환기, 즉 한말과 일제강점기 평택지역에서 살았던 일본인과 일본인 사회에 관하여 조명하였다. 그동안 일본인에 대한 저항심으로 이와 관련된 연구는 소외되었던 것도 사실이다. 그럼에도 불구하고 일제강점기 평택지역에서 생활하였던 일본인도 평택지역사의 한 부분이라는 점에서 연구가 필요하다고 판단하였다. 이에 《평택시사신문》의 도움으로 다섯 차례 연재할 수 있었고, 이를 보완하여 본서에 포함하게 되었다. 앞으로도 일본인과 관련된 연구는 좀 더 많이 이루어졌으면 한다.

끝으로 「보론」으로 두 편의 연구논문을 추가하였다. 하나는 평택지역의 근대현대사의 연구현황과 과제이고, 다른 하나는 해방 후 원심창의 민단활동과 통일운동이다. 전자는 2021년 기준으로 근·현대 시기 평택과 관련된 연구 현황을 살펴보았는데, 관련 연구가 편중된 부분이 없지 않았다. 특히 인물과 관련해서는 근대음악인 지영희에 집중되었음을 확인하였다. 그리고 '평택학은 가능한가'라는 관점에서 평택문화원에서 주최한 평택학 관련 강좌와 연구를 살펴보았다. 그리고 앞으로의 과제에 대한 언급하였다. 후자는 원심창의 해방 후 일본에서의 활동을 추적하였다. 이 논문은 제2부 원심창 연구의 후속편이기도 하다. 시기적으로 맞지 않아 보론으로 넘겼다. 다만 본서의 내용 중 일부는 중복되는 부분도 없지 않다. 이는 서로 연관된 연구 주제라는 점에서 부득이한 측면도 있었다. 이는 전적으로 연구에 대한 저자의 게으른 탓임을 양해 바란다.

이 책은 필자의 연구 중에서 '평택'을 주제로 한 연구이다. 평택에서의 생활을 더듬어 볼 수 있는 의미 있는 작업의 하나이기도 하다. 평택이 삶의 일부로 자리 잡게 해준 장인어른과 장모님, 그리고 아내(김양주 선생님)에게 가장 먼저 감사드린다. 그리고 함께 생활하면서 평택인으로 살아가는 딸과 아들에게도 고마움의 인사를 전한다. 그동안 평택 지역사를 연구하는 데 많은 도움을 주신 오중근 평택문화원장, 김해규 평택인문연구소장, 박성복 평택학연구소장, 황수근 평택문화원 학예사, 그 외에도 평택박물관연구소, 평택인문연구소와 함께 한 분들께도 감사드린다. 끝으로 본서를 출판하는 데 도움을 준 도서출판 모시는사람들 박길수 대표와 직원들께 감사드린다.

2024년 7월 31일

평택에서 저자 성주현 심고

차례

근대전환기
평택과 평택인의 삶

제3부 근대전환기 평택지역의 사회동향 / 254

근대전환기
평택과 평택인의 삶

제4부 근대전환기 평택지역 일본인 사회와 그들의 삶 / 370

보론

제1부

평택지역과 민족운동

01
평택지역 3·1운동의 재검토와 전개 양상

1. 머리말

3·1운동이 천도교, 기독교, 불교 등 종교계, 그리고 학생 등 다양한 계층의 참여로 전개된 것은 이미 알려진 사실이다. 1919년 3월 1일부터 5월까지 전국적으로 전개된 만세시위는 일제의 강압적 무단통치에 대해 비록 즉각적인 '독립'이라는 목적을 달성하지는 못했지만, '임시정부'가 각 지역에서 조직되었고, 이 임시정부의 통합으로 비록 국외이지만 중국 상하이에 통합 대한민국임시정부가 성립되었다. 그러나 이 임시정부가 수립되기 전까지 국내에서의 독립 만세시위는 일제의 잔혹한 탄압에 수많은 희생을 치러야만 했다. 이와 같은 소기의 성과를 거둘 수 있었던 것은 만세시위가 서울에 국한되지 않고 의주에서 제주에 이르기까지 전국적인 만세운동으로 확산되었기 때문이었다.

3·1운동은 1919년 3월 1일 오후 2시 태화관에서 민족대표 33인의 독립선언(선언문 채택), 그리고 탑골공원에서 학생과 시민들이 독립 선언서 낭독과 시가행진을 하면서 막이 올랐고, 또한 이날 평북 의주와 선천, 평남의 평양, 황해도의 해주, 함남의 원산 등 지방에서도 동시에 만세시위를 전개함으로써 전국적으로 확산되었다. 초기에는 도시를 중심으로 확산되었지만 시간이 지나면서 농촌 구석구석까지 만세 소리가 울려퍼졌다. 평택 지역[1]도 예외가

1 평택은 현재의 지명이다. 1919년 3월 당시에는 진위군이었다. 당시의 기록에는 진위가 대

아니어서 만세운동이 활발히 전개되었다. 평택지역의 3·1운동은 3월 9일 첫 만세시위를 시작으로 4월 중순까지 관내 10여 개 면에서 연인원 5천 8백여 명이 참가한 것으로 파악된다. 그만큼 평택지역의 만세운동이 격렬하게, 그리고 광범위하게 일어났음을 의미한다.

이러한 평택지역의 3·1운동에 대해 나름대로 연구 성과가 꾸준히 축적되어 왔다.[2] 그럼에도 불구하고 사료의 오독으로 인한 오류가 여전히 보이고 있다. 이는 사료를 제대로 검토하지 않고 무비판적으로 인용하였기 때문이었다. 이에 본고에서는 기존의 연구에서 활용되었던 사료를 재검토하면서평택지역 3·1운동 전개 과정을 다시 살펴보고 이를 토대로 평택지역 3·1운동의 특성을 분석해 보고자 한다.

2. 3·1운동 기록 검토

평택지역 3·1운동 기록은 크게 두 종류로 나누어 볼 수 있다. 하나는 식민통치를 담당하였던 일제 측의 자료이며, 하나는 3·1운동 시기나 이후에 정리된 국내의 기록[3]이다. 이들 기록은 기록 주체가 다르기 때문에 그 성격 또한 매우 다르다. 전자는 통치자의 입장에서 3·1운동 전개 동향과 양상을 보고

부분이지만《매일신보》의 기사에는 평택이라는 지명도 종종 나오고 있다. 그러나 이때의 평택도 진위군에 속하였다. 본고에서는 편의상 진위를 대신해서 평택이라 한다.

2 평택시,『평택3·1독립운동사』, 1977; 평택문화원,『평택항일독립운동사』, 2007; 김방,「평택지방의 3·1독립만세운동」, 평택항일독립운동사 세미나, 평택문화원·(사)민세안재홍선생기념사업회, 2008; 성주현,「평택지역 3·1운동과 천도교」,『소사벌』22, 평택문화원, 2009.

3 국내의 기록이라고 하면 3·1운동과 관련되어 국내에서 남겨진 모든 기록을 의미할 수도 있기 때문이다. 그러나 여기서는 3·1운동 이후 기록된 것으로써 사료적 가치가 있거나 관련 연구에 많이 활용되고 있는 것으로 한정하였다. 예를 들어 이병헌의『3·1운동비사』, 이용락의『3·1운동실록』등이다.

차원에서 정리하였기 때문에 정확성이 높아 보이지만 경우에 따라서는 축소되거나 왜곡된 사례가 적지 않다.[4] 이에 비해 후자는 전문(傳聞)이거나 회고, 증언 등을 통해 기록된 것으로 과장된 경우도 없지 않다. 따라서 정확성 측면에서도 전자보다는 취약하다고 평가할 수 있다. 그럼에도 이 두 종류의 기록은 3·1운동사를 연구하는 데 중요한 기록임에는 분명하다. 다만 두 기록을 상호 비교하면서 검토해야 한다.

먼저 일본 측 기록은 세 가지 경로로 입수되는데, 첫째, 조선군사령부의 정보, 둘째, 《매일신보》에 게재된 기사, 셋째, 판결문이다. 다만 《매일신보》의 기사는 기본적으로 조선군사령부의 정보를 활용하였다.

〈조선군사령부정보〉

▪3월 11일, 오후 5시경 약 150명의 시위대가 만세운동을 개시하자 수모자 8명을 검속하고 해산하였다.[5]

▪4월 1일, 경기 진위군 평택에서 3,000명 만세시위, 제지에 반항, 경찰 보병과 협력하여 발포로 해산, 시위대 1명 사망, 부상 5명[6]

▪진위군 평택, 1일 밤 평택 부근의 시위대 십 수 시위대 인원 약 3,000명이 평택으로 몰려들었으며, 해산을 명령하였으나 폭력 행위를 감행하며 완강히 저

---

4 가장 대표적인 왜곡 사례는 제암리에서 전개되었던 학살사건이다. 이에 대해서는 졸고, 「수원지역의 3·1운동과 제암리 학살사건에 대한 재조명」, 『수원문화사연구연구』 4, 수원문화사연구회, 2001을 참조할 것.

5 김정명, 『조선독립운동 Ⅰ-민족주의운동편-』, 原書房, 1968, 352쪽.(국학자료원, 1992, 복각); 강덕상, 『현대사자료 조선-3·1운동편(1)』, みすず書房, 1977, 305쪽.

6 김정명, 『조선독립운동 Ⅰ-민족주의운동편-』, 487쪽; 강덕상, 『현대사자료 조선-3·1운동편(1)』, 191쪽. 김정명의 자료에는 '300명'이라고 되어 있다. 그렇지만 다른 자료에는 '3,000명'과 '300명'으로 혼용된 곳도 있다.

항함으로써 이를 저지하기 위해 보병과 협력하여 발포 해산했지만 시위대 1명 사망, 負傷者 4명이 있었다.[7]

■ (4월) 3일, 진위군 내에서도 수개 지역에서 폭력 시위에 경관이해산, 시위대 약간 死傷者가 있었음[8]

■ 4월 1일, 평택, 약 3,000명이 모여 폭력적 시위, 파견 보병 헌병과 협력하여 진압, 사망 1인, 負傷 4인[9]

■ 4월 2일, 진위군 북면, 송탄면 만세시위[10]

■ (4월) 10일 진위군 내에서 만세시위 주동자 검거 중 시위대 30명이 내습함에 경관이 발포로 해산, 시위대 약간 부상이 있음[11]

■ 4월 1일, 평택 약 300명, 제지에 저항함, 발포 후 해산함, 사망 1인, 부상 5인[12]

■ 4월 2일, 진위군 내 1곳 다수 만세시위, 발포 해산으로 시위대 死傷 있음[13]

■ 4월 3일, 진위군 수개 지역, 폭동 있음, 진압하다 彼我 死傷 약간[14]

■ 4월 1일, 진위군 평택, 3,000명, 발포, 5명 死傷[15]

■ 4월 10일, 진위군 금암리, 40명, 발포[16]

■ (4월 1일부터 10일까지) 진위군 평택, 사망 1인, 부상 4인, 합계 5인[17]

■ (4월) 10일, 경성 진위군 서탄면 내에서 출장 경관을 폭행하자 발포 해산 후

---

7 김정명, 『조선독립운동 I』, 489쪽; 강덕상, 『현대사자료 조선』, 344쪽.
8 김정명, 『조선독립운동 I』, 494쪽; 강덕상, 『현대사자료 조선』, 182쪽.
9 김정명, 『조선독립운동 I』, 530쪽.
10 강덕상, 『현대사자료 조선』, 258쪽.
11 김정명, 『조선독립운동 I』, 552쪽; 강덕상, 『현대사자료 조선』, 195쪽.
12 김정명, 『조선독립운동 I』, 553쪽.
13 김정명, 『조선독립운동 I』, 553쪽; 강덕상, 『현대사자료 조선』, 181쪽.
14 김정명, 『조선독립운동 I』, 554쪽; 강덕상, 『현대사자료 조선』, 169쪽.
15 김정명, 『조선독립운동 I』, 561쪽.
16 김정명, 『조선독립운동 I』, 579쪽.
17 김정명, 『조선독립운동 I』, 580쪽.

사상자 있음[18]

■ 진위군 금암리 (4월) 10일 새벽 서탄면 금암리에서 보안법 사건에 관련하여 경찰관 출장, 수색 중 그곳의 주민 약 40명이 경찰관을 포위하고 돌을 던지는 폭행에 의해 발포 해산하였지만 주민 사상자 약간 있었다.[19]

■ (4월) 10일, 진위군 내 약 40명, 시위 주동자 검거 중 경관을 습격함, 발포로 해산하였으며 주민 약간 死傷 있음[20]

■ 4월 10일, 진위군 서탄면, 범인 검거 중 마을 주민 40명 내습 폭행, 부상 약간 명[21]

■ 경기도 진위, 4월 1일부터 4월 5일까지 사상 10여 명, 3월 1일부터 31일까지 사상 20, 합계 사상 70[22]

■ 경기도 진위군 서탄면 금암리, 4월 6일부터 11일까지, 부상자 약간 명, 3월 1일부터 4월 5일까지 사망 33, 부상 85, 합계 사망 34, 부상 87, 사상 70[23]

■ 4월 1일, 진위군 평택, 3,000명, 사망 1, 부상 5[24]

■ 4월 10일, 경기도 진위군 서탄면 금암리, 40명, 사망 1[25]

■ 작 1일(4월 1일) 경기도 진위군 평택 부근 (시위가 있었음)[26]

■ (4월) 10일, 경기도 진위군 서탄면에서 약 40명의 군중이 폭행하자 헌병 발

---

18 김정명, 『조선독립운동 I』, 591·592쪽; 강덕상, 『현대사자료 조선-3·1운동편(1)』, 197쪽. 강덕상의 책에는 서탄면이 아니라 '靑丹面'으로 기록되어 있다.
19 김정명, 『조선독립운동 I』, 593쪽; 강덕상, 『현대사자료 조선-3·1운동편(1)』, 368쪽.
20 김정명, 『조선독립운동 I』, 607쪽; 강덕상, 『현대사자료 조선-3·1운동편(1)』, 204쪽.
21 김정명, 『조선독립운동 I』, 618쪽.
22 김정명, 『조선독립운동 I』, 676쪽.
23 김정명, 『조선독립운동 I』, 679쪽.
24 김정명, 『조선독립운동 I』, 727쪽.
25 김정명, 『조선독립운동 I』, 745쪽.
26 강덕상, 『현대사자료 조선-3·1운동편(1)』, 257쪽.

포로 해산, 시위대 부상 약간 있음[27]

■ 진위군 송탄면 (4월) 2일 오후 10시 송탄면 각 마을에서 봉화를 올리고 만세 운동을 개시하고 폭행을 하자 발검 발포로 해산시켰지만 시위대에서 사상자 약간 있었음[28]

■ 진위군 안중리 (4월) 2일 오성면 안중리 부근의 주민이 독립만세를 고창하고 곧 바로 해산하였다.[29]

《매일신보》

■ (3월) 10일 아침에 이상히 쓴 글이 두 서너 곳에 붙여 있는 고로 계엄하던 중 오후 5시쯤 되어 평택정거장 앞 십자가로에서 수십 명이 모이어 역시 독립만세를 부르는 고로 진위경찰서에서는 순사 수명 및 당분간 주재하여 있는 보병 수명이 급행하여 주모자 7명을 인치하고 모이어 있는 군중은 해산하였으나 아직 경계 중이라더라.[30]

■ 지나간 (3월) 11일 평택정거장 앞에서 독립만세를 불러 시위운동을 개시한 이래로 주모자로 검거된 자 13명은 19일까지 심리를 마친 후 안종철 외 한 명은 방환되고 안충수 외 5명은 학교 교장의 담보로 방환되었으며, 그 외 5명은 보안법 위반 기타로 20일 경성지방법원 검사국으로 압송하였는데, 그 성명은 아래와 같다. 진위군 내 비전리 이도상, 同里 목준상, 同同 심헌섭, 동면 평택리 한영수, 同里 민응환[31]

---

27 강덕상, 『현대사자료 조선-3·1운동편(1)』, 264쪽.
28 강덕상, 『현대사자료 조선-3·1운동편(1)』, 353쪽.
29 강덕상, 『현대사자료 조선-3·1운동편(1)』, 353쪽.
30 《매일신보》 1919년 3월 13일자.
31 《매일신보》 1919년 3월 25일자.

■ 진위군 북면 봉남리는 천도교의 근거지라고 할 만한 곳인데, 과연 (3월) 31일 500명의 일대가 면사무소로 몰려가서 면장을 끌어가서 자못 위험한 때문에 수비병 경관의 일대가 자동차를 몰아 현장에 급행하였더라.[32]

■ 진위군 평택 조선인 상점은 4월 1일부터 철시하였으므로 당국에서 경계를 엄중히 하였다 함은 이미 보도한 바와 같거니와 밤 9시 50분쯤 되어 평택정거장으로부터 서편으로 약 10정 되는 곳에서 소요를 시작하여 이에 따라서 사방으로부터 일제히 산에 불을 피우고 자못 불온한 태도가 충만하였으므로 당국에서는 발포하였으나 원래 여러 곳이었으므로 12시 20분 가량이나 되어 겨우 진정되었는데, 사망자 4명, 중상자 1명, 경상자 십 수 명을 내었더라.

4월 1일 밤 진위군 서면, 부용면에서 떼를 지어 평택으로 향하여 오다가 안성천교 부근에서 소요를 시작하였으므로 동군 병남편, 송탄면, 고덕면까지 차차 만연되었다더라. 이번 소요 사건이 일어남에 따라 경계키 위하여 당국에서는 밤에 출입을 금지하였더라.

4월 2일 오후부터는 만일을 경계키 위하여 일본인 상점도 일제히 철시하였더라.[33]

■ 진위군 고덕면에서는 지난번 소요 이래로 일향 평정치 못하던 바, 경관 내는 병정 8명과 평택 자위단 8명과 함께 선동자를 검거키 위하여 출장한 후 근처 촌락을 순찰하고 돌아가고자 할 때 9일 오후 8시쯤 되어 또 군중이 반항의 기세를 보이고 소요하였으므로 마침내 발포하였는데, 밤중의 일이 되어 자세히 알 수 없으나 6, 7명이 죽고 60여 명이 부상하였더라. 그런데 동군 금암리에서는 10일 40여 명의 군중이 주재소를 음습하여 오므로 총을 놓아 해산케 하

32 《매일신보》 1919년 4월 3일자.
33 《매일신보》 1919년 4월 5일자.

였는데 군중 편에 약간의 사상이 있었다더라.[34]

〈판결문〉[35]

■ 이도상, 목준상, 심헌섭, 한영수 판결문: 3월 11일 평택역 앞에서 만세시위 주도

■ 박성백, 최구홍, 유동환, 전영록, 유만수, 김봉희 판결문: 3월 31일 북면 봉남리에서 만세시위 주도

■ 정경순, 최선유 판결문: 4월 1일 북면 은산리에서 만세시위 주도

■ 최만화, 안육만, 안희문, 황순태, 정수만, 홍기성 판결문: 4월 1일 청북면 백봉리에서 만세시위 주도

■ 김용성, 공재록, 이충필 판결문: 4월 3일 오성면 학현리 봉오산에서 봉화만세시위 주도

■ 윤기선, 윤교영, 한성주, 윤대선 판결문: 4월 2일 서탄면 면사무소에서 만세시위 주도

위의 기록은 일본 측 기록이다. 군 또는 경찰에서 수집한 정보,《매일신보》기사, 그리고 판결문 등이다.

다음은 국내 기록을 살펴보고자 한다. 국내의 기록은 앞서 언급했던 바와 같이, 당시의 기록보다는 어느 정도 시간이 지난 후 증언 등을 통해 남긴 기록이다.

34《매일신보》1919년 4월 14일자.
35 판결움은 국가보훈부 공훈전자사료관에서 확인 정리하였다.

『3·1운동 비사』

■ 3월 9일, 현덕면에서 각 면민이 산에 올라 불을 놓고 만세를 외치니 인근 면에서도 호응하였다.

■ 3월 10일, 오성면에서 군중들이 평야를 비롯하여 산간지대로까지 누비며 일제히 만세를 외쳤고, 청북면은 토진리 뒷산과 마루산, 그리고 신포장터에서 다수의 군중들이 모여 만세운동을 벌였다. 한영수는 평택리에서 지휘하다가 잡히어 경성 서대문 감옥에서 3년간 옥살이 한 뒤 별세하였다.

■ 3월 11일, 평택읍에서는 아침에 만세시위하자는 격문이 정거장 앞에 나붙어 경찰이 경계하였으나, 오후 5시경 평택 역전 사거리에서 수천 명의 군중이 만세시위하며 군문리 다리 쪽으로 행진하던 중 소방대의 경종이 울려 경찰이 출동하였다. 그리하여 군중은 강제 해산당하고 그 가운데 주모자 7명이 구금되었다. 평택역 앞에서 군중들이 독립만세를 외치며 시위운동을 전개하였다. 이때 주동자 14인이 잡혔는데, 안종철 외 1인은 14일간 구금되었다가 풀려나고 학생 안충수 외 5인은 학교 교장의 신원보증으로 풀려났으며 다른 5인은 보안법 위반이라 하여 경성지방법원 검사국으로 압송되었는데, 그 압송된 사람은 현 평택읍(진위군 병남면) 비전리 이도상, 목준상, 평택리 민응환, 오성면 양교리 한영수 등이었다.

■ 3월 21일, 북면(현 진위면) 야막리에는 천도교구가 있고 천도교인이 많은 곳이다. 봉남리 주민과 합세한 500여 명의 군중이 태극기를 휘날리며 면사무소를 습격한 뒤 면장을 앞세우고 만세시위할 때 경찰과 수비대는 자동차를 이용해 출동하고서 군중을 해산시키고 주동자 박창훈을 가두었다.

■ 3월 22일, 현덕면 권관리 천도교인 이민도, 이승엽, 최이래, 최혁래, 장용준, 이인수, 최종환, 이민익, 최정래, 최우섭 등을 평택경찰서에서 호출하여 엄중한 신문을 하였는데, 그중 이민도는 아들이 천도교중앙총부에서 독립운동 한

다는 사실을 알고 더욱 혹독한 취조를 받고 풀려났다.

■ 3월 23일, 고덕면 두릉리 임승팔, 고문재, 이승기, 김유경 등을 경찰에서 호출하여 김유경에게 안재홍, 이병헌에게 연락한 사실 여부를 추궁하던 중 1월경 고문재가 독립운동 자금 108원을 서정리에서 이병헌에게 건네준 일이 드러났는데, 천도교당 건축비란 영수증이 있어 무사하였다.

■ 4월 1일, 밤 9시경 평택 정류장으로부터 시위운동이 일어나자 이에 부응하여 각처에서 일제히 산위에 불을 놓고 만세시위하므로 경찰은 형세가 급하다고 판단하여 발포하기 시작하였다. 동 12시 20분경에 해산당했는데 중상자 1명과 경상자 10여 명이 생겼다. 이날 밤 팽성(서면, 부용면)에서도 군중이 무리지어 평택 구읍 뒷산에 불을 놓고 평택역 쪽으로 달려오며 만세시위를 벌이자 이에 호응하여 송탄면 지산리 이약우는 보통학교 학생으로서 독립선언서를 돌리며 연락하여 고덕면에서도 만세를 외치며 평택읍으로 진출하려고 하니, 일본인은 겁에 질려 모두 상점 문을 닫아 버렸다.

■ 4월 10일, 서탄면 금암리에서는 100여 명의 군중이 주재소를 습격하면서 만세시위를 벌이니 경찰은 발포하면서 해산을 강요하였다. 사리, 수월암리 주민도 만세시위를 벌이다가 자진 해산하였다.[36]

『대한독립항일투쟁사』

■ (오성면) 4월 1일, 안화리 거주 안육만, 김원근 등이 주동이 되어 청북면 백봉리로 가서 최만화, 안선문, 황순태, 정수만, 홍기성 등의 찬동을 얻어 동민을 동원하고 대한독립만세를 고창하면서 만세시위를 결행하였다. 또 오성면 학현리에서도 4월 3일 김용성, 공재록, 이사필 등의 주동으로 동민과 함께 봉오산

---

36 이병헌, 『3·1운동비사』, 시사시보사출판국, 1959, 879쪽.

에 올라가 횃불을 켜고 대한독립만세를 고창하면서 만세시위를 결행하였다.

■ (북면) 은산리에 거주하는 정재운, 정경순, 정문학 등이 주동이 되어 동민들과 함께 대한독립만세를 고창하고 만세시위를 결행하면서 주재소까지 행진하였다.

■ (평택읍) 4월 10일 평택장날인지라 병남면 비전리에 사는 이도상과 합정리에 사는 목준상, 오성면 양교리의 한영수, 비전리의 심헌섭 등이 주동이 되어 다수의 군중과 함께 이도상의 선창으로 대한독립만세를 고창하면서 만세시위를 결행하였다.

■ (서탄면) 4월 2일 서탄면장 윤기선이 주동하여 면서기 한성수를 시켜 각 구장에게 동민들을 4월 3일 정오에 면사무소 앞으로 모이게 하라는 공문 지시를 보내고, 그날 면민 400여 명과 함께 윤기선 면장의 선창으로 대한독립만세를 고창하고 윤교영, 윤대선 등이 격문을 돌리고 시위를 벌였다.[37]

『3·1운동 실록』

■ 평택군 내 각면의 3·1운동은 3월 11일부터 4월 9일까지 계속 봉기한 바, 고덕면 안재홍의 연락도 받았고 … 비전리 안종락이 국장 때 상경하여 … 독립선언서라 쓰여 있어 … 고향에 돌아와 큰형인 안종철에게 그것을 보였다. … 큰아버지의 설명을 들은 안충수는 학생인지라 피가 끓는 것 같았다. 동생인 이도상, 목준상, 심헌섭, 한영수, 민응환, 안종악, 안봉수 등과 회합하여 … 3월 11일 거사하기로 결정하게 되었다. 그날 새벽 평택역전 3개의 전선주에 독립선언서를 붙였는데 … 오후 6시경 학생 단체 수십여 명이 역전광장에 모여 태극기를 흔들며 독립만세를 높이 외쳐댔다. … 결국 체포되어 경찰서에 구금되

37 『대한독립항일투쟁사』, 편찬위원회, 1989; 『평택3·1독립운동사』, 평택시, 1997, 62-63쪽.

었다. … 그뒤 15일 동안은 군내가 잠잠하다가 3월 21일 다시 북면 봉남리 천도교인 중심으로 의거가 맹렬하였고, 4월 1일 평택역전 가까이 서방 오선에서 궐기하였고, 4월 9일 고덕면, 북면, 서탄면 금곡리 등 각 지방에서 수천 명의 군중이 만세를 외치다가 서로 연락하여 평택역전 광장에 모여 대대적인 시위운동을 펼치기로 다짐하였다. … 마침 밤 9시경 각면에서 모인 군중이 평택, 수원 간 큰길에 나와 만세 소리가 진동 … 총을 마구 쏘아 대니 … 이때 귀가하지 않은 자는 죽은 것으로 알고 대강 세어 보니 고덕면 사람이 9인이요, 평택읍 사람이 5인이요, 서탄면 사람이 4인이요, 부상자가 6, 70여 명이나 되었다고 한다.[38]

이상으로 일본 측 기록과 국내의 기록을 살펴보았다. 약간의 차이가 있지만 이를 정리하면 〈표1〉과 같다.

〈표1〉 평택지역 3·1운동에 대한 기록

날짜	일본 측 기록	국내 기록	비고
3.9		현덕면 일대 산상 만세시위	
3.10	오후 5시경 평택정거장 앞 만세시위, 주모자 7명 검거	오성면 일대, 청북면 토진리 뒷산과 마루산, 신포장터 등지에서 만세시위	
3.11	오후 5시경 150여 명 만세시위, 수모자 8명 검거	오후 5시경 평택역전에서 만세시위 주모자 7명 검거	이도상, 목준상, 심헌섭, 민응환, 한영수, 안종철, 안충수
3.21		북면 야막리, 봉남리 천도교인 만세시위, 면사무소 습격	
3.22		천도교인 이민도, 이승엽 등 사전 검속	만세시위는 없음
3.23		고덕면 두릉리 임승팔 등 사전 검속	만세시위는 없음

38 이용락, 『3·1운동실록』, 1969; 『3·1운동실록』(상), 사단법인 3·1동지회, 1985, 413~414쪽.

3.31	북면 봉남리 천도교인 중심으로 만세시위		박성백, 최구홍, 유동환, 전영록, 유만수, 김봉희
4.1	평택(역)에서 3,000여 명(또는 300명) 만세시위, 사망 1명, 부상 5명(또는 4명)//서면 부용면 병남면 송탄면 고덕면에서 봉화만세시위//청북면 백봉리에서 만세시위/북면 은산리에서 만세시위	평택정거장에서 만세시위//이에 대응하여 서면과 부용면, 고덕면 등 각지에서 봉화만세시위, 이충수 보통학교 학생 독립선언서 배포//청북면 백봉리 만세시위	안육만, 김원근, 최만화, 호아순태, 안선문, 정수만, 홍기성
4.2	북면, 송탄면에서 오후 10시 봉화만세시위, 안중리에서 만세시위 후 자진해산//서탄면에서 만세시위		윤기선, 윤교영, 한성수, 윤대선
4.3	진위군 수개 처에서 만세시위, 사상자 있음//오성면 학현리 봉오산에서 만세시위	오성면 학현리 봉오산에서 만세시위//서탄면장 윤기선 주도로 만세시위	김용성, 공재록, 이충필
4.9	고덕면 만세운동 선동자 검거 중 오후 8시경 60여 명 만세시위, 발포로 다수 사상	고덕면, 북면, 서탄면 금곡리에서 만세시위를 하고 평택역으로 이동	
4.10	서탄면 금암리에서 40여 명이 주재소 습격하고 만세시위	서탄면 금암리에서 100여 명 주재소 습격하고 만세시위, 사리, 수월암리에서도 만세시위//평택 장날 이도상, 목준상, 한영수, 심헌섭 등의 주도로 만세시위	

〈표1〉을 좀 더 자세하게 분석해 보면 다음과 같다.

첫째, 두 기록에서 지역별 만세운동이 대체로 일치한다는 점이다. 우선 3월 11일의 평택역 앞 만세시위, 4월 1일의 평택역 앞·청북면 백봉리 등 만세시위, 4월 3일 오성면 만세시위, 4월 9일 고덕면 만세시위, 4월 10일 서탄면 금암리 만세시위 등이다. 이 두 기록이 일치한다는 것은 확실하게 만세시위가 전개되었다는 것을 분명히 알 수 있다. 특히 3월 11일과 4월 1일 만세시위는 평택에서 가장 격렬하고 광범위하게 전개되었음을 볼 때 일제의 기록이 보다 자세하고 구체적이라고 평가할 수 있다.

둘째, 두 기록이 일치하지 않는 것도 있다. 대표적인 것이 3월 9일의 현덕면 만세시위와 3월 21일 북면 천도교인의 만세시위, 3월 31일의 북면의 천도교인 만세시위이다. 이 일치하지 않은 기록에서 3월 9일은 이병헌의 기록에 유일하게 나오고 있다. 이병헌 기록의 신빙성은 얼마나 있을까. 이병헌은 현덕면 권관리에서 태어났으며 수원에서 활동하였다. 3·1운동을 전후하여 서울로 진출, 보성사에서 독립선언서를 교정 보는 한편 운반하였으며 서울과 수원에서 만세운동에 참여하였다. 그뿐만 아니라 아버지 이민도는 일경에 예비검속을 당하여 고초를 겪기도 하였다. 그런 점에서 상당히 신빙성이 있어 보인다. 그렇지만 3월 21일 북면 봉남리 천도교인 중심의 만세시위는 3월 31일에 전개되었던 것을 잘못 기록한 것으로 판단된다. 이날의 만세운동은 일제 측 기록인 3월 31일에 있었던 것임을 알 수 있다. 이는 당시 만세운동을 주도하였던 박성백의 판결문을 통해서도 확인할 수 있다. 이러한 오류는 이용락의 기록에서도 마찬가지로 보이고 있다. 이로 본다면 3월 9일 현덕면 일대의 산상만세시위는 좀 더 고찰해 볼 필요가 있다.[39]

셋째, 동일한 만세시위가 때로는 다른 날로 기록되었다. 3월 10일과 3월 11일의 만세시위는 사실상 동일한 것이다.

위의 기록을 볼 때 평택지역 3·1운동의 정점은 3월 11일이 아닌가 판단된다. 물론 여기에 대해서는 이후 추가 자료 발굴을 통해 좀 더 상세히 고찰할 필요가 있다. 이후 평택지역의 만세시위는 4월 10일까지 이어졌는데, 약 한 달 기간 중 '7일' 즉 3월 11일, 31일, 4월 1일, 2일, 3일, 9일, 10일에 만세시위가 있었음을 알 수 있다.

---

39 이러한 기록은 수원만세운동에서도 확인되고 있다. 수원지역 최초의 만세운동은 3월 1일이었다고 이병헌이 기록하고 있는데, 이 역시 이병헌의 기록이 유일한 자료이다.

3. 3·1운동의 전개 양상

이 절에서는 앞에서 언급하였던 기록을 토대로 평택지역의 3·1운동 전개 과정에 대하여 살펴보고자 한다.

평택지역의 3·1운동은 3월 9일 첫 만세시위를 시작으로 4월 10일까지 만세시위가 전개되었다. 그동안의 연구에 따르면 5,800여 명이 참가하였을 정도로 치열하게 전개되었다.[40] 본고에서는 평택지역 만세운동의 전개 과정을 시간의 추이에 따라 재구성해 보고자 한다.

천도교, 기독교, 불교 등 종교단체와 학생들을 중심으로 각각 준비 중이던 3·1운동은 고종의 국장이 중요한 계기가 되어 일원화가 추진되면서 본궤도에 오르게 되었다. 1차 세계대전 종전 등의 해외 정세와 더불어 누적된 망국의 설움에 폭발 직전에 놓인 한민족의 인심은 고종의 죽음을 계기로 폭발하면서 서울뿐만 아니라 지방의 만세운동을 전개하는 데 중요한 기폭제가 되었다.[41] 지방에서는 고종의 국장에 맞추어 철시를 하거나 망곡식을 가졌다. 평택에서는 신상(紳商) 유창근(柳昌根) 이성열(李成烈) 남상은(南相殷) 신연훈(辛廷薰) 이일훈(李日薰) 김문환(金文煥) 최화섭(崔華燮) 민재형(閔載衡) 등 20여 명이 3일간 휴업하였으며, 조재희(趙載熙) 김봉남(金鳳南) 정겸수(鄭謙秀) 유창하(柳彰河) 이완근(李完根) 한규동(韓奎東) 등 유생들은 비전산(碑前山)에서 망곡식을 가졌다. 그리고 시민 일반은 반기(半旗)를 게양하고 봉도(奉悼)의 뜻을 표하였다.[42]

---

40 김방, 「평택지방의 3·1독립만세운동」, 평택항일독립운운동사 세미나 자료집, 2008, 5쪽.
41 이정은, 『3·1독립운동의 지방시위에 관한 연구』, 국학자료원, 2009, 129-134쪽.
42 《매일신보》 1919년 3월 9일자.

이러한 분위기에서 평택지역에서 처음으로 만세시위가 전개된 곳은 현덕면이다. 현덕면에서는 3월 9일 밤 각 마을마다 일제히 산에 올라가 불을 피우고 만세를 불렀다.[43] 현덕면에는 계두봉(鷄頭峰)을 비롯하여 옥녀봉, 고등산 등이 있는데, 이들 산 정상에서 만세시위가 전개되었던 것이다. 3월 10일에는 현덕면 계두봉 등의 만세운동에 영향을 받은 오성면에서도 주민들이 평야 지대는 물론 산에 올라 만세시위를 하였다. 현덕면은 독립선언서를 인쇄한 보성사에서 선언서를 교정하고 이를 운반한 바 있는 이병헌의 고향이며, 또한 천도교인이 많아서 천도교전교실이 있던 곳이기도 하다. 현덕면의 천도교인들은 수원교구에서 활동하였는데, 3월 1일 전개된 수원의 만세시위의 영향을 받아 적극적으로 만세시위를 준비한 것으로 추정된다. 그리고 이날 청북면에서도 토진리 오봉산과 마루산 정상에서 신포의 주민들이 만세를 불렀다고 한다.[44]

계두봉 등에서 첫 산상만세시위를 전개한 지 3일째인 3월 11일에는 이도상(李道相), 목준상(睦俊相), 심헌섭(沈憲燮), 한영수(韓泳洙), 안종철(安鍾喆), 안충수(安忠洙) 등의 주도로 평택읍내에서 대대적으로 만세시위가 전개되었다.[45] 이도상은 서울과 각 지역에서 만세운동이 전개되었다는 소식을 3월 7일경에 듣고[46] 만세운동을 주도하기로 결심한 후 3월 10일 밤 동생 이덕상(李

43 이병헌, 『3·1운동비사』, 879쪽.

44 이병헌, 『3·1운동비사』, 890쪽.

45 《매일신보》 1919년 3월 13일자; 「독립운동에 관한 건」(제13보), 고제6763호, 1919년 3월 12일자; 김정명, 『조선독립운동』 I (민족주의운동편), 原書房, 1967, 352쪽; 강덕상, 『3·1운동』 (1), みすず書房, 1967, 305쪽.

46 이도상이 만세운동에 대한 소식을 들은 것은 3월 7일이었을 것으로 보인다. 당시 총독부 기관지 《매일신보》에서 만세시위를 처음 보도한 것은 3월 7일자였다. 이날 신문에는 서울을 비롯하여 평양, 진남포, 안주, 중화, 강서, 성천, 선천, 의주, 황주, 곡산, 수안, 사리원, 원산, 함흥 등 15개 지역에서 전개된 만세운동을 간단하게나마 보도하였다. 평택에서 신문 이외에

德相)을 찾아가 집안일을 맡겼다.[47] 다음날 11일 오후 5시쯤 이도상은 평택역 앞에서 장날에 모인 군중을 향해 만세를 선창한 후 군중을 선동하였고, 이 자리에 있던 목준상, 심헌섭, 한영수, 민응환 등이 이에 동조하여 군중들의 만세시위를 이끌었다.[48] 진위경찰서는 순사 수명과 보병 수명을 급파하여 이도상 등 주모자 13명을 검거하고 만세 시위대를 해산하였다.[49] 이날 함께 검거되었던 안종철, 안충수 등은 곧 풀려났고 만세시위를 주도한 이도상, 목준상, 심헌섭, 한영수 등 4명만 보안법 위반으로 경성지방법원 검사국으로 넘겨졌다.[50] 이도상 등은 4월 11일 경성지방법원에서 이도상 징역 1년, 목준상 심헌섭 한영수는 각각 징역 8개월을 언도받았고[51] 상고하였지만 5월 5일 경성복심법원에서 원심 형량 그대로 선고하였다.[52] 그럼에도 불구하고 이도상 등은 이에 불복하고 경성고등법원에 상고하였지만 5월 31일 기각되어 형이 확정,[53] 서대문형무소에서 옥고를 치렀다.

평택역 앞 시위 이후 20여 일 정도 진정되었던 평택의 만세운동은 3월 31

이들 지역에서 전개된 만세운동 소식을 접한다는 것은 사실상 불가능하였을 것으로 본다.

47 이도상은 동생을 찾아가 "이 기회에 조선독립을 꾀하기 위하여 명일이 평택 장날이므로 그곳에 가서 동지와 함께 조선독립을 제창하여 만세를 외칠 작정이다. 그렇게 하면 곧 체포될 것이므로 다시는 집에 못 올 것이니, 늙은 어머니를 봉양하여 달라."고 하였다.

48 「이도상 등 4인의 판결문」, 경성지방법원, 19119년 4월 11일; 『독립운동사자료집』 5(3·1운동 재판기록), 독립운동사편찬위원회, 1983, 405-406쪽.

49 《매일신보》 1919년 3월 13일자; 이병헌, 『3·1운동비사』, 830쪽; 이용락, 『3·1운동실록』, 금정, 1994, 413-415쪽. 이용락의 『3·1운동실록』에서는 安鍾珏, 安忠洙가 주도한 것으로 기록하고 있다. 이 외에도 安鳳洙, 安鍾岳 등도 만세운동에 참여하였다. 그리고 이병헌의 『3·1운동비사』에서는 安鍾喆이 추가로 확인되고 있다.

50 《매일신보》 1919년 3월 25일자; 이병헌, 『3·1운동비사』, 880쪽.

51 「이도상 등 4인의 판결문」, 경성지방법원, 1919년 4월 11일.

52 「이도상 등 4인의 판결문」, 경성복심법원, 1919년 5월 5일.

53 「이도상 등 4인의 판결문」, 경성고등법원, 1919년 5월 31일.

일[54] 북면 야막리와 봉남리에서 전개되었다. 야막리는 천도교 진위교구가 있는 곳으로 교인들이 많았다.[55] 이곳의 천도교인들은 박창훈(朴昌勳)의 주도로 북면 면사무소가 있는 봉남리 천도교인들과 합세하여 5백여 명의 시위대를 형성한 후 오후 4시경 면사무소로 몰려가 면장을 끌어내고 만세를 불렀다.[56] 이날 만세시위에서는 박성백(朴成伯), 최구홍(崔九弘), 유동환(柳東煥), 전영록(全榮祿), 김봉희(金鳳熙) 등이 미리 만든 태극기로 시위대를 선동하였고, 이들의 주도로 북면사무소와 봉남리 경찰주재소 앞에서 만세를 부른 후 각 마을

---

54 북면의 만세운동은 이용락은 3월 11일, 이병헌은 3월 21일, 일제측 기록은 3월 31일로 각각 기록되었다. 그런데 북면 만세운동은 이들 날짜에 각각 전개된 것이 아니라 3월 31일에 전개된 것으로 보인다. 일제측에 의하면 3월 21일 경기도 지역에서의 만세운동은 연천군 두일리에서만 전개되었다. 적어도 4,5백여 명이 모여 면사무소를 습격하고 주재소에서 만세운동을 전개하였다면 일제 측 기록에 누락되었을 가능성은 거의 없다. 이용락과 이병헌의 기록은 후일 증언이나 다른 기록(일제 측 기록일 가능성도 없지 않다)을 보고 정리한 것으로 보아 날짜가 잘못 기록된 것으로 추정된다. 또한《매일신보》1919년 4월 3일자 기사에 의하면, 이병헌의 기록과《매일신보》의 기사가 거의 동일하다. 이와 같은 상황을 종합해 볼 때 북면의 만세운동은 3월 31일로 확인된다.

55 이와 관련하여 북면 만세운동에 참여한 바 있는 박규영의 후손 박종구의 증언은 다음과 같다. "야막리의 천도교인들은 3·1운동 때에도 적극 가담하였다. 박종구씨는 야막리 주동자 박창훈은 몰랐지만 자신의 조부와 부친이 만세운동에 적극 참여하였던 것은 기억하였다. 만세운동에 참여하면서 박해도 많이 받았다. 일제는 농촌지역 만세운동의 거점이었던 천도교당과 교회를 박해하는 한편 천도교인들이 집단적으로 거주하는 마을을 집중적으로 탄압하였다. 당시 박종구씨는 6살에 불과했지만 일본 헌병들이 들이닥쳐 집집마다 뒤지고 마구잡이로 잡아갔던 광경은 기억하였다. 잡혀간 사람들은 모진 고문을 당했다. 조부와 부친도 오산경찰서 헌병대에 잡혀가서 고문을 당했다. 천도교인들은 만세운동을 주도한데다 위험인물이라고 해서 일반사람보다 고문이 심하게 당했다고 한다. (중략) 만세시위 광경을 목격한 것이 없냐는 필자의 질문에 박종구씨는 서탄면 주민들이 사리에서 봉남리로 나가는 큰 길을 가득 메우고 만세를 불렀던 광경을 이야기하였다. 어린 눈에도 길 이쪽에서 길 저쪽까지 시위 군중으로 꽉 들어찬 광경이 수백 명은 되어 보였다고 하였다. 한참 만세를 부르고 있는데 하북리 방면에서 헌병들이 총을 들고 나타났다. 그래도 사람들은 굽히지 않고 만세를 불렀는데, 나중에는 총소리에 놀라 흩어져 도망가느라 아비규환이었다고 한다." (김해규,『평택의 마을과 지명이야기』Ⅲ, 104쪽)

56《매일신보》1919년 4월 3일자; 이용락,『3·1운동실록』, 415쪽; 이병헌,『3·1운동비사』, 880쪽.

을 행진하였다.[57] 이날 만세시위를 주도한 박성백 등 6명은 일경에 검거되었고, 5월 9일 박성백, 최구현, 유동환, 전영록 등 4명은 징역 1년 2개월, 유만수와 김봉희는 징역 6개월을 언도받았다.[58] 박성백 등은 이에 불복하고 항소하였으며 6월 21일 박성백, 최구현, 유동환, 전영록 4명은 징역 1년을, 유만수와 김봉희는 태 90일[59]로 감형되었다.[60] 박성백, 최구현, 유동환, 전영록은 상고하였지만 8월 7일 경성고등법원에서 기각되고 형이 확정되었다.[61]

이어 4월 1일에는 평택지역에서 가장 규모가 크고 치열하게 만세운동이 전개되었다. 일제 측 기록에 의하면 당시의 상황은 다음과 같다.

> 1일 밤 평택 부근의 폭민 10團이 그 인원 3천 명이 평택으로 몰려오자 해산을 명령하였음에도 불구하고 폭행을 감행하고 완강히 저항하자 이를 막기 위해 보병과 협력하여 발포로 해산시켰는데, 폭민 사망 1명, 부상자 4명이 났다.[62]

4월 1일의 만세시위는 이날 밤 9시 50분쯤 병남면 평택역 서쪽 약 10정보 떨어진 곳에서 시작된 만세시위를 신호로 각 지역의 산 정상에서 만세시위를 전개하였다. 서면과 부용면에서는 시위대가 평택역으로 이동하다가 안성천교 부근에서 만세시위를 전개하였고, 송탄면과 고덕면에서도 만세시위를 전개하였다. 이처럼 평택읍내를 비롯하여 각지에서 만세시위가 동시다발

---

57 「박성백 등 5인의 판결문」; 『독립운동사자료집』 5(3·1운동 재판기록), 406-407쪽.
58 『박성백 등 6인 판결문』, 경성지방법원, 1919년 5월 9일.
59 태 90일은 징역 3개월과 동일한 선고이다.
60 『박성백 등 6인 판결문』, 경성복심법원, 1919년 6월 21일.
61 「박성백 등 4인 판결문」, 경성고등법원, 1919년 8월 7일.
62 「극비 독립운동에 관한 건」(제35보), 고제9808호, 1919년 4월 2일자; 김정명, 『조선독립운동』 I, 489쪽; 강덕상, 『3·1운동』(1), 344쪽.

적으로 전개되자 진위경찰서는 시위대를 향해 총격을 가하면서 해산시켰다. 12시경에서야 만세시위가 진정되었는데, 이 과정에서 4명이 희생되었고, 부상자가 10여 명에 달하였다.[63] 또한 일제 경찰은 야간출입을 금지시켰고, 일인 상점은 다음날부터 철시하였다.[64] 고덕면에서는 율포리 주민 5백여 명이 만세시위를 하였다.[65]

이날 만세시위에 호응하여 청북면에서는 안육만과 김원근이 이날 밤 백봉리 한길에서 "이 마을에는 왜 독립만세를 부르지 않는가. 빨리 나와서 만세를 부르라"고 선동하였으며, 이에 호응하여 최만화, 안희문, 황순태, 정수만, 홍기성 등 주민들과 만세시위를 전개하였다.[66] 이날 만세시위에서 주동자인 안육만과 최만호, 안희문, 황순태, 정수만, 홍기성 등 6명이 일경에 검거되었고, 6월 21일 경성지방법원에서 안육만은 징역 1년, 최만화 안희문 황순태 정수만 홍기성은 각각 징역 6개월을 언도받았다.[67] 안육만, 최만화, 안희선, 정수만 등은 항소하였으나 7월 5일 경성복심법원에서 기각되었고,[68] 안용만과 안희문은 다시 상고하였지만 역시 8월 21일 경성고등법원에서 기각되어 형이 확정되었다.[69]

또한 이날 북면 은산리에서는 정경순과 최선유의 주도로 주민 30여 명을 모아 뒷산에서 만세를 부른 후 봉남리 경찰주재소로 몰려가 만세시위를 계

---

63 이병헌, 『3·1운동비사』, 880-881쪽; 이용락, 『3·1운동실록』, 415-416쪽. 이용락의 『3·1운동실록』에는 고덕면에서 9명, 평택읍에서 5명, 서탄면에서 4명이 죽었고, 부상자가 6,70명이었다.

64 《매일신보》 1919년 4월 5일자.

65 『한국민족운동사료』(3·1운동편 기2), 국회도서관, 1977, 372쪽.

66 「최만화 등 6인의 판결문」; 『독립운동사자료집』 5(3·1운동 재판기록), 408-409쪽.

67 「최만화 등 6인의 판결문」, 경성지방법원, 1919년 6월 21일.

68 「최만화 등 4인의 판결문」, 경성복심법원, 1919년 7월 5일.

69 「안용만 등 2인의 판결문」, 경성고등법원, 1919년 8월 21일

속하였다. 일경에 검거된 정경순과 최선유는 5월 16일 경성지방법원에서 각각 징역 1년을 언도받았다.[70]

4월 1일 평택역을 비롯하여 서면, 북면, 송탄면, 고덕면, 청북면 등지에서 동시다발로 전개된 만세시위는 연인원 3천여 명이 참가한 가장 규모가 컸던 만세운동이다. 일제는 이날 평택지역에서 전개된 만세시위를 안성의 양성과 원곡만세시위, 수원군 장안면과 우정면 면사무소 습격시위 등과 함께 '가장 광포한 것'으로 인식하였다.[71] 이날의 만세시위에 대해 민세 안재홍은 "원근(遠近) 수백리(數百里) 높고 낮은 봉(峰)과 봉(峰), 넓고도 아득한 평원(平原)과 하천지대(河川地帶)까지 점점이 피어오르는 화톳불과 천지도 들썩거릴 듯한 독립만세의 웅성궂은 아우성"[72]이라고 회고하였다.

다음날 4월 2일에는 서탄면과 송탄면, 안중면, 북면 등에서 만세운동이 전개되었다. 서탄면에서는 윤기선(尹箕善)의 주도로 전개되었다. 당시 면장이던 윤기선은 4월 2일 새벽 면서기 한성수(韓聖洙)에게 관내 각 구장으로 하여금 오전 10시에 마을 주민을 인솔하여 면사무소로 집결하도록 지시하였다. 12시경 구장과 주민 4백여 명이 면사무소에 모이자 윤기선은 "세계의 대세로 보면 조선은 독립할 시기에 이르렀다. (중략) 내가 적에게 잡혀 가는 일이 있으면 면민 전체를 벌을 주는 일이니, 계속 투쟁하라"고 독려하면서 만세시위를 주도하였다. 이어 윤교영(尹教永)은 미리 준비한 격문을 돌렸으며, 윤대선은 윤기선에 이어 "왜노를 우리나라에서 추방하자"고 주민들을 선동 만세운동을 독려하였다. 서탄면 만세운동을 주도한 윤기선과 윤교영, 한성수, 윤

70 「정경순 등 6인의 판결문」, 경성지방법원, 1919년 5월 16일.
71 「조선3·1독립소요사건」, 『독립운동사자료집』 6, 독립운동사편찬위원회, 1973, 928-929쪽.
72 안재홍, 「3·1정신과 국민정신-군인정신의 수립문제」, 『민세안재홍선집』 2, 1983, 413쪽.

대선은 일제에 검거되었지만 6월 17일 경성지방법원에서 무죄로 방면되었다.[73]

또한 송탄면에서는 이날 오후 10시 5백여 명이 독곡리를 비롯하여 각 마을마다 봉화를 올리고 만세운동을 전개하였고, 이를 진압하던 일경은 '발검발포(拔劍發砲)'하여 2명이 사망하고, 약간의 부상자가 있었다.[74] 그리고 오성면에서도 안중리 주민들이 독립만세를 부른 후 해산하였다.[75] 이 밖에도 이날 북면에서도 만세시위가 있었다고 하지만 분명한 활동은 확인이 되지 않고 있다.[76]

이어 4월 3일 오성면에서 김용성(金容成), 공재록(孔在祿), 이사필(李思弼) 등은 주민들과 함께 봉오산에 봉화를 올리며 만세시위를 하였다. 김용성, 공재록, 이사필은 일경에 검거되었고, 5월 20일 경성지방법원에서 김용성은 징역 2년, 이사필과 공재록은 각각 징역 1년 6개월을 선고받았다.[77] 이에 김용성은 불복하고 항소하였는데 6월 30일 경성복심법원에서 징역 1년으로 감형되었고,[78] 다시 상고하였지만 8월 21일 경성고등법원에서 기각되어 형이 확정되었다.[79]

또한 이날 평택 관내 각 지역에서도 만세시위가 있었다고 일제 측에서는 보고하고 있으나 구체적으로 확인은 되지 않고 있다.[80] 이 보고에 의하면, 만

---

73 「윤기선 등 4인의 판결문」, 경성지방법원, 1919년 6월 17일.

74 『한민족독립운동사료』(3·1운동운동편 기1), 국회도서관, 1977, 373쪽 및 강덕상, 『3·1운동』(1), 353쪽.

75 강덕상, 『3·1운동』(1), 353쪽.

76 김정명, 『조선독립운동』 I, 531쪽.

77 「김용성 등 3인의 판결문」, 『독립운동사자료집』 5(3·1운동 재판기록), 409-410쪽.

78 「김용성 판결문」, 경성복심법원, 1919년 6월 30일.

79 「김용성 판결문」, 경성고등법원, 1919년 8얼 21일.

80 김정명, 『조선독립운동』 I, 494쪽.

세시위의 진압 과정에서 경관과 충돌하여 서로 간에 약간의 사상자가 있었다. 이처럼 평택읍내에서 만세시위가 전개되자 일본인 상점은 철시를 하였고 자위 방침을 도모하였다. 또한 군청당국에서는 4월 3일부터 적극적으로 이들을 진정시키는 한편 개점을 유도하였다.[81]

이후 한동안 잠잠하던 만세시위는 4월 9일 고덕면과 10일 서탄면에서 전개되었다. 9일과 10일의 만세시위는 그 이전의 시위에 참여하였던 인물들을 조사하는 경찰에 대한 반감에서 비롯되었다. 4월 들어 만세시위가 격렬해지자 평택 지역 당국은 자위단을 조직하였다.[82] 평택 자위단은 경찰과 함께 만세시위의 주모자를 체포하기 위해 현장에 출장가기도 하였다. 4월 9일 고덕면에서는 자위단원 8명과 병정 8명이 만세시위 선동자를 검거하기 위해 현장을 조사하고 돌아갈 즈음 오후 8시경 주민들이 거세게 항의하고 만세시위를 전개하였다. 이를 해산시키기 위해 병정이 쏜 총에 6, 7명이 죽고 10여 명이 부상당하였다.[83] 이어 10일에 서탄면 금암리에서는 앞서 4월 2일에 있었던 만세시위 참여자를 현장조사 중이던 경찰관에 대한 실력 행사로 대응하

---

81 《매일신보》 1919년 4월 14일자.

82 《매일신보》 1919년 4월 14일자. 그러나 평택의 자위단은 언제, 어떤 형태로 만들어졌는지 명확하지는 않지만 당시 비슷한 시기에 만들어진 평북 정주군의 自制團의 규약은 다음과 같다. "제1조 본단은 정주군 定州面自制團이라 칭함. 제2조 본단은 輕擧妄動에 인하여 국민의 품위를 傷케 할 事를 無케 하기로써 목적함. 제3조 본단에 단장 1명, 각 부단장 1명 及 간사 약간을 置할 사. 제4조 본단은 소요 주모 又는 선동자의 침입을 예방하며 彼等의 유혹과 협박에 인하여 부화뇌동하는 폐가 無케 하여써 일반양민의 安堵樂業을 期케 할 사. 제5조 본 단원은 誰某라도 불온한 행위가 有하거나 又는 유언허설을 做出하여 양민을 誣惑케 하는 자를 발견할 시는 卽速키 단장에게 보고할 사. 단장은 前項의 보고를 접수한 시는 直히 경찰관헌에게 고발할 사. 제6조 본단의 사무소는 정주군 정주면사무소에 置할 사. 제7조 본단원은 관청의 계시 又는 명령사항은 절대로 복종할 사. 제8조 금후 본단에 가입코자 하는 者 有한 시는 본단의 役員會議의 결정에 의하여 가입케 함을 得함."(《매일신보》 1919년 4월 18일자)

83 《매일신보》 1919년 4월 14일자; 이병헌, 『3·1운동비사』, 881쪽.

였다. 주민 40여 명이 경찰관을 포위하고 돌을 던졌다. 이어 주민들이 주재소를 습격하려고 하자 주재소 경찰관은 총을 쏘면서 주민들을 해산시켰다. 이로 인해 1명이 사망하고 12명이 부상당하였다.[84] 이 밖에도 이날 북면 사리와 수월암리에서도 주민들이 만세를 부른 후 해산하였다.[85]

이처럼 3월 말과 4월 초에 걸쳐 평택지역 각지에서 만세운동이 격렬하게 전개되면서 면사무소와 주재소가 습격을 당하자 9일경 제79연대 소속의 육군보병대위 나루세 키요시(成瀨淸) 중대장 등 1개 중대를 파견 평택에 수비대를 설치하였다. 이 수비대는 9일 고덕면과 10일 서탄면 만세시위를 진압하는데 앞장섰다. 이로 인해 서탄면에서는 1명, 고덕면에서는 6, 7명이 희생되었고, 수십 명이 부상당하였다. 또한 4월 15일에는 총독부 쿠도 소헤이(工藤莊平) 총무과장을 보내 민심의 동향을 파악하기도 하였다.[86] 이에 비해 같은 날 헌병대는 경찰관주재소가 주민들의 습격 대상이 되자 백봉리(栢峯里), 봉남리(鳳南里), 안중리(安仲里), 서정리(西井里)에 있던 주재소를 철수시켰다.[87] 이러한 조치는 평택지역의 만세운동이 그만큼 격렬했었음을 알 수 있다.

이 밖에도 5월 10일 평택지역 서해안 일대에서 수천 명의 군중이 만세를 부르고 주재소를 습격하였다[88]는 보도가 있으나 확인이 되지 않고 있다. 그뿐만 아니라 만세시위가 전개되는 상황에서도 독립단이 조직되어 군자금을 모금하였다. 고덕면 사는 황준재와 서울의 황인재는 임정의 특파원으로 군

---

84 김정명, 『조선독립운동』 I, 552쪽 및 강덕상, 『3·1운동』(1), 368쪽; 《매일신보》 1919년 4월 14일자; 이병헌, 『3·1운동비사』, 881쪽; 『신한민보』 1919년 6월 3일자.

85 이병헌, 『3·1운동비사』, 881쪽.

86 《매일신보》 1919년 4월 19일자.

87 김정명, 『조선독립운동』 I, 629쪽; 강덕상, 『3·1운동』(1), 377쪽; 「조선3·1독립소요사건」, 『한국독립운동사자료집』 6, 한국독립운동사편찬위원회, 1983, 629쪽.

88 『신한민보』 1919년 6월 24일자.

자금을 모금하다가 4월 15일 일경에 검거된 바 있다.[89]

3월 9일 현덕면 계두봉과 옥녀봉에서 시작된 평택지역 만세운동은 4월 중순경에 이르러 대체로 진정되었다. 그러나 일제 측의 보고에 의하면, 음력 8월에 다시 만세운동을 전개할 것이라는 유언비어가 도는 등 일제의 식민지배에 대한 저항 의식은 수그러들지 않았다.[90]

이상에서 살펴본 평택지역에서 만세운동을 주도하다가 검거되었던 중심인물을 정리하면 〈표2〉와 같다.

〈표2〉 평택지역 만세운동 중심인물

이름	나이	직업	형량	비고
이도상	30	미곡상	징역 8개월	경성고등법원
목준상	29	미곡상	징역 8개월	경성고등법원
심헌섭	32	농업	징역 8개월	경성고등법원
한영수	28	농업	징역 8개월	경성고등법원
최만화	24	농업	징역 6개월	경성복심법원
안육만	20	농업	징역 1년	경성고등법원
안희문	21	농업	징역 6개월	경성고등법원
황태순	31	농업	징역 6개월	경성지방법원
정수만	20	농업	징역 6개월	경성복심법원
홍기성	36	농업	징역 6개월	경성지방법원
박성백	30	농업	징역 1년	경성고등법원
최구현	22	농업	징역 1년	경성고등법원
유동환	24	농업	징역 1년	경성고등법원
전영록	20	농업	징역 1년	경성고등법원
유만수	26	농업	태 90	경성복심법원
김봉희	29	농업	태 90	경성복심법원
윤기선	54	면장	무죄	경성지방법원

89 『신한민보』 1919년 6월 30일자. 그러나 이에 대해서는 좀 더 확인해 볼 필요가 있다고 본다.
90 김정명, 『조선독립운동』 I , 90쪽;

윤교영	39	농업	무죄	경성지방법원
한성수	32	면서기	무죄	경성지방법원
윤대선	55	교사	무죄	경성지방법원
김용성	26	서당교사	징역 1년	경성고등법원
공재록	25	농업	징역 1년6개월	경성지방법원
이사필	32	농업	징역 1년6개월	경성지방법원

〈그림〉 3 · 1운동 당시 평택지역 만세시위가 전개된 곳[91]

4. 맺음말

이상으로 평택지역의 3·1운동 전개 과정을 살펴보았다. 평택지역 3·1운동은 3월 9일부터 시작하여 4월 중순까지 지속적으로, 그리고 전 면에서 전개되었다. 일제의 한 기록에 의하면 수원, 수안, 안성과 더불어 '가장 광포한 시

91 『평택시사신문』 2012년 3월 7일자.

위' 지역 중의 하나였다. 평택지역 3·1운동의 역사적 위상은 다음과 같이 평가할 수 있다.

첫째, 일시적 현상이 아니라 계획적으로 장기간 지속되었다는 점이다. 비록 서울보다 늦었지만 3월 9일 현덕면 계두봉 일대에서 만세시위가 전개된 이래 4월 10일까지 전 지역에서 지속적으로 전개되었다. 이는 여타 지역에서는 찾아볼 수 없는 평택만의 특징이라고 할 수 있다. 그뿐만 아니라 평택지역의 중심지인 평택역이 있는 병남면을 비롯하여 서면, 북면, 송탄면, 현덕면, 고덕면, 청북면, 서탄면, 오성면, 포승면 등 전 면에서 만세시위를 전개하였다. 이 또한 드문 사례라 할 수 있다.

둘째, 평택의 만세운동은 지역적 고립을 벗어나 수원지역 및 안성지역과 직간접적으로 연관을 가지고 있다는 점이다. 첫 만세시위를 전개한 현덕면의 경우 수원지역 만세시위의 영향을 받았으며, 평택의 만세시위는 안성지역으로 확산되었다. 즉 안성의 원곡과 양성에서 전개되었던 3·1운동은 평택의 영향을 받아 4월 초에 대대적으로 전개할 수 있었다. 그뿐만 아니라 이들 지역의 만세운동에는 평택지역에서도 적극적으로 참여하였다.

셋째, 일제의 평가처럼 전국적으로 유별나게 격렬하게 전개되었다는 점이다. 특히 평택 전 지역에서 전개하였던 4월 1일의 만세시위는 일제가 "가장 광포한 만세시위"로 평가할 정도였다. 이는 평택지역 주민의 독립 의지가 그만큼 컸음을 알 수 있다. 또한 평택인들이 일제의 지배체제에 대한 저항이 그만큼 크다는 것을 의미한다. 이에 대해서는 평택지역 3·1운동의 원인과 배경을 통해 좀 더 구체적으로 밝혀야 할 부분이다.

넷째, 평택지역 3·1운동을 전개하는데, 천도교의 조직과 역할이 적지 않았다는 점이다.[92] 평택지역 천도교는 현덕면을 비롯하여 북면, 고덕면 등 주로 농촌지역에 분포하지만, 3월 9일 첫 만세시위를 주도하여 평택지역 3·1운동을 확산하는 데 크게 기여하였다.

이와 같은 평택지역의 3·1운동은 3·1운동으로만 그친 것이 아니라 1920년대 다양한 대중운동으로 이어졌다. 이러한 3·1운동의 계승은 후속 연구를 기약한다.

92 이에 대해서는 성주현, 「평택지역 3·1운동과 천도교」을 참조할 것.

02
평택지역 3·1운동과 천도교

1. 머리말

1919년의 3·1운동은 3월 1일에 서울과 평양을 위시하여 선천, 해주, 원산 등지에서 일어난 것을 시작으로 전국화되었다. 3월 5일에 다시 큰 규모의 시위가 서울에서 일어났고 3월 15일 이전에는 거의 전국 각군에서 빠짐없이 만세시위가 전개되었다. 평택지역에도 3월 9일 현덕면의 야간 시위를 효시로 하여 활발하게 만세시위가 전개되었다.

평택지역의 3·1운동에 대한 연구도 그동안 꾸준히 진행되어 왔다.[1] 본고에서는 기존의 연구성과를 토대로 하여 평택지역 3·1운동에서 천도교의 역할이 어느 정도였는지에 초점을 맞추어 살펴보고자 한다. 3·1운동이 어느 한 세력에 의해서만 전개된 것이 아니라 종교, 학생, 농민, 자영업 등 다양한 조직과 세력을 가지고 전개되었다. 그러나 이들은 각 지역별로 선도하는 세력, 주도하는 세력의 구성 등에서 차이를 보여주며 이에 따라 그 지역 만세시위의 특징이 나타나기도 한다. 따라서 본고는 다양한 세력 중 천도교에 집중하여 살펴봄으로써 평택지역 3·1운동의 차별성과 특성을 구명하는 것이 연구의 목적이다.

---

1 김방, 「평택지방의 3·1독립만세운동」, 평택항일독립운동사 세미나, 평택문화원·(사)민세안재홍선생기념사업회, 2008.; 평택시, 『평택3·1독립운동사』, 1977; 평택문화원, 『평택항일독립운동사』, 2007.

본문에서는 첫째, 평택지역의 천도교의 조직과 세력을 동학과 관련하여 살펴보고자 한다. 이를 통해 천도교를 중심으로 한 평택지역 3·1운동의 배경을 확인할 수 있기 때문이다. 둘째, 평택지역의 3·1운동을 시간적으로 재구성해 보고자 한다. 기존에는 대부분 지역적, 공간적으로 분석하고 있지만 평택지역 3·1운동이 시공간을 통해 어떻게 전개되었는지 재구성해 볼 필요가 있기 때문이다. 마지막으로 평택지역 3·1운동에서 천도교의 역할이 어느 정도였는지를 추적해 보고자 한다. 다만 평택지역은 북한지역이나 경기도 수원처럼 천도교의 활동이 활발하지 못하였기 때문에 앞으로 좀 더 많은 고찰이 필요하다.

2. 3·1운동의 사회적 배경—동학·천도교를 중심으로

평택지역의 3·1운동을 이해하기 위해서는 평택의 사회적 상황을 살펴볼 필요가 있다. 이와 관련해서 한말과 1910년대 평택지역의 전반적인 흐름을 살펴보아야 하지만,[2] 본고에서는 논제와 관련하여 천도교를 중심으로 살펴보고자 한다. 이는 평택지역 3·1운동이 종교적으로는 특히 천도교와 밀접한 관련을 맺고 있기 때문이다.

평택지역에 동학이 포교된 것은 동학농민혁명 이전이었으나, 그 시기가 언제인지는 명확하지 않다. 동학은 1860년에 수운 최제우(水雲 崔濟愚)에 의

2 한말과 1910년대에 걸쳐 평택 지역 사회에도 다양한 흐름이 존재하였다. 특히 경부선의 평택역이 들어서고 일본인 마을이 형성되면서 한국인과 일본인의 민족적 감정이 적지 않았다. 더욱이 평택지역 서남부는 일본인 농장도 있어 수탈의 상징이 되기도 하였다. 이 외에도 한말의 의병운동, 교육운동, 국채보상운동 등과 1910년 일제강점 이후 사회적 동향 등에 대한 본격적인 분석이 필요하다. 이에 대해서는 다음 기회에 고찰하고자 한다.

해 창도되어 1861년 6월부터 포교하기 시작했다. 1862년 이후에는 포교가크게 일어나 경주를 벗어나 충청도와 경기도 일부 지역에까지 교세가 확장되었다. 이에 따라 수운은 이해 12월 흥해에서 권역별 동학 포교 및 교화를 위한 접(接)을 조직하고 접주를 임명한 바 있다. 접소와 접주는 다음과 같다.

> 慶州에 李乃謙 白士吉 姜元甫, 盈德에 吳明哲, 寧海에 朴夏善, 大邱 淸道 兼 京畿에 金周瑞, 淸河에 李敏淳, 延日에 金伊瑞, 安東에 李武中, 丹陽에 閔士燁, 英陽에 黃在民, 新寧에 河致旭, 固城에 成漢瑞, 蔚山에 徐君孝, 長鬐에 崔羲仲 諸人이러라.[3]

즉 이때 이미 경기지역에 김주서가 접주로 임명될 정도로 동학의 세력이 확산되었던 것이다. 이에 비해 『천도교백년약사』에서는 경기지역 접주로 이창선(李昌善)이 임명되었다고 기록하고 있다.[4] 이 두 기록에서 경기지역의 동학접주가 김주서와 이창선으로 각각 차이를 보이고 있지만, 1862년 동학교단에서 접주를 임명했다는 것은 경기도 일대에도 동학이 전래되었음을 확인할 수 있다. 이 시기 경기지역 동학 분포는 대체로 남부지역으로 추정되며, 평택지역도 여기에 포함될 것으로 본다. 이러한 점에서 볼 때 평택지역은 이미 1860년대 동학이 전래되었다고 할 수 있다.

평택지역에 동학이 본격적으로 전래되고 활동이 전개되는 것은 이보다 20여 년 후인 1880년대 전후이다.[5] 1880년대는 동학교단뿐만 아니라 국내외의

3 이돈화, 『천도교창건사』, 천도교중앙종리원, 1934, 42쪽.
4 『천도교백년약사』(상), 천도교중앙총부출판부, 1981, 96쪽.
5 조성운, 「일제하 수원지역 천도교의 성장과 민족운동」, 『경기사론』 4, 2001, 183-184쪽.

정세가 급변하던 시기다. 1880년 고종이 개화 정책을 본격적으로 추진하면서 개화파 인사들이 중앙 정계로 진출하였고, 1882년에는 한국과 미국이 수교함으로써 이후 서양 열강과 잇따라 외교관계를 수립하게 되었다. 동학교단도 초기의 위기상황에서 벗어나 점차 안정되어 가는 모습을 보이고 있었다. 1871년 영해교조신원운동으로 한때 교단 존립 자체가 위태로워지는 극한 상태에 이르기도 하였지만, 1873년 해월 최시형이 주도한 태백산 적조암 기도를 계기로 동학의 포교가 점차 강원도 지역에서 경기도, 충청도 지역으로 확산되었다. 또한 이를 기반으로 하여 1880년과 1884년에 『동경대전』과 『용담유사』를 각각 간행하였다. 동학 경전의 간행은 동학 창도 이후 끊임없이 지속되었던 관의 탄압에서도 동학교단이 새로운 차원에서 포교를 할 수 있는 계기가 되었다. 이러한 상황은 경기도 지방에서도 예외가 아니었다.

평택지역에서 현재 자료상 첫 동학교인으로 확인되는 인물은 이민도(李敏道)이다. 이민도는 진위군 현덕면 권관리에서 1850년에 태어나 29세 때인 1879년 동학에 입도하였다. 이후 이민도의 활동에 대한 기록은 확인할 수 없으나 주로 평택 서남부지역과 수원지역을 중심으로 포교 활동을 한 것으로 보인다. 왜냐하면 이민도의 출신지인 현덕면과 인근 지역인 고덕면 등 평택 서남부지역의 동학교인들이 수원지역과 연계하거나 1905년 교구가 설립된 이후에도 수원교구에서 활동하고 있기 때문이다. 이민도의 포교 영역은 수원, 평택 외에도 광주에까지 이르고 있다.[6]

평택지역 동학 포교의 또 다른 중요한 인물은 김내현(金來鉉)[7]이다. 김내현

6 광주의 대표적인 인물인 韓順會가 1907년 1월 14일 이민도를 전교인으로 동학에 입도하였다. 이후 한순회는 광주를 중심으로 교세를 확장하였으며, 3·1운동, 신간회운동, 멸왜기도운동 등에 적극 참여하였다.(『한순회관내 연원록』, 1942)

7 김내현은 기록에 따라 金鼎鉉, 金乃鉉 등으로 기록되기도 하였다.

은 가선대부, 상호군, 관상감제조 등을 역임[8]한 명문거족 출신이지만[9] 1884년 2월경 호남 출신 안교선(安教善)[10]의 권유로 동학에 입도하였다.[11] 동학농민혁명 당시 수원에서 기포하였다가 안승관(安承寬)과 함께 10월 1일 새벽 남벌원에서 처형되었다.[12] 또 김내현의 포교로 평택지역에서는 민공익과 민재명 부자, 한홍유와 한칠성 부자, 김명수와 김화덕 부자 등 동학에 입교하였다.[13] 이 민도와 김내현의 포교 활동을 평택지역의 동학 세력은 점차 조직화되었다. 1890년에 이르러 평택지역 동학 세력은 수원지역과 연합하여 조직적으로 발전하였는데, 그 내용은 다음과 같다.

> 徐丙學 張晩秀 李圭植 金永根 羅天綱 申奎植 제씨가 六任이 되고, 安承寬은 畿湖大接主로, 金鼎鉉(김내현-필자 주)은 畿湖大接司 되어 該 接主 林炳昇 白蘭洙 羅天綱 申龍九 羅正完 李敏道 외 제씨의 알선으로 각지에 신도가 수만에 달하다.[14]

---

8 『용호한록』에 의하면, 김정현(김내현)은 嘉善大夫, 上護軍, 觀象監提調 등으로 활동한 기록이 보인다. 용호한록의 김내현과 동학의 김내현이 동일인물인지는 단언하기는 어렵지만 활동한 시기로 보아 동일한 인물로 추정된다.(『용호한록』 3, 제15책 및 제22책 참조)

9 「피난록」, 『동학농민혁명국역총서』 4, 동학농민혁명참여자명예회복심의위원회, 2008, 301쪽.

10 안교선은 충남 유성 출신으로 아산에 거주하였다. 1883년 최시형이 경주판 『동경대전』을 간행할 때 윤상오와 같이 有司로 참여하였다. 또한 1884년 2월경 수원을 비롯한 경기지역에 동학을 포교하는 데 주도적 역할을 하였으며, 동학농민혁명 당시에는 아산접주로 활약하다가 체포되어 남벌원(오늘날 서울 동대문 옆 수구문 밖)에서 성재식, 최재호와 함께 처형되었다.

11 「수원종리원연혁」, 『천도교회월보』 11926. 1, 29쪽.

12 『갑오실기』, 갑오년 10월 초1일조.

13 「순무선봉진등록」, 『동학농민혁명국역총서』 2, 동학농민혁명참여자명예회복심의위원회, 2007, 23쪽, 48-50쪽, 188-190쪽.

14 「수원군종리원연혁」, 『천도교회월보』 191호, 1926. 1, 29쪽.

위의 인용문에서 평택지역에서 가장 먼저 동학에 입도한 이민도는 접주로 임명되었다. 평택지역의 동학 조직이 수원지역의 동학 조직과 밀접한 관계를 가지고 있으며, 경우에 따라서는 수원지역 동학 조직에 포함되어 활동하기도 하였다. 나아가 수원을 중심으로 평택, 안성, 용인, 광주 등 경기 남부지역과 충남 내포의 아산지역까지 같은 연원으로서 연대를 하고 있다. 이는 이들 지역이 연원 관계로 볼 때 지리적으로 또는 인맥상으로 수원이 중심이었기 때문이었다. 이러한 권역별 활동 양상은 1893년 3월 전개한 보은 척왜양창의운동에서도 보이고 있다.

김내현과 이민도의 포교 활동으로 평택과 수원 등지에서 교세를 확장한 경기지역 동학은 1892년과 1893년 수운 최제우의 억울한 죽음을 풀어주고 신앙의 자유를 획득하고자 하는 교조신원운동에도 적극적으로 참여하였다. 특히 초기의 교조신원운동은 수원의 서병학과 서인주를 중심으로 전개되었다. 1892년 10월 20일경 동학교인들은 우선 공주에서 충청감사를 상대로 수운 최제우의 억울한 죽음을 씻어달라는 탄원서를 제출하였다.[15] 이 교조신원운동은 경기지역에서 벗어나 공주에서 전개되었지만 이미 통유문을 돌려 전국 각지 지도자들의 참석을 독려한 사안이므로, 특히 이 일의 주관자인 서병학과 서인주의 연원 관계에 있는 수원, 그리고 평택지역의 동학교인들이 참여하였음은 자명한 것이었다. 이어 11월 1일에 진행된 삼례 교조신원운동에도 경기지역 동학도인은 참석한 것으로 보인다. 또한 이들 지역의 동학교인들은 이듬해 1893년 초 광화문 교조신원운동에도 참여하였다. 광화문에서 전개한 교조신원운동은 김광호, 박인호, 손병희 등 충청지역 동학교단 지도부가 중심이 되었지만, 그 지원 세력은 서병학 등 경기 남부지역의 동학교인

15 『천도교교회사초고』, 포덕 33년조.

들이었기 때문이다.

공주와 삼례, 광화문의 교조신원운동에도 불구하고 신앙의 자유를 획득하지 못한 동학교단은 이해 3월 충북 보은 장내리에서 척왜양창의운동을 전개하였다. 보은 척왜양창의운동에는 각지의 동학교인 3만여 명이 집결하였는데, 평택지역 동학교인도 수원지역 교인들과 함께 참여하였다. 어윤중의 『취어』에 의하면,

> 각각 깃발마다 칭호가 있는데, 큰 깃발은 "왜와 서양을 물리치기 위해 창의하였다(斥倭洋倡義)"라고 하였으며, 다섯 가지 색깔의 깃발을 각각 다섯 방위에 세웠으며, 깃발의 모양은 작습니다. 중앙에 세운 깃발에는 충의(忠義), 선의(善義), 상공(尙功), 청의(淸義), 수의(水義), 광의(廣義), 홍경(洪慶), 청의(靑義), 광의(光義), 경의(慶義), 함의(咸義), 죽의(竹義), 진의(振義), 옥의(沃義), 무경(茂慶), 용의(龍義), 양의(楊義), 황풍(黃豊), 금의(金義), 충암(忠岩), 강경(江慶)이라고 고, 그 나머지 작은 깃발은 헤아릴 수가 없습니다.[16]

이라고 하였는데, 이들 깃발의 명칭은 각 접의 지역 이름과 창의의 뜻을 표명한 것이었다. 이를 통해 접별로 참여하였음을 알 수 있다. 이에 따르면, 수의(水義)는 수원접에서 창의한 것을, 진의(振義)는 진위접에서 창의한 것을 의미한다. 「수원군종리원연혁」에 의하면, "포덕 34년(1893년-필자 주) 계사(癸巳) 2월에 해월신사 명의로 신용구(申龍九), 이민도(李敏道) 외 제씨(諸氏)의 주선으로 보은 장내에 수천 인이 왕참(往參)하다"[17]라고 하여, 신용구와 이민도의 주

---

16 「취어」, 『동학농민혁명국역총서』 1, 22쪽.
17 「수원군종리원연혁」, 29쪽.

도로 수원과 평택의 동학교인들이 보은 척왜양창의운동에 참여하였음을 밝히고 있다.

그런데 평택지역의 동학교인이 얼마나 참여하였는지는 확인되지 않고 있다. 다만 수원과 기타 경기 남부지역에서 참여한 상황으로 그 규모를 짐작할 수 있을 것으로 본다. 『취어』에 의하면, "3월 26일 술시쯤에 수원과 용인 등의 지역에서 3백여 명이 추후에 도착하였고", "수원접에 속한다는 사람은 겉으로는 1천여 명이라고 하지만, 사실은 6~7백 명에 불과하였는데"라고 밝히고 있고, 해산할 때는 "수원접이 840명"이라고 하였다. 그리고 평택과 인근 지역인 안성접은 3백 명, 죽산접은 4백 명 정도가 참석하였다.[18] 이로 볼 때 평택지역 동학교인은 수원접의 1천여 명 중에서 3백-4백 명 정도가 진위접, 즉 평택지역 동학교인인 것으로 추정할 수 있다.

이처럼 교조신원운동과 척왜양창의운동에 참여하였던 평택지역의 동학교인들은 1894년 동학농민혁명에도 적극 참여하였다. 평택지역에서 직접 기포한 것은 아직 확인되지 않고 있다. 다만 여러 기록을 살펴볼 때 평택지역에서 기포하거나 평택의 동학 조직이 동학농민혁명에 참여한 것은 분명해 보인다. 우선 평택과 연원을 같이하고 있는 수원의 동학의 동향을 살펴보자. 수원의 동학 조직은 1894년 9월 18일 반외세의 기포령에 따라 즉각 기포하였고,[19] 일본군이 수원의 동학지도자를 체포하려 하자 동학군은 잠시 후퇴하였다가 다시 전열을 정비하여 계속 활동하였다.[20] 이처럼 수원이 크게 위협받

18 「취어」, 『동학농민혁명국역총서』 1, 36쪽 및 46쪽.

19 「東學黨의 景況 및 征討에 관한 華城留守의 書翰」, 『駐韓日本公使館記錄』 1, 국사편찬위원회, 159-191면.

20 「水原府 匪徒討伐을 위한 日本出兵과 朝鮮官軍의 협조에 관한 諸書翰」, 『주한일본공사관기록』 1, 141-143면.

자 정부는 동학군을 토벌하기 위해 일본군을 긴급히 증파하여 줄 것을 요청하였고, 이에 일본군이 즉시 투입되었다.[21] 또한 수원지역의 동학군의 활동에 대해 오지영의 『동학사』에는 다음과 같이 기록하고 있다.

> 安承寬·金昇(鼎)鉉 등은 5천 군을 거느리고 수원부를 점령하고 南軍이 오기를 기다리고 있던 바, 官兵과 日兵을 만나 여러 날 싸우다가 마침내 패하였고….[22]

즉 기호대접주 안승관과 기호대접사 김정현 등이 지휘한 수원지역의 동학조직은 5천여 명에 이르는 병력을 갖추고 있었으며, 수원부를 점령할 정도로 기세를 올렸음을 알 수 있다. 수원의 동학 조직은 앞서도 언급하였듯이 평택과 연원 관계가 동일하였기 때문에 보은 척왜양창의운동에서와 마찬가지로 평택지역의 동학 조직도 수원기포에 적극 참여하였을 것이다. 수원유수도 평택 소사에 동학군 1만여 명이 있다고 보고하고 한편 동학군의 공격에 대해 경계를 늦추지 않았다.[23] 또한 정산군 출신 김영배(金永培)는 2월 20일 서울을 출발하여 소사평에 이르렀는데, 이곳에서 동학군과 함께 10여 일을 머물다가 금구 원평으로 내려간 기록이 있다.[24] 이와 같은 상황으로 보아 평택지역에서도 동학군의 활동이 있었을 것으로 본다.

그 밖에도 1894년 10월 16일 진위현령의 보고에 의하면,

21 「수원으로의 군대파견의 건」, 『주한일본공사관기록』 3, 362-363면.
22 오지영, 앞의 책, 152면.
23 『주한일본공사관기록』 1, 134쪽.
24 「양호초토등록」, 『동학농민혁명국역총서』 1, 동학농민혁명참여자명예회복심의위원회, 2007, 108쪽.

> (토벌군) 주력부대가 화부에 와서 주둔한 것은 곧 은혜와 위엄으로 하여 비류(동학군-필자 주)를 온당하게 평정하는 일이다. 본읍의 경내에 이러한 무리들의 행적이 요즘은 과연 어떠한지 모르겠다. 만약 알아듣게 타일러 귀화하게 하되 한결같이 곧바로 무기를 거두어들이지 않는다면 본읍에서 각별히 섬멸하고 토벌하되 거괴를 부대로 잡아들이고 위협에 못 이겨 따른 자는 해당 지역에 편안하게 살게 하되 만일 읍의 세력으로 감당하기 어려울 것 같으면 즉시 보고하면 병사를 나누어 보내 토벌할 것이다.[25]

라고 하였다. 이는 평택지역에서도 동학군의 활동이 적지 않았음을 시사하는 기록이다. 또한 김내현의 연비로 동학농민혁명에 참여하였던 민재명(閔在明), 한칠성(韓七成), 김화덕(金化德) 등은 귀화하여 목숨을 보전하였다.[26] 또한 『주한일본공사관기록』에서도 평택지역의 동학지도자로 김용희(金鏞喜)와 김형식(金瀅植)을 지목하고 있는데, 이들은 9월 23일(양) 천안에서 일본인 6명을 살해하는데 관여한 것으로 보인다.[27] 그 내용은 다음과 같다.

> 이달 23일 오후 5시 30분 천안군 수접리에 도착하였는데, 동학당 당원처럼 보이는 사람 3명이 저희들이 휴식하고 있는 곳에 찾아와 필담으로 "감히 묻노니 너희들은 무엇 때문에 여기 왔느냐."고 써 보였습니다. 저희들이 입을 다물고 대답하지 않자, 그들은 얼마 있다가 사라졌습니다. 같은 날 밤 오후 8시경 동학도들이 총을 쏘고 높은 소리를 내어 당원을 모아 저희들의 휴게소에서 대략

25 「순무선봉진등록」, 『동학농민혁명국역총서』 2, 22쪽.
26 「순무선봉진등록」, 『동학농민혁명국역총서』 2, 188-190쪽.
27 『주한일본공사관기록』 1, 122쪽.

1町쯤 떨어진 곳에 모두 600명 가량이 군집하여 저희들을 포위하려는 형세를 취하였습니다. 군수가 이를 전해 듣고 吏房(이방은 助役임)과 그 외 2, 3명의 두령을 타이르길, 일본인은 군수에게 용무가 있어 찾아온 사람들이며 당신들과는 상관없는 일이니 속히 해산하라고 명령했습니다. 그러나 그들은 다음날 24일 오전 2시경까지 때로는 발포하기도 하고 때로는 고성을 지르며 허세를 부리는 듯 하였습니다. 벌써부터 이 지방에서는 동학당이 다시 일어나 극심하게 휘젓고 돌아다니는 것이 사실입니다. 동학도 가운데 두령이 된 사람 중에 金瀅植·金鏞喜 두 사람은 稷山·平澤·木川·천안 등 여러 곳을 총괄하고 있습니다. 金鏞喜·金九燮은 현재 목천에 살고, 安致西는 溫陽이라는 곳에 살고, 洪承業은 천안에 살고 있습니다. 그들은 걸핏하면 사람을 죽이기를 좋아하는 사람들이라고 합니다. 천안 군민 중 10명 가운데 8, 9명은 동학당에 가담하고 있고 더욱더 성대해지는 경향이 있는 것은 사실인 것 같습니다. 그러므로 이 점 참고하시도록 上申드립니다.

그뿐만 아니라 장교진(張教鎭),[28] 정동주(鄭東柱),[29] 김지현(金芝鉉),[30] 노병규(盧秉奎),[31] 이승화(李承曄), 이규성(李圭成), 이인수(李麟秀), 고문재(高文在), 안영식(安領植), 장인수(張仁秀), 박인훈(朴仁勳)[32] 등은 동학농민혁명 이전 또는

---

28 『동학관련판결문』, 정부기록보존소, 1994, 270쪽. 장교진은 평택에서 동학농민혁명 당시 활동하였으며, 이후 광무 4년 토지사건으로 김교억으로부터 소송을 당하였다.

29 『천도교회월보』 227호, 32쪽. 정동주는 진위군 청북면 율리 출신으로 1892년 8월 4일 동학에 입도하였다.

30 『천도교회월보』 79호, 37쪽. 김지현은 1892년 10월 5일 동학에 입교하였으며, 진위교구 교구장, 전제원 등을 역임하고 46세에 죽었다.

31 이돈화, 『천도교창건록』, 천도교중앙종리원, 1934.

32 『한순회관내연원록』, 1936.

동학농민혁명 시기에 동학에 입도한 인물들로, 이들 역시 동학농민혁명에 참여하였을 것으로 추정된다.[33]

동학농민혁명 이후 한동안 평택지역 동학 조직은 명맥을 유지하기 어려울 정도로 쇠퇴하였으나, 안성 출신의 김한식(金漢式)[34]과 이민도 등의 노력으로 점차 회복되었다. 이러한 노력으로 1906년 천도교중앙총부와 지방교구가 설치되는 등 근대조직으로 전환될 때 평택지역은 수원교구에 소속되었으며, 고덕면과 현덕면에는 수원교구 소속의 면전교실이, 그 외 지역은 진위교구가 각각 설립되었다. 이후 1910년대 고덕면전교실은 박원병(朴元秉) 원세봉(元世鳳) 진종만(陳鍾萬) 김영학(金永學) 김연건(金演健) 김유경(金有卿) 임승팔(林承八) 등이, 현덕면전교실은 이민도(李敏道) 손수한(孫壽漢) 오기영(吳起泳) 이유상(李儒像) 박이화(朴利嬅) 장용준(張容俊) 최정래(崔貞來) 임경한(林景漢) 최이래(崔利來) 김화경(金化景) 이병헌(李炳憲) 최종환(崔宗煥) 이인수(李麟秀) 등이 전교사와 종리사로 활동하였다.[35] 그리고 1910년대 진위교구 임원의 동향은 다음과 같다.

> 교구장 朴昌勳 사임하고 張建厚를 선임하다.(『천도교회월보』 2호, 57-58쪽)
>
> 순회교사 1인과 전교사 11인을 선임하다.(『천도교회월보』 4호, 52쪽)
>
> 교구장에 李圭成을 선임하다.(『천도교회월보』 8호, 44쪽)
>
> 공선원에 韓相容을 선임하다.(『천도교회월보』 8호, 45쪽)
>
> 순회교사 3인과 전교사 3인을 선임하다.(『천도교회월보』 8호, 46쪽)

---

33 동학농민혁명 당시 동학에 입도하여 혁명대열에 참여한 사례가 적지 않다. 가장 대표적인 경우가 태안 출신의 조석헌과 문장준을 들 수 있다.

34 「수원군종리원연혁」, 29면.

35 「수원군종리원연혁」, 31-32쪽.

전제원에 韓相容을 선임하다.(『천도교회월보』 9호, 54쪽)

전교사 10인(부인 2명)을 선임하다.(『천도교회월보』 11호, 67쪽)

교구장 李圭成 의면하고 金芝鉉 선임하다.(『천도교회월보』 21호, 45쪽)

전교사 1인과 순회교사 3인을 선임하다.(『천도교회월보』 22호, 46쪽)

공선원에 盧秉奎를 선임하다.(『천도교회월보』 22호, 46쪽)

전교사 4인을 선임하다.(『천도교회월보』 23호, 45쪽)

서기에 柳年茂를 선임하다.(『천도교회월보』 26호, 42쪽)

교구장에 張台鎭이 선임되고 金芝鉉이 의면하다.(『천도교회월보』 34호, 42쪽)

전교사 5인을 선임하다.(『천도교회월보』 36호, 39쪽)

전교사 1인와 순회교사 1인을 선임하다.(『천도교회월보』 43호, 36쪽)

교구장 張台鎭 의면하고 盧秉奎 선임하다.(『천도교회월보』 44호, 35쪽 및 (『천도교회월보』 46호, 34쪽)

공선원에 張錫準을 선임하다.(『천도교회월보』 46호, 34쪽)

교구장에 朴昌勳을 선임, 노병규 해임하고 전교사 2명을 선임하다.(『천도교회월보』 48호, 41·45·46쪽)

공선원에 盧秉奎, 금융원에 張錫準을 선임하다.(『천도교회월보』 50호, 37-38쪽)

전제원에 金芝鉉 선임하다.(『천도교회월보』 52호, 40쪽)

전교사에 高文在 朴台熙를 선임하다.(『천도교회월보』 83호, 42쪽)

또한 1910년대 들어 천도교 교리의 보급과 근대적 교육을 위해 전국에 교리강습소를 설립한 바 있는데, 평택지역에는 진위교구에 제539 강습소를 설치하였다.[36]

---

36 『천도교회월보』 29호, 49쪽.

이러한 동학과 천도교의 조직은 훗날 평택지역 3·1운동을 전개하는 데 중요한 기반이 되었다. 특히, 천도교는 일제 강점이 시작된 1910년부터 독립운동을 준비하였다. 이를 위해 손병희는 지방의 중진 교역자를 중앙으로 불러 49일간의 특별기도를 통해 정신적 무장과 민족의식을 함양시켰다. 평택지역에서는 이민도(李敏道)가 참여하였다.[37] 당시 특별기도에 참여한 인물들은 3·1운동 당시 각 지역에서 3·1운동에 적극 참여하거나 주도하였는데, 이민도도 앞장서서 교인들을 이끌어 3·1운동에 참여하였다.

3. 평택지역 3·1운동의 전개

평택지역의 3·1운동은 3월 9일 첫 만세시위를 시작으로 4월 10일까지 약 1개월 동안 만세운동이 전개되었다. 기존 연구에 따르면 5,800여 명이 참가하였을 정도로 치열하게 전개되었다.[38] 이를 정리하면 다음과 같다.

평택지역에서 처음으로 3·1운동이 시작된 곳은 현덕면이었다. 현덕면 주민들은 3월 9일 밤 계두봉(鷄頭峰)을 비롯하여 옥녀봉, 고등산 등 산 정상에 올라가 횃불을 들고 만세를 불렀다.[39] 이어 3월 10일 오성면에서도 주민들이 평야와 산에 올라 만세시위를 하였다. 그리고 이날 청북면에서도 토진리 오봉산과 마루산 정상에서 신포의 주민들이 만세를 불렀다고 한다.[40]

계두봉 등에서 첫 만세시위를 전개한 지 3일째인 3월 11일에는 이도상, 목준상, 심헌섭, 한영수, 안종철, 안충수 등의 주도로 평택 읍내에서 대대적으

---

37 「수원군종리원연혁」 29쪽; 조기주, 『동학의 원류』, 보성사, 1979, 369-373쪽.
38 김방, 「평택지방의 3·1독립만세운동」, 평택항일독립운운동사 세미나 자료집, 2008, 5쪽.
39 이병헌, 『3·1운동비사』, 시사시보사출판국, 1959, 879쪽.
40 이병헌, 『3·1운동비사』, 890쪽.

로 전개되었다.[41] 이도상은 서울과 각 지역에서 만세운동이 전개되었다는 소식을 3월 5일경에 듣고[42] 만세운동을 주도하기로 하였다.[43] 다음날인 3월 11일 오후 5시경 이도상은 평택역 광장에 모인 군중을 향해 만세를 선창하자 이곳에 있던 목준상, 심헌섭, 한영수, 민응환 등은 동조하여 함께 만세시위를 주도하였다.[44]

이후 20여 일 정도 진정되었던 평택지역의 3·1운동은 3월 31일[45] 북면 야막리와 봉남리에서 전개되었다. 야막리는 천도교 진위교구가 있는 곳으로 교인들이 많았다. 이곳의 천도교인들은 박창훈(朴昌勳)의 주도로 북면 면사무소가 있는 봉남리 천도교인들과 합세하여 5백여 명의 시위대를 형성한 후 오

---

41 『매일신보』 1919년 3월 13일자; 「독립운동에 관한 건」(제13보), 고제6763호, 1919년 3월 12일자; 김정명, 『조선독립운동』 I (민족주의운동편), 原書房, 1967, 352쪽; 강덕상, 『3·1운동』 (1), みすず書房, 1967, 305쪽.

42 이도상이 만세운동에 대한 소식은 3월 7일이었을 것으로 보인다. 왜냐하면 당시 총독부 기관지 『매일신보』에서 만세시위를 처음으로 보도한 것은 3월 7일자였다. 이날 신문에는 서울을 비롯하여 평양, 진남포, 안주, 중화, 강서, 성천, 선천, 의주, 황주, 곡산, 수안, 사리원, 원산, 함흥 등 15개 지역에서 전개된 만세운동을 간단하게 보도하였다. 평택에서 신문 이외에 이들 지역에서 전개된 만세운동 소식을 접한다는 것은 사실상 불가능할 것으로 본다.

43 이도상은 동생을 찾아가 "이 기회에 조선독립을 꾀하기 위하여 명일이 평택 장날이므로 그곳에 가서 동지와 함께 조선독립을 제창하여 만세를 외칠 작정이다. 그렇게 하면 곧 체포될 것이므로 다시는 집에 못 올 것이니, 늙은 어머니를 봉양하여 달라."고 하였다.

44 「이도상 등 4인의 판결문」, 경성지방법원, 19119년 4월 11일; 『독립운동사자료집』 5(3·1운동 재판기록), 독립운동사편찬위원회, 1983, 405-406쪽.

45 북면의 만세운동은 이용락은 3월 11일, 이병헌은 3월 21일, 일체측 기록은 3월 31일로 각각 기록되었다. 그런데 북면 만세운동은 이들 날짜에 각각 전개된 것이 아니라 3월 31일에 전개된 것으로 보인다. 일체 측에 의하면 3월 21일 경기도지역에서의 만세운동은 연천군 두일리에서만 전개되었다. 적어도 4, 5백여 명이 면사무소를 습격하고 주재소에서 만세운동을 전개하였다면 일제 측 기록에 누락되었을 가능성은 거의 희박하다. 이용락과 이병헌의 기록은 후일 증언이나 다른 기록(일제 측 기록일 가능성도 없지 않다)을 보고 정리한 것으로 보아 날짜가 잘못 기록된 것으로 추정된다. 또한 『매일신보』 1919년 4월 3일자 기사에 의하면, 이병헌의 기록과 『매일신보』의 기사가 거의 동일하다. 이와 같은 상황을 종합해 볼 때 북면의 만세운동은 3월 31일로 확인된다.

후 4시경 면사무소로 달려가 면장을 끌어내고 만세를 불렀다.[46] 이날 만세시위에서는 박성백(朴成伯), 최구홍(崔九弘), 유동환(柳東煥), 전영록(全榮祿), 김봉희(金鳳熙) 등이 미리 만든 태극기로 시위대를 주도하였다.

이어 4월 1일에는 평택지역에서 가장 규모가 크고 치열하게 만세운동이 전개되었다. 이날 만세시위는 밤 9시 50분쯤 평택역 서쪽 약 10정보 떨어진 곳에서 시작된 시위를 신호로 각 지역의 산 정상에서 호응하였다. 서면과 부용면에서는 시위대가 평택으로 이동하다가 안성천교 부근에서 만세시위를 전개하였고, 송탄면과 고덕면에서도 만세시위를 시도하였다. 이처럼 평택읍내를 비롯하여 각지에서 만세시위가 산발적으로 전개되자 진위경찰서는 시위대를 향해 총격을 가하면서 해산을 시켰다. 12시경에서야 만세시위가 진정되었는데, 이 과정에서 4명이 희생되었고, 부상자가 10여 명에 달하였다.[47] 고덕면에서는 율포리 주민 5백여 명이 만세시위를 하였다.[48]

이날 북면 은산리에서는 정경순과 최선유의 주도로 주민 30여 명을 모아 뒷산에서 만세를 부른 후 봉남리 경찰주재소로 몰려가 만세시위를 계속하였다.[49] 4월 1일 평택역을 비롯하여 서면, 북면, 송탄면, 고덕면, 청북면 등지에서 동시다발로 전개된 만세시위는 연인원 3천여 명이 참가한 가장 규모가 컸던 만세운동이었다.

다음날 4월 2일에는 서탄면과 송탄면, 안중면, 북면 등에서 만세운동이 전

---

46 『매일신보』 1919년 4월 3일자; 이용락, 『3·1운동실록』, 415쪽; 이병헌, 『3·1운동비사』, 880쪽.

47 이병헌, 『3·1운동비사』, 880-881쪽; 이용락, 『3·1운동실록』, 415-416쪽. 이용락의 『3·1운동실록』에는 고덕면에서 9명, 평택읍에서 5명, 서탄면에서 4명이 죽었고, 부상자가 6, 70명이었다.

48 『한국민족운동사료』(3·1운동편 기2), 국회도서관, 1977, 372쪽.

49 「정경순 등 6인의 판결문」, 경성지방법원, 1919년 5월 16일.

개되었다. 서탄면에서는 면장 윤기선의 주도로 전개되었다.[50] 송탄면에서도 이날 오후 10시 독곡리를 비롯하여 5백여 명이 각 마을마다 봉화를 올리고 만세운동을 전개하였고, 이를 진압하던 일경의 총격으로 2명이 사망하고, 약간의 부상자가 있었다.[51] 그리고 오성면에서도 안중리 주민들이 독립만세를 부른 후 해산하였다.[52] 이 밖에도 이날 북면에서도 만세시위가 있었다고 하지만 분명한 활동은 확인이 되지 않고 있다.[53] 이어 4월 3일 오성면에서 김용성, 공재록, 이사필 등은 주민들과 함께 봉오산에 봉화를 올리며 만세시위를 하였다.

이날 평택 관내 각 지역에서도 만세시위가 있었다고 일제 측에서는 보고하고 있으나 구체적으로 확인은 되지 않고 있다.[54] 이 보고에 의하면, 만세시위의 진압과정에서 경관과 충돌하여 서로 간에 약간의 사상자가 있었다.

이후 한동안 잠잠하던 만세시위는 4월 9일 고덕면과 10일 서탄면에서 전개되었다. 9일과 10일의 만세시위는 만세시위에 참여하였던 인물들을 조사하는 경찰에 대한 반감에서 비롯되었다. 4월 9일 고덕면에서는 자위단원 8명과 병정 8명이 만세시위 선동자를 검거하기 위해 현장을 조사하고 돌아갈 즈음 오후 8시경, 주민들은 거세게 항의하고 만세시위를 전개하였다. 이를 해산시키기 위해 병정이 쏜 총에 6, 7명이 죽고 10여 명이 부상당하였다.[55] 이어 10일에는 서탄면 금암리에서는 앞서 4월 2일에 있었던 만세시위 참여자를

---

50 「윤기선 등 4인의 판결문」, 경성지방법원, 1919년 6월 17일.

51 『한민족독립운동사료』(3·1운동운동편 기1), 국회도서관, 1977, 373쪽 및 강덕상, 『3·1운동』(1), 353쪽.

52 강덕상, 『3·1운동』(1), 353쪽.

53 김정명, 『조선독립운동』 I , 531쪽.

54 김정명, 『조선독립운동』 I , 494쪽.

55 『매일신보』 1919년 4월 14일자; 이병헌, 『3·1운동비사』, 881쪽.

현장조사 중이던 경찰관에 대한 실력행사로 대응하였다. 주민 40여 명이 경찰관을 포위하고 돌을 던졌다. 이어 주민들이 주재소를 습격하려고 하자 주재소 경찰관은 총을 쏘면서 주민들을 해산시켰다. 이로 인해 1명이 사망하고 12명이 부상당하였다.[56] 이 밖에도 이날 북면 사리와 수월암리에서도 주민들이 만세를 부른 후 해산하였다.[57]

이 밖에도 5월 10일 평택지역 서해안 일대에서 수천 명의 군중이 만세를 부르고 주재소를 습격하였다[58]는 보도가 있으나 확인이 되지 않고 있다. 그뿐만 아니라 만세시위가 전개되는 상황에서도 독립단이 조직되어 군자금을 모금하였다. 고덕면 사는 황준재와 서울의 황인재는 임정의 특파원으로 군자금을 모금하다가 4월 15일 일경에 검거된 바 있다.[59]

3월 9일 현덕면 계두봉과 옥녀봉에서 시작된 평택지역 만세운동은 4월 중순경에 이르러 대체로 진정되었다. 그러나 일제 측의 보고에 의하면, 음력 8월에 다시 만세운동을 전개할 것이라는 유언비어가 돌 정도로 여전히 일제의 식민지배에 대해 저항적이었다.[60]

4. 평택지역 3·1운동과 천도교

평택지역의 3·1운동은 다양한 세력들이 만세운동에 참여하였지만 그 구성이 구체적으로 밝혀지지는 않았다. 이에 대해서는 좀 더 심층적인 분석이 뒤

---

56 김정명, 『조선독립운동』 I, 552쪽 및 강덕상, 『3·1운동』(1), 368쪽; 『매일신보』 1919년 4월 14일자; 이병헌, 『3·1운동비사』, 881쪽; 『신한민보』 1919년 6월 3일자.

57 이병헌, 『3·1운동비사』, 881쪽.

58 『신한민보』 1919년 6월 24일자.

59 『신한민보』 1919년 6월 30일자. 그러나 이에 대해서는 좀 더 확인해 볼 필요가 있다고 본다.

60 김정명, 『조선독립운동』 I, 90쪽.

따라야 하겠지만[61] 이 점에서는 그 세력의 하나인 천도교 중심으로 살펴보고자 한다.

3·1운동을 전후하여 평택지역에는 천도교 조직으로 진위교구와 수원교구 현덕면전교실, 고덕면전교실, 청북면전교실이 분포하여 한 개의 교구와 3개의 전교실이 있었다. 즉 평택지역의 동북부는 진위교구, 서남부는 수원교구의 관할이었다. 연원 관계를 본다면 진위교구는 경기도 광주교구의 한순회 관내였으며, 현덕면전교실과 고덕면전교실, 청북면전교실은 수원교구의 이종석 관내였다. 지역적으로 볼 때는 동북부와 서남부로 양분되어 있었지만, 넓은 의미에서는 춘암 박인호 관내로, 후일 천도교 구파의 세력에 속한다. 이들은 비록 연원은 달리하였지만 '구파'라는 하나의 세력으로 비교적 긴밀한 연대를 형성하고 있었다.[62]

평택지역의 3·1운동은 군청 소재지인 북면을 비롯하여 평택역이 있는 병남면, 서남부지역의 현덕면, 부용면, 청북면, 오성면, 그리고 동북부지역의 서탄면, 송탄면 등 대부분의 지역에서 전개되었다. 이처럼 각 지역에서 만세운동이 전개될 수 있었던 것은 나름대로 긴밀한 연락관계가 있었기 때문이다. 여기에는 천도교의 역할이 적지 않았을 것으로 추정된다. 천도교는 평택의 서남부와 동북부를 연결하는 네트워크를 구축하고 있었다.

우선 평택지역 첫 만세시위를 전개하였던 계두봉과 옥녀봉 등 면내의 산상 봉화 시위는 천도교인이 주도하였다. 현덕면은 일찍이 동학에 입도한 이

---

61 이에 대해 김방의 「평택지방 3·1독립만세운동」에서 시도를 하였지만 소략하게 다루고 있어 좀 더 심층적으로 분석할 필요가 있다고 본다.

62 이러한 유대관계는 신간회 지회 활동에서 살펴볼 수 있다. 경기도의 경우 신간회의 지회는 수원, 광주, 인천, 개성, 안성 등지에 설립되었고, 이후 경기도 신간회 지회 연합활동을 전개할 때 수원과 광주가 중추적인 역할을 담당하였다. 이는 수원지회와 광주지회의 조직과 활동이 천도교 세력의 영향을 많이 받았기 때문이었다.

민도와 3·1운동 당시 손병희의 비서로 활동하였던 이병헌이 출생한 지역으로 천도교의 활동이 비교적 활발하였던 곳이다. 이민도와 이병헌은 부자관계이다. 이민도는 앞서 언급하였듯이 평택지역에서 가장 이른 1879년에 입도하였으며, 이 지역 동학 포교 활동을 주도하였다. 그는 1893년 보은 척왜양창의운동에 참여한 바 있으며, 1906년 수원교구를 설립하는데도 적지 않은 역할을 하였다. 수원교구 현덕면 전교사로 활동하던 이민도는 1913년 수원교구장에 선임되었고, 재임 때인 1913년 봄에 성내 북수리에 와가(瓦家) 40여 칸의 교당을 마련하는 등 수원교구 발전에도 기여하였다.[63] 이병헌 역시 현덕면 전교사로 활동하였고, 1916년부터 3·1운동이 일어나기 직전인 1919년 1월까지 수원교구에서 이문원(理文員), 금융원(金融員), 전제원(典制員) 등으로 활동하고 천도교에서 경영하는 보성전문학교에 입학하기 위해 상경, 손병희의 개인비서로 활동하면서 3·1운동에 관여하였다. 특히 이병헌은 민족대표들이 모여 있던 태화관과 탑골공원의 학생, 시민 사이를 긴밀하게 연결하는 한편 당일의 서울 시내 만세시위에 참여하였다.[64] 이후 일제 당국의 검거를 피해 수원교구와 평택지역에 피신해 있으면서, 이들 지역의 만세운동을 드러나지 않게 지원하였다.[65]

3월 9일 계두봉과 옥녀봉 등 현덕면의 산상 봉화시위를 주도하였던 천도교인들은 3월 중순 들어 다시 만세운동을 준비해 나갔다. 이에 일제 진위경찰서에서 22일 권관리의 이민도를 비롯하여 이승엽(李承燁), 최이래(崔利來), 최혁래(崔赫來), 장용준(張容俊), 이인수(李麟秀), 최종환(崔宗煥), 이민익(李敏

63 「수원군종리원연혁」, 30-31쪽.

64 이병헌, 『3·1운동비사』, 64-67쪽.

65 이병헌의 수원지역 3·1운동에 관해서는 성주현, 「수원지역 3·1운동과 천도교의 역할」, 『수원지역 민족운동의 역사적 위상』, 수원문화원, 2003을 참조할 것.

益), 최정래(崔貞來), 최우섭(崔虞燮) 등을 예비검속하여 엄중한 신문을 하였다.[66] 이들 중 최이래, 최정래, 최종환, 장용준 등은 수원교구 현덕면 전교사로, 이인수는 현덕면전교실 종리사로 활동하였던 인물이었다.[67] 이인수는 1911년, 이민익은 1889년에 천도교에 입교하였다.[68] 이들의 예비검속으로 현덕면의 만세운동은 더 이상 전개되지 못하였다.

한편 진위교구가 있던 북면은 천도교인 주도로 만세운동이 가장 격렬하게 전개되었던 곳 중의 한 곳이다. 북면의 만세운동은 3월 31일 야막리의 천도교인과 봉남리의 천도교인들이 주축이 되었다. 특히 야막리는 진위교구가 있었으며, 봉남리는 천도교인이 가장 많은 곳이었다. 이병헌과 이용락의 기록을 살펴보면 다음과 같다.

> 북면(현 진위면) 야막리는 천도교구가 있었고 교인이 많이 있는 곳인데, 3월 21일(3월 31일의 오기-필자 주) 봉남리와 합세한 5백여 명이 태극기를 들고 면사무소를 습격한 후 면장을 앞세우고 만세를 부를 때 경찰과 수비대가 자동차로 달려와 해산을 시키고 주모자 朴昌勳을 체포하였다.[69]
> 그 후 15일 동안은 군내가 잠잠하다가 3월 11일(3월 31일-필자 주)은 다시 북면 봉남리에서 천도교인을 중심으로 의거가 맹렬하였고….[70]

이날의 만세운동을《매일신보》에서도 다음과 같이 보도하고 있다.

---

66 이병헌, 『3·1운동비사』, 880쪽.
67 「수원군종리원연혁」, 31-32쪽.
68 『한순회관내 연원록』, 1942.
69 이병헌, 『3·1운동비사』, 880쪽.
70 이용락, 『3·1운동실록』, 415쪽.

진위군 북면 봉남리는 천도교의 근거지라 할 만한 곳인데, 과연 31일 5백 명의 일대가 면사무소로 몰려가서 면장을 끌고 가서 자못 위험하기 때문에 수비경찰관의 일대가 자동차를 몰아 현장에 급행하였다더라.[71]

즉 3월 31일의 북면 만세시위는 박창훈의 주도로 전개되었으며, 천도교인이 대다수였던 것으로 볼 수 있다. 박창훈은 1906년 진위교구를 설립할 때 중심인물이었고, 초대 교구장을 맡아 1년 동안 교구 발전을 위해 노력하였다.[72] 이후 1914년 다시 교구장에 선임되어 3·1운동 당시까지 활동하였다.[73] 당시 교구장이던 박창훈은 손병희의 만세운동에 적극 찬성하였으며, 교구 차원에서도 만세운동을 하기로 하였던 것이다. 이와 관련하여 북면 만세운동에 참여한 바 있는 박규영의 후손 박종구[74]의 증언을 정리한 내용을 살펴보자.

야막리의 천도교인들은 3·1운동 때에도 적극 가담하였다. 박종구 씨는 야막리 주동자 박창훈은 몰랐지만 자신의 조부와 부친이 만세운동에 적극 참여하였던 것은 기억하였다. 만세운동에 참여하면서 박해도 많이 받았다. 일제는 농촌지역 만세운동의 거점이었던 천도교당과 교회를 박해하는 한편 천도교인들이 집단적으로 거주하는 마을을 집중적으로 탄압하였다. 당시 박종구 씨는 6살밖에 불과했지만 일본 헌병들이 들이닥쳐 집집마다 뒤지고 마구잡이로 잡

71 《매일신보》 1919년 4월 3일자.

72 『천도교회월보』 2호, 57쪽.

73 『천도교회월보』 48호, 41쪽.

74 증언 당시(2006년) 박종구씨는 92세였다. 박종구의 집안은 야막리에서 4대 이상 거주하였으며 천도교인이었다. 천도교를 믿기 시작한 것은 조부 박창순 때부터였다. 그 후로 부친 박규영도 천도교를 믿으면서 가문의 신앙이 되었다.(김해규, 『평택의 마을과 지명이야기』 Ⅲ, 연세기획, 2008, 104쪽 참조)

아갔던 광경은 기억하였다. 잡혀간 사람들은 모진 고문을 당했다. 조부와 부친도 오산경찰서 헌병대에 잡혀가서 고문을 당했다. 천도교인들은 만세운동을 주도한데다 위험인물이라고 해서 일반사람보다 고문을 심하게 당했다고 한다. (중략) 만세시위 광경을 목격한 것이 없냐는 필자의 질문에 박종구 씨는 서탄면 주민들이 사리에서 봉남리로 나가는 큰길을 가득 메우고 만세를 불렀던 광경을 이야기하였다. 어린 눈에도 길 이쪽에서 길 저쪽까지 시위 군중으로 꽉 들어찬 광경이 수백 명은 되어 보였다고 하였다. 한참 만세를 부르고 있는데 하북리 방면에서 헌병들이 총을 들고 나타났다. 그래도 사람들은 굽히지 않고 만세를 불렀는데, 나중에는 총소리에 놀라 흩어져 도망가느라 아비규환이었다고 한다.[75]

이 증언을 정리하면, 야막리 천도교인들이 만세시위를 전개하면서 진위면 사무소가 있는 봉남리로 가기 위해 하북리 방향으로 진출하고자 하였다. 3·1 운동 당시 진위교구는 박종구의 집 남쪽에 있었고, 마을은 약 30호 정도였는데 대부분이 천도교인이었다. 그리고 천도교 종교의식[76]에는 봉남리를 비롯하여 서탄면과 수원의 양감면 교인들도 참석하였다. 또한 이날 태극기를 제작하여 배포하고 만세시위를 주도한 박성백, 최구홍, 유동환, 전영록, 김봉희 등도 천도교인으로 추정된다.

또한 천도교인들은 예비검속을 당해 만세운동에 참여하지 못한 사례도 있었는데, 앞서 살펴본 현덕면 천도교인들이 예비검속을 당하였다. 그뿐만 아

75 김해규, 『평택의 마을과 지명이야기』 III, 104쪽.
76 천도교의 종교의식은 '侍日'이라고 한다. 매주 일요일 오전 11시에 각 지역의 각 지역의 교인들이 교당에 모여 예식을 한다.

니라 고덕면 천도교인들도 예비검속을 당하였다. 고덕면 두릉리 사는 임승팔(林承八), 고문재(高文在), 이승기(李承基), 김유경(金有卿) 등은 평택지역에서 만세운동이 한참 진행 중인 3월 23일경 진위경찰서의 호출을 받고 안재홍과 이병헌과의 연락관계를 추궁당하였다. 특히 고문재는 독립운동 자금 8백원을 이병헌에게 준 사실이 발각되기도 하였다. 그러나 이를 서울 중앙대교당 건축비라고 하여 무사할 수 있었다.[77] 예비검속을 당하였던 임승팔은 수원교구 고덕면전교사를, 김유경은 고덕면전교실 종리사와 수원교구 금융원으로 활동한 바 있다.[78] 그리고 고문재는 1917년 진위교구 전교사로 선임되어 활동한 바 있다.[79]

한편 천도교 중앙총부는 은행에 예치해 두었던 자금이 일제에 의해 동결됨에 따라 4월 5일 천일기념을 기해 각 교구로부터 특성금을 모금하였다. 이 특성금은 천도교의 운영자금뿐만 아니라 독립운동 자금으로 활용하기 위한 것이었다.[80] 이때 진위교구에서도 적극적으로 참여하였다.

당시 중앙총부 책임자 정광조(鄭廣朝)는 창도일인 4월 5일 천일기념에 앞서 교회운영 자금을 명분으로 각 지방교구에 특성금을 납부하도록 광고하였다. 이에 진위교구는 4월 4일 박창훈 교구장 명의로 노병규(盧秉奎)가 교인들로부터 갹출한 1백 원을 중앙총부에 납부하였다.[81] 이 특성금은 교인들이 식사를 준비하면서 매끼 식구 수대로 다섯 주먹 정도 모았다가 매년 6월과 12월을 기준으로 납부하였다. 그러나 3·1운동 전후에는 만세운동의 준비과정

77 이병헌, 『3·1운동비사』, 880쪽.

78 「수원군종리원연혁」, 31-32쪽.

79 『천도교회월보』 83호, 42쪽.

80 이에 대해서는 국사편찬위원회, 「3·1운동과 천도교 성미」, 『한민족독립운동사자료집』 9권과 10권을 참조할 것.

81 「3·1운동과 천도교 성미」, 『한민족독립운동사자료집』 10, 국사편찬위원회.

에서 적지 않은 자금이 지출되었으며, 만세운동 직후에는 일제의 통제로 은행에 있던 교회 운영 자금을 인출하지 못하도록 하였기 때문에 예년보다 일찍 납부하였던 것이다. 당시 자금은 교회 운영 자금뿐만 아니라 독립운동 자금으로도 사용되었을 것으로 추정된다.

이상에서 살펴보았듯이 평택지역에서 천도교를 중심으로 만세운동을 전개한 곳은 서남부의 현덕면, 동북부의 북면이었다. 그리고 예비검속으로 만세운동을 직접 전개하지는 못하였지만 고덕면도 천도교 세력이 적지 않았던 곳이다. 4월 1일 고덕면 율포리에서 전개된 만세운동은 그 주도자가 누구인지 분명하게 밝혀지지는 않았지만 천도교인의 역할이 없지 않았을 것으로 보인다. 이들 지역은 대체로 농촌으로, 일제강점기에 도시보다는 농촌에 천도교인이 많았다는 사실을 그대로 반영하고 있다. 따라서 만세운동 역시 농촌의 경우 천도교 조직을 통해 전개되는 경우가 적지 않았는데, 평택지역의 만세운동 역시 농촌은 천도교 조직이 그 중심이 되었음을 알 수 있다.

5. 맺음말

이상으로 평택지역의 3·1운동과 천도교와 관련성을 살펴보았다. 평택지역 3·1운동은 3월 9일부터 시작하여 4월 중순까지 지속적으로, 그리고 전 면에 걸쳐서 전개되었다. 일제의 한 기록에 의하면 수원, 수안, 안성과 함께 '가장 광포한 시위' 중의 하나였다. 이러한 평택지역 3·1운동에서 천도교의 역할을 다음과 같이 정리할 수 있다.

첫째, 평택지역 3·1운동을 전개하는데, 천도교의 조직 동원과 역할이 적지 않았다는 점이다. 그동안 평택지역 3·1운동을 주도한 계층은 초기의 경우 지역사회의 지식인, 학생, 청년들이었으며, 3월 말과 4월 초 만세운동은 중소상인, 자영업자, 농민들을 중심으로 한 지역 단위의 자체 조직이었음은 이미 밝혀져 있다. 그러나 본고에서 살펴보았듯이 평택지역 3·1운동은 천도교인의 역할이 적지 않았음을 알 수 있다. 3월 9일 서남부의 현덕면 계두산과 옥녀봉 만세시위를 비롯하여 동북부의 북면 만세시위는 천도교인의 주도로 전개되었던 것이다. 또한 천도교인이 적지 않았던 고덕면 만세시위도 천도교인의 참여가 없지 않았을 것으로 본다.

둘째, 평택지역 3·1운동에 있어서 천도교인이 주도한 만세시위는 주로 농촌지역에 한정되어 있고, 직업별로는 대다수가 농민층이었다. 이는 천도교인의 생활 기반이 평택역을 중심으로 새롭게 형성된 읍내가 아니라 여전히 농촌을 중심으로 하고 있었던 데 따른 것이다. 이는 1924년 진위교구 교인들의 거주지 상황에서도 확인된다. 고덕면 18명, 현덕면 29명, 포승면 4명, 청북면 12명, 북면 26명, 송탄면 5명, 서탄면 4명, 오성면 10명, 서면 2명 등이다.[82] 이는 3·1운동 이후의 현황이지만 3·1운동 당시와 크게 다르지 않을 것으로 본다. 이러한 점에서 볼 때 천도교인들은 읍내나 도회지보다는 주로 농촌 지역에 거주하였고 따라서 직업적으로 본다면 농민들이 주류를 이루었다.

셋째, 평택지역 3·1운동의 전개 과정에서 일정한 역할을 담당하였던 천도교 세력은 1879년부터 형성되었다고 할 수 있다. 즉 비교적 이른 시기에 동학이 포교되었으며, 이를 기반으로 1893년에 전개되었던 교조신원운동, 그리고 1894년의 동학농민혁명에 참여하였다. 이들 세력은 동학이 천도교로 전환되어 근대적 종교의 틀을 갖추고 지방교구를 설립할 때 평택지역에는 진위교구와 수원교구로 분리되었다. 동북부지역은 진위교구, 서남부지역은 수

82 『대신사백년기념회회원명부』, 1924. 여기에 수록된 교인 명단은 특성금 1원을 납부한 교인에 한하여 등재되었다. 때문에 모든 교인이 등재된 것은 아니었다.

원교구 관할하였다. 그러나 같은 박인호(후일 구파) 계열이라는 동질성으로 인해 진위교구와 수원교구는 긴밀한 관계를 유지하였다. 그리고 이러한 관계는 3·1운동을 전개하는데도 잘 발휘하였던 것이다. 그뿐만 아니라 이러한 천도교의 조직은 평택지역 3·1운동을 전역으로 확산시키는 데도 일정한 기여를 하였다고 할 수 있다.

03
일제강점기 진위청년회의 조직과 활동

1. 머리말

일제의 강점 직후 식민지 조선에서는 그동안 일제에 협력한 친일단체[1]를 포함한 모든 사회단체를 해산시키고 무단통치를 이어갔다. 그렇지만 1919년 3·1운동을 계기로 집회 및 결사의 자유가 제한적으로 허용됨에 따라 전국 각지에서 청년단체를 포함한 각종 단체들이 조직되었다. 평택에서도 이러한 사회적 분위기에 따라 다양한 청년단체가 조직되었으며, 사회적 리더의 역할을 담당하였다.

당시 청년단체들이 조직된 배경은 여러 가지가 있겠지만 무엇보다도 3·1운동의 경험이 중요한 계기가 되었다. 3·1운동을 경험한 청년들은 일제 식민정책에 대한 저항과 독립의 열망을 청년단체를 통해 표출하고자 하였다. 이와 같은 시대적 인식에 따라 3·1운동 이후 1920년대 초에 전국적으로 8백 개 내외의 청년단체가 조직되기에 이르렀다.[2] 이와 같이 청년단체가 조직되어 각종 사회 활동을 전개하자 "남북의 구별이 없고 동서의 우열이 없어 다 같이

---

1 대표적인 친일단체는 일진회이다. 일진회는 이른바 '일한합방'을 요청하는 청원서를 발표하기도 하였지만, 1910년 8월 29일 강점 이후 해산당하였다. 강점 직후 그나마 비교적 용이하게 활동할 수 있는 단체는 학교와 종교였다. 이에 따라 종교 단체와 학생들은 3·1운동을 전개하는 데 크게 기여할 수 있었다.

2 『조선치안상황』(1922). 이 자료에 의하면 일반 청년회는 1920년에 251개, 1922년에는 446개, 1922년에는 488개였다고 밝히고 있다. 이 외에 종교의 청년회의 경우 1920년에 98개, 1921년에 236개, 1922년에 271개라고 했다. 이를 합하면 1922년 청년회(단체)는 759개이다.

동일 하에서 공전의 신 활동의 개시"[3]라고 하여 기대감이 고조되었다.

이들 청년단체는 초기에는 주로 구문화의 폐해를 비판하고 신문화의 수용과 신사상의 향상, 그리고 신도덕의 수립 등 지덕체를 강조하였다. 그러나 사회주의 사상의 보급과 이를 수용한 청년들은 자신을 사회변혁의 주체로 인식하고 사상적 기반을 다지면서 대중운동을 전개하였다. 이러한 분위기에 편승하여 조선청년연합회 등 연합적 성격의 대중운동 단체가 결성되기에 이르렀다. 평택지역도 이러한 시대적 영향에 따라 청년단체가 조직되었다.

평택지역에서 청년단체가 처음으로 조직된 것은 1917년이지만, 본격적인 청년단체 설립은 1921년이 시점이 된다. 먼저 평택청년체육구락부가 '체육발전'을 목적으로 조직되었다가 곧이어 진위청년회로 조직체를 변경하였다. 이후 진위청년회는 평택지역의 대표적인 청년단체로 자리매김을 하였으며, 무산아동을 위한 진청학원을 설립하여 교육운동에도 적극 참여하였다. 진위청년회에 참여한 인사들은 평택지역 유지들로 청년단체 외에도 각계에서 중추적 역할을 담당하였다. 이 외에도 평택지역에는 형평사 지회를 비롯하여 평택소년회, 서정리노동조합, 수진농민조합 등 청년들이 중심이 되어 각종 단체를 조직하여 활동하였다.

본고에서는 일제강점기 1920년대 평택지역을 대표하는 청년단체인 진위청년회에 대하여 메타모포시스[4] 관점에서 접근해 보고자 한다. 먼저 진위청년회의 조직 과정과 여기에 참여한 주요 인물들을 추적해 본다. 이를 통해 청년들의 사회적 역할이 어떠하였는지를 살펴볼 수 있을 것이다. 다음으로 진

---

3 백두산인, 「일반의 기대 하에 입한 2대 청년단체」, 『개벽』 3, 1920.8, 57쪽.

4 '메타모포시스'란 생물학적 용어로 '변태(變態)'를 의미하지만 사회학적 의미로는 '변용(變容)'으로 해석하고 있다. 평택지역의 대표적 청년단체인 진위청년회의 경우도 근대문명의 수용 과정에서 조직 활동하였다는 점에서 메타모포시스의 접근이 가능하다고 본다.

위청년회의 사회 활동과 그 영향을 분석하고자 한다. 진위청년회는 단체로서만 유지되었을 뿐만 아니라 지역에서 여러 가지 사회 활동을 하였는데, 이를 구체적으로 검토하여 그 특징과 의의를 조명한다. 이를 위해 이 시기에 발행되었던 신문과 잡지, 그리고 일제의 각종 정보문서를 활용한다.

2. 진위청년회의 조직과 주요 인물

앞서 언급하였듯이 3·1운동 이후 서울뿐만 아니라 전국 각지에서 청년단체들이 조직되었지만, 3·1운동 이전에도 청년단체는 조직되었다. '청년회'라는 명칭으로 청년단체가 처음으로 조직된 것은 한말 서울에서 조직된 황성기독교청년회이지만, 지역에서는 대체적으로 이보다 한참 후인 1910년대 중반경부터 조직되었다. 평택 역시 예외가 아니었는데, 구체적이지는 않지만 1927년 지역 신문기자가 소개한 글에 의하면 1917년경에 "유지 청년 제씨가 구락부를 창립"[5]하였다고 밝히고 있다. 당시 조직된 구락부 관련 내용은 다음의 기사에서 확인된다.

> 當地 青年 等은 身體를 健康케 할 目的으로 野球部를 目下 組織 中인데, 有志者에 贊成 及 捐助도 多할 듯하고 詳細 細則 及 任員 組織 등 各項 節次는 不遠間 總會를 開하고 議決裁定할 터이라더라.[6]

5 평택 일기자, 「순회탐방(296), 곡물 소산은 전국에 굴지 교통이 편리한 평택」, 《동아일보》 1927년 4월 23일자.

6 《매일신보》 1917년 3월 17일자.

이 기사에 의하면, 평택의 청년 유지들이 '신체를 건강케 할 목적'으로 야구부를 조직하려고 준비한다는 것으로, 청년 중심의 단체가 곧 만들어질 것이라고 예고하고 있다. 야구부가 조직되었다는 후속 기사는 없었지만, 체육을 중심으로 하는 청년단체로 '진위청년체육구락부'를 조직하려고 하였다. 준비과정에서는 야구부였지만 실제는 체육구락부를 조직한 것으로 보인다. 체육구락부의 활동은 잘 알려지지 않았지만, 조직 직후인 1917년 5월 27일 운동회를 개최한 바 있다.[7] 이로 볼 때 평택지역에서 가장 먼저 조직된 청년단체는 진위청년체육구락부였음을 알 수 있다.

체육구락부의 이후 활동은 구체적으로 확인되지는 않지만 "지역사업에 노력"[8]하였다고 한 것으로 보아 꾸준한 활동을 전개하였던 것으로 추정된다. 그렇지만 3·1운동이 일어난 1919년에 이르러 특별한 이유 없이해산되었다.[9] 이는 체육구락부에 참여한 인물들이 만세운동을 주도하였거나 직간접으로 연루된 영향으로 추정된다.

이처럼 평택지역에서 청년들의 사회적 움직임이 태동하고, 3·1운동 이후 전국적으로 청년단체들이 조직되자 평택지역의 청년들도 청년단체 조직을 위한 활발한 움직임을 보이기 시작하였다. 이에 따라 기존의 지역에서 활동하던 구락부는 해산되고, 새로운 청년단체의 조직을 준비하였다. 그 결과 1921년 5월 15일 평택청년체육구락부가 새롭게 조직되었다. 이 구락부의 목적은 '체육 발전'이었으며, 사무소는 병남면 평택리에 두었다. 임원으로는 부장 유창근, 부부장 신찬우, 간사 장윤식 김정현, 서기 이병갑, 회계 박노수, 그

7 《매일신보》 1917년 5월 27일자.
8 《동아일보》 1927년 4월 23일자.
9 《동아일보》 1927년 4월 23일자.

리고 평의원으로 오맹근, 한우교, 정인창, 김경철, 최인원, 이익래를 선임하였다.[10] 체육구락부는 곧이어 조직체를 발전적으로 해체하고 바로 진위청년회로 전환하였다.

진위청년회 조직과 관련하여 시간의 차이를 두고 두 개의 자료가 있는데, 다음과 같다.

> (가) 當地에 거주하는 청년유지는 靑年俱樂部를 조직코자 斡旋 중이더니 準備가 되었으므로 去 11일 하오 2시에 創立總會를 開催하였는데, 당일 출석한 회원이 50인에 달하였으며, 臨時部長 申贊雨 씨가 開會 祝辭를 終了한 후 規則制定과 役員選擧에 始하였는데, 部長에 申贊雨, 李河善, 李翼來, 閔光植, 金烱哲, 金文煥, 書記에 李炳甲 崔寅洙, 會計에 朴魯洙, 評議員에 崔榮秀 李敏斗, 副會長에 柳昌根, 學藝係長에 金學秀, 運動係長에 張允植, 經理係長에 成周漢, 風化係長에 金正賢 吳孟根씨가 被選되었다더라.[11]

> (나) 企劃 중이던 平澤 所在 振威靑年會는 過般 成立하고 19일 오후 1시부터 平澤公立普通學校 校堂에서 發會式을 擧行하였는데, 會員 104명 內 當日 出席者 60여 명, 會長 申贊雨씨의 發會로 趣旨說明이 있은 후 岡松 郡主任 兩 學校長 鄭奭謨 諸氏의 講演이 잇고, 役員選擧에 結果로 會長 申贊雨, 副會長 柳昌根, 學藝部長 金學秀, 運動部長 張允植, 風化部長 金正賢, 經理部長 成周漢 등 諸氏 當選하였는바, 同會는 主로 하여 地方靑年의 風習改良과 德育의 涵養을 目的으로 하고, 每年 1回 例會를 開하여 地方有志 並 先輩의 講演을 求하고

10 《동아일보》 1921년 5월 18일자.
11 《매일신보》 1921년 6월 14일자.

地方靑年의 啓發努力함에 在하다더라.[12]

(가)의 기사는 청년구락부 창립총회이고, (나)의 기사는 진위청년회 발회식과 관련된 내용이다. 두 기사는 8일의 시차를 두고 있지만, 동일한 조직체임을 알 수 있다. 즉 조직하려고 하였던 청년구락부는 진위청년회임을 알 수 있다. 이로 볼 때 진위청년회는 1921년 6월 11일 오후 2시에 창립되었고, 8일 후인 6월 19일 오후 1시 발회식을 가지면서 공식적으로 활동을 한 것이다. 이처럼 진위청년회는 창립총회와 발회식을 연이어 개최함으로써 평택지역 청년운동이 본격적으로 시작되었음을 알린 것이다.

한 가지 의문점은 청년단체의 명칭이다. 평택지역에서 처음으로 조직된 청년단체는 1917년 3월 청년야구부 ⟹ 1921년 5월 15일 평택청년체육구락부 ⟹ 1921년 6월 11일 청년구락부 ⟹ 1921년 6월 19일 진위청년회로 이어지면서 조직되었다. 조직에서도 청년구락부는 부장-부부장-계장으로, 청년회는 회장-부회장-부장으로 각각 명칭이 다른 것을 알 수 있다. 그렇지만 이들 청년단체의 조직들이 대부분 동일한 인물들에 의해서 인선되었다는 점에서 이들은 별도로 조직된 것이 아니라 연속선상에서 조직되었다고 봐야 할 듯하다.

창립총회와 발회식 등 일련의 회의 및 의식의 상황을 통해 진위청년회 조직 과정을 살펴보면, 조직 당시 회원은 104명이었으며, 각각 회의에 참석한 인원은 50~60여 명이었다. 회의에 실제 참석한 인원은 적지만 회원이 1백 명을 넘었다는 것은 진위청년회 조직에 지역에서 많은 관심을 가지고 있었음을 알 수 있게 한다. 진위청년회는 조직 당시 '지방 청년의 풍습 개량과 덕육의 함양'을 목적으로 하였다는 계몽적 성격이 강하였음을 알 수 있다. 이러한

12 《매일신보》 1921년 6월 26일자.

성격적 특성 때문에 진위청년회는 중요한 부서로 운동부와 풍화부, 학예부를 설치하였다고 보인다.

창립총회와 발회식에서 임원으로 선정된 인물은 회장 신찬우, 부회장 유창근, 학예부장 김학수, 운동부장 장윤식, 풍화부장 김정현, 경리부장 성주한 등이었다. 이 외에 진위청년회 조직에 관여한 인물로는 이하선, 이익래, 민광식, 김경철, 김문환, 이갑병, 최인수, 박노수, 최영수, 이민두, 오맹근 등이 있는데, 이들은 평의원 또는 서기, 부원 등으로 참여하였다. 이들의 지역적 기반이나 주요 경력을 살펴보면 〈표1〉과 같다.

〈표1〉 진위청년회 조직 당시 임원 및 주요 인물의 주요 경력[13]

이름	직책	주요 경력	비고
신찬우	회장	평택발전회 부회장(1919), 조선소작인상조회 진위지회 이사(1922), 독립군자금 모금(1923), 은평강습소 학부형회 고문(1923), 평택공보기성회장(1925), 청북면장(1926-1930), 진위군 농회 역원(1933) 및 통상의원(1941)	
유창근	부회장	평택발전회 평의원(1919), 동아일보 분국장(1920) 및 지국장(1926), 내지시찰단 참여(1921), 은평강습소 학부형회 고문(1923), 경기도 평의원(1924), 병남면장(1925-1927), 평택공보 학부형회 부회장(1925), 평택시민대회 임시의장(1925), 평택금융조합 감사(1927)	양조장 경영
김학수	학예부장	내지시찰단 참여(1921)	
장윤식	운동부장	내지시찰단 참여(1921), 동아일보 평택분국 기자(1921), 평택중선운수(주) 이사(1935), 평택금융조합 이사	
김정현	풍화부장	내지시찰단 참여(1921)	
성주한	경리부장	평택발전회 서기(1919), 평택금융조합 감사(1927), 평택미곡조합 감사91927), 평택합동운수(주) 감사(1931), 진위군 농회 역원(1933), 평택면협의원(1935), 동아일보 평택지국 고문(1937), 평택세무서 소득조사위원	
이하선	부장	평택발전회 평의원(1919), 평택공보 학부형회 평의원(1925)	
이익래	부장	대동학회 위원(1908), 송장면장(1913), 수원지방 금융조합원, 진위군 농회 평의원	송탄면 지주, 원곡면사무소 건축 기부(1919)

13 이들의 경력은 국사편찬위원회와 뉴스라이브러리를 통해서 작성하였다.

김문환	부장	평택발전회 평의원(1919), 내지시찰단 참여(1921)	
최영수	평의원	동아일보 평택지국 기자(1926, 1930, 1932)	
이민두	평의원	평택자동차운수(주) 이사(1931), 진청학원 학부형회(1932)	이민훤, 구호 기부
오맹근	풍화계장	평택공립보통학교 훈도(1921), 원곡면장(1933-1940), 평택주조회사 중역, 경남농장장, 안성군농회장	지방교육계, 면장으로 활동
김경철	평의원	평택미곡조합 감사(1927)	

〈표1〉에 의하면 진위청년회 조직의 주요 인물들은 여타 지역과 마찬가지로 지역 유지들이었다. 이들의 성향을 구체적으로 분석해 보면 다음과 같다.

첫째, 경제적으로는 상당한 재력을 소유하고 있었던 것으로 보인다. 양조장(유창근, 오맹근)을 경영하거나 지주(이익래, 신찬우)가 포함되었으며, 또한 평택합동운수(성주한), 평택중선운수(장윤식), 평택자동차운수(이민두) 등 운수사업에 참여하거나 지역 발전을 도모하는 평택발전회(신찬우, 유창근, 김문환, 이하선, 성주한)라는 조직에 참여하고 있다.[14] 그뿐만 아니라 '일본시찰'(유창근, 김학수, 장윤식, 김문환)에 참가할 정도로 지역에서 영향력을 미치는 계층이었다. 이들은 춘궁기와 재해 등에 빈민구제를 위한 기부 행위도 자주 했다.

둘째, 조직 당시는 아니지만 면장(신찬우, 유창근, 이익래, 오맹근) 또는 교사(오맹근), 도평의원(유창근) 등 식민지배 기관뿐만 아니라 소작인조합회(신찬우), 농회(이익래, 신창우), 금융조합(이익래) 등 지배체제에 협력하는 관변단체에 참여하였다는 점이다. 이는 이들이 민족주의적 성향보다는 기회주의적 또는 친일적 성향에 가까운 인물들이었음을 보여주고 있다.[15]

---

14 평택발전회는 지역 유지들이 "平澤의 公共事業을 奬勵하고 善良風習을 培養하여 開發擴展을 硏究進行"을 목적으로 조직하였다. 1919년 11월 1일 정기총회에서는 輕鐵敷設문제에 대해 논의한 바 있다.(《매일신보》 1919년 11월 5일자)

15 창립 이후 진위청년회에 참여하는 인물 중 상당수는 1930년대 이후 친일협력 대열에 참여하고 있다.

셋째는 동아일보 등 지역 언론기관(신찬우, 유창근, 최영수, 장윤식)에 적극적으로 참여하였다는 점이다. 이는 지역의 동향을 파악하거나 여론을 조성하는데 크게 영향을 줄 수 있다는 점에서 상당한 유력층이라고 할 수 있다.

이상의 성향으로 볼 때 진위청년회 조직을 주도한 인물들은 사회경제적으로 '지역 유력자'들이라고 할 수 있다. 특히 유창근의 경우 제방공사를 추진하기 위한 시민대회를 개최할 당시 임시의장으로 이를 주도하기도 하였다.[16]

진위청년회는 창립총회와 발회식으로 화려하게 출범하였지만 실제 활동을 제대로 전개하지 못하였다. 발회식에서는 매월 예회를 갖고, 이를 통해 강연회를 개최하기로 하였지만 활성화되지는 못하였다. 이는 조선청년회연합회 강연대의 평택 순회강연에서 내용이 불순하다고 하여 강연이 중지당한 사건과도 관련이 있다. 당시 강연 강사는 김철수였으며, '오인 생활의 개선'이라는 제목으로 강연을 하던 중 '독립생활'이 문제가 되었다. 임석경관은 이를 '조선독립'이라는 의미로 해석하고 강연을 중지한 것이다.[17] 이 사건은 동아일보에서 사설로 다룰 정도로 사회적 파장을 일으켰다.[18] 이를 계기로 진위청년회의 활동은 "설립된 지 기(既)히 2개년여이나 회운(會運)이 위축부진(萎縮不振)"이라고 한 것으로 보아 별다른 활동을 하지 못하였음을 알 수 있다.[19]

이처럼 진위청년회는 창립 후 '강연 중지 사건'으로 2년 동안 제 역할을 다하지 못하고 명맥만 유지되는 상황에서 조직의 부흥책을 협의하기 위해 1922년 11월 26일 임시총회를 개최하였다.[20] 이 임시총회에서 사교부(社交部)

16 《동아일보》 1925년 7월 30일자, 「평택시민대회 평택 제방수축책으로」.
17 《동아일보》 1922년 6월 22일자. 「'독립생활'이 문제가 되어」.
18 《동아일보》 1922년 6월 23일자, 「獨立生活이 問題乎-警察當局에 質問」.
19 《동아일보》 1922년 11월 24일자, 「진위청년 부흥총회」.
20 《동아일보》 1922년 11월 24일자, 「진위청년 부흥총회」.

를 추가하고 임원진을 새로 개편하였다.[21] 이어 1923년 2월 임시총회에서는 '소비절약과 토산장려를 실행'하기 위해 경제부를 추가로 설치하였다.[22] 이처럼 진위청년회는 조직 강화를 위해 사교부와 경제부를 새로 설치하였지만 활동은 여전히 활성화되지 못하였다.

이와 같이 활동이 미진한 상황에서 1926년 9월에 이르러 기존의 회장제(會長制)를 위원제(委員制)로 변경하고 이민두, 정인창 등 6명을 위원으로 뽑아 집단지도체제로 전환하였다.[23] 그뿐만 아니라 종래의 선언과 강령까지도 대폭 개정하였다.[24]

진위청년회는 창립 이후 정기총회 또는 임시총회를 통해 조직을 유지하면서 임원진을 개편하였는데 이를 정리하면 〈표2〉와 같다.

〈표2〉 진위청년회의 창립 이후 주요 임원들

회명	일시	주요 임원	비고
부흥 임시총회	1922.11.26	회장 申贊雨, 부회장 崔榮秀, 학예부장 朴魯洙, 체육부장 辛廷薰, 사교부장 成周漢, 풍화부장 金烱哲, 평의원 尹用燮 金信敬 金永注 李敦植 張世萬 朴鳳鎭 李義鶴 元春植	동아 1922.12.2
총회	1923.2.12	임시의장 李相駿, 민립대학 발기인 張世萬 尹用奎 李炳甲	동아 1923.2.24
제2회 정기총회	1923.4.2	회장 柳昌根, 부회장 李相駿, 사교부장 張世萬, 학예부장 元春植, 체육부장 李會政, 동부원 李春載 徐相海, 풍화부장 金烱哲, 동부원 尹用奎 徐相海, 경제부장 朴魯洙, 동부원 尹用奎 南鎭祜, 서기 辛廷薰 李滴浩, 회계 朴鳳鎭, 수금위원 李春載 徐相海	조선 1923.4.21
임시총회	1924.5.17	회장 柳昌根, 부회장 李相駿	매일 1924.5.22
임시총회	1926.9.12	위원 李敏斗 외 6인	동아 1926.9.19

21 《동아일보》 1922년 12월 2일자, 「진위청년회 총회」.

22 《동아일보》 1923년 2월 13일자, 「진위청년 임시총회」

23 《동아일보》 1926년 9월 19일자, 「평택청년 임총」.

24 《동아일보》 1927년 4월 23일자, 「순회탐방(296)」. 선언과 강령에 대해서는 확인되지 않고 있다.

혁신 제1회 정기총회	1927.10.9	임시의장 李敏斗, 위원 鄭寅昌 金永槪 李敏斗, 회계 徐相海	동아 1927.10.13
제3회 정기대회	1929.4.7	위원 李敏斗, 야학부 후원회 발기인 金·準 朴貴祿 李康龍 尹應九 金永柱 李禹善	조선 1929.4.11
제9회 정기총회	1930.10.26	위원장 鄭寅昌, 임시의장 李弘鍾, 신위원장 安忠洙	동아 1930.10.30

창립 이후 새로 보강된 인물은 이정훈, 윤용섭, 김신교, 김영주, 이교직, 장세만, 박봉진, 이의학, 서상하이, 정인창, 이홍종, 안충수, 박귀록, 이강룡, 윤응구, 이우선, 이영개, 이춘재 등이다. 이들 중 확인 가능한 인물들의 사회적 주요 경력을 정리하면 〈표3〉과 같다.

〈표3〉 진위청년회 창립 이후 참여한 인물들의 주요 경력

이름	직책	주요 경력	비고
신정훈	체육부장	동아일보 평택지국 기자(1928)	
윤용섭	평의원	오산운수(합) 사원	
김신경	평의원	동아일보 평택지국 지국장(1923), 조선문화기우구락부 상무실행위원(1927)	
김영주	평의원, 야학부 후원회 발기인	동아일보 평택지국 총무(1928)	
박봉진	평의원, 회계	평택금주단연회 발기(1923)	
이상준	부회장	동아일보 평택지국 기자 겸 외교원(1923, 1928)	
윤용규	민립대학 발기인, 풍화부원	평택금주단연회 발기(1923)	
남진우	경제부원	은평강습소 학부형회 서기(1923), 평택상회 대표	
정인창	위원장	동아일보 평택지국장(1928), 진청학원 학부형회(1932)	
안충수	위원장	동아일보 평택지국장(1931), 농우연맹 편집부 책임자(1928)	3·1운동 참가
이강룡	야학부 후원회 발기인	평택산업 대표	
윤응구	야학부 후원회 발기인	은평강습소 학부형회 회계(1923), 평택합동운수(주) 이사, 평택세무서 소득조사위원	
이우선	야학부 후원회 발기인	은평강습소 학부형회 서기(1923)	

〈표3〉에 의하면 진위청년회 창립 이후 주요 임원으로 참여한 인물 역시 지역 유력자들이다. 언론 종사자(신정훈, 김신경, 김영주, 이상준, 정인창, 안충수),

사업가(윤용섭, 남진우, 이강룡, 윤응구), 사회 활동가(박봉진, 윤용규, 남진우, 정인창, 윤응구, 이우선) 등 평택지역에서 상당한 영향력을 미치는 사람들이라 할 수 있다. 특이한 점은 3·1운동을 주도적으로 이끌었던 안충수[25]가 진위청년회의 회장제를 위원제로 전환한 후 참여하였다는 점이다. 안충수는 3·1운동 이후 1930년대 동아일보 평택지국장으로 활동하였으며,[26] 과수(果樹)와 관련하여 다수의 글을 발표하기도 하였다.[27]

1930년대 들어 진위청년회는 진위청년동맹으로 전환된 것으로 보인다. 구체적으로 이를 확인할 수는 없지만, 1930년대 이후 진위청년회 활동 기록이 전혀 보이지 않고 있다. 일반적으로는 청년회에서 청년동맹으로 전환하는 과정에서 자료들이 남아 있다. 총회에서 청년회의 발전적 해체와 그 대안으로 청년동맹을 설립하는 과정이 일반적이다. 금산청년회의 경우 1928년 2월 14일 정기총회에서 회명을 변경하기로 하고 금산청년동맹을 결성하였다.[28] 그런데 진위청년회는 이와 같은 과정이 드러나지 않는다. 진위청년회는 당시 전국적 청년운동의 흐름에 따라 1927년 10월 9일 혁신 총회를 개최하였지만 회명은 여전히 청년회를 고수하고 있다. 진위청년회의 회명 변경에 대해

25 안충수는 학생으로 1919년 3월 11일 평택역 만세시위를 주도하였다가 일경에 피체되었지만, 3월 19일 풀려났다.(《매일신보》 1919년 3월 25일자)

26 《동아일보》 1931년 4월 29일자, 「사고」; 1936년 4월 26일자, 「사고」.

27 안충수는 《동아일보》에 「冬期 休息期에 이용할 과수의 裁植剪定」(2회). 「동계의 채소원예」(3회), 「冬季의 과수원예」(8회)를 각각 연재하였다. 《중외일보》와 《동아일보》에 의하면 농우연맹 편집부 책임자(대표)로 기관지 『農聯』을 발행하였다. 농우연맹은 각 지역의 농업학교 졸업생이 중심이 되어 조직하였다.

28 《동아일보》 1928년 2월 7일자, 「금산청년동맹 창립대회 개최」. 금산청년회는 금산청년동맹으로 전환하는 과정에서 "분산적 청년운동을 통일하여 전국적 단일청년단을 완성케 하자면 조직체라든지 명의를 변경하여야 할 터"라고 하여 장시간 논의 끝에 만장일치로 가결시켰다. 금산청년회에 대해서는 성주현, 「1920년대 금산청년회의 조직과 활동」, 『역사와교육』 16, 역사와교육학회, 2013.4를 참조할 것,

서는 앞으로 좀 더 논의가 더 필요하다고 본다.

3. 진위청년회의 활동과 역할

진위청년회 활동을 일반적인 지역 청년회의 활동과 비교해 보면 대체로 대동소이하다. 기본적으로는 조직을 유지하기 위한 활동이 최우선 과제였다. 더욱이 조직이 유명무실하고 위기적 상황을 거듭한 진위청년회의 경우 더욱 그러하였다. 진위청년회의 부활과 조직체의 전환을 거듭하면서 근근히 유지해 나갔다. 진위청년회가 총회에서 논의하거나 협의한 내용을 정리하면 〈표4〉와 같다.

〈표4〉 진위청년회의 총회 협의사항

회명	일시	주요 논의 사항	비고
부흥 임시총회	1922.11.26	· 부흥책 협의 · 임원 개선	동아 1922.12.2
임시총회	1923.2.3	· 소비절약의 건 · 민립대학발기인 선거의 건 · 청년당대회 참가의 건 · 회원처리의 건 · 월연금 징수의 건 · 본회 유지방침의 건 · 본회 내에 경제부 설치의 건	동아 1923.2.8 1923.2.13
총회	1923.2.12	· 민립대학발기인 장세만, 윤용규, 이병갑 당선 · 청년당대회 참가	동아 1923.2.24
제2회 정기총회	1923.4.21	· 민립대학 후원의 건 · 청년당대회 참가 상황 보고의 건 · 도서실 설치의 건 · 임원 개선의 건 · 회관 설치에 관한 건	조선 1923.4.21
임원회	1923.5.31	· 민립대학 후원의 건 · 장부정리의 건 · 월연금 정리의 건 · 신문 잡지 구독의 건	동아 1923.6.6 조선1923. 6.4

임시총회	1924.3.11	· 고문 선정의 건 · 조선청년총동맹회에 참가의 건 · 회비징수의 건 · 회계수지보고의 건 · 본회 부흥책의 건 · 역원보선의 건	동아 1924.3.11
정기총회	1924.5.17	· 춘계운동 개최의 건 · 임원 개선	매일 1924.5.22
임시총회	1924.5.22	· 시민연합운동회 개최의 건 · 부인교육을 위한 야학부 설치 및 회원 의무 강사교수의 건	동아 1924.5.28
임시총회	1926.9.12	· 회칙 개정-회장제에서 위원제로 변경, 위원 이민두 외 6인 · 임원 개선 · 장래 사업진행 방침	동아 1926.9.19
정기총회	1927.4.10	· 회관 신건축의 건 · 회관건축 후 경비부족의 변출방법에 대하여는 소인극을 행할 것 · 월연금 징수의 건 · 소년회 소속한 중선정구대회를 본회에서 인수할 것	동아 1927.4.12 1927.4.15
긴급위원회	1927.6.3	· 평택시민 육상경기대회 개최에 관한 건 · 중선정구대회에 선수 3조 파견에 관한 건	조선 1927.6.5
혁신 제1회 정기총회	1927.10.9	· 위원 개선 · 월연금 징수의 건 · 소인극 흥행의 건	동아 1927.10.13
정기총회	1928.7.25	· 회칙 엄수의 건 · 월연금 징수의 건 · 회원정리의 건 · 야학부 유지방침의 건 · 회의 고문 및 찬조원 선거의 건	동아 1928.7.25
제3회 정기대회	1929.4.7	· 야학부 경비의 건 · 후원회 발기인 선거 · 여자야학부 신설	조선 1929.4.11
제9회 정기총회	1930.10.26	· 회칙 개정 · 역원 개선	동아 1930.10.30

〈표4〉에 의하면 진위청년회는 크게 다섯 가지 분야의 사업을 전개하였던 것으로 보인다. 첫째는 조직을 유지하기 위한 내부 사업, 둘째는 지역에서의 사회 사업, 셋째는 대외 사업, 넷째는 체육행사, 다섯째는 교육 사업이다. 이에 대해 좀 더 구체적으로 살펴보고자 한다.

첫째는 조직을 유지 관리하기 위한 내부 사업이다. 임원개선, 회칙개정, 회원정리, 월연금 징수, 장부정리, 회관건축 등이 여기에 해당한다. 임원은 정기총회나 임시총회를 통해 필요한 경우 그때마다 개선 내지 보선하였다. 앞서 언급한 바와 같이 1926년에는 청년회의 혁신을 위해 회장제를 위원제로 회칙을 개정하였다. 그리고 혁신을 기념하고 활성화를 장려하기 위한 소인극을 공연하였다.[29]

청년회의 운영을 위해 월연금 징수가 중요하였기 때문에 미활동 회원 정리와 함께 중요하게 다루었다. 그러나 무엇보다도 중요한 것은 자체적으로 활동할 수 있는 공간인 회관 건립이었다. 이를 위해 소인극을 공연하여 부족한 경비를 모금하기도 하였다.[30]

둘째는 지역에서의 사회 사업이다. 강연회와 운동회 및 척사대회를 개최하거나 후원하는 것 등이 이에 해당한다. 당시 대부분의 청년회가 강연회를 통한 계몽운동을 전개하였는데, 진위청년회는 강연 활동을 활발하게 전개하지는 못하였다. 창립 초기에는 매월 월례회를 갖고 이를 통해 강연회를 개최하기로 하였지만, 앞서 언급한 바와 같이 '김철수 강연 금지 사건'으로 진위청년회 자체가 위축되었기 때문에 강연 활동을 보다 적극적으로 전개하지 못한 것으로 보인다. 현재 확인되는 강연 활동은 1923년 7월 8일 개최한 강연회가 유일하다.[31]

운동회 후원은 지역사회와 소통하는 중요한 활동의 하나였다. 이미 체육

---

29 《동아일보》 1926년 10월 17일자, 「진위청년 소인극」.

30 《동아일보》 1927년 4월 15일, 「진위청년 정총」.

31 《동아일보》 1923년 7월 21일자, 「진위청년회 강연회」; 《조선일보》 1923년 7월 13일자, 「진위청년 강연」. 당시 강연회는 장세만 사교부장의 사회로 이용식의 '우리의 교육', 이상준의 '나의 느낌'이라는 연제로 강연이 있었다. 강사 이용식은 일본 도요대학(東洋大學)에 재학 중이었으며, 이상준은 진위청년회 부회장이었다.

구락부를 조직하여 지역의 체육계를 이끌었던 진위청년회는 1923년 5월 13일 평택공립보통학교와 연합으로 춘계운동회를 개최하여 성황리에 마쳤다.[32] 이듬해는 1924년 5월 22일 임시총회를 개최하고 시민연합운동회를 후원할 것을 결의하였다. 이에 따라 이해 6월 3일 진위군청 주최, 진위청년회 후원으로 평택역 광장에서 대규모의 연합운동회를 개최하였다. 그 과정은 다음과 같다.

> 振威郡廳의 主催와 振威青年會의 後援으로 平澤, 安仲, 西井里, 鳳南, 尋小 聯合運動會는 지난 三日 平澤驛前 廣場에서 열리었는데, 各校에서 出陣한 男女兒童 一千五百餘名에 達하였고 定刻에 이르러 會長 崔益夏氏의 開會辭가 마치자 兒童의 競技는 徒步競走로 비롯하여 順序대로 進行하여 結局 優勝旗는 西井里公普教로 돌아갔으며, 뒤를 이어 振威青年團의 徒步自轉車 方式 競走 滋味있는 競技와 來賓 中 青北里 日新講習院의 競走가 畢한 後 午後 四時半에 閉會하였다고.[33]

연합운동회는 평택, 안중, 서정리 공립보통학교와 심상소학교 학생 1천5백여 명이 참가하여 평택역전 광장에서 성황리에 진행됐다. 연합운동회 외에 지역사회의 활기를 북돋는 중요한 행사는 척사대회 즉 윷놀이였다. 척사대회는 주로 음력설에 하였는데, 진위청년회는 1924년 2월의 척사대회를 주최하였다.[34] 이 외에도 진위청년회는 모내기에 일손 지원에 나서기도 하였

---

32 《조선일보》 1923년 5월 16일자, 「연합운동회 상황」 및 5월 17일자, 「연합춘계 대운동회」.
33 《동아일보》 1924년 6월 6일자, 「運動經過後報」.
34 《동아일보》 1924년 2월 21일자, 「今日 平澤 擲柶」; 《동아일보》 1924년 2월 21일자, 「진위청년회 척사대회」. 이후 척사대회는 동아일보와 조선일보 평택지국에서 후원하였다.

다.[35]

셋째는 대외 사업이다. 진위청년회는 지역에서만 활동한 것이 아니라 청년회의 연합체라고 할 수 있는 조선청년총동맹과 조선청년당에 가입을 시도하였다. 1921년 5월 창립 이후 한동안 부진하였던 진위청년회는 1922년 11월 부흥임시총회를 갖고 임원을 개편하면서 활성화하는 방안으로 대외적인 활동에 적극적으로 참여하기로 하였다. 이에 따라 조선청년총동맹에 가입하기로 하였고, 1924년 4월 가입이 결정되었다.[36] 이 외에도 민립대학 설립운동이 전국적으로 전개되자 진위청년회도 이에 보조를 맞추어 발기인으로 장세만, 윤용규, 이병갑을 선정하였으며,[37] 민립대학설립운동에 적극 후원하기로 하였다.[38] 그뿐만 아니라 이들로 하여금 조선청년당대회에도 참가케 하였다.

넷째는 체육행사로 중선정구대회를 개최하였다. 원래 중선정구대회는 평택소년회에서 개최하던 것인데, 1927년부터 진위청년회에서 인수하여 이를 주최하였다.[39] 중선정구대회는 처음에 평택소년회가 주체하여 1924년 시대일보와 동아일보 평택지국의 후원으로 개최되었다.[40] 평택소년회는 제2회(1925년 8월 16일)[41]와 제3회(1926년 8월 1일)[42]까지 대회를 개최하고, 제4회 대

---

35 《동아일보》 1929년 7월 5일자, 「청년이 이앙 조력」.

36 「朝鮮青年總同盟加盟團體第二回 發表ノ件」(1924년 4월 18일), 京城鐘路警察署.

37 《동아일보》 1923년 2월 24일자, 「진위청년회 총회」.

38 《동아일보》 1923년 6월 6일자, 「진위청년회 결의」.

39 《동아일보》 1927년 4월 15일자, 「진위청년 정총」.

40 《동아일보》 1924년 8월 8일자, 「중선정구대회」. 제1회 중선정구대회는 1924년 8월 10일 평택소학교 코트에서 이상준의 개회사, 김석현 이병갑 박건양의 주심으로 개최되었으며, 인천 오산 서정리 안중 안성 직산 천안 등지에서 출전하였다. 우승은 안성의 勤莊少年軍이 차지하였다.(《동아일보》 1924년 8월 13일자, 「우승은 안성군」)

41 《동아일보》 1925년 8월 26일자, 「천안소년승」.

42 《동아일보》 1926년 7월 28일자, 「광고」

회를 1927년 7월 31일 개최하기로 하였다.[43] 진위청년회에서는 대회를 인수하기로 하였지만, 이미 평택소년회에서 광고를 통해 개최하기로 함에 따라 제4회 대회는 후원만 하였다.[44] 제5회 중선정구대회는 진위청년회 체육부의 주최로 1929년 7월 14일에 개최하였다.[45]

다섯째는 교육 사업이다. 야학부와 진청학원을 설립하여 무산아동과 여성을 위한 교육 사업을 전개하였다. 야학부는 1924년 5월 22일 개최한 임시총회에서 처음으로 논의되었다. 이날 회의에서 부인교육을 위한 야학부를 설치하기로 하고 회원이 강사가 되어 의무적으로 교수키로 하였다.[46] 그러나 부인야학은 곧 노동야학으로 바뀌었으며, 노동야학부를 설치하기 위해 마침 순회공연을 하던 조선 신극 유일단을 활용하여 운영 경비를 모금하기로 하였다.[47] 유일단은 이를 위해 12월 17일부터 19일까지 자선공연을 하고 수익금 전부를 진위청년회에 기부하였다.[48]

무산아동의 문맹퇴치를 위한 야학부는 이보다 4년 후인 1928년 5월 5일 개설되었다.[49] 개설 이후 입학 지원자가 날로 증가하고 수업생 또한 늘어 1928년 말경에는 120여 명에 달하였다. 이로 인해 야학부 운영 경비가 적지 않게 소요되었다. 이를 마련하기 위해 1928년 7월 25일 정기총회에서 야학부 유지 방침에 대해 토의하였다.[50] 그 결과 1928년 12월 31일부터 일주일간 연말연

---

43 《동아일보》 1927년 7월 27일자 및 7월 29일자, 「광고」
44 《동아일보》 1927년 29일자, 「광고」.
45 《동아일보》 1929년 7얼 9일자, 「광고」; 《조선일보》 1929년 7월 13일자, 「진청 개인정구」.
46 《동아일보》 1925년 5월 29일, 「진위청년 총회」.
47 《시대일보》 1924년 12월 19일자, 「유일단 홍행」.
48 《시대일보》 1924년 12월 23일자, 「자연공연」.
49 《동아일보》 1929년 5월 25일, 「여자부 설치」.
50 《동아일보》 1928년 7월 25일자, 「진위청년회 정총」.

시를 맞아 교원과 학생들이 야간에 빵 행상을 하기로 하였다.[51] 1929년 10월에는 소인극을 공연하여 대성황을 이루었다. 이에 기부금도 적지 않게 모금할 수 있었다.[52] 이처럼 소인극 공연과 야학경비 모금에 대성공을 함에 따라 진위청년회는 평택지역 관내에 순회공연을 하기도 하였다.[53] 야학부 개설 1주년인 1929년 5월에는 10여 명의 여학생이 지원함에 따라 여자야학부를 설치하기로 하였다.[54]

한편 진위청년회가 교육 사업으로 가장 심혈을 기울인 것은 진청학원이었다. 진청학원 역시 무산아동의 문맹퇴치를 위해 설립되었다. 설립 과정에 대해서는 두 가지 기록이 있다.

> (가) 京畿道 振威靑年會에서는 無産兒童의 文盲을 退治하기 爲하여 去 五日부터 同 會館 內에 振靑學院을 設立하고 同 會長 及 少年軍 中에서 相當한 知識이 有한 諸氏가 敎鞭을 잡고, 生徒 一百二十名을 甲乙班으로 分하여 每日 午後 八時부터 同 十時까지 無報酬로 熱心 敎授한다더라.[55]

> (나) 지금으로부터 五年前 一九二八年 五月 一日 熱과 希望에 싸인 中學生 四五人이 每日 汽車로 京城 通學을 하면서 費用을 自擔하며 近初 百餘 男子 無産兒童을 모아 當地 振威靑年會館을 빌려 비로소 無産兒童 敎育機關을 設施하였다. 이것이 導火로 同 機關은 豫想 外로 擴張되어 當地 振威靑年會에

51 《동아일보》 1929년 1월 4일, 「야학경비 위해 야간 빵 행상」.
52 《조선일보》 1929년 10월 8일자, 「진위청년회 소인극 홍행 야학경비를 얻고자」 및 1929년 10월 17일자, 「진위청년회 소인극 홍행 뜻밖에 성황」.
53 《조선일보》 1929년 10월 18일자, 「진청 소인극 지방순회 홍행」.
54 《동아일보》 1929년 5월 25일, 「여자부 설치」.
55 《동아일보》 1928년 5월 14일자, 「진청학원 설립」.

管轄機關이 되고….[56]

(가)와 (나)에 의하면, 진청학원의 설립 과정에 대해 약간의 차이를 보이고 있다. 첫째는 설립일이다. (가)는 1928년 5월 5일이고, (나)는 5월 1일이다. 이에 대해서는 (가)의 내용이 진청학원 설립 당시의 신문기사였다는 점에서 진청학원의 설립일은 1928년 5월 5일로 보는 것이 타당하다고 판단된다. 두 번째는 설립 주체가 누구인가 하는 점이다. (가)는 '진위청년회'이고 (나)는 '서울로 통학을 하던 중학생 4, 5명'이었다. 이에 대해서는 (나)의 내용이 좀 더 구체적이고, "조조(早朝) 4시경(四時頃)에 상경하여 종일토록 공부하고 오후 7시경(七時頃)에 돌아와 야학(夜學)에 가서 가르치다가 숙면부족(熟眠不足)으로 불귀(不歸)의 객(客)이 되었다"[57]는 기록으로 보아 진청학원의 시작은 서울로 통학하던 중학생들이었다. 진위청년회는 처음에는 교육을 할 수 있는 장소를 제공하였다가 예상 외로 성적이 좋고, 중학생들이 비용을 감당하기 어려워짐에 따라 이를 인수하였다고 판단된다.

진청학원 설립 당시 학생 수는 120여 명이었지만, 6개월 후에는 3백여 명으로 늘어날 정도로 확장되었다. 진청학원의 학제는 3년제였으며 5학급으로 운영하였다. 그러나 진청학원을 유지하는 데 가장 큰 어려움은 학생 모집보다도 운영비였다. 진청학원의 운영비는 진위청년회의 순회공연을 통한 약간의 수입과 기부금으로 유지하였다. 이 때문에 진위청년회는 진청학원 운영비를 마련하기 위해 여러 가지 활동을 전개하였다. 그중의 하나가 소인극 공연이다. 소인극 공연은 처음에는 청년회 혁신 1주년을 기해 공연하였던 것

56 平澤 一記者,「振靑學院을 支持하라」,《동아일보》 1932년 9월 28일자.
57 平澤 一記者,「振靑學院을 支持하라」,《동아일보》 1932년 9월 28일자.

인데, 이후 진청학원뿐만 아니라 야학부의 운영비를 확보하기 위한 방법으로 이용하게 된 것이다. 이 외에도 전국을 순회공연하는 연극단과도 연계하여 운영비를 마련하였다. 마침 민예극단(民藝劇團)이 평택에서 공연을 계획하자, 진위청년회는 이를 기회로 1931년 10월 6일부터 8일까지 3일간 공연을 주최하였다. 민예극단은 160원의 수입금 중 90원을 진청학원에 기부하였다.[58] 또한 평택공립보통학교 학부형회에서도 1백 원을 기부하였다.[59]

그럼에도 불구하고 진청학원의 경제적 어려움은 여전하였다. 더욱이 학생 수가 늘어나자 진위청년회는 진청학원 운영비를 감당할 수가 없어서 적은 비용이지만 수업료를 받을 수밖에 없었다. 설립 초기에는 무상으로 교육을 하였지만 1932년부터 월 12전의 수업료를 받기로 하였다. 이로 인해 수업료를 납부할 수 없는 학생들은 중도에 그만둘 수밖에 없었다. 따라서 학생 수도 줄어들게 되었다. 1932년 하반기 학생 수 현황을 보면 〈표5〉와 같다.

〈표5〉 수업료 징수 이후 진청학원 학생 수 현황

월별	학생수	수업료 미납 학생 수	중퇴 학생 수
1932년 4월	264명	8	42
1932년 5월	204명	17	21
1932년 6월	183명	39	23
1932년 7월	160명	75	19
1932년 8월	141명	102	21
계			126

58 《동아일보》 1931년 10월 15일자, 「진청학원 위해 동정 연극 개최」.
59 《동아일보》 1932년 5월 18일자, 「진청야학원에 백원을 기부」.

〈표5〉에 의하면, 3백여 명이었던 학생 수가 수업료를 받기로 한 이후인 1932년 4월에는 264명으로 줄었으며, 8월에는 141명에 불과하였다. 수업료를 제대로 납부하지 못하는 학생 수는 점차 늘어갔으며, 부득이 중도에 학업을 그만두는 학생 수도 늘어나 8월까지 126명에 이르렀다.[60]

이처럼 상황이 악화되자 진청학원의 처지를 알리고 지원을 당부하는 「진청학원을 지지하라」[61]는 글을 신문에 기고하기도 하였다. 이에 무명의 한 노동자가 '백묵대' 3원을 기부하였고,[62] 학부형회까지 조직되었지만[63] 진청학원은 1933년 부득이 문을 닫을 수밖에 없었다.

평택지역의 유일한 무산아동 교육기관인 진청학원이 6년 만에 문을 닫게 되자, 진청학원을 부활시키기 위한 여론이 일어났다. 진위군청 군서기를 지낸 지역 유지 오지영은 《조선중앙일보》에 「진청학원을 살리자!」[64]라는 글을 게재하였다. 오지영은 이 글에서 평택지역에서 교육을 받을 학생은 1만여 명에 달하며, 정작 수용할 수 있는 학생은 4분의 1밖에 되지 않으므로, 비정규 교육기관이지만 그동안 무산아동의 문맹퇴치를 위해 노력하였던 진청학원을 부활시키고자 호소하였다.

이와 같은 지역사회의 여론에 힘입어 지역유지 그뿐만 아니라 노동자 등 다양한 계층에서 후원이 이어졌다. 먼저 '날품팔이 노동자'를 자처한 정경천

60 一記平澤 者, 「振青學院을 支持하라」, 《동아일보》 1932년 9월 28일자.

61 一記平澤 者, 「振青學院을 支持하라」, 《동아일보》 1932년 9월 28일자.

62 《동아일보》 1832년 12월 24일자, 「눈물겨운 백묵대 3원」. "지난 12일 본보 평택지국에는 주소 성명도 없이 일금 3원을 보내면서 당지 무산아동 교육기관인 진청야학원(眞青夜學院)에 보내 달라 하며, 떨면서 배우려는 2백여 농민무산아동의 백묵대로나마 써 달라하고 자기는 일개 무명 노동자이라고 하였다고 한다."

63 《동아일보》 1932년 9월 7일자, 「진청야학 학부형 총회」.

64 平澤 吳起泳, 「진청학원을 살리자!」, 《조선중앙일보》 1934년 4월 12일자.

(鄭敬天)은 그동안 푼푼이 모은 돈 50원을 기부하였으며, 이러한 소식을 들은 노동자 김진만(金鎭萬)도 4원을 기부하였다.[65] 이를 계기로 지역 유지인 이민훤(李敏煊)[66]은 진청학원을 인수하고 1935년 5월 6일 부활 개학식을 거행하였다. 마침내 폐교된 지 2년 만에 진청학원은 다시 개교하였다.[67] 부흥 진청학원 개학식 날에도 기부금이 이어졌는데. 당시 상황은 다음과 같다.

> 개학식 당일에 감격을 받은 김순이(金順伊)라는 부인은 음식 영업으로 푼푼이 모은 돈 十원을(기부한 것을-필자 주) 비롯하여 장인창(張寅昌), 유치봉(兪致鳳) 양씨도 각 五원씩을 동 학원에 기부하였다 하며, 평택에 있는 중앙, 조선, 동아 三 평택지국에서도 이를 원조하여 학원의 유지비를 보충시켜주기 위하여 三 지국의 총동원으로 동정 소인극을 불일내에 개최하기로 하였다는 바, 일반 유지의 많은 찬조를 바란다고 한다.[68]

65 《동아일보》 1935년 5월 1일자, 「날품팔이 노동자의 눈물겨운 동정금」; 《조선중앙일보》 1935년 4월 30일자, 「정경천씨 50원 희사」.

66 이민훤은 동아일보 평택지국 고문, 경기도회 의원, 평택상공회 역원, 평택금융조합 이사, 평택합동운수 이사 등으로 활동하였다. 이민훤의 창씨명은 咸豊敏煊이다. 1943년 4월 22일 평택군 읍면협의원을 추천하는 추천모체위원으로 선정되었으며, 추천의 기준은 "'國體本位에 투철해 인격과 식견이 고매하고 眞摯純正해 두터운 奉公心을 가진 인물"이었다. 『평택시사』에는 '평택중앙초등학교 전신은 진청학원이었다. 진청학원은 평택지역에서 청년운동을 전개했던 진위청년회에서 무산아동 교육을 위해 1928년 5월 개교했다. 1933년 재정난으로 문을 닫게 된 진청학원을 진위청년동맹 위원장을 지낸 이민훤이 인수해 운영했다. 진청학원은 현 중앙초등학교의 모체가 됐다. 이민훤은 평택에서 근대교육이 정착되는 데 지대한 공헌을 했다. 또한 평택향교의 전교가 돼 향교의 중수와 홍학사 비각을 비롯한 문화재 보존사업, 유교사상 확립을 위한 사업에도 각별한 노력을 기울였다. 한 개인에 대한 송덕비가 3기가 건립된 것은 평택지역에서 이민훤이 유일하다."고 기록하고 있다.

67 《동아일보》 1935년 5월 9일자, 「폐쇄 2년 만에 진청학원 부흥」; 《조선일보》 1935년 4월 24일자, 「진청학원 서광」.

68 《동아일보》 1935년 5월 9일자, 「폐쇄 2년 만에 진청학원 부흥」,

이렇게 진청학원이 다시 개교하였다는 소식이 전해지자, 청주의 홍익식산 주식회사에서 백묵 대금 1백 원을 희사[69]한 것을 비롯하여 화류계의 차옥선이 5원,[70] 김호근은 척사대회의 수익금 150원,[71] 인천의 강익천이 1백 원[72]을 각각 기부하였다. 이후 진청학원은 안정적으로 운영되었지만, 진위청년회와의 관계는 사실상 정리되었다고 할 수 있다.[73]

4. 맺음말

이상으로 일제강점기 평택지역의 대표적인 청년단체인 진위청년회의 조직과 활동을 살펴보았다. 이를 정리하는 것으로 맺음말을 대신하고자 한다.

3·1운동 이후 식민 지배 정책의 변화로 각지에서 청년단체를 비롯하여 각종 사회단체가 조직되었다. 3·1운동 이전에 일부 지역에서는 이미 청년들이 중심이 되어 여러 단체를 조직하는 경우도 있었다. 이러한 청년들의 움직임은 평택지역에서도 일어났다. 평택지역의 청년단체 조직은 1917년 결성된 진위청년체육구락부가 시초가 되었다. 건전한 체육활동을 목적으로 조직된 체육구락부는 3·1운동 이후 1921년 5월 진위청년회로 재조직되었다. 진위청

---

69 《동아일보》 1935년 6월 1일자, 「백묵대로 기부」; 《조선중앙일보》 1935년 5월 31일자. 「학원에 백원 기부」.

70 《동아일보》 1936년 1월 16이자, 「이런 작부도 있다」.

71 《동아일보》 1936년 2월 4일자, 「김호근의 특지」; 《조선일보》 1936년 2월 7일자, 「진청학원에 동정금」. 《조선일보》에는 김호근이 125원 98전을 기부하였고, 이외에 김호가 10원, 이익훈이 5원, 김영삼이 3원 등 143원 98전을 기부하였다고 밝히고 있다.

72 《조선중앙일보》 1936년 1월 17일자, 「진청학원에 1백 원 희사」.

73 이후 진청학원은 1937년 校舍와 운동장을 확장하면서 해방될 때까지 유지되었다. 1937년 4월 200여 평의 운동장을 신설하였고, 1939년 6월에는 통복리에 1500평을 확보하여 신교사 상량식을 가졌다. 그렇지만 1940년 이후에는 국방헌금과 도로공사 등에 동원되기도 하였다. 진청학원은 해방 후에는 현재 평택중앙초등학교로 명맥을 이어오고 있다.

년회는 1930년대 초 진위청년동맹으로 조직체를 전환하였다. 다만 진위청년동맹의 실제적 활동을 거의 하지 못한 채 명맥만 유지한 것으로 보인다.

진위청년회의 활동은 다섯 가지로 정리할 수 있다.

첫째는 조직을 유지하기 위한 내부 사업이다. 이는 청년회를 유지하기 위한 기본적인 활동으로 회원을 유지하고 일정한 월연금 즉 회지를 징수 등의 사업이다. 회원을 확장하기 위한 노력도 없지 않았지만 활동한 무대가 평택역을 중심으로 한 한계로 인하여 크게 확장되지는 못한 것으로 보인다. 노동운동과 농민운동의 경우 서정리를 중심으로 전개하였다는 점에서 진위청년회의 활동은 지역적으로도 매우 제한적이라고 할 수 있다.

둘째는 지역에서의 사회 사업이다. 이는 주로 청년회 조직 초기에 전개되었던 활동으로 대표적인 것으로 보통학교 학생의 연합운동회를 개최한 바 있다. 운동회는 진위청년회 결성의 목적을 보여주는 중요한 활동으로 평가된다. 이 외에도 청년회는 척사대회를 개최하여 지역 사회에 활력을 불어넣고자 하였다.

셋째는 대외 사업이다. 이는 당시 대부분 청년회와 대동소이한 활동이었지만, 조선청년총동맹과 조선청년당에 가입하여 연대 활동을 전개하고자 하였다. 이러한 대외 사업으로 조선청년총동맹의 순회강연을 평택에서 개최할 수 있었다. 그렇지만 이 순회강연은 도중 중지를 당하였고, 이후 한때 청년회 활동에 위축을 가져오는 사건이 되었다.

넷째는 체육행사다. 체육행사와 관련해서는 앞서 언급한 바와 같이 운동회와 척사대회를 개최하였지만 본격적인 체육행사로 중선정구대회를 주최하였다. 중선정구대회는 평택소년회에서 시작한 것이지만 이를 인계받아 1920년대 중후반에 진위청년회에서 주최하였다.

다섯째는 교육 사업이다. 청년회의 교육 사업은 야학부와 진청학원 운영에 집중되었다. 초기에 야학부로 운영하던 것을 평택지역 무산아동의 유일한 교육기관으로 평가받고 있는 진청학원으로 발전시켰다. 초기에 120여 명의 정원이던 진청학원은 6개월 만에 300여 명으로 늘어남에 따라 운영비가 늘 부족하였다. 이에 진위청년회는 소인극 공연을 통해 경비를 마련하는 한편 지역유지들로부터 기부금을 모아 충당하였다. 그럼에도 불구하고 진청학원은 경영난으로 1933년 문을 닫을 수밖에 없었다. 지역 여론의 도움으로 진청학원이 다시 개교하였지만, 지역유지인 이민훤이 이를 인수함으로써 진위청년회의 교육 사업은 사실상 종료되었다. 그렇지만 진위청년회는 진청학원이 유지될 수 있도록 적극적인 후원을 지속하였다.

진위청년회는 일제강점기 1920년대 평택지역을 대표하는 청년단체로서 활동하였다. 청년회 임원뿐만 아니라 회원 역시 지역의 유지들이었다. 일제 식민기관인 면사무소 면장을 포함하여 교원, 지역 상공인, 지역 언론인 등으로서 경제력도 상당한 계층이었다. 이들은 청년회를 통해 평택지역의 여론과 경제활동의 중심 역할을 하였다. 그러나 1930년대 전시체제가 전개되면서 일제식민 지배에 협력하는 경우도 없지 않았다.

평택지역의 청년운동은 지역적으로 평택역 일대와 서정리역 일대로 양분되었다. 평택역을 중심으로 한 청년운동은 진위청년회가 주도하였으며, 서정리역 일대는 서정리노동조합 등 사회주의 영향을 받은 청년들 중심으로 전개되었다. 특히 남상환 등이 중심이 되어 전개한 수진농민조합사건과 관련하여 진위청년회의 주요 인물들이 참여하지 않았다는 점에서 진위청년회는 상대적으로 보수적이고 체제 안정적인 틀을 도모한 것으로 보인다. 다른 측면에서 본다면 진위청년회를 통해 자신들의 지역적 영향력을 확대해 나간 것이 아닌가 하는 평가도 할 수 있다.

제2부

근대 평택인과 민족운동

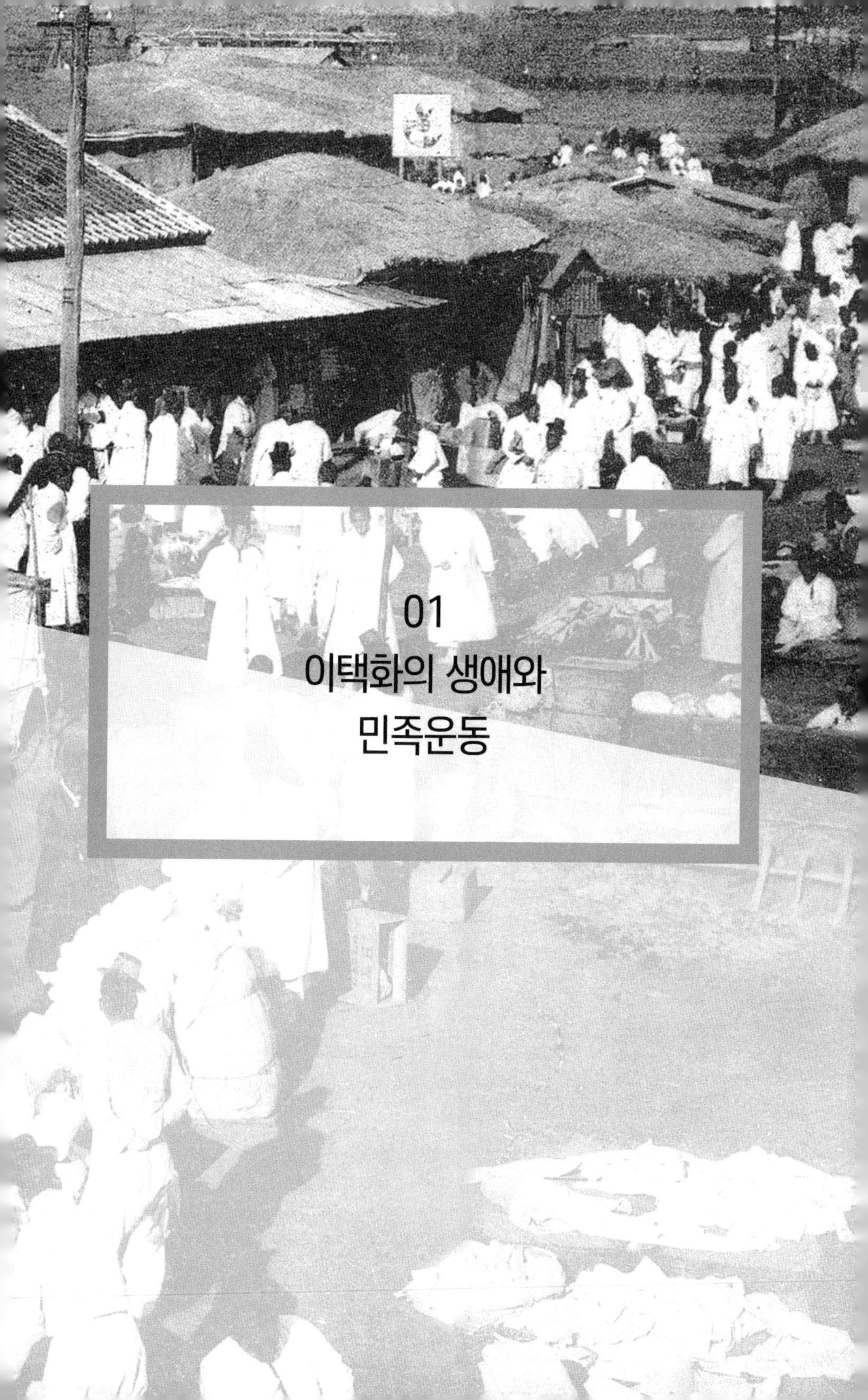

01
이택화의 생애와 민족운동

1. 출생과 성공회 입교

이택화(李宅和, 1884~1974, 호 橋雲)는 청년혁명가들에 의해 갑신정변이 일어나던 해인 1884년 11월 15일 경기도 진위군 오성면 양교리 150번지(현 평택시 오성면 양교리)에서 태어났다. 양교리는 한내천과 서해를 사이에 둔 해안지역에 자리하였다. 현재는 간척으로 해안으로부터 멀리 떨어져 있지만, 그가 태어날 당시만 하여도 서해는 그리 멀지 않은 곳이었다. 바다를 면한 벽촌이면서도 오봉산과 한내천을 사이에 둔 반농반어의 촌락이었다.

이택화의 가계는 조선 왕조와 연을 맺고 있다. 본관은 전주이며 능원대군파(綾原大君派)이다. 파조 능원대군(綾原大君) 이보(李俌)는 인조의 아우이다. 능원대군파 족보에 의하면 이택화의 계보는 다음과 같다.

> 인조 → 능원대군(이보) → 영순군(李유) → 파흥순(이애) → 광릉군(이·) → 이후도(李厚燾, 1706-1756) → 이응현(李應鉉, 1743-1816) → 이제억(李濟億, 1789-) → 이택화(李宅和, 1884-1974)

이택화는 아버지 이제억과 어머니 상주 황씨와의 사이에서 2남 중 차남으로 태어났다. 어려서부터 영민하였던 그는 의협심이 강하였고 근면 성실하였다고 한다. 지역 주민들은 '심성이 선량하고 충직하였던 것'으로 기억하였다. 일찍이 서당에서 한학을 수학하였다. 어려서 배운 한학은 해방 후 일기를 한시로 쓸 정도로 뛰어났다.

이택화는 22세 되던 1906년 성공회에 입교하였다. 그가 성공회에 입교한 것은 어려서 한학을 통해 유교를 익혔지만 새로운 문명에 대한 갈망이 컸기 때문인 것으로 추정된다. 당시 성공회를 비롯하여 천주교, 기독교 등 서양종교는 신문명을 앞세워 근대적인 위생과 교육 등을 전파하였다. 그리고 이를 포교의 수단으로 활용하기도 하였다. 성공회에 입교한 이래 이택화는 일생을 성공회 신자로, 그리고 전도사로 전도 활동과 봉사에 전념하였다.

성공회가 우리나라에 처음 전래된 것은 1880년대이다. 성공회는 두 갈래로 전래되었다. 하나는 일본을 경유한 것이고, 다른 하나는 중국으로부터였다. 처음으로 한국에 성공회의 선교를 주장한 인물은 일본 성공회의 개척자 쇼(Alexander Croft Shaw)인데, 그는 1880년 일본인 전도사를 한국에 파견하여 한국어를 배우게 하면서 한국 선교를 준비하였다. 동시에 성공회 해외복음 전도협회에 한국 선교를 담당할 주교와 성직자 파견을 요청하였다. 그러나 쇼의 이러한 구상은 시기상조라고 하여 받아들여지지 않았다. 그럼에도 불구하고 쇼는 한국 선교에 관한 일을 지속적으로 추진하였다.

중국쪽 성공회에서도 적극적으로 한국 선교를 준비하였다. 그 계기는 중국 복주(福州)에 있던 교회선교회의 책임자 울프(J.R. Wolfe)가 우연히 한국 선교를 떠났던 알렌(H.N. Allen)을 나가사끼(長崎)에서 만나 동행하여 한국을 방문하게 된 일이다. 울프는 짧은 한국 방문을 통해 여러 가지 비합리적인 일이 일상적으로 일어나는 것을 보고 성공회 선교의 필요성을 느끼고 남중국선교회 총회에서 그 당위성을 역설하였다. 이때 한국 선교의 필요성은 인정받았으나 실제 선교가 시작된 것은 1885년 11월 영남지역을 중심으로 유림들과 의견을 교환하면서 성공회의 신앙에 대해 설명하면서부터다.

이와 같은 노력에 의해 1887년 2월 데이비스(Henry Davies)가 최초로 성공회 한국 선교사로 자원하였으며, 또한 이해 북중국의 스코트(Scott) 주교와 일본의 비커스테드(Bickersteth) 주교가 함께 부산지역을 중심으로 한 선교 가능성을 타진하였다. 그 결과 스코트와 비커스테드는 즉각 한국에 성공회 선교부를 설치할 것을 캔터베리 주교에게 청원하였다. 이에 한국 선교의 책임을 맡은 코프(Charles John Corfe, 한국명 고요한)는 1889년 11월 1일 한국으로 출발하였다. 이로써 공식적으로 성공회의 한국 선교가 시작되었다.[1] 이후 제물포를 비롯하여 서울, 강화 등지를 중심으로 성공회 선교가 본격적으로 전개되었다. 이를 계기로 성공회는 평택을 포함한 경기남부지역까지 확장되었다.

평택지역에 성공회가 선교되기 시작한 것은 1905년경이었다. 이에 앞서 성공회는 인천, 서울, 강화에 이어 네 번째로 수원을 선교 대상지로 선정하였다. 이에 수원을 포함한 경기남부지역을 선교사 브라이들(부재열) 신부가 총괄하고, 그 이남 지역의 선교를 김우일 신부와 구세실 신부가 각각 맡았다. 이들의 선교 진로는 평택을 거쳐 한쪽은 안중, 둔포, 백석포의 남서쪽으로, 또 한쪽은 천안, 병천, 진천, 청주의 동남쪽으로 이어졌다. 이와 같은 선교 진로는 도로 사정이 좋지 않던 당시로서는 선택의 여지가 없는 것이기도 하였다. 1904년부터 선교가 시작된 수원에 성공회 성당이 건립된 것은 1905년 12월 25일이다. 수원을 기점으로 성공회의 선교는 진위, 평택, 아산, 천안으로 그 영역을 확대하였다.

1905년 수원교회가 설립됨에 따라 평택지역에서도 본격적으로 성공회 선교가 진행되었다. 1905년경부터 평택지역에 선교하기 시작한 성공회는 1906년 팽성읍 객사리에 '성 요한교회'를 설립하기에 이르렀다.[2] 당시 객사리는 김

---

1 이재정, 『대한성공회백년사』, 대한성공회출판부, 1990, 28-32쪽.

2 『대한성공회 평택교회 40년사』, 대한성공회 평택교회, 2008, 40쪽.

인순 전도사가 선교 책임자로 활동하였는데, 평택지역에서 가장 먼저 설립된 성 요한교회는 초가(草家) 양식의 한옥 건물로 그의 사택으로 겸용하였다. 성 요한교회는 선교 방안으로 신문명을 전파하기 위해 신명학교(新明學校)를 세우고 아동교육에 나선 것뿐만 아니라, 일반 교인을 대상으로 신학문을 보급하였다. 이로 인해 평택지역은 성공회의 교세가 점차 발전하게 되었다.

또 1908년에는 진위면 산직말에 '성 베드로성당'이 설립되었다. 성 베드로성당은 김아타나시오 전도사의 독특한 선교 방식으로 교세를 확립하였다. 김아타나시오 전도사는 십자가를 등에 지고 다니면서 선교 활동을 하였다. 처음에는 이상하다고 호기심을 보이기 시작한 주민들은 점차 김아타나시오의 진정성을 이해하고 성공회에 입교하기에 이르렀다. 이와 같은 독특한 선교 활동으로 성 베드로성당은 빠른 시일 내에 지역주민과 동화되어 갔다.

또 1908년에 칠원리에도 성공회 교회가 설립되었다. 칠원리는 현재 평택과 안성의 경계를 이루는 지역으로 성공회 초대 한인 신부였던 김인순이 태어난 곳이다. 칠원리에는 초대신부 김인순의 세례명을 따서 성 바나바교회가 설립되었고,[3] 1911년에는 소학교를 세워 교육운동에 적극 나섰다. 이 외에도 1909년 진위에 성모마리아교회가 설립되었다. 이로써 1905년에 시작한 평택지역 성공회는 1910년까지 성 요한교회, 성 베드로교회, 성 바나바교회, 성모마리아교회 등 4개의 교회가 설립되어 어느 지역보다도 활발하게 성공회의 조직이 안착하였다. 여기에는 지역주민의 신문명에 대한 갈망과 성공회 전도사의 적극적인 선교 활동, 그리고 학교설립 등 근대 교육활동이 크게

---

3 『종고성교회월보』 2호, 1908.8, 17쪽. 이 책에는 다음과 같이 기록되어 있다. "5월 26일에 조 신부와 부 신부가 진위 새말에 가서 신축할 성당을 개안할 때 성 바마바 성당이라 하고, 조 신부께서 교인들을 권면하여 설교하시고 당일에 10여 인이 망세입 안례를 행하다."

작용한 것으로 판단된다.

한편 평택지역에 성공회가 크게 발전하자 인접한 천안지역에서도 성공회 선교가 활발하게 전개되었다. 당시 천안지역 선교책임자는 부재열 신부였다. 부재열 신부의 원명은 브라이들(George Alfred Bridle)이다. 부재열은 1870년 3월 영국 피터스휠드에서 태어나 성선교회에서 신학을 공부하였고, 1900년 서울에서 사제서품을 받았다. 이후 수원을 비롯하여 경기남부지역을 중심으로 1904년부터 1907년까지 선교 활동을 하였다. 부재열 신부는 평택에서 성환, 직산을 거쳐 천안 시내로 들어가는 초입인 성환읍 부대리를 선교 거점으로 정하고 1906년에 이곳에 부대리교회를 세웠다.

이처럼 성공회의 선교가 평택지역과 천안지역까지 확산되는 가운데 평택 오성면 양교리에서 생활하던 이택화는 1906년 부대리교회에서 성공회에 입교하였다. 입교 후 이택화는 양교리에서 90여 리 정도 떨어진 부대리교회에서 신앙생활을 시작하였다. 이택화가 집에서 비교적 가까운 평택지역의 성공회교회를 두고 멀리 떨어져 있는 부대리교회에서 성공회에 입교를 한 이유는 아직까지도 명쾌하게 설명하기는 어렵다. 다만 부재열 신부의 인품이 크게 영향을 미치지 않았을까 추정된다.

이후 이택화는 구세실 신부와 조마가 주교의 인도로 독실한 성공회 신자가 되었다. 구세실 신부의 원명은 쿠퍼(A.C Cooper)이다. 구세실 신부는 1882년 영국에서 출생하였으며, 캠브리지의 크리스티대학에서 신학수업을 받았다. 1905년 부제서품과 1907년 사제서품을 받은 구세실 신부는 웨스트 하트풀의 성 오스왈드교회에서 잠시 목회 활동을 하다가 몽고메리 주교 추천으로 한국에 오게 되었다.[4] 이후 1908년부터 수원과 평택지역을 중심으로 성공

4 이재정, 『대한성공회백년사』, 대한성공회출판부, 62쪽.

회를 지도하였다. 조마가 주교의 원명은 트롤로프(M.N Trollope)이다. 조마가는 1862년 3월 영국 런던에서 출생하였으며 1881년 옥스퍼드대학교의 뉴칼리지에서 MA를 받았고 1887년 노르위치 교구 대성당에서 부제서품, 그리고 이듬해 1888년 사제서품을 받았다. 1891년 3월 선교사업을 목적으로 한국에 들어왔다가 1901년 영국으로 돌아갔다. 영국에서 10년 동안 활동한 후 조마가는 1911년 다시 한국으로 돌아와 성공회 발전에 기여하였다.

구세실과 조마가의 종교적 인품과 성실함은 1906년에 입교한 이택화에 적지 않은 영향을 주었다. 이들로부터 신앙생활의 가르침을 받은 이택화는 성공회 신자로서 지역주민들로부터 추앙을 받기 시작하였다. 1907년 12월 평택지역에서 성공회 신자 18명이 견진성사를 받았는데, 독실한 신앙생활을 하였던 이택화도 '견진성사'를 받았을 것으로 보인다.

평소 신앙생활에 투철하였던 이택화는 전도사로 활동하면서 평택지역에 교회를 확장하는데 진력하였다. 1927년에는 청북면 덕우리(현 안중읍)에 덕우리교회를 설립하였다. 덕우리교회는 광산 김씨의 소유였던 99칸 기와집의 세 번째 행랑채를 사들이고 내부를 수리한 다음 성당으로 사용하였다. 이후에도 이택화는 교회 설립에 주력하였다. 이택화가 안중읍내 각지에 교회를 설립하고자 하였던 것은 무엇보다도 교통의 불편함 때문이었다. 안중은 평택으로부터 서쪽에 치우쳐 있을 뿐만 아니라 자연적으로 형성된 마을이 군데군데 떨어져 있어 교인들이 모이기가 불편하였다.

교통이 발달하지 못한 상황에서 교인이 쉬이 함께 모일 수 있는 장소가 필요하였던 것이다. 더구나 교인이 점차 늘어남에 따라 기존의 덕우리교회도 협소하여 불편함이 없지 않았다. 이에 이택화는 1934년 안중읍내에 3천여 평의 대지를 마련하여 안중교회를 설립하는 데 앞장섰다. 안중교회가 설립된 이후 안중읍내의 성공회 신자들은 선교사업의 일환으로 안중고등공민학교를 세우고 배움에 굶주렸던 학생들에게 공부할 수 있는 기회를 제공하였다. 그뿐만 아니라 1936년에는 안중교회의 지교회로 현덕면에 구진개교회, 서탄면 하리에 '성 힐다교회'를 설립하였다. 특히 성 힐다교회는 구세실 주교가 축성을 주도하였다.

이처럼 안중 지역에 성공회 교회가 잇따라 세워짐에 따라 어린이를 위한 교육기관을 설립하기도 하였다. 특히 객사리교회와 안중교회는 유치원 등 아동교육기관을 운영하였는데, 이는 이 지역 선교 활동에도 많은 도움이 되었다. 이택화는 단순히 개인의 기복을 위한 신앙을 하기 보다는 지역사회 발전과 교육운동에도 크게 기여하였던 것이다.

2. 3·1운동 참여와 군자금 모금 활동

평택지역의 3·1운동은 3월 9일 만세시위를 시작하여 4월 10일까지 약 1개월 동안 전개되었다. 기존연구에 따르면 5,800여 명이 참가하였을 정도로 치열하게 전개되었다.[5] 이 정도라면 주민 대부분이 만세운동에 참여하였다고 볼 수 있다. 그렇다면 이택화도 당시 만세운동에 당연히 참여하였을 것으로 판단된다. 왜냐하면 당시 30대의 청년으로 독실한 성공회 신자이며, 이후 독립군자금 모금에 직접 참여한 이력도 있는 만큼 3·1운동에 참여했다고 보는 것이 합리적이기 때문이다. 이택화는 오성면 양교리에서 생활하였기 때문에 청북면과 이웃한 오성면, 그리고 안중면에서 전개한 만세운동에 참여하였을 것이다.

그렇다면 이택화가 살던 오성면을 비롯하여 평택 서부지역의 3·1운동에

---

5 김방, 「평택지방의 3·1독립만세운동」, 평택항일독립운운동사 세미나 자료집, 2008, 5쪽.

대하여 살펴보자.

평택지역에서 처음으로 만세시위가 전개된 곳은 현덕면이다. 현덕면에서는 3월 9일 밤 각 마을마다 일제히 산에 올라가 불을 놓고 만세를 불렀다.[6] 이를 계기로 3월 11일 이도상, 목준상, 심헌섭, 한영수, 안종철, 안충수 등의 주도로 평택읍내에서,[7] 3월 31일[8] 북면 야막리와 봉남리에서,[9] 이어 4월 1일에는 평택역에서 가장 규모가 크고 치열하게 만세운동이 전개되었다. 이날의 만세운동에 대해 일제는 당시의 상황을 다음과 같이 기록하였다.

> 1일 밤 평택 부근의 폭민 10團이 그 인원 3천 명이 평택(역)으로 몰려오자 해산을 명령하였지만 폭행을 감행하고 완강히 저항하자 이를 막기 위해 보병과 협력하여 발포로 해산시켰는데, 폭민 사망 1명, 부상자 4명이 났다.[10]

4월 1일의 만세시위는 이날 밤 9시 50분쯤 병남면 평택역 서쪽 10여 정보 떨어진 곳에서 시작된 만세시위를 신호로 각 지역의 산 정상에서 잇따라 시위가 이어졌다. 서면과 부용면에서는 시위대가 평택쪽으로 이동하다가 안성천교 부근에서 만세시위를 하였고, 송탄면과 고덕면에서도 시위를 시도하였

---

6 이병헌, 『3·1운동비사』, 시사시보사출판국, 1959, 879쪽.

7 《매일신보》 1919년 3월 13일자; 「독립운동에 관한 건」(제13보), 고제6763호, 1919년 3월 12일자; 김정명, 『조선독립운동』 I (민족주의운동편), 原書房, 1967, 352쪽; 강덕상, 『3·1운동』(1), みすず書房, 1967, 305쪽.

8 북면의 만세운동은 이용락은 3월 11일, 이병헌은 3월 21일, 일제 측 기록은 3월 31일로 각각 기록되었다. 그런데 북면 만세운동은 이들 날짜에 각각 전개된 것이 아니라 3월 31일에 전개된 것으로 보인다.

9 《매일신보》 1919년 4월 3일자; 이용락, 『3·1운동실록』, 415쪽; 이병헌, 『3·1운동비사』, 880쪽.

10 「극비 독립운동에 관한 건」(제35보), 고제9808호, 1919년 4월 2일자; 김정명, 『조선독립운동』 I, 489쪽; 강덕상, 『3·1운동』(1), 344쪽.

다. 이처럼 평택읍내를 비롯하여 각지에서 만세시위가 산발적으로 전개되자 진위경찰서는 시위대를 향해 총격을 가하면서 해산시켰다. 12시경에서야 만세시위가 진정되었는데, 이 과정에서 4명이 희생되었고, 부상자가 10여 명에 달하였다.[11] 고덕면에서는 율포리 주민 5백여 명이 만세시위를 하였다.[12] 또한 일제 경찰은 야간출입을 통제하였고, 일인 등은 다음날인 4월 2일부터 철시하였다.[13]

이날 만세시위에 호응하여 청북면에도 본격적으로 만세운동을 전개하였다. 안육만과 김원근이 이날 밤 백봉리 행길에서 만세시위 참여를 독려하였으며, 이에 호응하여 최만화, 안희문, 황순태, 정수만, 홍기성 등이 앞장서서 주민들을 불러 모아 뒷산에서 만세시위를 전개하였다.[14] 이어 4월 3일 오성면에서 김용성(金容成), 공재록(孔在祿), 이사필(李思弼) 등은 주민들과 함께 봉오산에 봉화를 올리며 만세시위를 하였다.[15] 이 밖에도 5월 10일 평택지역 서해안 일대에서 수천 명의 군중이 만세를 부르고 주재소를 습격하였다[16]는 기록도 있다.

이와 같이 이택화가 살고 있던 평택의 서부지역에서 만세운동은 수차례, 그리고 격렬하게 전개되었다. 그런데 3·1운동은 다양한 계층의 민중들이 참여하였기 때문에 이들의 실상을 일일이 확인할 수 없다. 이택화의 경우도 언

---

11 이병헌, 『3·1운동비사』, 880-881쪽; 이용락, 『3·1운동실록』, 415-416쪽. 이용락의 『3·1운동실록』에는 고덕면에서 9명, 평택읍에서 5명, 서탄면에서 4명이 죽었고, 부상자가 6,70명이었다.

12 『한국민족운동사료』(3·1운동편 기2), 국회도서관, 1977, 372쪽.

13 《매일신보》 1919년 4월 5일자.

14 「최만화 등 6인의 판결문」; 『독립운동사자료집』 5(3·1운동 재판기록), 408-409쪽.

15 「김용성 등 3인의 판결문」; 『독립운동사자료집』 5(3·1운동 재판기록), 409-410쪽.

16 『신한민보』 1919년 6월 24일자.

제 어떻게 만세운동에 참여하였는지를 분명하게 확인할 수는 없지만 3·1운동 기간 대부분의 주민들이 참가한 사례를 볼 때, 이택화는 오성과 안중 지역에서 전개한 만세운동에 참여하였던 것으로 추정할 수 있다. 일제 식민지 지배에 대해 불만을 가지고 있었던 이택화는 누구보다 먼저 만세운동에 참여하였을 것이다. 더욱이 3·1운동 직후 독립운동 군자금 모금에 직접 참여한 것은 3·1운동에 참여 후 결심을 굳혔으리라 본다.

한때 이택화는 대한민국 임시정부에 참여코자 중국으로 망명하려고 하였으나 뜻을 이루지 못했다. 당시 가족의 생계를 책임지고 있는데다 더욱이 부모와 형제가 있는 조국을 떠난다는 것은 결코 쉬운 결정은 아니었다. 여러 번 고민을 하다가 결국 고향에서 임시정부를 도울 수 있는 방안을 모색하기로 하였다. 이택화는 상하이에 수립된 대한민국임시정부의 독립운동에 필요한 군자금 모금에 적극 참여하였다.

이러한 기회를 제공한 인물이 부대리교회의 전도사 강희선이다. 강희선은 당시 평택지역 성공회 전도사로 활동하고 있었다. 강희선 역시 일찍이 성공회에 입교하여 독실한 신앙생활을 하였다. 그러던 중 1905년 10월 한국인 전도사 양성학교에 입학하였다. 전도사 양성을 위한 첫 교육은 서울을 비롯하여 강화, 수원, 평택, 아산 등지에서 10여 명이 참가하였다. 1908년 7월 약 3년 과정을 마치고 강희선은 첫 한국인 교사[17]로 선임되어 평택지역에서 선교활동에 종사하였다.[18] 이택화와 강희선은 평택과 진위를 중심으로 성공회 교세를 확장하기 위해 선교 활동을 하면서 자연스레 긴밀한 관계가 되었다. 이

---

17 당시 한국인 전도사들은 전도사(Cathechist)와 교사(Teacher)로 구분하였다. 전도사 양성교육에 참여하였던 이들은 이미 전도사로 활동하고 있었기 때문에 전도사(Cathechist)보다 한 단계 높은 교사(Teacher)로 임명되었다.

18 『대한성공회 백년사(1890-1990)』, 대한성공회 출판부, 69-70쪽.

에 따라 일제의 식민지 지배에 대한 불만도 허물없이 주고받을 수 있는 신뢰 관계가 형성되었다.

3·1운동 이후 국내외의 여러 지역에서는 독립운동을 좀 더 적극적으로 수행하기 위해 임시정부 수립운동이 추진되었다. 3월 21일 러시아 연해주에서 수립된 대한국민의회를 비롯하여 서울의 조선민국임시정부와 한성정부, 중국 길림의 고려임시정부, 평안도의 신한민국정부, 중국 상하이의 대한민국임시정부 등이 그것이다. 이처럼 각지에서 수립된 임시정부는 독립운동의 일원화를 위해 1919년 4월 13일 상하이의 대한민국임시정부로 통합되었다. 상하이임시정부 설립은 대한민국 건국을 의미하지만 실제로 정부로서의 틀을 유지하고 독립운동을 이끌어가기에 많은 과제를 안고 있었다. 무엇보다도 시급히 해결할 일은 임시정부를 운영하고 독립운동을 지원할 자금의 부족이었다. 이에 따라 국내에서는 독립운동을 위한 군자금 모금운동이 대대적으로 전개되었다. 평택에서는 현재까지 알려진 바로 이택화와 오창선이 인천 출신의 안구현과 함께 군자금 모금운동에 참여하였다.

전국 각지에서 독립운동 군자금 모금이 전개되고 있음을 당시 신문을 통해 알게 된 이택화는 이 운동에 참여할 것을 결심하였다. 당시 이택화가 볼 수 있었던 신문은 조선총독부 기관지였던 《매일신보》가 유일하였다. 《매일신보》는 조선총독부의 언론 통제를 받고 있었지만 각 지역의 3·1운동 동향과 군자금 모금에 대하여 상세하지는 않았지만, 그 흐름은 파악할 수 있는 정도로는 내용이 소개되었다. 당시 군자금 모금은 강도사건 등으로 부정적인 인식을 갖도록 조작되어 게재되었다. 그렇지만 이러한 조작된 강도사건은 군자금 모금 사건임을 이택화는 알고 있었다.

이택화는 1919년 말 당시 부대리교회의 전도사 강희선[19]에게 자신의 심중을 밝히고 같이 참여하기를 권유하였다. 그렇지만 전도사라는 성직자로서 강희선은 직접 참여하기보다는 임시정부의 동향에 대하여 자세하게 설명하는 한편 보이지 않는 측면에서 지원해 주기로 하였다. 즉 강희선은 상하이임시정부 요원으로 활동하고 있던 인물을 이택화에게 소개해 주었다. 이택화는 이 요원으로부터 우리나라 독립운동의 필요성과 임시정부의 활동사항, 그리고 임시정부에 재정적으로 적지 않은 어려움이 있다는 것을 들었다. 이 요원은 이택화에게 군자금 모금에 적극 참여해 줄 것을 요청하였다. 그렇지 않아도 독립운동에 참여할 기회를 엿보던 이택화에게는 기다리던 희소식이었다. 이에 이택화는 그 자리에서 군자금 모금에 참여할 것을 약속하였다. 그날 이택화는 임시정부 요원으로부터 함께 군자금 모금에 참여할 인물로 2명을 천거해 달라는 부탁을 받고 헤어졌다.

이택화는 강희선을 만나 상황을 설명하였다. 강희선은 같은 마을 양교리의 오창선(吳昌善)과 인천부 용강정에 거주하는 안구현(安九鉉)을 추천하였다. 이들은 모두 독실한 성공회 신자였다. 강희선이 이들을 추천한 것은 무엇보다도 비밀을 유지할 수 있었기 때문이었다. 이택화는 강희선으로부터 추천을 받은 오창선과 안구현에게 동의를 구할 겸 함께 자리를 하였다. 이택화는 이들에게 군자금 모금에 참여할 것을 권유하였고, 오창선과 안구현은 적극 참여할 것을 공언하였다. 이택화는 오창선, 안구현과 함께 임시정부 요

19 강희선은 1881년 5월 17일 충남 당진 출신, 1906년 4월 14일에 영세, 1906년 9월 30일에 견진성사를 받은 후 1907년부터 수원, 평택, 천안 등지에서 전도사로 16년간 활동하였다. 사제서품 후에는 수원과 인천에서 시무하였다. 뿐만 아니라 강희선은 한국에서 다섯 번째로 사제가 되었으며, 1923년 9월 25일부터 진천교회 관할사제로 시무하다가 1925년 1월 28일 유행성독감으로 운명하여 첫 별세자가 되었다.(『조선성공회보』 87호, 1925.2, 4-5쪽)

원에게 이 사실을 전달하자, 그는 임시정부 재무총장 이시영 명의로 '군자금 모금원'이라는 신분증을 만들어주었다.

당시 군자금을 모금하는 방법은 대체로 경제적으로 여유가 있는 지역 부호에게 협조를 구하는 것이었다. 그러나 일제의 감시와 탄압으로 순수하게 군자금을 내놓는 경우는 거의 없었다. 일부에서는 부호와 군자금 모금 요원 간의 사전에 협의하여 마치 강탈 당하는 것처럼 위장하여 군자금을 지원하기도 하였다. 그렇지만 대부분은 독립운동 자금 지원에 인색하였다. 따라서 강도로 위장하여 강탈하는 경우가 많았다. 이에 조선총독부에서도 군자금 모금을 강도사건으로 처리하는 경우가 많았다. 이택화와 오창선, 안구현도 군자금 모금에 부호들이 순수하게 지원하지 않을 경우 강탈하기로 모의하였다. 그리고 그 첫 번째 대상으로 진위군 오성면 숙성리 김태연(金台淵), 두 번째로 진위군 포승면 내기리 이민화(李敏和)를 선정하였다. 이택화 등은 1920년 들어 거사 계획에 만전을 기하였다.

1920년 2월 16일 밤 11시경 이택화, 오창선, 안구현은 김태연의 집에 도착하였다. 이들은 김태연의 집 주변 동정을 살펴본 후 바로 실행하기로 하였다. 오창선은 대문 앞에서 망을 보고 이택화와 안구현은 집안으로 들어갔다. 안구현은 김태연에게 임시정부 재무총장 이시영 명의의 군자금 모금 문서를 보여주었다. 이어 자신들이 임시정부에서 파견한 군자금 모금원임을 밝히고 협조해 줄 것을 요구하였다. 이에 김태연은 현금 1백 원을 즉석에서 지원하였다.[20] 김태연에 대해 구체적으로 알려진 것은 없지만 지역에서 자선사업을 할 정도로 신망이 있었다. 김태연은 군자금을 지원한 후 이해 5월 지난해 재해로 인한 극빈자 36명에게 450원과 벼 11표(俵)와 정조(正租) 6석(石)을 무상

---

20 「안구현·이택화·오창선 판결문」.

으로 배급하기도 하였다.[21]

첫 번째 모금에 성공한 이택화와 오창선은 한 번 더 군자금을 모금하기로 공모하였다. 이택화와 오창선은 1920년 3월 10일 새벽 2시경 이민화의 집으로 갔다. 지난번과 같이 집 안팎의 동정을 살핀 후 오창선은 망을 보고 이택화가 집안으로 들어갔다. 이택화는 이민화에게 안구현으로부터 받은 이시영 명의의 신분증을 보여주면서 독립운동 자금 1천 원을 제공해 줄 것을 요구하였다. 그러나 그만한 돈을 가지고 있지 않았던 이민화는 3월 19일에 다시 찾아달라고 요청하였다. 이를 믿고 일단 물러난 이택화는 3월 19일 오창선을 보내 1백 10원을 받아냈다.[22] 이로써 이택화는 두 차례에 걸쳐 김태연과 이민화로부터 2백 10원의 독립운동 자금을 모집하는 데 성공하였다.

당시 이택화 등의 군자금 모금 활동은 순수한 차원에서 전개되었다. 그렇지만 일제 측 판결문에 의하면, 장난감 권총으로 협박한 후 강탈하였다고 명시하고 있다. 이택화와 안구현은 이를 인정하지 않았다. 실상은 이택화가 군자금을 모금하면서 지역에서 신망이 있고 경제적으로 부유한 인물을 대상으로 선정하였고, 이들 역시 협조했다고 보는 것이 타당해 보인다.

이택화의 군자금 모금 활동은 이해 4월경 일제의 정보망에 발각되었다. 이날 이택화는 집 앞에 있는 우물에 물을 길러갔다가 백봉주재소에서 출동한 일경에 체포되었다. 이 사건은 당시 신문 등 언론에 보도되지 않아 구체적인 상황이 확인되지 않고 있다. 다만 판결문을 통해 이택화의 활동 내용을 확인할 수 있다. 판결문에 의하면, 군자금 모금 활동을 핑계로 가택을 침입하여 형법 제130조 및 제55조에 돈을 강취하여 형법 제236조 제1항 및 제55조에 그리

21 《동아일보》 1920년 5월 29일, 「김씨의 자선」.
22 「안구현·이택화·오창선 판결문」.

고 강도죄로 형법 제54조 및 제10조에 적용되어 징역 5년을 언도받았다. 이로 인해 이택화는 1920년 4월 28일 수감되어 1924년 11월 27일 출옥하였다. 성공회의 경우 3·1운동이나 독립운동 자금 모금 활동에 다른 종단보다 적극적이지는 않았지만[23] 교단에서는 당시의 상황을 다음과 같이 인식하였다.

> 한국의 사태에 있어서 귀하가 한국을 떠났던 때와 오늘날의 상황이 엄청나게 달라졌습니다. 만일 내가 여기 살지 않았다면 이런 변화는 불가능하다고 말했을 것입니다. 일본 군사정권의 악폐가 드러나게 되자 독립을 향한 충동이 이러한 변화를 가져오게 만들었습니다. 그리고 이것은 한국의 젊은이들에게 불행하게도 엄청난 고난을 가져오게 한 것입니다. 모든 한국의 젊은이들이 국제연합이 한국의 독립을 꼭 회복시켜 줄 것이라고 믿고 있습니다. (중략) 신문지상에는 '동양은 동양을 위하여'라는 운동이 보도되면서 확실히 반외세 감정이 고조되고 있습니다. 우리 선교부의 일에 있어서도 아주 어렵고 애끓는 한 해였습니다.[24]

이택화의 군자금 모금 활동은 3·1운동 이후 한민족이 시도했던 독립운동의 중요한 유형 중 하나라고 할 수 있다. 일제는 명치유신 이후 탈아론에 따라 서구식 군비를 갖추고, 제국주의 정책을 채택하여 한국을 침략 식민지로 삼고자 하였다. 한말부터 노골화되고 본격화한 일제의 침략은 1905년 을사늑약을 비롯하여 1907년 정미조약 등을 거쳐 1910년 8월 29일 마침내 우리나

---

23 성공회 신자로 3·1운동에 참여한 사례는 홍순복 등이 있다. 성공회가 3·1운동에 적극 참여하지 못한 것은 일제의 지배정책에 대해 선교사들의 미온적인 입장이었기 때문이다.

24 "The Bishop's Letter", MC. Vol.31, No.162(Jan. 1920), p.4;『대한성공회 백년사』, 146-147쪽 재인용.

라를 식민지로 만들었다. 그리고 지구상에서 가장 혹독한 식민 지배 정책으로 한국인을 탄압하였다. 특히 강점 이후 일제의 무단통치는 오히려 한민족으로 하여금 독립의 의지를 더욱 굳건하게 할 만큼 가혹하였다. 그 결과 1919년 3월 1일 전 민족이 참가하는 만세운동이 전개되었고, 비록 국외이지만 중국 상하이에 대한민국임시정부가 수립되었다. 대한민국임시정부는 국내에서 제공된 독립운동 자금으로 운영되었다고 할 수 있다. 그러한 점에서 군자금 모금 활동은 대한민국 임시정부를 지원하는 당시 대표적인 민족운동이었던 것이다.

전국적으로 전개된 군자금 모금운동은 평택에서도 예외가 아니었다. 평택에서의 군자금 모금 활동의 중심에 바로 이택화가 있었던 것이다. 이러한 점에서 이택화의 활동은 평택을 대표하는 독립운동의 하나라고 할 수 있다. 그뿐만 아니라 3·1운동 이후 평택지역 민족운동을 연결하는 역사적 의의도 함께 지닌다고 할 수 있다.

3. 전도 활동과 간척사업

독립운동 자금 모금 활동으로 마포형무소에서 5년간의 옥고를 치른 이택화는 1924년 11월 27일 출옥하였다. 이택화는 수형생활을 하면서도 신앙에 대한 갈망은 더욱 깊어 갔다. 어려운 일이 있으면 늘 하나님을 생각하며 이를 버텨 나갔다. 여기에는 구세실 신부의 도움이 컸다. 구세실 신부는 이택화가 옥중에 있는 동안 자주 면회를 하였고, 약해지는 신앙심을 더욱 다질 수 있게 해 주었다. 이 덕분에 이택화는 무사히 형기를 마치고 출옥할 수 있었다.

출옥 후 이택화는 고향인 양교리로 돌아왔다. 그렇지만 일제의 감시로 생활 자체가 어려웠다. 그런 만큼 주민들에게도 피해가 돌아갔다. 이에 이택화는 일제의 감시를 피하기 위해 1925년 청북면 덕우리로 이거하였다. 이택화가 덕우리에 정착하게 된 배경은 평소 교분이 있었던 박공우의 권유가 있었기 때문이다. 당시 덕우리에 살고 있던 박공우는 3·1운동을 전후한 시기부터 교분을 쌓기 시작하였다. 이후 이택화와 박공우는 어려운 일이 있으면 서로 도우며 친분 관계를 유지해 갔다. 출옥 후 이택화의 어려움을 전해 들은 박공우는 이택화에게 덕우리로 옮길 것을 권유하였다. 처음에는 망설이기도 하였으나 일제의 감시를 조금이나마 벗어나기 위해 이택화는 마침내 덕우리로 이거하기로 결심하였다. 이곳 덕우리에 성공회 신자가 적지 않았던 것도 또 하나의 이유가 되었다.[25]

덕우리에 정착한 이택화는 한동안 신앙생활에만 몰두하였다. 기존의 덕우리 성공회 신자를 중심으로 선교 활동에 진력하는 한편 새로운 교회를 설립하는 일도 적극 추진하였다. 당시 성공회의 선교 활동은 주로 마을을 돌면서 사경회(査經會)를 여는 일종의 사랑방 집회와 각 교회별로 5일에서 10일간 집중적인 공부회를 통해 전개되었다. 당시 교통이 원활하지 못하였기 때문에 이러한 사경회나 공부회에 40여 리를 걸어서 참석하는 경우도 있었다. 더욱이 1920년대 들어 성공회는 선교에 대한 입장을 다음과 같이 제시한 바 있었다.

> 현재 민중은 복음을 들으려 하지 않는다. 그는 직업적 전도사의 항다반적(恒茶飯的) 설교만 들은 까닭이다. 옛날 유다민이 서기관, 바리새류의 설교에 아무런 권위를 못 봄과 일반이다. 천래(天來) 전도자, 양심의 충동으로 설교를 아니

25 최기운 증언, 2008년 9월 6일. 증언 당시 최기운은 88세로 1920년 7월 19일에 태어났다. 덕우리에서 일생을 보낸 최기운은 이택화에 대해 소상히 알고 있다.

하면 견디지 못할 만큼 열량이 부(富)한 자의 입으로 전하는 복음이 있으면 뉘 아니 들으랴. 뉘라서 그르다 하랴. 요단 강안에 군집한 민중을 조선에서도 넉넉히 볼 수 있을 것이다.[26]

이 글에는 당시 성공회의 위기와 전도사가 앞으로 감당해야 할 시대적 사명을 분명하게 밝히고 있다. 즉 조선민중에게 전해야 할 예언자적 선언과 양심의 실천이 얼마나 중요한가를 분명하게 제시해주고 있다.

또한 전도사의 책임은 첫째, 외교인을 권면하여 고집한 마음을 끊어버리고 죄를 자복하며 참 신자가 되기를 힘쓸 것, 둘째, 교회에 입참한 자에게 상도 도리를 깨닫게 할 것이었다.[27] 이러한 전도의 사명으로 노력한 이택화는 덕우리로 이거한 이듬해 1926년 덕우리교회를 설립할 수 있었다. 당시 덕우리에는 광산 김씨에서 3대째 정승을 배출한 집안의 99칸짜리 집이 있었는데, 이 집의 세 번째 행랑채를 구입하여 성당으로 사용하였다. 성당의 규모는 6칸이었다. 성당 구입 자금은 당시 성공회 주교가 지원하였다.

이 외에도 이택화는 안중을 중심으로 평택지역 전도사업에 매진하였다. 1931년에 들어 성공회에도 변화가 있었다. 40여 년간 한국 성공회를 대표하여 활동하였던 조마가 주교가 1930년 11월 6일 일본 고베(신호)에서 심장마비로 급작스럽게 별세하였다. 그 후임으로 평소 이택화를 존경하였고 어려울 때 많은 도움을 주었던 구세실 신부가 제4대 주교로 임명되었다. 구세실 주교는 국내에서 성공회의 확장을 위해 전국을 순방하였다. 이러한 상황은 이택화가 전도활동에 더욱 매진할 수 있는 동력을 제공했다.

---

26 『조선성공회보』 104호, 1926.8, 7쪽.
27 「전도사의 책임을 논함」, 『조선성공회월보』 79호, 1915.1, 2-3쪽.

이택화 등의 전도활동으로 1930년대 들어 평택지역에도 성공회의 교세가 크게 확장되었다. 1934년 안중교회가 교회 개척 부지를 마련하는 한편 1935년에는 안중교회의 새 성전을 성진성당으로 축복하였다.[28] 안중교회의 설립은 덕우리교회의 교세 확장의 결실이었다. 이택화의 전도활동으로 덕우리교회가 더 이상 수용할 수 없을 정도로 신자가 늘어갔다. 더욱이 덕우리는 교통상 오지였기 때문에 신자들이 오고가는 데 불편함도 많았다.

이에 이택화는 안중을 순회한 후 신자들이 모이기 좋은 안중장터에 3천여 평의 교회 설립 부지를 마련하였다. 교회부지 터는 원래 기와집이었는데 새로 건축하는 성당의 자재로도 활용하였다. 이택화는 성당을 건립할 기금을 모금하였다. 평소 이택화의 인품을 숭앙하던 교인과 지역 유지들의 적극적인 후원으로 부지를 선정한 지 1년 만에 1935년 구세실 주교를 초빙하여 성당 축복식을 가질 수 있었다.[29]

그리고 이듬해 1936년 6월 7일에는 평택 객사리교회의 '성 요한 세자 성당'을 증축하여 축성식을 거행하였고, 다음날 8일에는 철골에 새 성당을 '성 힐다'의 이름으로 축복하였다.[30] 이 외에도 이택화는 1936년 현덕면 덕목리에 구진개교회를 설립하였다. 이처럼 교세가 확장됨에 따라 이택화는 객사리교회에서 시무하던 박병무 신부를 안중교회로 모시는 한편 자신은 전도사로 활동하였다.

일제의 감시를 피하기 위해 신앙생활에 전념하였던 이택화는 평택지역에 성공회가 뿌리내리는 데 적지 않은 기여를 하였다. 즉 덕우리교회를 비롯하

---

28 『대한성공회 백년사』, 193쪽.
29 최기운 증언, 2008년 9월 6일.
30 『대한성공회 백년사』, 194쪽.

여 안중교회와 구진개교회를 설립하는 데 가장 크게 기여하였다. 1937년 이후 일제의 전시체제하에서도 이택화는 신실한 종교인으로서 어려운 시기를 잘 극복할 수 있었다.

한편 이택화는 간척사업에도 적지 않은 기여를 하였다. 1924년 마포형무소에서 출옥한 이후 덕우리로 이주한 이택화는 새로운 삶의 터전을 마련하기 위해 간척사업에 전념하였다. 덕우리는 바닷가 마을로 마을 앞 갯벌은 조수간만의 차가 심하였는데, 이 갯벌을 개간하기로 한 것이다. 덕우리에서 가까운 하오개(옥돌미)에서 학현리를 잇는 둑을 쌓아 갯벌을 농경지로 만드는 데 성공했다.

이어서 이택화는 충남 당진군 석문면 장고항 소마마을에서도 간척사업을 전개하였다. 이택화가 전혀 연고지가 없는 소마마을에서 간척사업을 한 것은 이곳에 성공회 신자가 있었기 때문으로 추정된다. 소마마을은 행정구역으로 볼 때 충남 당진이지만 생활권은 평택 안중이었다. 배를 이용하면 안중까지는 많은 시간이 걸리지 않았다. 이러한 지리적 편리성에 의해 이 지역 주민들은 안중교회에서 신앙생활을 하였다. 이에 소마마을 성공회 신자들은 덕우리에서 이택화의 주도로 간척사업에 성공한 소식을 듣고 간척사업을 이끌어줄 것을 부탁하였다. 이택화는 흔쾌히 승낙하였다.

이택화는 장고항 간척사업에 전 재산을 투자할 정도로 심혈을 기울였다. 그러나 장고항은 조수간만의 차가 크고 워낙 규모가 커서 적지 않은 난관에 부딪쳤다. 결국 바닷물을 막은 둑을 완성하지 못하고 실패하였다. 이 일로 이택화는 경제적으로 크게 타격을 받았고 어려운 생활을 할 수밖에 없었다. 그렇지만 늘 안빈낙도하면서 낙천적으로 생활해 나갔다.

이택화는 그 밖에도 적지 않은 일화를 남겼다. 특히 성공회의 독실한 신자로 활동한 이택화는 병자를 고치는 경험을 하였다. 안중 출신 편근현의 증언에 의하면 그 내용은 다음과 같다.

> 편근현의 아버지 편창호는 3대 독자로 태어났다. 비교적 부유한 생활을 하였는데, 어느 날 이름 모를 병에 걸려 사경을 헤매었다. 이를 고치려고 조부가 전국의 유명한 무당을 불러 굿을 하는 등 백방으로 노력하였지만 전혀 차도가 없었다. 오히려 병은 점점 악화되었다. 마지막으로 이택화에게 처방을 부탁하였다. 편창호는 거의 죽은 몸이나 다름이 없어 가마니에 둘둘 말아서 덕우리로 옮겨졌다. 이택화가 이를 보고 지극 정성으로 기도를 하는 동안 편창호는 점차 혈색이 돌아왔다. 그리고 누워 있던 편창호는 슬며시 일어나 목이 마르다고 물을 달라고 하였다. 이후 편창호는 병을 완전히 치료하였다.

이를 계기로 편창호의 집안은 성공회에 입교하였고 독실한 신자가 되었다. 그뿐만 아니라 편창호의 아버지 편사진은 이택화의 권유로 안중교회와 안중초등학교를 설립할 때 부지를 기증하였다.

4.『교운일기』 저술

1945년 8월 15일 해방 후, 이택화는 여전히 덕우리에서 생활하면서 안중지역의 성공회 전도활동에 전념하였다. 그러나 1950년 6월 25일 한국전쟁으로 더 이상 교회를 유지하기 어렵게 되자 전도사 활동도 잠시 쉴 수밖에 없었다. 이택화는 덕우리를 떠나 자신이 태어난 양교리로 거처를 옮겼다. 이후 1956년에는 큰아들이 사는 서울에서 생활하면서 정동교회에서 신앙생활을 이어갔다. 그러나 1967년경 생활이 어려워지자 다시 덕우리로 이거하였고 1974년 3월 29일 하나님의 부르심을 받고 영면하였다.

이택화는 한시에도 조예가 깊었다. 평소 안중 지역의 유림들과 어울려 자주 시회(詩會)를 가졌다. 특히 마안산 시회 회원으로 활동하면서 일상생활을 한시로 기록하였다. 1967년 덕우리로 낙향한 후 별세하기 전까지 5년 동안 일기 형식의 주옥같은 한시 1천5백 수를 남겼다.

이택화는 1950년대 후반 서울에서 잠시 생활을 하였으나 도시생활에 만족하기에는 많은 어려움이 있었다. 시골과 서울의 생활 환경의 차이 때문에 그는 늘 고향에 대한 생각이 떠나지를 않았다. 그러던 중 이택화는 1967년 장남의 생활이 어려워지자 곧바로 덕우리로 낙향하였다. 그리고 안빈낙도의 검소한 생활을 하면서 일상을 한시로 일기를 남기는 데 주력하였다. 이택화가 1970년 12월 28일부터 1974년 3월 26일까지 근 5년간 한시로 쓴 일기가 『교운일기(橋雲日記)』이다.

『교운일기』는 모두 1,010수의 한시가 수록되어 있다. 이틀에 한 편 이상을 꼬박꼬박 쓴 셈이다. 이택화는 어려서부터 한문을 익혔기 때문에 한시를 남길 수 있는 기초가 갖춰져 있었다. 이택화가 남긴 한시는 이 외에도 훨씬 더 많았을 것으로 추정된다. 왜냐하면 이택화는 독립운동 자금 모금 활동으로 마포형무소에서 형기를 마친 이후 일제의 감시를 피해 고향을 떠나면서 50여 년을 객지 생활을 하였기 때문이다. 그러다보니 그가 남긴 한시가 제대로 보존되기는 어려운 실정이었다. 그럼에도 불구하고 말년에 남긴 한시를 통해 이택화의 진솔한 삶을 확인할 수 있어 그나마 다행이 아닐 수 없다.

『교운일기』를 번역한 허경진 교수의 평에 의하면, 이택화의 한시는 문학적으로 볼 때 '결코 잘 쓴 것은 아니다'라고 하였다. 그의 한시를 통해 우리가 알 수 있는 것은 우선 이택화의 삶 그 자체가 한국 근현대사를 관통해 왔다는 사실이다. 여기에서 이택화의 『교운일기』를 번역한 허경진 교수의 평을 잠시 살펴보자.

“한시를 전문적으로 배우지 않았고, 잘 쓰려고 애쓰지도 않았다.”는 것이다. 즉 “조선시대 고종 21년(1884)에 태어난 그에게는 한자(漢字)가 자연스러운 표현이었기에, 90세가 될 때까지 한자로 문자생활을 할 수 있었다.”는 제목에서도 알 수 있듯이 “거의 날마다 한시를 지을 수 있다는 것은 그의 성실함 때문이었다고 할 수 있다. 그에게 한시가 생활 자체였기 때문이라고 설명할 수 있다. 세상을 떠나기 닷새 전까지 한시를 지을 수 있었으니, 생활 자체였다는 말 외에 무엇으로 설명이 가능하겠는가.”

『교운일기(橋雲日記)』라는 제목에서도 알 수 있듯이 그의 작품은 일기 형식이다. 날마다 시를 짓는 것도 드문 일이고, 제목을 일기라 한 것도 드문 경우다. 허경진 교수는 이를 두고 “고려 말의 시인 운곡(耘谷) 원천석(元天錫)이 날마다 보고 들은 것을 기록한 시집 제목은 『운곡시사(耘谷詩史)』인데, 교운 선생은 특별한 사관이 없었기 때문에 시사(詩史)라는 이름을 붙이지 않고 겸손하게 일기(日記)라고 하였다.”고 평하였다.

허경진 교수의 평처럼, 이택화의 한시는 문학적으로 잘 쓰여진 시는 아닐 수도 있다. 그러나 그의 한시는 이택화의 삶 그 자체였다. 일상생활을 ‘한자로 된 시’를 빌려 표현한다는 것은 수고로움을 한 번 더 하였다고 할 수 있다. 그러했기 때문에 ‘한시’ 전통적인 격식에 얽매일 필요가 없었던 것이다. 일상을 기록하겠다는 의지에 따라 문학적인 표현보다는 진솔한 삶이 묻어날 수 있는 격식이 더 어울렸을 것이다. 오히려 그의 한시는 노년기의 그의 내면과 외면을 함께 써내려 간 자서전이 아니었을까.

『교운일기』는 1970년대 초반(1970-1974)에 쓴 일기여서, 당시의 농촌 사회 생활상이 잘 그려져 있다. 새마을운동과 베트남 파병, 그리고 대연각 호텔 화재까지 마치 그때의 역사를 보는 것처럼 생생하게 그려낸다. 또한 이택화는 시대의 발전을 긍정적으로 받아들이면서도 가장 중요한 것은 역시 '인간'으로 보았던 것도 주목할 점이다.

> 즉 "평택 비행장에서 이륙하여 날마다 덕우리 하늘 위를 시끄럽게 날아가는 비행기와 달나라를 향해 날아가던 우주선의 모습에서 과학발전을 인식"하고 즉 "팽성의 미군부대를 통해 분단 조국을 인식"했다. "무성의 임경업 장군 전설에서 영웅을 그리워"하는 한편 가사리라는 동네 이름과 삼덕학교 어린이를 통해 교육받는 세대의 앞날에 희망을" 노래하면서도 "변천하는 사회 모습을 과학의 발전이라고 평가하면서도, 한쪽으로는 인간관계가 소원해졌다고 아쉬워하기도 했다."는 것이다.

한편, 이택화의 일상생활에서 빼놓을 수 없는 것이 신앙이었으므로, 이 부분도 그의 한시 일기에 잘 반영되어 있다. 그중에서도 가장 주목할 것은 신앙의 일상화라고 할 수 있다. 이택화는 앞에서도 살펴보았듯이 일찍이 성공회에 입교하였다. 1905년경 평택지역 그중에서도 안중 등지에 성공회가 처음으로 포교되기 시작하였는데 선각적 인식을 가지고 있던 이택화는 기존의 유교적 전통을 과감히 벗어 버리고 서양문물을 대표하는 성공회에 입교하였던 것이다. 이택화의 성공회 입교는 호기심 차원을 벗어나 늘 '민족'과 함께 하는 길이기도 했다. 3·1만세운동의 참여도 그러하였고, 특히 독립운동 자금을 모금할 때는 성공회 전도사 강희선과 상의하는 한편 같은 성공회 신자를 소개받고 함께 이를 실행하였다. 이러한 점에서 볼 때 이택화의 신앙생활은 개인적 구복보다는 민족 때로는 사회공헌과 맥을 같이 하였던 것이다. 그리고 전도사라는 직책 등을 충실히 수행했던 이력을 보더라도 이택화의 일생은 신앙을 위한 삶이었다고 해도 과언이 아니다. 이러한 신앙인, 나아가 순교

자로서의 삶의 모습이 『교운일기』 곳곳에 묻어나고 있다.

예수의 거룩한 이름 함께 하는 신도의 집엔
복된 소식 끊이지 않고 이어진다네.
광대하기 그지없는 이 우주속에
복음의 소식은 몇 천 년 이어져 오니
밤낮으로 날마다 간구하는 기도는
가는 곳마다 때를 따라 이뤄진다네
지금 세월 늦었다고 말하지 말지니
돌고 도는 이 지구는 쉬지 않는다네.
耶蘇聖名信徒宅 有福聖音不斷連
廣大無邊宇宙下 福音消息幾千年
晝宵每日祈求說 到處隋時應用邊
莫道而今歲月晚 巡環地球不休前(1971.1.4)

종려나무 가지 손에 잡고 주 찬송하며
신도들은 소망을 간절히 기도하네
백년도 되지 않는 인생 살리시는 길
부활의 영광 위해 보혈을 흘리셨네.
나를 버리고 예수 따른 위대한 은택
온 세상이 기뻐하며 근심을 잊었다네
악마의 유혹은 끊이지 않는 이 땅이지만
인내로 물리치면 열매를 얻으리라.
手執聖枝讚頌主 信徒所望切祈求

百年未滿民生路 復活榮光寶血流

捨己從人偉惠澤 萬方喜樂免憂愁

惡魔誘惑不休地 忍耐排除結實收(1971.4.4)

이 두 한시는 이택화의 신앙 태도를 잘 보여주고 있다. 끊임없는 기도와 갈망으로 예수의 참 가르침(진리)을 따르고자 하였던 이택화의 신앙 자세가 간절하기 이를 데 없다. 나아가 자신도 예수의 가르침을 몸소 실천하고자 하는 구도자의 삶을 발견하게 된다. 이와 같은 구도자의 모습은 『교운일기』의 자구마다 배어나고 있다. 그뿐만 아니라 『교운일기』에는 풍요로운 마음과 자연의 아름다움을 묘사한 것도 적지 않다. 40년을 타향을 떠돌며 생활하여 경제적으로 넉넉하지 못했음에도 불구하고 늘 마음만은 여유로웠다. 이러한 그의 삶은 옛 선비들의 '안빈낙도'를 떠올리게 한다. 이러한 청빈의 모습은 다음의 한시에 잘 나타나 있다.

가을걷이 벌써 끝나고 입동 즈음에

땔감과 양식이 집집마다 가득하네

고운 난초 시들고 날씨마저 소슬한데

높은 절개의 국화만이 홀로 피었네

선왕의 가르침 많이 욕되게 하였으니

구십 평생의 삶이 바다 모래 같구나

모든 사람이 평지에 집 짓고 살지만

나는 청산 비낀 돌길에 집터 마련했네

秋事已終立冬際 柴糧豊厚萬人家

崇蘭委質氣蕭瑟 高節凌霜獨菊花

壽中多辱先王訓　九十平生似海沙

人皆平地住居下　卜宅青山石路斜(1971.11.16)

서해 바다가 마을을 휘감고 산 아래 아늑하였던 덕우리는 안빈낙도하기에 안성맞춤인 곳이었다. 이에 따라 자연의 아름다움을 표현한 시도 많다. 다음 시는 낙조가 붉게 물든 마을의 아름다움을 서정적으로 풀어내고 있다.

반석에 있는 집은 복이 있는 집이니
누대를 삼가 모래 위에 안치지라 말라
하늘 섬기는 정성은 결심에서 나오고
처세의 좋은 방책은 사물은 되지 않네
가을바람 소슬 불고 서리 눈을 헤아리며
봄엔 향기 취하고 가을 단풍 감상하네.
하릴 없이 한가롭게 앉아 시를 읊조리니
낙조는 붉은 빛을 토하며 넘어가려고 하네

盤石住居有福家　樓坮愼勿根基沙

事天誠意決心出　處世良方非物化

蕭瑟金風計霜雪　聞香春色看秋花

無爲閒坐詠吟際　落照吐紅日欲斜(1973.9.25)

이처럼 이택화의 한시는 일상생활 속에서 구도자로서의 신앙인의 모습, 안빈낙도와 유유자적한 삶의 자세, 그리고 자연의 아름다움을 한시라는 형식을 통해 읊조렸던 것이다. 사계절 내내 낙조가 붉게 물드는 덕우리에서 노년의 여유로움을 만끽하는 모습이 그려진다.

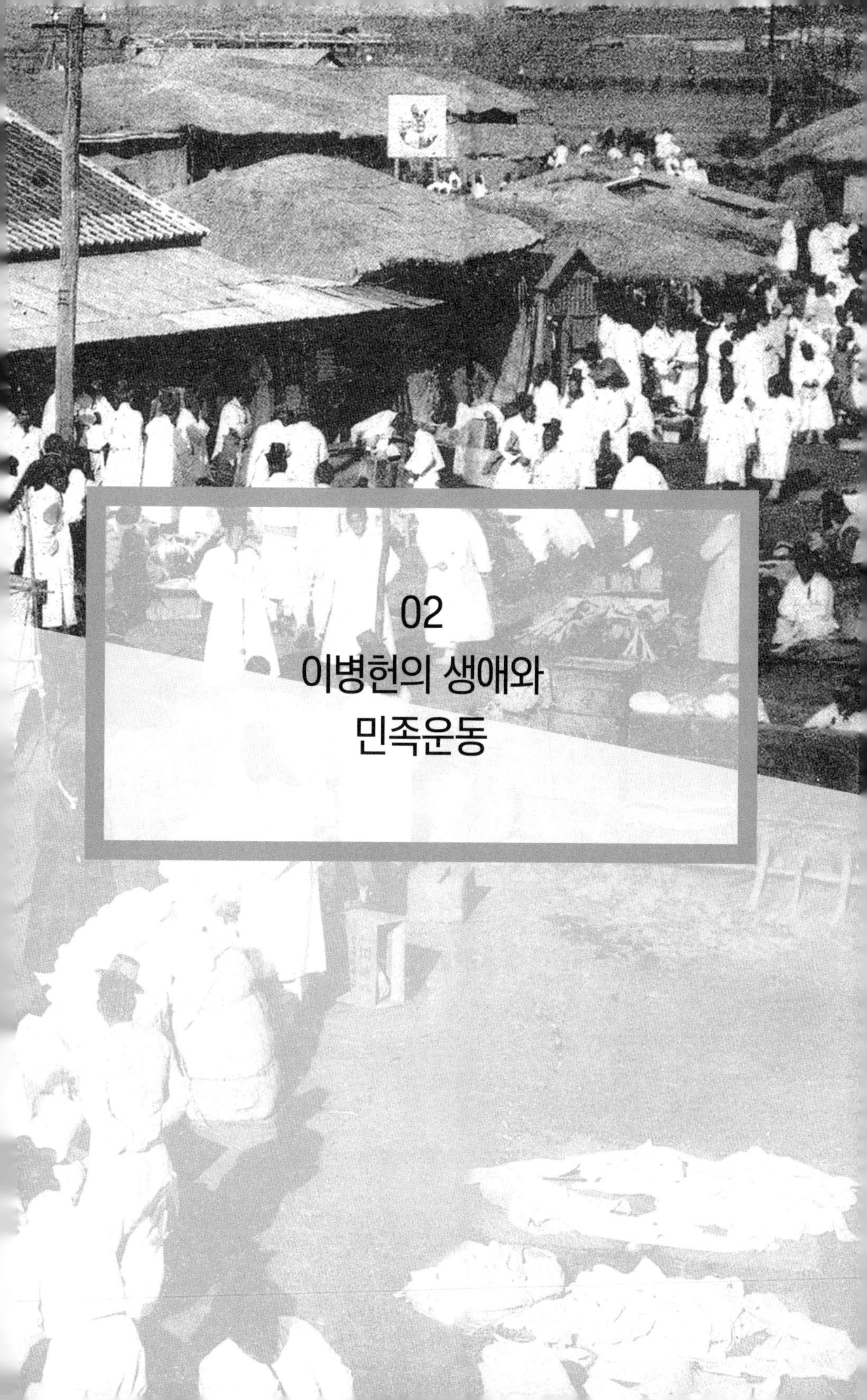

02
이병헌의 생애와 민족운동

1. 머리말

> 1919년 1~2월 서울에서 天道教 教祖 孫秉熙의 명을 받아 독립운동 자금 5,000圓을 李昇薰에게 전달하여 기독교계의 독립만세운동을 지원하고 동년 2월 27일 普成社에서 獨立宣言書의 인쇄를 돕고 이를 비밀리에 天道教堂으로 운반한 후 다시 전국 각지에 배부케 하였으며 3월 1일 泰和館에서 獨立宣言式 거행 당시 진행 상황의 기록을 담당하는 한편 塔洞公園에 운집한 학생 시민들과의 연락을 맡아 活動하고 서울시내에서 벌어진 만세시위에도 참가하였으며 民族代表들의 被逮 후 가족들에게 생활비를 지원하는 등의 사실이 확인됨.[1]

위의 인용문은 이병헌(梧菴, 李炳憲, 1895~1978)의 독립유공자 공적조서이다. 오암 이병헌은 천도교인으로 3·1운동 당시 독립선언서 운반을 담당하였을 뿐만 아니라 만세시위에 직접 참여하였고, 신간회운동에도 참여한 민족운동가이다.

이병헌은 동학농민혁명이 일어난 이듬해 1895년에 태어났다. 일찍이 동학에 입도한 아버지의 영향을 받아 계대교인으로 동학사상을 수용하였고 이후 천도교인으로서 일생을 일관하면서 다양한 사회 활동에 참여하였다. 특히 동학의 민족주의 사상에 따라 민족운동에 적극적으로 참여하였다. 어릴 적

---

1 국가보훈부 공훈전자사료관 홈페이지(https://e-gonghun.mpva.go.kr/diquest/Search.do)

평택에서 생활한 이병헌은 천도교 수원교구에서 주요 교역자로서 활동하면서 청년기를 보냈다. 3·1운동이 일어난 1919년 초에 천도교 3세 교조인 의암 손병희의 부름을 받고 서울로 진출한 이후 3·1운동의 중심 현장을 몸소 체험하였고, 일제의 검거령을 피해 수원으로 피신하였다가 수원지역 3·1운동에 직간접적으로 참여하는 한편, 제암리 학살사건을 목격하고 증언의 기록을 남기기도 했다. 그뿐만 아니라 1927년 2월 신간회가 결성되자 경성지회 설립 준비위원 및 총무간사를 맡아 설립 자금 조성을 주관하는 한편 조직부 총무간사로 활동하였다.[2]

해방 이후에는 한민당에 참여하여 정치 활동을 하고, 1949년 국립경찰전문학교 교장으로 공직에서 활동한 바 있다. 한국전쟁 동안에는 부산으로 피난하여 행정신문사를 설립 운영하였고, 환도 후에는 시사시보사를 운영하는 등 언론인으로도 활동하였다. 그 밖에 민주당 창당위원, 신대한건설협회 부회장, 한족회 부회장, 3·1운동기념사업회 부회장, 한중협회 중앙위원 등 다양한 사회 활동도 하였다. 말년에는 천도교로 돌아와 1955년 1월부터 7년간 부교령으로 봉직하였으며 이후 천도교 최고 예우직인 종법사에 추대되었다. 1960년에는 민의원으로 당선되어 정계에서 활동하기도 하였다.[3]

이처럼 이병헌은 평택과 수원, 서울을 넘나들면서 종교인, 민족운동가, 정치인, 공직자, 언론인으로 등 다양한 활동을 하였음에도 불구하고 아직까지 제대로 평가를 받지 못하고 있다. 이는 자료의 한계 때문으로 추정된다. 이병헌과 관련된 자료는 아직 집적된 것이 없고 여기저기 분산되어 있다.[4] 이런

2 이러한 공로로 이병헌은 1993년 8월 15일 정부에서 건국훈장 애족장을 추서하였으며, 1995년 10월 대전 국립묘지에 안장되었다.

3 성주현, 「신앙보국의 화신 이병헌(李炳憲)」, 『신인간』 575, 1998.7, 80-85쪽.

4 이병헌과 관련된 자료는 『천도교회월보』, 《조선일보》, 《중외일보》, 《매일신보》 등 신문과

상황에서 평택, 수원과 관련된 인물로서 새롭게 열어나갈 필요가 있다고 본다. 본고에는 분산된 조각 조각의 자료를 모아 이병헌의 생애와 민족운동사의 복원을 시도해 보고자 한다. 단, 이병헌의 민족운동 시기를 일제강점기로 한정하여 서술하고자 한다.

2. 천도교 입교와 수원교구에서의 활동

이병헌은 동학농민혁명이 막을 내린 이듬해 1895년 11월 20일 아버지 이민도와 어머니 남원 양씨의 4대 독자로 경기도 진위군(현 평택시) 현덕면 권관리 445번지에서 태어났다.[5] 본관은 함평, 도호(道號, 천도교인에게 주는 號)는 오암(梧菴), 필명은 석운(石雲)이다. 그가 태어난 권관리는 서해안을 끼고 있는 어촌마을이다. 서해안과 마주하는 마을 끝에는 닭머리를 닮은 계두봉, 마을 뒷편에는 옥녀봉이 마을을 둘러싸고 있다. 이 두 봉우리는 3·1운동 당시 평택지역에서 최초로 횃불을 올리고 만세운동을 전개한 곳이기도 하다. 이병헌이 태어난 곳은 진위군 현덕면이지만 생활권은 수원에 속하였다. 오늘날에도 이 지역의 중심지는 안중이지만 수원으로 진출하는 것이 수도권과 더 가까운 통로이기도 하다.

이병헌의 아버지 이민도(李敏道, 1852~1921)는 원래 한학을 공부한 유학자였지만 28세 되던 1879년에 동학에 입도하였다.[6] 수원지역에 동학이 처음 본격적으로 포교된 것은 1874년으로 1870년대 중반이었다. 이 시기 충남 유성

국사편찬위원회 한국사데이터베이스 등에서 확인할 수 있다.

5 『함평이씨 대동보』.

6 「환원일속」, 『천도교회월보』 127, 1921.3, 118쪽.

출신으로 알려진 안교선의 포교로 안승관, 김정현 등이 동학에 입교하면서 수원지역에서 동학이 성장할 수 있는 기반을 조성하였다.[7] 이민도는 수원지역에 동학이 포교된 지 5년 후인 1879년에 입도하였다. 이 시기 일반 민중들이 동학에 입도한 동기는 시천주의 인간존중과 척양척왜의 보국안민에 매료되었기 때문이었는데, 이민도 역시 이 범주에서 크게 벗어나지 않을 것으로 보인다.

동학에 입도한 이민도는 진위와 수원 등지를 중심으로 포교 활동을 하였고, 그 결과 1년 뒤인 1880년 접주로 임명되었으며, 1893년 척양척왜 기치를 내세운 보은집회에 신용구와 함께 수원지역 동학교인들을 이끌고 참여하였다. 또 1894년 동학농민혁명에도 참여한 것으로 추정된다. 동학농민혁명 당시 기호대접주 안승관을 비롯하여 김정현, 김원팔 등이 수원지역에서 기포한 바 있는데, 척왜양을 기치로 한 보은집회에 참가한 이민도 역시 동학농민혁명에 참여한 것은 당연한 것으로 볼 수 있지 않을까 한다.

이후 이민도는 수원교구를 설립하는 데 참여하였으며, 진위군 현덕면 종리사에 선임되었고[8] 1912년 4월 15일부터 3년간 진행된 49일 특별기도에 참가하였다. 이민도는 수원교구장으로 활동하던 1913년에는 북수리에 40여 칸의 교당을 마련하였다.[9] 당시 마련한 교당은 정조가 수원에 상업을 진흥시키기 위해 전국의 부호를 유치할 때 지은 유서 깊은 8부가 중의 하나였다.[10]

이 외에도 이민도는 1919년 3·1운동이 전국적으로 전개될 때 3월 22일 진

7 「수원군종리원연혁」, 『천도교회월보』 191, 1926.11, 29쪽.
8 「수원군종리원연혁」, 『천도교회원보』 191, 31쪽.
9 수원교구의 주소는 경기도 수원군 북수리 343번지였다.
10 수원교구의 규모는 瓦家 40칸이었다.

위군 현덕면에서 만세운동을 준비하던 중 예비검속을 당하였다.[11] 이민도는 봉훈, 교훈, 교구장 등으로 활동한 후 1921년 2월 14일 71세를 일기로 일생을 마쳤다.[12]

어릴 적부터 아버지로부터 영향을 받은 이병헌은 16세 때인 1911년 6월경 천도교 수원교구 제544 강습소에 입학하여[13] 근대적 학문과 종교적 소양을 쌓았다. 당시 천도교에서는 근대적 교육 기관의 일환으로 전국의 지방교구에 교리강습소를 설치하였다.[14] 교리강습소는 본과 3년, 특별과 2년, 속성과는 3개월 과정인데, 이병헌은 속성과를 졸업하였다. 당시 이병헌이 수업한 속성과는 '천도의 진리', '교육의 원리', '교수법', '학교관리법' 등 천도교 교리와 학교교육에 대해 집중적으로 교수하였다.

강습소를 수료한 이병헌은 이듬해 1912년 6월 22일 중앙총부에서 모집한 제1회 종학강습소 고등과에 입학하였다.[15] 종학강습소는 "지방의 고등 강생을 모집 교수하여 종리의 발전을 기도하며 또한 각지 강습소에서 교수(가르칠)할 자료를 공급"하기 위해 설립되었다. 이병헌이 입학한 고등과는 6개월 과정으로 교서, 작문, 강해 등 3개 과목을 수학하였다.[16] 서울에서 6개월 동안 지내면서 종학강습소를 마친 이병헌은 수원교구로 돌아와 천도교 교역자로 활동하였다. 1915년 4월 수원교구 현덕면 전교사로 첫 선임된[17] 이병헌은 이

---

11 이병헌, 『3·1운동비사』, 시사시보사, 1959, 880쪽.
12 「환원일속」, 『천도교회월보』 127, 1921.3, 118쪽.
13 『천도교회월보』 12, 1911.8, 65쪽.
14 「천도교강습소규정」, 1911; 「천도교강습소규정 부 소칙」, 『신인간』 621, 2002.5, 104-111쪽 참조.
15 「학사일반」, 『천도교회월보』 24, 1912.7, 39-40쪽.
16 「종령 제94호」, 이동초 편저, 『천도교회종령존안』, 모시는사람들, 2005, 187-188쪽.
17 『천도교회월보』 58, 1915.5, 43쪽.

후 1916년에는 공선원,[18] 1917년에는 전제원,[19] 1918년에는 금융원,[20] 그리고 다시 전제원으로 활동하다가 1919년 1월 교역자 활동을 중단하였다.[21] 이병헌이 수원교구에서 활동을 그만두게 된 것은 당시 천도교의 최고지도자인 교주 손병희의 부름을 받았기 때문이었다. 이병헌은 1914년 수원교구를 북수리로 이전하고 입주식을 가질 때 처음으로 손병희를 만났다. 입주식 때 이병헌이 사회를 보았는데,[22] 손병희가 그를 재목으로 보았던 것으로 보인다. 이 만남을 계기로 이병헌은 천도교중앙총부로 진출할 수 있게 되었다.

3·1운동 이후 일제는 강제 합병 당시부터 시행하던 무단정치를 문화정치 체제로 변경하였다. 문화정치는 한국인의 정치적, 사회적 활동을 제한적으로 허용하였으나 이는 기만적인 것이며 일제 식민통치의 근본 목표인 동화정책의 좀 더 고도화한 것에 불과했다. 그러나 일제의 감시와 철권이 국내에서는 일제의 이러한 문화정치를 최대한 활용하여 언론·출판·교육·결사·산업·문예 등 각 분야에서 활발한 문화운동을 전개하였다. 천도교 청년들도 청년단체를 조직하여 문화운동을 선도해 나갔다.[23]

3·1운동 이후 내적 위기와 외적인 사회상황의 변화에 천도교단은 청년들을 중심으로 대응 전략을 수립하였다. 1919년 9월 2일 정도준, 손재기, 박달성, 박용회, 황경주, 김옥빈, 박래홍, 최혁 등이 발기[24]하고 교단의 청년들이

---

18 『천도교회월보』 76, 1916.11, 36쪽.

19 『천도교회월보』 82, 1917.5, 44쪽.

20 『천도교회월보』 90, 1918.1, 43쪽.

21 『천도교회월보』 102, 1919.2, 64쪽.

22 「수원교회 낙성식」, 『천도교회월보』 292, 1936.12, 37쪽.

23 천도교의 청년단체의 활동에 대해서는 성주현, 『근대 신청년과 신문화운동』, 모시는사람들, 2019를 참조할 것.

24 閔泳純, 「天道教六十一年年譜」, 『天道教會月報』 통권 116호, 1920. 4, 32면.

호응하여 '교리의 연구 및 선전, 조선의 문화 향상 발전'을 목적으로 천도교청년교리강연부를 발족시켰다. 강연부는 지방 교구 조직을 활용하여 전국 각지에 지부를 설치하였으며[25] 이를 기반으로 다양한 신문화운동을 전개하였다.[26] 그리고 이듬해 1920년 4월 25일 강연부에서 천도교청년회로 명칭을 개정하고,[27] 지방에서는 지회를 조직하였다. 3·1운동 이후 수원지역에서 활동하던 이병헌은 천도교청년회 수원지회를 조직하는 데 주도적인 역할을 하였다. 이병헌은 강연부가 청년회로 명칭을 변경한 직후 1920년 4월경 홍종각, 이연숙, 김유경 등과 함께 수원지회를 조직하였고, 초대 지회장으로 선임되었다.[28]

이병헌은 수원지회 설립 후 첫 사업으로 5월 17일 천도교청년회 중앙에서 활동하는 박용회, 이돈화, 박사직 등을 초청하여 특별대강연회를 개최하였는데 5, 600여 명이 참석할 정도로 성황을 이루었다.[29] 이어 이해 11월에는 역시 중앙의 협조와 강사 유희준의 열성으로 교리강습회를 설치하였다.[30] 1920~1921년까지 이병헌이 지회장으로 있는 동안 수원지역의 순회강연, 특별대강연회, 각종 강습회 등 다양한 활동을 전개하였다.[31] 이후 수원지회 지

---

25 講硏部 支部는 지방교구가 조직된 곳을 중심으로 조직되었는데 1919년 11월까지 鎭南浦, 晋州, 定平, 博川, 淸州, 江東, 三登 등 10개 지부가 조직되었으며 부원 500여 명에 달하였다.(『天道敎會月報』 통권112호, 1919. 12, 41면)

26 趙基栞, 『天道敎靑年黨一覽表』,

27 「天道敎靑年敎理講硏部의 名義改定」, 『天道敎會月報』 통권 117호, 1920. 5, 114면.

28 「水原郡宗理院沿革」, 『天道敎會月報』 통권 191호, 1926. 11, 30면.

29 「中央總部彙報」, 『天道敎會月報』 통권 118호, 1920. 6, 102면.

30 「水原郡宗理院沿革」, 『天道敎會月報』 통권 191호, 1926. 11, 30면.

31 「各支會의 狀況一覽」, 『天道敎靑年會會報』 제3호, 1921. 12, 16면(『韓國思想』 제16집, 韓國思想硏究會, 1978). 주요 활동내용은 다음과 같다.

"一, 昨年 二月 七日 本郡 地方各處에 巡廻講演을 行함.

一, 昨年 四月 十五日 本大敎區 內에 特別大講演會를 開함.

회장을 그만둔 이병헌은 중앙으로 진출해 1921년 12월에 천도교중앙총부 대종사 종법원, 1922년 9월에 경리과 종리사로서 활동하였다.[32]

1925년에 들어 교단이 구파와 신파로 분화됨에 따라 천도교청년회도 구파 계열의 천도교청년동맹과 신파 계열의 천도교청년당으로 각각 분화되었다. 수원지역의 천도교는 구파 계열에 속하였기 때문에 이병헌은 구파에서 활동하였다.

우선 이병헌은 1927년 8월 11일 오후 8시 천도교청년동맹 경성부를 조직하는 데 앞장섰으며, 이날 박영호, 곽완일 등과 함께 위원[33]과 상무로 선출되었다.[34] 이듬해 1928년 2월 5일에 개최된 경성부 임시대회에서 임원을 개편할 때 집행위원으로, 이어 4월 6일 천도교청년총동맹을 결성할 때는 전형위원과 개표위원으로 활동했다.[35] 그리고 1928년 4월 천도교청년총동맹 경성동맹으로 개편할 때 대표위원으로 선출되었다.[36]

또한 이병헌은 경기도연맹을 결성하는 데도 적지 않은 활동을 하였다. 이병헌은 자신이 회장으로 있는 경성동맹을 비롯하여 수원동맹, 시흥동맹 등을 규합하여 1929년 5월 30일 경기도연맹을 결성하였고, 이병헌은 대표로 선임되었다.[37] 1930년 12월 20일 개최된 제3회 천도교청년동맹 정기대회에서

一, 昨年 八月 五日 本郡 地方 各處에 巡廻講演을 行함.

一, 今年 一月 四日 本支會에서 講習會를 開催함.

一, 同年 三月 三十一日 講習會 終了되는 授與式을 擧行하니 會員 總數 二十五人."

32 『천도교중앙총부 직원록』.

33 「天道教青年同盟 京城支部組織ノ件」, 京鍾警高秘 第8914호, 1927년 8월 14일.

34 『천도교회월보』 202호, 1927.9, 27쪽.

35 『천도교회월보』 208호, 1928.5, 49-50쪽.

36 『천도교회월보』 209호, 1928.6, 25-26쪽.

37 「중앙휘보」, 『천도교회월보』 222, 1929.6, 38쪽; 「天道教青年同盟京畿道聯盟組織ニ關スル件」, 京鍾警高秘 第7145號, 1929년 6월 1일. 이날 회의에서 선출된 도내 대표는 광주 한순

대표위원으로 선출되었다.[38] 이어 12월 25일 개최된 청년동맹 확대중앙집행위원회에서 중앙집행위원과 신파 천도교청년당과 합동을 위한 위원으로 선정되었다.[39] 1931년 2월 16일 천도교청년동맹과 천도교청년당이 합동하여 천도교청우당을 창립하자 이병헌은 중앙집행위원으로 선출되었다.[40]

이로써 이병헌은 경성뿐만 아니라 경기지역 청년동맹 대표로서의 위상을 갖게 되었다. 이에 따라 이병헌은 청년단체뿐만 아니라 중앙 조직에서도 활동할 수 있었다. 그러나 1931년 신파와 구파가 다시 분화됨에 따라 이병헌은 구파의 천도교중앙총부에서 금융관과 전제관에서 종무원으로 활동하였다.[41]

이상과 같이 이병헌은 아버지로부터 동학을 이어받는 한편 천도교 교육기관인 교리강습소와 종학강습소를 수료하고, 이후 수원교구와 청년회 수원지회, 천도교청년동맹 경성동맹, 그리고 천도교중앙총부에서 교역자로서 활동하였다.

3. 3·1운동 참여와 '제암리학살사건'

3·1운동이 일어나기 직전 손병희의 부름을 받고 보성전문학교 법과에 입학하게 된 이병헌은 3·1운동의 주요 현장에 직간접으로 참여하게 된다. 이병

회, 양주 윤원세, 포천 조규원, 수원 이연숙, 홍종각, 윤준흠, 용인 송재문, 시흥 최재원, 진위 박규희, 경성 박양신, 주종석, 이윤의, 김상집 등이며, 그리고 검찰위원에는 경성 유한일, 강화 강세희, 인천 이기정 등이 선정되었다.

38 「集會取締狀況報告」, 京鍾警高秘 第17914號, 1930년 12월 22일.

39 「集會取締狀況報告」, 京鍾警高秘 第18199號, 1930년 12월 26일; 「天道教青年總同盟通文郵送ニ關スル件」, 京鍾警高秘 第62號, 1931년 1월 6일.

40 「天道教青友黨通文郵送ニ關スル件」, 京鍾警高秘 第2008호, 1931년 2월 21일.

41 『천도교회월보』 269호, 1934.3, 32-33쪽; 『천도교회월보』 291호, 1936.9, 38쪽; 『천도교회월보』 295호, 1937.5, 38쪽.

헌은 1919년 2월 27일 밤 10시 보성사에서 독립선언서의 인쇄가 끝나자 이를 가마니에 넣은 다음 그 위에 석탄을 담아 석탄가마니로 위장하였다. 그리고 신숙[42]과 함께 이종일 보성사 사장의 집으로 운반하였다.[43] 당시 상황을 이병헌은 다음과 같이 기록하였다.

> 2월 27일 오후 10시 독립선언서의 인쇄가 끝나자 박동 오모(博洞 吳謀)씨 집에 운반하기로 하였으나 오모는 돌연히 거절하므로 慶雲洞 88번지에 신축 중인 천도교당 기지로 운반할 때 때마침 전기고장으로 전등이 꺼져 전 시가가 암흑세계로 화하였다. 안국동, 재동 두 파출소 앞을 무사히 지나 목적지에 왔었다.[44]

이병헌은 신숙과 함께 독립선언서를 옮길 때 다행히 정전이 되어 무사히 이종일의 집으로 옮길 수 있었다.

3월 1일 독립선언을 하는 당일 이병헌은 민족대표 33인이 모이기로 한 태화관 현장에 참석하였다. 원래는 민족대표들이 이날 오후 2시 탑골공원에서 독립선언식을 갖기로 하였으나, 불의의 사고를 사전에 예방하기 위해 장소를 태화관으로 옮긴 것이다. 이에 대해 이병헌은 "태화관은 전일 민족반역자(民族反逆者) 이완용이 거주한 집으로 을사보호조약을 일본인 이등박문과 밀의하던 장소이며 서기 1907년 7월 17일 고종 황제가 퇴위하고 황태자 순종

---

42 신숙은 1903년 천도교에 입교하였으며, 1912년 종학강습소 간사로 천도교중앙총부의 임원으로 임명되어 서계원, 종법원, 대구교구장 등을 역임하였다. 3·1운동 이후 중국으로 망명하여 베이징에서 군사통일회의, 국민대표회의 등을 주도하였고, 만주 일대에서 무장투쟁을 전개하였다.

43 신숙, 『나의 일생』, 일신사, 1956, 48쪽.

44 이병헌, 「日誌中 독립선언서 배포」, 『3·1운동비사』, 시사시보사, 1959, 64-65쪽.

을 즉위케 한 음모도 이 장소에서 했고 합방조약 준비도 이 집에서 모의하였다"[45]라고 하였다. 이병헌의 이러한 인식은 민족 반역의 장소를 독립선언의 장소로 전환시키고자 하였던 생각을 반영한 것으로 풀이된다.

이날 이병헌은 학생 대표인 이규갑과 함께 탑골공원과의 연락책으로 활동하였다. 33인 민족대표들이 피체된 이후에는 남대문에서 만세시위를 주도하기도 하였다. 이어 3월 3일부터 5일까지 시위대와 함께 서울 시내를 돌면서 만세운동에 적극 가담하였다. 이와 같은 활동으로 인해 이병헌은 종로경찰서로부터 검거령이 내려졌다.[46] 이에 이병헌은 3월 15일을 전후하여 자신의 근거지인 수원지역으로 피신하였다.

수원에 내려온 이병헌은 수원교구에서 3·1운동을 논의하였고, 수원지역에서 3·1운동이 크게 확산되었다. 이병헌은 서울에서의 만세운동 상황을 설명하고 수원에서도 만세운동과 이에 대한 비용을 부담할 것을 논의하였다.

> 이날(3월 16일-필자) 오후 11시경 북수리에 있는 천도교에서는 때마침 장날이었는데 서울서 연락차 내려온 李炳憲이가 교구에 있다는 소식을 알고 교인이 집합하여 서울의 정세를 듣고 앞으로 독립운동비를 부담할 것을 의논하던 중 소방대와 일본인이 합세하여 소방용(消防用) 갈구리와 괭이를 가지고 대문을 파괴하고 침입하여 구타하였다. 이때 부상자 중 金正談 씨는 노인이라 경상만 당하고 金正模 씨가 나가서 무슨 일인가 질문하다가 중상을 입었는데, 중상자는 안종환, 안종린, 홍종각, 김상근, 이병헌 씨이었다.[47]

---

45 이병헌,「日誌中 독립선언서 배포」,『3·1운동비사』, 65쪽.
46 이병헌,「수원사건」,『신천지』 2, 1946. 서울신문사, 72쪽.
47 이병헌,『3·1운동비사』, 868쪽.

이병헌은 3월 16일[48] 밤 수원교구에서 교구장 김인태, 이문원 안정옥, 전제원 김정담, 강도원 나천강, 순회교사 이성구, 안종린, 전교사 홍종각, 안종환 등 주요 교역자들와 함께 만세시위를 할 것과 중앙총부의 만세운동 자금을 수원교구에서도 부담할 것을 논의하였다. 또 이날 모임에서는 손병희가 민족대표로서 일경에 피체되었다는 소식을 듣고 4월 5일 서울로 올라가 구출하려는 비밀계획을 세우기도 하였다.[49]

수원교구에서 이병헌이 중심이 되어 만세시위를 준비한다는 소식을 정탐한 일제 측은 소방대와 일본인이 합세하여 소방용 갈고리와 괭이 등으로 교구를 난입하는 한편 교인들을 마구 구타하였다. 이로 인해 이병헌은 김정담·김정모·안종환·안종린·홍종각·김상근 등과 함께 중상을 입었다.[50]

이와 같은 상황에서도 이병헌은 수원과 진위 경찰서에서 계속 추적을 하자 수원교구에서 활동할 때 절친하게 지냈던 향남면 제암리 김학교의 집에 숨어 지내면서 치료하였다.[51] 이병헌이 김학교의 집에 머무는 동안 우정면과 장안면에서 만세시위가 전개되었다. 이 시위에서 우정면사무소와 장안면사무소가 불타 버렸고, 화수리 주재소의 일본인 순사부장 가와바타(川端豊太郎)를 참살하였다. 이에 대해 일제는 수비대를 동원, 우정면과 장안면 일대 마을들에 불을 지르는 등 보복을 자행하였다.[52]

4월 4일부터 4월 13일까지 우정면과 장안면 마을을 돌며 보복한 수비대는 향남면 제암리에도 몰려왔다. 4월 15일 12시경 사사키(佐板)는 아리타(有田)

48 「수원군종리원 연혁」에는 3월 31일로 기록되어 있다.
49 金正明, 『朝鮮獨立運動 Ⅰ-民族主義運動篇』, 原書房, 1967, 349면.
50 이병헌, 『3·1운동비사』, 868면.
51 이병헌, 「수원사건」, 『신천지』 2, 72쪽.
52 이와 관련해서는 성주현, 「수원지역의 3·1운동과 제암리학살사건에 대한 재조명」, 『수원문화사연구』 4, 수원문화사연구회, 2001을 참조할 것.

를 앞세우고 제암리를 완전히 포위한 후 한 사람도 밖으로 나가지 못하게 하였다. 사사키는 '할 말이 있으므로 교회로 전원 다 모이라'고 하였다. 마을사람들을 불러 모을 때 이병헌은 탈출을 시도하던 중이었다. 주민들은 김학교의 집에 숨어 있던 이병헌에게 통역을 부탁하였으나 이병헌은 자신도 검거될 상황이라 하는 수 없이 거절하고 뒷산에 숨어서 동태를 파악하였다.[53] 이때 '제암리학살사건'[54]을 비롯하여 이 지역에서 벌어진 참상을 목격한 이병헌은 훗날 '수원사건'이라는 제목으로 기록을 남겼다. 당시 상황을 이병헌은 다음과 같이 기록하고 있다.

> (전략) 金學校氏宅에 숨어서 탈출을 준비하고 있던 중 4월 15일 정오에 발안장터 경찰관 주재소에서 제암리에 와서 천도교인과 기독교인에게 오후 한 시를 기하여 수원수비대가 打合할 말이 있으니 예배당으로 모이라고 하였다.
>
> 당지 교인들이 필자를 보고 통역을 요구하였으나 필자는 자신이 체포될 염려가 있었으므로 이를 거절하고 安政玉 씨의 안내로 뒷산에 숨어서 그 동정을 감시하였던 바, 예배당 정문 앞에 日兵과 倭奴 佐板才吉이가 섰는데 순한 양과 같은 교인들은 예배당으로 모이기 시작하였다. 문 앞에 섰던 일병은 총 길

---

53 이병헌, 「수원사건」, 『신천지』 2, 72면.

54 제암리학살사건의 희생자 수에 대해 현재 23명으로 기록되어 있다. 그렇지만 1919년 8월 8일 이규완 함경도장관이 조선군사령부관에 보고에 의하면 40여 명으로 밝힌 바 있다. "水原鄕南面堤巖里教人ニ告示スルニ男子ノミヲ教會堂ニ會集セシメ說諭スルト稱ヘタルヲ以テ四十餘人會集セシカ門ヲ閉ヂ全數ヲ破殺シ教會ヲ焚キ教人ハ飢死ノ境遇ニアリ"(밑줄 필자) 그리고 4월 17일자 보고에 의하면 '30여 명을 교회에 집합 사망은 약 20명"이라고 보고하였는데, 이는 당시의 상황을 왜곡한 것이다. 또한 조선군참모부에서 정리한 1919년 4월 16일자 「소요사건에 관한 상황(自4월 6일 至4월 15일)」에 의하면 "군중 소요 중 失火로 소실가옥 20여, 파견 군대 경무기관 협력 진압 사망 32"라고 밝히고 있다. 이로 볼 때 제암리학살사건의 희생자는 적어도 32명이라고 할 수 있다.

이로 사람 키를 비교해서 안으로 들어가게 한 후 문을 닫아 버리고 석유를 뿌리고 교회에서 방화를 하고 생화장을 하는 천인이 공로할 참극을 연출시켰다. 그중에 홍순진 씨가 뛰어나오다가 총에 맞아서 넘어졌다.[55]

제암리에서 탈출한 이병헌은 마을 뒷산에서 '제암리학살사건'을 목격하였다. 그리고 이를 기록하였는데, 이병헌이 '제암리학살사건'을 처음으로 기록한 것은 1926년 「수원군종리원 연혁」에서다. 「수원군종리원 연혁」에는 제암리학살사건에 대해 다음과 같이 기록하였다.

4월 15일에 本區 管內 鄕南面 堤岩里傳教師 안종환 외 김홍렬, 김기훈, 김기영, 안경순, 김성렬, 홍순진, 안종린, 김세기, 안응순, 안상용, 안정옥, 안종형, 안종화, 김세열, 안자순, 안호순 제씨는 그곳 즉 야소교당에서 무고히 교의 혐의로 燒殺을 당하고 곳곳마다 심한 고초가 있었다.[56]

이 두 기록은 적지 않은 차이를 보이고 있다. 이에 대해서는 추후 검토해보고자 한다.[57] 그뿐만 아니라 이병헌은 팔탄면 고주리에서 있었던 김홍렬가의 학살사건도 함께 기록하였다.

그 隣洞(고죽골) 天道教인 金興烈 氏 집으로 가서 金聖烈, 金世烈, 金周男, 金周

---

55 이병헌, 「수원사건」, 『신천지』 통권2호, 서울신문사, 1946.3, 72쪽.
56 「수원군종리원 연혁」, 『천도교회월보』 191, 30쪽.
57 제암리학살사건과 수원지역 천도교 및 이 지역 3·1운동 자료에 대해서는 성주현, 「화성(수원)천도교 관련자료-천도교회월보·신인간편」, 『경기3·1운동』 제5호, 경기3·1운동기념사업회, 2020.4.15, 72-115쪽. 성주현, 「화성(수원)천도교 관련자료, 천도교회월보·신인간편」, 『경기3·1운동』 제5호, 경기3·1운동기념사업회, 2020.4.15, 118-149쪽.

業, 金興福 等 六人을 逮捕하여 結縛하여 놓고 짚단과 나무로 덮어놓고서 石油를 뿌리고 또 生火葬을 하였다.[58]

이병헌이 제암리에서 목격하고 기록한 '제암리학살사건'은 이병헌 자신이 기록한 것마다 약간의 차이가 있지만[59] 제암리학살사건을 조명하는데 중요한 자료임에는 분명하다. 특히 이때 학살된 희생자를 기록하였다는 점에서도 매우 가치 있는 기록이라고 할 수 있다.[60] 이 외에도 이병헌은 3·1운동에 관한 기록을 정리하여 『3·1운동비사』를 남겼는데, 역시 3·1운동을 연구하는데 유용하게 활용되고 있다.

4. 신간회 경성지회에서의 활동

1927년 2월 15일 신간회가 결성되고 지방에서는 순차적으로 지회가 설립되었다. 경성에서도 1927년 5월 25일 30여 명이 조선교육협회에 모여 신간회 경성북부지회 설치준비회를 개최하였다. 경성북부지회 설치에 천도교 구파

---

58 이병헌, 「수원사건」, 『신천지』 통권2호, 서울신문사, 1946.3, 81면.

59 한편 '제암리학살사건'과 관련하여 이병헌은 『3·1운동비사』에서는 다음과 같이 기록하였다. "화성군 향남면 제암리의 학살사건은 천인이 공로(天人共怒)할 잔인무도한 사건이다. 수원읍에 주재하고 있는 수비대는 4월 15일 발안 장날을 이용하여 발안주재소 순사를 앞장세워 가지고 제암리로 가서 좋은 말을 한다는 구실로 야소교인과 천도교인을 야소교 예배당으로 집합하라고 권유한 후 야소교인과 천도교인이 예배당으로 집합할 때 정문 앞에서 수비대는 오는 사람마다 키를 재어서 총 길이보다 적은 아이는 돌려보내고 큰 사람은 이유여하를 불문하고 예배당 안으로 들어가라고 하여 놓고 예배당에 불을 놓아 생화장을 하였다. 이때 그 비절참절한 것은 목불인견이었다. 그중에서 홍순진은 밖으로 뛰어나오다가 총에 맞아 현장에서 즉사하였다."

60 '제암리학살사건'의 희생자에 대해서는 성주현, 「수원지역의 3·1운동과 제암리 학살사건에 대한 재조명」, 『수원문화사연구』 4, 수원문화사연구회, 2001을 참조할 것.

에서도 적극 참여하였는데[61] 이병헌은 오상준, 박완, 최준모, 김영륜, 박양신, 이황 등과 함께 참여하였다. 그런데 준비과정에서 신간회본부가 경성에 지회를 하나만 둔다고 결정함에 따라 경성북부지회는 6월 3일 경성지회 설치위원회로 명칭을 변경하였으며, 이병헌은 준비위원으로 선임되었다.[62] 이병헌 등 신간회 경성지회 준비위원들은 6월 10일 하오 8시 종로 중앙기독교청년회관에서 설립대회를 열고 경성지회를 설치하였다. 이날 설립대회에서 이병헌은 간사로 선출되었다.[63]

신간회 경성지회는 6월 15일 오후 10시 관수동 본부회관에서 제1회 간사회를 열고 서무부, 재무부, 정치문화부, 조직부, 선전부 등 5개 부서로 나누고 총부간사 5명을 선출하였다.[64] 또한 이날 간사회에서는 설립대회에서 선출된 간사 중 김정기, 조완숙, 황신덕, 이시완 등 4명이 제출한 사임서를 수리하였고 이병헌, 이원혁, 이병의, 김홍진 등 4명을 간사 보선 전형위원으로 구성하였다. 간사 후보에는 이춘숙, 이용흡, 이관구, 신현익, 권태열, 김응집, 이창휘, 김상진 등 8명을 추천되었고 이들 중 이춘숙, 이용흡, 이관구, 신현익 등 4명이 간사에 선출되었다. 또 이날 간사회에서는 신간회 경성지회 약칙을 제

61 조규태, 「신간회 경성지회의 조직과 활동」, 『국사관논총』 89, 국사편찬위원회, 2000, 238-239쪽.

62 「신간회의 경성지회, 북부지회를 경성지회로 설치 준비」, 《중외일보》 1927년 6월 3일자; 「확충되는 신간회 경성지회 설치」, 《조선일보》 1927년 6월 3일자.

63 「신간회 경성지회 10일 夜에 설립대회」, 《중외일보》 1927년 6월 12일자; 「신간회 경성지회 성황리 발회」, 《조선일보》 1927년 6월 12일자. 이날 선출된 임원은 다음과 같다. 회장 韓龍雲, 부회장 許憲, 간사 이원혁 김홍진 박의양 정칠성 이병헌 김항규 강인택 홍기문 이황 이병의 이시완 이희춘 김정기 김영윤 박완 김익동 김동혁 이갑준 박영태 강상희 박일 김인수 조원숙 신현구 황신덕.

64 「신간회 경성지회 간부 부서 작성」, 《조선일보》 1927년 6월 18일자.

정하였다.[65]

다음날 16일 오전 11시 본부 회관에서 개최된 총무간사회에서는 상무간사를 선출하고 업무를 분장하였다. 이병헌은 이날 총무부 상임간사에 선정되었다.[66] 이로써 신간회 경성지회는 설립대회를 개최한 지 7일 만에 조직이 완료되었다.

경성지회는 10월 29일 오후 1시 안국동 범어사 포교소에서 간사회를 개최하였는데, 이병헌이 상무간사로 있는 총무부는 8월 11일부터 말일까지 회원 방문 및 회비 징수의 건, 회원 김동철 탈회의 건, 지회 규칙 수정의 건 등을 처리하였다고 보고하였고, 중앙고등보통학교의 동맹휴학을 조사하여 보고할 것을 일임하였다.[67] 이 보고에 의하면 이병헌은 상무간사로서 회원 방문, 지회 규칙 수정과 중앙고등보통학교 맹휴사건 조사 등 총무부 사업에 직간접적으로 참여하였을 것으로 보인다.

그러나 이병헌은 1927년 12월 10일 개최된 정기대회에서 임원진을 개편할 때 간사 등 주요 직책에 선정되지 못하였다. 천도교 구파에서는 이병헌이 빠지는 대신 신태순, 손재기 등이 새로 참여하였다. 이병헌은 이로부터 1년여 후 제3회 임시대회에서 다시 임원으로 선출되었다. 제3회 임시대회는 1929년 1월 20일 오후 2시 15분 천도교기념관에서 개최되었는데, 이병헌은 전체

---

65 「新幹會京城支會幹事會件」, 京鍾警高秘 第6701號-1, 1927년 6월 16일.

66 「新幹會京城支會總務幹事會ニ關スル件」, 京鍾警高秘 제6833호, 1927년 6월 17일. 이날 간사회에서 선정된 부서별 간사는 다음과 같다. 총무부: 총무간사 김영륜, 상무간사 김홍진 이병헌 김인수, 재정부: 총무간사 이용흡, 상무간사 이갑준 박일, 정치문화부: 총무간사 이춘숙, 상무간사 이관구, 조직부: 총무간사 김항규, 상무간사 신현익, 선전부: 총무간사 이원혁, 상무간사 이황 김동혁 정칠성.

67 「新幹會京城支會幹事會ニ件」, 京鍾警高秘 第12237호, 1927년 10월 30일.

참가자 중 55표를 획득하여 간사로 선출되었다.[68] 이어 1월 23일 간사회를 개최하였는데, 이날 이병헌이 참석하여 기존의 조직인 '선전부'를 '조사연구부'로 개편하는 데 적극 찬성하였다.[69]

경성지회는 신간회본부의 정기대회를 개최하기 위한 활동을 지원하였다. 신간회본부는 3월 19일과 20일 이틀 동안 정기대회를 개최하기로 하였고, 3월 9일 오후 7시 50분 경성지회회관에서 정기대회준비위원회를 조직하였는데, 대다수가 경성지회 회원들이었다. 이병헌도 대회준비위원으로 선정되었는데, 접수부 위원이었다.[70] 이병헌은 경성지회 간사로 활동하면서 가능하면 간사회에 참석하였다. 1929년 4월 11일 개최한 임시간사회에서는 부회장 김항규, 총무간사 민중식, 간사 김용기를 선출하는데 적극 의사를 표현하였다.[71]

한편 1929년 3월 19일과 20일에 개최하려고 하였던 신간회 정기대회가 당국으로부터 불허되자 경성지회는 4월 11일 임시간사회를 열고 수개의 인접지회에서 공동대표자를 선출하고 이들이 모여 정기대회를 개최하자는 복대표대회안을 제기하였다.[72] 이에 따라 경성지회도 7월 21일 중앙집행위원회 체제로 간무를 인선하기 위해 임시대회를 개최하였다. 이날 임시대회에서 조병옥이 집행위원장으로 선출되었으며, 이병헌은 집행위원으로 선정되었

---

68 「新幹會京城支會第三會臨時大會續會ニ件」, 京鍾警高秘 第642-1號, 1929년 1월 21일.

69 「新幹會京城支會ノ幹事會ニ關ルス件」, 京鍾警高秘 第818號, 1929년 1월 24일.

70 「新幹會大會準備委員會ニ關スル件」, 京鍾警高秘 第2951호, 1929년 3월 11일. 대회준비위원은 다음과 같다. 서무부: 김인수 김세진 김진태, 용도부: 이원혁 홍명희, 접대부: 박명환 박양신 박한경 박완 홍봉유 이청범 이병헌 조헌영 김원석 정칠성 박호진 정헌태 이기홍, 설비부: 장수창 김응집 민중식 최성원 손재기, 선전부: 박천 김성수 조헌식 조병옥 안재홍.

71 「新幹會京城支會臨時幹事會ニ關スル件」, 京鍾警高秘 第4681호, 1929년 4월 12일.

72 「신간경성지회 임시간사회의」, 《조선일보》 1929년 4월 13일자.

다.[73] 이어 7월 23일 개최된 제1회 집행위원회에서 이병헌은 조직부 위원으로 선정되었다.[74] 또 1930년 1월 23일 개최한 경성지회 임시상무집행위원회에서 이병헌은 본부회관 건립, 회보 발행, 도연합회 조직, 도내 지회 확장, 반 조직, 회원 교양, 회비 징수, 공제부 설치, 차가인 문제, 각 단체 연락 등 안건을 다룬 바 있다.[75]

이 외에도 이병헌은 신간회 경성지회에서 다양한 활동을 하였다. 1930년 6월 경성지회 설립 3주년을 맞아 기념준비위원회를 구성할 때 이병헌은 이황, 이민행, 김세진 등과 함께 준비위원으로 선정되어 기념식이 원만히 진행될 수 있도록 준비를 하였다.[76] 그리고 기념식 당일 여흥부 책임을 맞아 성황리에 마칠 수 있도록 하였다.[77] 이병헌은 기념식 후 개최된 상무집행위원회에서 그동안 맡아오던 교육부[78]에서 서무부로 이동했다.[79]

이병헌은 경성지회뿐만 아니라 신간회본부 행사에도 적극 참여하였다. 1928년 7월부터 신간회본부는 전국 각 지역에 대한 순회강연을 시작하였다. 각 지역별 순회강연에서 이병헌은 이종린과 함께 함경도 지방을 담당하였다. 이때 이병헌은 강연내용이 불순하다고 하여 일시적으로 구속되기도 하였다.[80] 1929년 광주학생운동을 확산시키기 위해 신간회는 전국적으로 민중대회를 개최하기로 한 바 있었다. 이에 12월 14일 안국동 네거리를 중심으로

---

73 「신간회 경지대회」, 《조선일보》 1929년 7월 26일자.
74 「신간 경지 부서 결정」, 《조선일보》 1929년 7월 26일자.
75 「集會取締狀況報告」, 京鍾警高秘 第998號, 1930년 1월 23일.
76 「集會取締狀況報告」, 京鍾警高秘 第8253號, 1930년 6월 3일.
77 「集會取締狀況報告」, 京鍾警高秘 第8454호, 1930년 6월 5일.
78 「신간 경지 상무각부임원 결정」, 《중외일보》 1930년 4월 20일자. 「신간 경지 임원 전임」
79 「集會取締狀況報告」, 京鍾警高秘 第8815호, 1930년 6월 11일; 《중외일보》 1934년 6월 12일.
80 이병헌, 「신간회운동」, 『신동아』 1969년 8월호; 신용하, 『신간회의 민족운동』, 한국독립운동사편찬위원회, 2007, 169쪽.

민중대회를 하기로 하고, 다음과 같이 결의하였다.

1. 민중대회를 개최할 것.
2. 시위운동을 할 것.
3. 다음과 같은 표어로서 민족적 여론을 환기할 것.
   (ㄱ) 광주사건의 정체를 폭로하자.
   (ㄴ) 경찰의 학교 유린을 배격하자.
   (ㄷ) 포악한 경찰정치에 항쟁하자.[81]

그리고 격문으로 "래(來)하라. 형제여, 자매여, 광주대연설회. 아등(我等)의 자질이 희생되는 것을 묵시키 불능하다"를 채택하고 각 지회에 우송하였다. 학생들이 12월 9일 궐기하자 일제는 신간회본부를 찾아와 민중대회의 중지를 요구하였다. 그러나 신간회본부는 이를 거부하고 예정대로 개최하기로 하였다. 이에 당일 민중대회는 분산시켜 진행되었는데, 이병헌은 조병옥과 함께 안국동 네거리에서 민중대회를 갖기로 하였다. 이에 일제는 민중대회 하루 전인 12월 13일 신간회본부를 급습하여 신간회 임원들을 체포하였다. 이로 인해 이병헌 등이 안국동 네거리에서 가지려고 하였던 민중대회는 뜻을 이루지 못하였다.[82]

이상과 같이 이병헌은 3·1운동과 신간회에서 적극적인 활동을 하였다고 할 수 있다. 이후 그는 종교인으로서의 삶을 추구하였다.

---

81 「7개항의 슬러건, 12인이 결의 서명」, 《조선일보》 1930년 9월 7일자.

82 이승복, 「신간회소사」, 《한국일보》 1958년 8월 11일자; 이병헌, 「신간회운동」, 『신동아』 1969년 8월호; 신용하, 『신간회의 민족운동』, 184쪽.

5. 종교인으로서의 이병헌

역사의 소용돌이 속에서 어쩔 수 없이 역사 현장의 정면에 나서게 되었지만, 이병헌은 자신이 밖으로 드러나는 것을 좋아하지 않았다. 평소 겸손하였던 그는 전면에 나서서 활동하기보다는 늘 뒤에서 묵묵히 자신이 할 일만 하였다. 그뿐만 아니라 이병헌은 평소 글쓰기를 좋아했다. 주변에서 일어난 일이나 교회적, 사회적인 사건을 일기 형식의 일지(日誌)로 남겼다.[83] 그 외에도 『천도교회월보』에 종종 기고하는 경우가 있었는데 이를 살펴보면 그의 성격을 조금이나마 알 수 있다. 특히 교단이 신구파로 분규에 휩싸이자 교회의 앞날을 걱정하는 심정을 그대로 보여주고 있다.

이병헌은 항상 교회의 앞날을 걱정하면서도 철저한 종교인이기를 원했다. 더욱이 사람은 신앙을 갖지 않으면 안 된다고 생각하였다. 즉 사람은 신앙심이 없어짐에 따라 마음이 약해지고 육체 역시 파멸상태에 빠진다고 보았다. 사람의 마음이라는 것은 견고하기 한이 없고 미약하기도 한이 없으므로 견고함으로써 집심(執心)이 되면 근본심주(根本心柱)가 자리를 잡게 되니만치 밖으로부터 침입이 있을수록 더욱 견고해져서 만효불발이 되며, 미약함으로써 방종을 하게 되면 근본 마음이 위치를 잃게 되므로 이성목색의 유혹을 받게 된다고 지적하고 있다. 이에 따라 그는 신앙심과 각비심이 없으면 탈선된 그 마음이 한없이 방종에 빠져든다고 지적하고 있다. 결국 사람은 "종교의 신앙, 도덕의 주의에 입각해야 탈선 방종의 문제로부터 해방이 될 수 있으며 인생 생활상으로도 반드시 종교생활을 아니 할 수 없는 것"[84]이라고 단언하

---

83 이병준의 일지는 그가 남긴 『3·1운동비사』를 통해서 일부 확인할 수 있다.
84 石雲, 「생각나는 대로(독자논단)」, 『천도교회월보』 235호, 1930.7, 27-29쪽.

였다.

이러한 관점에서 신앙생활을 하게 된 이병헌은 철저하게 종교적 수양을 해 나갔다. 한번은 이러한 일이 있었다. 1933년 3월 10일 최제우 순도일을 맞아 49일 특별기도를 할 때의 일이다.

> 이번 기도 중 기차 안에서 청수시간을 보내게 되었는데 기차가 수원 군포장 사이를 통과할 때인데 식당차에 가서 청수를 얻어서 모시게 되었습니다. 기차 안 식당에 들어가게 되면 뽀이(심부름하는 소년)가 무엇을 먹으려느냐 묻고 제일 먼저 종이와 유리곱부(유리컵)에 냉수를 갖다 주는 것이 한 예가 됩니다. 그 청수를 놓고 생각하는 시간이 약 십 분 동안은 되었습니다. 묻는 말에 대답하지 않고 가만히 묵념을 하는 동안에 뽀이뿐이랴, 그때 마침 만주 출병으로 인하여 군인도 식당에 다수였는데 기도를 다 마치고 나니까 나보고 종교신자냐고 물었습니다. 나는 서슴지 않고 그렇다고 대답했습니다.[85]

이처럼 신앙의 규제가 몸에 철저하게 밴 이병헌은 '기도는 영통이나 도통보다는 정신통일로 규모일치를 위해 남녀노소를 가리지 않아야 하며 어디서든지 모든 교인이 기도식을 가져야 한다'고 강조하였다. 이병헌은 감상적인 신앙인이기보다는 투철한 종교인이기도 했다. 단순히 종교적 수양을 쌓는 것이 아니라 이를 사회적으로 실현하고자 노력하였다.

이병헌은 종교적 수양을 위하여 주문과 기도를 주로 생활화하였다. 이러한 관점에서 공상은 수양이 없기 때문이라고 보았다. 그리고 공상은 마음을 조급하게 갖는 데서 비롯된다고 하였다. 그러므로 급할수록 천천히 해야 하

---

85 오암, 「공동식사가 곤란」, 『천도교회월보』 264호, 1933.3, 16-17쪽.

고 어려울수록 참아야 한다고 하였다. 이러한 경우에는 무엇보다도 주문을 많이 읽기를 권하였다. 즉 생활에서 노여운 일이 있거나 슬픈 일이 있을 때에는 주문을 항상 읽으라고 강조했다. 주문을 만 번 읽으려면 한 시간 내에 천 번씩 열 시간이 필요하지만 이 열 시간이 비록 지루하거나 짧게 느껴지기도 하나 결국 마음의 병, 즉 공상이라든가 잘못된 일을 바로잡게 한다고 하였다. 그리고 다음과 같이 그 실례를 하나 들었다.

> 수년 전 어떤 교인 한분이 오셔서 교를 믿은 지 수십 년이라도 아무 소용도 없으니 그만 두겠다고 하여 모든 것을 원망하는 것을 듣고서 그때 나는 얼른 이런 말을 하게 되었다. '그만 두시겠다면 그만 두실 것이나 이왕지사 일 그치는 것이니 나하고 청수 한 번 더 모시고 주문 만 번만 더 읽고 그만 두시오' 하였다. 그는 그러면 입교할 때도 청수를 모시고 교를 믿겠다 하였으니 그만 둘 때도 청수를 모시고 그만 두겠다 하느냐고 반문한다. 나는 '그러하는 것이 원리라'고 하였다. 그는 청수를 모실 때는 반드시 그만 두겠다고 하였다. 그것은 그때의 그의 표정으로 보아 알 것이다. 주문 만 번을 읽고 나더니 한 번 웃으면서 '모든 것을 다 잘못으로 생각하였다' 하므로 나는 한 번 물어보았다. 그는 대답하기를 '그만 두겠다고 심고하고 주문을 읽는 동안 꼭 다시는 그러한 마음을 먹지 아니 하겠다는 것이 자꾸 나오므로 마음은 점점 단단하여져서 다시는 그러한 마음을 먹지 않기로 결심하였다'고 함을 들었다.[86]

이러한 일화처럼 이병헌은 평소에도 주문을 일만 번씩 읽었을 만큼 철저한 종교인이었다.

---

86 石雲, 「여러 동무들에게」, 『천도교회월보』 207호, 1928.3, 24-25쪽.

6. 맺음말

이상으로 일제강점기를 중심으로 이병헌의 생애와 민족운동에 대하여 살펴보았다. 이병헌은 한말 경기도 진위(현 평택)에서 출생하였지만 수원을 기반으로 일생을 천도교인으로서, 그리고 이를 바탕으로 민족운동에 참여하였다. 일생을 천도교와 민족운동에 매진한 이병헌의 생애와 민족운동을 정리하면 다음과 같다.

첫째, 이병헌의 활동무대는 수원이었다. 이병헌은 한말 경기도 진위군 현덕면에서 출생하였지만 비교적 활발하게 활동하였던 청년기는 수원에서 주로 활동하였다. 이병헌이 태어난 현덕면은 그 생활권이 수원이기 때문이었다. 아버지 이민도도 동학에 입도한 이후 수원지역을 중심으로 포교를 하였고, 이를 기반으로 수원지역 동학교인을 이끌고 보은 척왜양창의운동과 동학농민혁명에 참가하였던 것이다. 이후 이민도는 수원교구장을 비롯하여 중요 직책을 맡으면서 활동하였다. 이러한 부친의 영향으로 이병헌도 수원을 중심으로 활동하였던 것이다. 일찍이 수원교구에서 설립한 강습소에서 근대적 교육과 종교적 소양을 쌓았으며, 이후 수원교구 임원으로 적극 활동하였고, 이후 청년회를 조직하여 수원지역 청년운동에도 영향을 미쳤다.

둘째, 동학 및 천도교인으로서 민족운동에 적극 참여하였다. 이병헌은 어릴 적부터 아버지로부터 동학의 영향을 받으며 성장하였고, 청년기 이후에는 천도교와 관련된 민족운동에 적극 참여하였다. 손병희의 부름을 받은 이병헌은 독립선언서를 운반하고 3월 1일 당일에는 태화관과 탑골공원과의 연락책으로, 그리고 만세시위 등으로 3·1운동에 참가하였다. 또한 수원으로 피신해서도 수원지역 만세운동을 전개하는 데 일정한 영향을 주었다. 특히 '제암리학살사건'을 현장에서 목격하고 남긴 기록은 '제암리학살사건'에서 희생된 인물을 확인할 수 있는 중요한 실마리를 제공한다.

또한 이병헌은 천도교 구파에서 신간회에 참여할 것을 결정함에 따라 경성지회 설립부터 주요 임원으로 활동하였다. 이병헌이 이처럼 3·1운동과 신간회 등 민족운동에 적극 참여할 수 있었던 것은 천도교의 민족주의적 성향도 있었겠지만 아버지로부터 받은 영향도 적지 않았을 것으로 본다. 아버지 이민도가 동학의 척왜양창의운동과 동학농민혁명에 참가하였던 사실은 그로 하여금 일제강점기 민족운동에 적극적으로 참여할 수 있게 한 동력의 원천이 된 것으로 판단된다.

셋째, 철저한 종교인으로 삶을 살았다. 아버지로부터 받은 동학적 삶의 철학은 그에게 평생 종교인, 신앙인으로 살 수 있는 토대를 마련해주었다. 계대교인으로서 이병헌은 아버지를 이어 수원교구에서 교역자로 활동하였고, 이후 천도교중앙총부로 진출하여 주요 직책을 맡았다. 이병헌의 종교인의 삶은 천도교의 종교적 수양에서 비롯되었다. 앞서 일화에서 살펴보았듯이 이병헌은 늘 종교적 수양을 위해 기도와 주문, 그리고 수련을 생활화하였다.

이로 볼 때 이병헌은 계대교인으로서 천도교에 입교한 이후 일생을 종교인으로서, 그리고 민족운동가로서 암울한 일제강점기를 강건하게 보낸 인물이라고 할 수 있다.

03
이석영과 독립운동에 대한 고찰

1. 머리말

"1910년 12월 일제의 강제에 의하여 국권이 침탈되자 애국단체인 상동청년회의 우국지사들이 중심이 되어 1907년 신민회를 비밀조직하고 독립운동자 양성과 독립기지를 국외에서 개척하기로 합의된 바에 따라 6형제 50여 가족이 입만(入滿)하여 유하현(柳河縣) 삼원보(三源堡)에 정착하고 경학사와 신흥강습소를 설치 독립군 장교 양성과 국권 회복을 위한 기반조성을 위하여 가산 6,000여 석을 투입하여 1910년대 초기의 독립운동에 이바지한 사실이 확인됨."[1]

위의 인용문은 국가보훈처 독립유공자에 소개하고 있는 이석영의 독립운동 공적 개요의 내용이다.[2] 이에 의하면 이석영은 제국 일본의 한반도 강점 이후 만주로 이주하여 경학사와 신흥강습소 설립에 참여하였으며, 독립운동 자금으로 상당한 재산을 기부하였음을 알 수 있다. 특히 신흥강습소와 관련하여 "서간도의 이석영·윤기섭 등의 신흥학교의 군사교육"[3]을 위한 기관이라고 한 바와 같이, 신흥강습소는 이석영과 밀접한 관련이 있음을 알 수

---

1 이석영의 공훈 내용, 국가보훈부 공훈전자사료관 홈페이지(http://e-gonghun.mpva.go.kr/).

2 이석영에 대한 연구는 허성관, 「이석영 선생의 독립투쟁과 고뇌」라는 글을 통해 처음으로 시도되었다. 이 글은 광복 70주년 기념 경기도 학술토론회 제1차 '망국의 길 그리고 망명 독립운동과 이석영 선생'(2015년 5월 13일)에서 발표된 논문이다.

3 김자연, 「3·1운동 약사」, 『앞길』 39, 1945.3·1.: 국사편찬위원회 한국사데이터베이스.

있다.

이석영은 독립운동가로 널리 알려진 '이회영 6형제'의 둘째이지만, 형제 중 이회영과 이시영에 비하여 대중적으로 알려지지 않은 인물이다. 그동안 신흥무관학교와 관련된 연구[4]는, 대부분 이회영과 이시영을 중심으로 분석하였다는 점에서 이석영에 대한 새로운 조명이 필요할 것으로 본다.

'이회영 6형제'는 한국사회에서 '노블레스 오블리주'의 대표적인 집안으로 칭송되고 있다. 이석영은 이회영 6형제 중 둘째로 본관은 경주이다. 이석영을 포함한 이회영 6형제는 평택에서 직접 거주하지는 않았지만, 이들 형제의 본관인 경주이씨와 밀접한 관련이 있다. 평택시 진위면 동천1리 마을 입구에

---

4 신흥무관학교와 관련된 대표적인 연구성과는 다음과 같다. 이덕일, 『아나키스트 이회영과 젊은 그들』, 웅진닷컴, 2001; 서중석, 『신흥무관학교와 망명자들』, 역사비평사, 2001; 이덕일, 『이회영과 젊은 그들-아나키스트가 된 조선 명문가』, 역사의아침, 2009; 이현희, 「신흥무관학교 연구」, 『동양학』 19, 단국대학교 동양학연구소, 1989; 김삼웅, 『이회영 평전-항일무장투쟁의 전위, 자유정신의 아나키스트-』, 책으로보는세상, 2011; 주동욱, 『항일독립운동의 요람, 신흥무관학교』, 삼인, 2013; 이현희, 신흥무관학교 연구, 『동양학』 19, 단국대 동양학연구소, 1989; 박환, 만주지역의 신흥무관학교, 『만주한인 민족운동사 연구』, 일조각, 1991; 박환, 「신흥무관학교에 대한 새로운 사료와 졸업생들의 민족운동」, 『만주지역 한인민족운동의 재발견』, 국학자료원, 2014; 서중석, 「청산리전쟁 독립군의 배경: 신흥무관학교와 백서농장에서의 독립군 양성」, 『한국사연구』 111, 한국사연구회, 2000; 서중석, 「후기 新興武官學校」, 『역사학보』 169, 역사학회, 2001; 서중석, 『신흥무관학교와 망명자들』, 역사비평사, 2001; 서중석, 「이회영의 교육운동과 독립군 양성」, 『나라사랑』 104, 외솔회, 2002; 김주용, 「《신흥교우보》를 통해 본 신흥무관학교」, 『한국독립운동사연구』 40, 독립기념관 한국독립운동사연구소, 2011; 김태국, 「신흥무관학교와 서간도 한인사회의 지원과 역할」, 『한국독립운동사연구』 40, 독립기념관 한국독립운동사연구소, 2011; 한시준, 「신흥무관학교와 한국독립운동」, 『한국독립운동사연구』 40, 독립기념관 한국독립운동사연구소, 2011; 장세윤, 「新興校友團의 기관지 《新興校友報》(자료소개)」, 『한국독립운동사연구』 36, 독립기념관 한국독립운동사연구소, 2010; 한시준, 「신흥무관학교와 尹琦燮」, 『한국근현대사연구』 67, 한국근현대사학회, 2013; 박성순, 「1910년대 신흥무관학교 학생모집의 경로와 거점」, 『한국근현대사연구』 82, 2017 등이 있다. 이 외에도 관련 기관, 기념사업회, 학회 등에서 학술발표가 꾸준히 진행되고 있다.

는 '경주이씨 상서공파 세장지'가 있다. 세장지 위쪽에는 상서공파의 파조 이과(李科)의 제단과 후손들의 묘역이 있으며, 서쪽에는 재실 동천재가 있다. 인근의 무봉산 서쪽마을 진위면 가곡1리 가오실(嘉吾室) 입구에도 '경주이씨(慶州李氏) 천(阡)'[5]이라는 표석이 있었다.[6] 경주이씨가 평택에서 세거하기 시작한 것은 백사 이항복의 증손 이세필부터이다.

이석영이 양자로 입적한 이유원은 '가오실 대신'[7]으로 불린 바 있는데, 이는 평택 진위면 가곡1리의 '가오실' 마을에서 유래되었다고 본다면, 이석영 또한 '가오실' 내지 '평택'과 전혀 인연이 없다고 할 수는 없을 것으로 본다. 또한 이석영이 자신의 재산을 처분하여 독립운동 자금을 마련할 때 평택의 경주이씨 문중의 대지도 상당 부분 포함된 것으로 알려지고 있다. 이와 관련된 이야기는 3·1운동 1백주년을 맞아 평택시사신문사에서 「100년의 함성과 만석꾼의 꿈을 찾다」라는 특별기획으로 연재한 바 있다.

이에 따라 본고는 평택지역과 직접 연고는 없지만, 이석영의 본관인 '경주이씨의 세장지', 그리고 '가오실'이라는 연결고리를 통해 평택과의 인연을 고려하면서 이석영의 삶과 민족운동에 대하여 추적해 보고자 한다.

2. 이석영의 만주로의 이주 과정

이석영은 1855년 저동 중신 이유승의 둘째로 태어났으나 영의정을 지낸

5 이 표지석은 도로공사로 현재 진위면 봉남3리 이세필의 묘 아래로 옮겨져 있다.

6 「기획특집-100년의 함성과 만석꾼의 꿈을 찾다② 경주이씨 이석영·이회영 집안의 뿌리는 평택」, 『평택시사신문』 1919년 3월 13일.

7 「영석 이석영씨 상하이 객장에서 영면」, 《동아일보》 1934년 2월 28일.

가오실 대신 이유원에게 양자로 입계하였다.[8] 호는 영석(氵+穎石), 본관은 경주이다. 양자로 입계하기 전까지 이석영의 삶에 대해 알려진 바가 없다. 31세가 되던 1885년 가오실 대신 이유원의 양자로 입계하였는데, 이는 일반적으로 볼 때 상당히 늦은 나이라고 할 수 있다. 이석영이 양자로 입적하게 된 배경은 이유원의 아들 이수영이 1875년 별시 문과에 급제한 후 사망하였기 때문이다.[9] 당시 80세였던 이유원은 제사를 맡길 아들이 있어야 한다는 당시 사회적 관념에 따라 아들 사후 10년 후인 1885년 1월 10일 인척인 이유승의 둘째 이석영을 양자로 입적시키게 된 것이다.[10] 이유원이 고종에게 올린 상소의 내용은 다음과 같다.

> "신은 운수가 두텁지 못하여 아직 제사를 맡길 만한 아들이 없는데 나이는 문득 80세가 가까워 오고 있으니 통절한 마음을 금할 수 없습니다. 그래서 12촌 아우인 전(前) 참판(參判) 이유승(李裕承)의 둘째 아들 이석영(李石榮)을 데려다가 아들로 삼아 뒷일을 맡길 수 있게 되었는데, 이것은 윤리상의 큰 문제입니다. 국조(國朝)의 진신(縉紳) 간에 이미 시행한 예(禮)를 상고하여 보니, 사람을 골라서 지정하여 대를 잇게 하는 것은 비단 옛날에 많이 있었을 뿐만이 아닙니다. (중략) 삼가 바라건대 성상께서는 특별히 불쌍하게 여기는 은택을 베푸

8 「영석 이석영씨 상하이 객창에서 영면」, 《동아일보》 1934년 2월 28일; 「상하이 법조계서 이석영옹 장서」, 《조선중앙일보》 1934년 3월 1일.

9 李秀榮은 풍증이 있었다. 1875년 별시과에 급제하였으며, 待敎를 지내고 세상을 떠났다.(『매천야록』 1권 上, '이유원의 파양')

10 이유원은 양손이 있었지만 파양하였다. 이와 관련하여 『매천야록』에서는 다음과 같이 기록하고 있다. "이유원은 아들 사후 양손을 맞이하였으나 그의 나이가 이수영의 처와 네다섯 살 차이밖에 안 되어 모자가 음행을 저지르고 말았다. 이에 이유원은 고종에게 아뢰기를, "신의 손자가 그의 어머니와 간통하였으니 양손을 파기해야겠습니다"라고 하였다."

시어 자식이 없는 신으로 하여금 자식을 두게 하고 대가 끊어진 것을 이어서 망하지 않게 하여줄 것을 바라마지 않습니다."[11]

즉 이유원은 12촌 아우인 이유승의 둘째 아들 이석영을 아들로 삼아 제사를 맡기면서 대를 잇게 하였다.[12] 이유원의 양자로 입적한 이석영은 1885년 9월 증광시 문과에 급제[13]한 후 두 차례 한림의 권점을 받았으며[14] 1887년 홍문록, 도당록에 추천되었다.[15] 또한 이해 대왕대비 팔순을 축하하는 경과정시 문과의 시관을 맡기도 하였다.[16]

1891년 동부승지,[17] 1903년 비서원승,[18] 1904년 장례원 소경[19] 등을 역임하였다. 이 외에 정언, 수찬 등도 역임하였는데, 이 직은 모두 청요직으로 이석영의 인품이 강직하고 학문도 상당하였을 것으로 추정할 수 있게 한다.[20] 관직으로는 종2품, 칙임관 4등까지 올랐으나 크게 이름을 남기지는 못하였다. 그가 관직에 크게 관심을 두지 않은 것은 동학농민혁명 당시 중국과 일본이

---

11 『고종실록』 22권, 고종 22년 1월 10일.

12 상소에 대해 고종은 "대를 이은 양자의 나이가 친자식보다 많은 경우에 종(宗)으로 삼고 형으로 삼는 것은 참작하여 변통하고 권도(權道)를 취하는 도리에 진실로 부합되는 것이니, 선유(先儒)와 선정(先正)들은 이미 정론이 있었다. 더구나 경의 선조가 쓴 『예론』이 명백한 증거가 되는 만큼 나이순으로 대를 잇는 계통을 정하는 문제는 청한 대로 시행하라."고 하였다.

13 『고종실록』 22권, 고종 22년 9월 15일.

14 『고종실록』 23권, 고종 23년 3월 24일; 고종 23년 10월 10일.

15 『고종실록』 24권, 고종 24년 7월 23일.

16 『한성주보』 1887년 4월 11일.

17 『고종실록』 28권, 고종 28년 8월 29일.

18 『고종실록』 43권, 고종 40년 11월 8일.

19 『고종실록』 44권, 고종 41년 4월 29일.

20 허성관, 「이석영 선생의 독립투쟁과 고뇌」, 『망국의 길 그리고 망명, 독립운동과 이석영 선생』(발표집), 광복 70주년 기념 경기도 제1차 학술토론회, 2015, 73쪽.

조선에 대한 지배권을 강화하려는 정세를 보았기 때문이었다. 이후 관직에 무의하게 보내다가 1905년 을사늑약을 전후하여 관직을 그만둔 것으로 보인다. 즉 1904년 이후 관직에 그의 이름이 더 이상 보이지 않는다. 『기려수필』에서는 "공(이석영-필자)은 벼슬에 나아갈 뜻이 없어 사직하고 이후 나아가지 않았다(公無意進就 遂辭歸不出世)"라고 하였다.[21] 이후 한동안 활동을 보이지 않던 이석영은 규장각 제학 조정희의 장례에 호상인으로 이름을 올렸다.[22] 그리고 이해 민영휘와 한강에 있는 정자 천일정의 소유권 문제로 소송이 진행되었다는 기사가 보인다.[23] 이 천일정 사건은 패소하였다.[24]

한편 이 시기 이석영은 아들 이규준을 신학문을 가르치는 학교에 입학하는 것을 처음에는 거부했지만, 곧바로 이를 수용하였다. 이와 관련하여 동생 이회영의 부인 이은숙이 『서간도 시종기』에서 다음과 같이 회고한 바 있다.

> 무신년은 지금으로부터 60여 년 전이 되니 얼마나 완고하리오. 학교도 희소하고 남자 아동은 한문이나 가르치고 재력이 넉넉한 가정은 선생이나 두고 글을 가르치는 시대라. 우당장(이회영-필자)이 규룡, 규학, 규봉, 규면, 규훈 다섯 종형제를 삭발해 입학시켰더니 둘째 영감(이석영-필자)께서 아우님를 꾸짖으셨다. 우당장은 웃으시면서 " 형님, 시대가 시시로 변천하니 규준도 입학시켜서 바삐 가르쳐서 우리나라도 남의 나라처럼 부강해야지요" 영감께서는 아우님 말씀을 신용을 잘하는지라. 모든 친구들에게도 권하여 자녀들을 입학시키는

21 『기려수필』, 「이석영」(1919); 국사편찬위원회 한국사데이터베이스.
22 《황성신문》 1908년 1월 8일.
23 《황성신문》 1908년 12월 11일.
24 《황성신문》 1909년 4월 10일.

사람이 다수이러라.[25]

이은숙의 회고에 의하면, 이석영은 상당히 보수적인 인물이었다. 당시 애국계몽으로 근대적 신식학교가 설립되어 근대학문을 받아들이는 상황이었지만, 이석영은 이를 수용하는 데 반발하는 입장이었다. 그런데 동생 이회영이 자식들에게 신학문을 가르치기 위해 형인 이석영의 아들 이규준에게도 신학문을 배울 수 있는 기회를 주고자 하였던 것이다. 이석영은 신학문 수용을 처음에는 반대하였지만, 동생 이회영의 설명을 듣고 이내 이를 인정하고 아들을 신학문을 배우는 학교에 입학시켰다. 이는 이석영이 본질적으로는 보수적 성향을 지니고 있었지만 합리적인 것에 대해서는 수용할 줄 하는 인물이었음을 알 수 있다.

1910년 8월 29일 조선이 제국 일본에 강점 당한 이후 이석영은 독자적으로 민족운동에 나서지는 않았다. 이는 그의 과묵하고 보수적인 성격 때문인 것으로 추정된다. 그렇지만 동생 이회영이 민족운동에 참여하는 것에 대해서는 적극적으로 지원하였을 뿐만 아니라 자신도 뒤따라 적극적으로 참여하였다. 이는 그의 성격이 때로는 과단성 있음을 보여주고 있다.

동생 이회영[26]은 1907년 4월 초 신민회에 가담하였으며, 상동청년학원 학감으로 근무하면서 전덕기, 김진호, 이동녕 등과 함께 비밀독립운동을 준비하였다.[27] 1909년 봄 이회영 등 신민회 간부는 양기탁의 집에서 비밀회의를

---

25 이은숙, 『서간도 시종기』(번역본), 일조각, 2017, 53쪽.

26 이회영의 민족운동에 대해서는 이호룡, 「이회영의 아나키스트 활동」, 『한국독립운동사연구』 33, 독립기념관 한국독립운동사연구소, 2009; 김삼웅, 『이회영 평전』, 책보세, 2011; 이덕일, 『이회영과 젊은 그들』, 역사의아침, 2009 등을 참조할 것.

27 이은숙, 앞의 책, 53쪽.

갖고 서간도 지역에 독립운동 기지를 건설하는 한편 무관학교를 설치하기로 하였다.[28] 이어 1910년 7월 보름쯤 이동녕, 장유순, 이관직 등과 함께 압록강을 건너 서간도 일대를 시찰하고 유하현 삼원보 추가가 지역을 독립운동 기지로 정하였다. 또한 이들은 환인현 횡도천을 임시 거처로 정하고 먼저 이동녕의 친족 이병삼 가족을 이주시켰다.

서간도 시찰을 마친 이회영은 이석영 등 6형제를 소집하여 시국의 상황을 설명하고 만주로 이주하여 민족운동을 전개할 것을 결의하였다. 그리고 비밀리에 전답과 가옥 부동산을 방매하였다. 이때 이석영은 남양주와 평택 일대의 토지 등 재산을 처분하여 민족운동 자금을 마련하는 데 기여하였다. 이와 관련하여 이은숙은 다음과 같이 기록하였다.

> 우리 시숙 영석장은 우당 둘째 종씨인데, 백부 이유원 댁으로 양자 가셨다. 양가의 재산을 가지고 생가 아우들과 뜻이 합하셔서 만여 석 재산과 가옥을 모두 방매해 가지고….[29]

이석영은 '1만여 석의 재산과 가옥을 방매'하여 이를 독립운동 자금으로 흔쾌히 제공하였다. 『매천야록』에 의하면 이유원은 양주에서 서울로 오는데 남의 땅을 밟지 않아도 될 만큼 광대한 땅을 소유하고 있을 정도였다. 더욱이 경주이씨 문중에 속한 평택의 땅도 일부 처분하였다.[30] 당시 기부한 1만여 석의 재산과 가옥을 방매한 자금이 현재 어느 정도 되는지 정확하게 알 수는 없

28 박환, 「이회영의 생애와 민족운동」, 『나라사랑』 104, 외솔회, 2002, 27쪽.
29 이은숙, 앞의 책, 65쪽.
30 이에 대해서는 김해규, 「경주이씨 육형제와 평택지역」, 『이석영·이회영 육형제의 민족운동과 평택』(발표집), 2019 평택학 학술대회, 2019를 참조할 것.

지만, 6형제가 마련한 자금이 모두 40여만 원이었으며 현재 시세로 대략 6백억 원에 해당하는 것으로 알려지고 있다.[31]

만주로의 이주 준비를 마친 이석영은 서울을 출발, 1910년 12월 30일 압록강을 건넜다. 이어 이회영 일가도 신의주에 도착하여 몇 시간을 머물다가 새벽에 압록강을 건너 안동현에 도착하였다. 먼저 와 있던 이석영이 이회영 일가를 맞이하였다. 이곳에서 이석영, 이회영 6형제 일가는 신해년 새해를 맞았으며, 1917년 1월 9일 임시 거처인 횡도천으로 향하였다. 당시를 이은숙은 아래와 같이 회고하였다.

> 조국을 이별한 지 일망이 되는데 무정한 광음은 송구영신의 신해년이 되었다. (1917년-필자) 정월 초 아흐렛날에 임시로 정한 횡도촌으로 향하였다. 6형제 식구와 둘째 댁, 출가 여식의 서랑까지 데리고 와 마차 10여 대를 얻어 일시에 떠났다.[32]

안동현에서 횡도천으로 떠난 것은 입춘이 지난 시기였다. 험난한 길을 재촉하는 이회영을 따라 이석영은 횡도천으로 향하였다. 당시 고난의 상황을 다음과 같이 밝히고 있다.

> 갈수록 첩첩 산중에 천봉만학은 하늘에 닿은 것 같고 기암괴석 보본의 칼날 같은 사이에 쌓이고 쌓인 백설이 은세계를 이루었다. 험준한 준령이 아니면

---

31 황원섭, 「경주이씨 우당 이회영 육형제의 가계와 독립운동」, 『이석영·이회영 육형제의 민족운동과 평택』(발표집), 21쪽.

32 이은숙, 앞의 책, 69쪽.

강판 얼음이 바위같이 깔린 데를 마차가 어찌나 기차같이 빠른지 그중에 채찍을 치면 더욱 화살같이 간다.[33]

7, 8일 만에 횡도천에 도착한 이석영은 이곳에서 며칠을 보낸 후 가족과 함께 이회영의 인솔로 독립운동 기지로 정해 놓은 유하현 삼원보로 갔다. 삼원보 일대에는 약 8백 호 정도의 한인 사회가 형성되어 있었다.[34]

이처럼 서울을 떠나 만주로 향하는 망명의 길은 이석영에게는 낯선 삶의 길이었으며 고난의 연속이었다. 그동안 비교적 안락한 삶을 누려 왔던 이석영에게는 안동현에서 횡도천으로 가는 길이 훗날 상하이 객창에서 영면하는 자신의 삶에 대해 상징적으로 보여주는 민족운동의 출발점이기도 하였다. 이러한 이석영의 재산 처분, 만주 이주와 관련하여 한국국민당 기관지 『한민』에서는 다음과 같이 기록하고 있다.

(전략) 李東寧 氏를 西間島로 보내여 地點을 選擇하게 하였는데 이 使命을 맡은 李東寧 氏는 庚戌年 7月(바로 合併되기 前)에 떠나 西間島 桓仁縣 等地를 視察하고 도라와 報告하엿다. 이때는 벌서 合併이 된 뒤임므로 急急히 同志를 移住식히기로 決定하고 爲先 根據地 設定에 要할 資金을 내 노흘 사람을 求하였는데, 同志 中 李會榮氏와 그의 季氏 李始榮氏의 紹介와 勸告로 그의 仲氏 李石榮氏의 同意를 엇엇다. 그네 羣 兄弟 中에는 李石榮 氏가 財產이 있엇는대 그는 일즉 科擧하고 仕路에 단니다가 國事가 글러짐을 보고 掛冠隱退하야

---

33 이은숙, 앞의 책, 71쪽.

34 「三源浦 合泥河地方의 狀況에 관한 건」, 朝憲機 제259호, 1918년 5월 4일; 국사편찬위원회 한국사데이터베이스.

鬱憤이 지내던 터임으로 곳 應諾하고 全 財產을 傾하여 7兄弟의 全 家族을 다리고 西間島로 移住하기로 決定하엿다.[35]

위의 인용문에서는 독립운동 기지를 선정하기 위해 이동녕은 서간도 환인현 등지를 답사하고 돌아온 후 근거지 마련을 위한 자금을 구하고자 하였다. 이를 부담한 인물이 이석영이었다고 밝히고 있다.

신민회가 구상하였던 해외 독립운동 기지를 마련하는 데, 가장 중요한 자금 부분에서는 누구보다도 이석영의 공이 컸음을 알 수 있다.

3. 신흥무관학교의 설립과 그 이후

이석영이 이회영과 함께 먼저 삼원보에 온 것은 무엇보다도 독립운동 기지 마련 때문이었다. "장구히 유지도 하고 우리 목적지를 정하여 무관학교를 세워 군사 양성이 더욱 급하다"고 하였듯이, 독립군 양성소인 무관학교 설립을 위한 준비가 급선무였다.[36] 삼원보에는 이석영, 이회영 일가뿐만 아니라 이석룡, 이동녕, 김창환, 주진수, 윤기섭 등이 있었다.[37] 이들은 우선 독립운동의 기반인 자치기관을 조직하고자 하였다. 이에 따라 1911년 4월 추가가 대고산에서 노천 군중대회를 개최하여 다음의 5개 조항을 결의하였다.

---

35 『韓民』 3호, 1936년 5월 25일; 『대한민국임시정부 자료집』 35(한국국민당 I), 국사편찬위원회, 2009, 197쪽.
36 채근식, 「경학사와 신흥학교」, 『무장독립운동비사』, 대한민국공보처, 1949, 47-49쪽; 서점영, 「우당 이회영의 민족운동」, 전북대학교 석사학위논문, 1992, 9쪽.
37 김학규, 「지난 30년간 중국 동북지방의 한국혁명운동」, 『광복』 1, 1941.3.20.; 국사편찬위원회 한국사데이터베이스.

> 첫째, 민단적 자치기관의 성격을 띤 경학사를 조직할 것 둘째, 전투적인 도의에 입각한 질서와 풍기를 확립할 것 셋째, 개농주의(皆農主義)에 입각한 생계방도를 세울 것 넷째, 학교를 설립, 주경야독의 신념을 고취할 것 다섯째, 기성군인과 군관을 재훈련하여 기간 간부로 삼고, 애국 청년을 수용해 국가의 동량 인재를 육성할 것.[38]

이 결의에 따라 민단적인 성격을 띤 자치기관으로 경학사[39]를 설립하였다. 설립에 앞서 이석영과 이회영 등 6형제와 이상룡, 이동녕, 장유순, 류인식, 이관직, 김창환, 윤기섭, 이규룡, 주진수, 장도순, 이장녕, 이규봉, 여준, 이상설 등이 발기인으로 참여하였다.[40] 설립 직후 임원으로는 사장에 이철영, 부사장에 이상룡, 서무에 김동삼과 이원일, 학무에 이광과 여준, 재무에 이휘림과 김자순, 조사에 황만영과 박건, 조직에 주진수와 김창무, 외무에 송덕규와 정선백 등이 선임되었다. 이석영이 참여한 경학사에 대해 선행 연구에서는 "동삼성 최초의 한인 혁명 결사이자 동북 한국혁명운동의 효시"[41]라고 평가한 바 있다.

경학사의 설립 목적은 병농제(兵農制)를 채택하여 근로정신에 입각, 학술을 연마하고 구국 인재를 양성하여 무장항일투쟁을 전개하는 데 두었다. 그리하여 먼저 황무지를 개간하여 독립운동 기지를 마련하고, 부설기관으로 독립군을 양성하기 위한 신흥강습소를 설립, 구국 인재를 키우는 데 주력하

---

38 「경학사」; 한국민족문화대백과사전(https://100.daum.net/encyclopedia/view/14XXE0002989)

39 경학사에 대해서는 박영석, 「일제하 재만한인의 독립운동과 민족의식-경학사의 설립 경위와 그 취지서를 중심으로」, 『사학연구』 33, 한국사학회, 1891을 참조할 것.

40 「경학사 취지서」.

41 김학규, 「지난 30년간 중국 동북지방의 한국혁명운동」, 『광복』 1, 1941.3.20.

기로 하였다. 신흥강습소는 이석영, 이회영, 이관직, 윤기섭, 이상룡 등이 발기하여 경학사의 부설기관으로 1911년 여름에 개교하였다. 『석주유고』에 신흥강습소를 다음과 같이 소개하고 있다.

> 신해년 여름 경학사를 만들고 신흥강습소를 설치하여 청년들에게 군사학술 교련을 실시하였다.[42]

원병상의 기록에 의하면, 교명을 신흥이라고 한 것은 신민회의 '新' 자와 다시 일어나는 구국투쟁이라는 의미에서 '興' 자를 붙인 것이다.[43] 원병상은 신흥강습소 설립 당시의 상황을 아래와 같이 기록한 바 있다.

> 슬프다. "창천이여 이 겨레를 살펴 보소서." 하며 비분강개, 절치부심하는 동지들이 운집한 뒤에 분연히 궐기하여 국권 회복을 단연 맹세하면서 기약 없는 망망한 피안(彼岸)인 광복이란 벅찬 희망을 안고, 1911년 봄에 이역 황야의 신산한 결방살이에서나마 구국 사업으로 일면 생취(生聚), 일면 교육이라는 두 가지 과제를 내걸고 출발하였다. 생취(生聚)로는 경학사(耕學社)를 창설하여 이주 동포들의 안착과 농업 생산을 지도하는 기관으로서 초대 사장에 이철영이 추대되고, 교육으로는 학술을 연마하여 군사 훈련을 주목표로 조국 광복에 중견 간부의 역군이 될 인재 양성을 하기 위해 '신흥강습소'가 창설됨으로써 초대 교장에 이동녕, 교감에 김달(金達), 학감에 윤기섭(尹琦燮), 교관에 김창환(金

42 안동독립운동기념관, 「행장」, 『국역 석주유고』, 경인문화사, 2008.
43 원병상, 「신흥무관학교」, 『독립운동사자료집』 10, 12쪽. 원병상은 신흥무관학교 교관으로 활동하였으며, 설립부터 폐교할 때까지 10년 간 3,500명의 독립군을 양성하였다.

> 昌煥), 교사에 이갑수(李甲洙)·이규룡(李圭龍)·김순칠(金舜七) 등이었고, 제3대 교장에 이광(李光)도 잠시 재임하였다. 이것이 곧 서간도 독립운동의 요람인 신흥무관학교의 전신이었다.[44]

이렇듯 한인 자치기관으로 조직한 경학사와 독립군 양성을 목적으로 하는 신흥강습소 설립에 재정을 담당한 이는 이석영이었다. 앞서 언급한 바와 같이 이석영은 만주로 이주하기 전 자신의 전 재산을 방매 즉 처분한 바 있는데, 이 처분한 자금을 경학사의 조직과 운영, 그리고 신흥강습소 설립과 운영 자금으로 지원하였다. 특히 신흥강습소와 관련하여 이은숙은 『서간도 시종기』에서 다음과 같이 밝히고 있다.

> 둘째 영감께서는 항상 청년들의 학교가 없어 염려하시다가 토지를 사신 후에 급한 게 학교라. 춘분 후에는 학교 건설에 착수하게 선언하시고 지단(地團) 여러 천 평을 내놓으시고 시량까지 부담하시고….[45]

위의 인용문에서 알 수 있듯이, 이석영은 한인사회 청년들의 교육기관이 없음을 안타깝게 여겼으며, 학교 설립을 위한 토지를 매입한 후 이를 기부하였다. 그뿐만 아니라 청년들이 학교 생활에 불편함이 없도록 학교 운영 경비, 땔감과 식량까지도 부담하였다.

신흥강습소 교관으로 활동하였던 이관직도 회고기에서 신흥강습소 설립

---

44 원병상, 「신흥무관학교」, 『독립운동사자료집』 10, 12쪽.

45 이은숙, 『서간도 시종기』(번역본), 81쪽. 일본의 정보문서에도 이석영이 신흥강습소 설립에 부지를 제공한 것으로 파악하고 있었다.(「李始榮一族ノ動靜ニ關スル件 (諜報)」, 朝憲機第五一號, 大正八年二月一日, 秘受一二九六號; 국사편찬위원회 한국사데이터베이스)

에 대하여 기록하였는데, 다음과 같다.

> 신흥학교 창립 시에도 우당 선생이 바라는 바에 따라(이석영 선생-필자) 학교의 건축, 설립, 유지 등 제비용을 희사하였다. 그가 만일 학교 설립에 자금을 내놓지 않았다면 우당 선생의 오랜 소원이었던 군관학교도 설립이 어려웠을 것이다.[46]

이관직의 회고에 의하면, 이석영의 자금이 없었더라면 신흥강습소 설립이 무산되었을 것이라고 할 정도로 그의 역할이 컸음을 알 수 있다. 이처럼 이석영의 재산으로 독립운동 기지를 마련하였고 신흥강습소를 설립하게 된 것이다. 이러한 배경하에 이석영은 신흥강습소의 교주(敎主)가 되었다.[47]

이석영은 신흥강습소 설립 경비 외에도 당시 함께 민족운동에 투신한 사람들의 생활 안정을 위해서도 노력하였다. 즉 "여러 형제분(이석영 등-필자)은 자리를 못 잡은 모모 동지들께도 5간 방자에 1년 지낼 땅과 1년 농사지을 시량까지도 주어 안전하게 하셨다. 그 외의 농군 방청으로 조선서 땅 사고 소작 주면 가을에 도조 가져오듯 하는 건 외방청이고, 내방청은 일꾼 두고 자농하면 일꾼 식구는 다 먹이고 가을에 3분의 1은 일꾼의 삯용으로 주는 것이니, 우리 동포를 구하는 것이다. 세상에 우리 시숙 같으신 분은 금세에 없으신 분이지만 어느 누가 알리오"[48]라고 한 것처럼, 한인사회의 생활안정을 도모하였다.

---

46 이관직, 『우당 이회영실기』, 을유문화사, 1985, 176쪽.
47 이은숙, 앞의 책, 82쪽; 서중석, 「이회영의 교육운동과 독립군 양성」, 『나라사랑』 104, 91쪽.
48 이은숙, 『서간도 시종기』(번역본), 81쪽.

이관직도 이와 관련하여 "그(이석영-필자)는 만주에 살게 된 뒤에는 많은 지사들의 여비를 지급하였고, 이동녕에게는 집과 땅을 사서 기부함으로써 만주 생활을 전담하였다"고 하였는 바, 이동녕 등 많은 독립운동가들의 생활까지도 이석영이 전담하다시피 하였다. 이러한 이석영의 역할은 안정된 한인사회를 기반으로 민족운동을 전개하기 위한 방안이기도 하였다.

이와 같은 이석영의 활동에 대해 "서간도에서는 李石寗(李石榮의 오기)·윤기섭(尹琦燮) 등이 신흥학교를 설립하여 전심 전력으로 군사인재를 양성하였고"[49]라고 한 바 있는데, 이석영이 설립하는 데 기여한 신흥무관학교는 독립군 양성의 요람이었다. 또한 신흥무관학교는 "국외에서 한국인이 세운 군사학교의 효시"가 되었다.[50]

한국국민당 기관지 『한민』에서도 「이석영의 공」이라는 글을 통해 신흥강습소의 설립 과정에서 이석영의 역할이 지대하였음을 밝히고 있는데, 그 내용은 다음과 같다.

> 西間島 移住의 先進者-其中에도 新興學校의 唯一한 功勞者가 李石榮 氏인 것을 아는 이가 매우 듬은 듯하다. 그의 功을 可히 알 만한 이들도 그의 功을 世上에 公布치 안는 것 같다. 그는 累巨萬의 財產 全部를 가져다가 移住同胞 接濟에와 新興學校 經營에 全部 蕩盡하고 말엇다. 그는 本來 國內에서 累代 簪纓巨族으로 豪華로운 生活을 하다가 亡國의 恨을 품고 故國을 떠나 異域에 와서 財產 全部를 없시 하고 나종에는 지극히 困窮한 生活을 하면서도 一毫의

49 야민, 「한국 국내혁명운동 약사(속)」, 『한국청년』 제4기, 1940.9.1.; 국사편찬위원회 한국사데이터베이스

50 조완구, 「고 한국임시정부주석 李東寧 선생 약사」, 『한민』 제1기 제2호, 1940.4.29.; 국사편찬위원회 한국사데이터베이스

> 怨聲이나 後悔의 氣色이 없고 泰然하야 長者의 風이 있엇을 뿐이다. 末年에 飢寒에 쫄니다가 2年 前 上海 一隅에서 無異於 굽어 도라가시다싶이 되신 이가 그처럼 功勞 만흔 李石榮 氏인 줄을 아는 이가 몇이나 되는지? 또 今年 5月 11日 上海 그의 족하 집에서 亦是 可憐한 身勢로 도라가신 이가 그의 家長을 따라 西間島에 와서 榮貴하든 몸으로써 親手로 獨立軍의 밥을 지어 먹이고 옷을 지어 닙이든 李石榮 氏의 夫人인 것을 아는 이가 몇이나 되는가.[51]

위의 글은 이석영 사후 그에 대한 공적을 기리는 글인데, 이석영이 서간도 한인사회와 신흥강습소를 위해 자신의 전 재산을 기부하였음을 밝히고 있다. 이석영뿐만 아니라 그의 부인도 독립운동가의 뒷바라지에 적지 않은 노고를 하였음을 알 수 있다.

그뿐만 아니라 이석영은 만주로 건너와 민족운동에 참여하는 인물에 대해서도 경제적으로 지원을 아끼지 않았다. 앞서 인용문에서도 언급하였듯이 "고국에서 단신 탈주해오는 돈 없는 생도들에게 다년간 침식 제공도 아끼지 않았고"라고 하여, 경제적 지원으로 민족운동에 참여하였다. 또한 한용운이 만주에 머물 때도 지원하기도 하였다.

> 만주를 오고 싶으면 미리 연락을 하고 와야지 생명이 위태하지 않은 법인데, 하루는 조선서 신사 같은 분이 와서 여러분께 인사를 다정히 한다. 수삭을 유하며 행동은 과히 수상치는 아니하나, 고생 없이 온 분이라 안심은 못했다. 하루는 그분이 우당장께 자기가 회환하겠는데, 여비가 부족이라고 걱정을 하니,

---

51 「이석영의 공」, 『한민』 제3호, 1936년 5월 25일; 『대한민국임시정부 자료집』 35(한국국민당 I), 국사편찬위원회, 2009, 198쪽; 국사편찬위원회 한국사 데이터베이스.

둘째 영감께 여쭈어 30원을 주며 무사히 회환하라고 작별했다.[52]

인용문의 '신사 같은 분'은 한용운으로 3·1운동의 민족대표 33인으로 서명하였는데, 만주에 머물면서 이석영에게 신세를 졌던 것으로 알려지고 있다.[53] 동생 이철영의 생일 때 이회영의 부인 이은숙이 어린아이를 데리고 온 것을 보고 "추운데 어린 것 데리고 더 머물다 가라"[54] 하고, 또 "둘째 댁에서 쌀도 보내주고 혹 육종도 보내지만 어찌 이루 보내리오."[55] "양식이 떨어지면 둘째 댁에서 자루강냉이 두 부대를 보낸다"[56] 등 고된 망명생활의 친지 가족들에게도 인정을 베풀었다.

그렇지만 만주지역에서 독립운동을 지원하던 이석영의 망명생활은 순탄하지는 않았다. 이석영이 정착한 추가가는 삼원보에서 5킬로미터 정도의 거리에 있는 한인촌이다. 삼원보는 지금도 조선족이 많이 생활하고 있어 조선족향으로 불리고 있다. 이곳에서 이석영 등 일가는 3칸 구조의 집을 얻어 생활하였다. 추가가 역시 첩첩 산중으로 농사는 주로 강냉이나 좁쌀, 콩, 팥을 재배하였으며, 쌀은 2, 3백 리 떨어져 있는 삼원보 시장에 가서야 구할 수 있었다. 쌀이 귀한 곳이다 보니 아이들끼리 쌀밥을 '좋다밥'이라고 부르기도 하였다. 추가가의 생활은 순탄하지 않았다. 현지 중국인들은 이석영·이회영 일가를 일제 침략의 앞잡이로 오해하였다.

이석영은 1913년 10월 20일 마적에게 납치되기도 하였다. 그때 신흥강습

52 이은숙, 『서간도 시종기』(번역본), 85~86쪽.
53 이은숙, 『서간도 시종기』(번역본), 84쪽.
54 이은숙, 『서간도 시종기』(번역본), 94쪽.
55 이은숙, 『서간도 시종기』(번역본), 97쪽.
56 이은숙, 『서간도 시종기』(번역본), 101쪽.

소 학생 두 명도 같이 납치되었는데, '만주왕'이라는 호칭을 받고 무사히 돌아오기도 하였다.[57] 이처럼 만주에서 고난의 망명생활은 1925년 톈진으로 이거하기 전까지 지속되었다.

일제의 첩보에 의하면, 1918년 12월 이석영은 합니하에 있을 때 유방(油房)과 곡물 매매업을 하였는데, 당시 이석영은 60세의 고령으로 僂痲質斯(루미질사)와 喘息(천식) 즉 류마티즘과 천식을 앓고 있었다. 이석영은 봉천 또는 봉황성으로 요양을 떠나기로 계획하였다.[58] 그러나 이석영이 실제로 이 지역에서 요양하였는지는 확인되지 않고 있다. 이후 이석영에 관한 정보가 전혀 드러나지 않았던 것은 류마티즘과 천식 등의 지병으로 사실상 활동하기가 어려웠기 때문으로 보인다. 다만 무진년 즉 1928년 베이징을 거쳐 상하이로 이주한 것으로 확인된다.[59]

한동안 활동이 드러나지 않던 이석영의 마지막 소식은 그의 죽음이었다. 당시 이석영의 죽음에 대해 국내 신문에서 관심 있게 기사로 다루었는데, 그 내용은 다음과 같다.

> 영석 이석영(李石榮) 씨는 지난 16일 오후 2시에 상하이 불조계 아우배로 서가교우(上海 佛租界 亞雨培路 徐家橋寓)에서 향년 80을 일기로 서거하였는데, 씨는 경술년에 자기의 가산 전부를 팔아가지고 가족을 데리고 조선 땅을 떠난 후

57 이은숙, 『서간도 시종기』(번역본), 95~96쪽. "만주인들은 영석장 존경하기를 '만주왕'이라고까지 명칭하였는데, 저의 나라가 문명치 못하여 도적들이 사면으로 횡행하여 영석장을 모셔갔다 하니, 저희 군대에서 이를 미안하게 생각하여 당황히 백여 명 군대가 출동하였다. 대장이 둘째 댁까지 와서 사과하고"

58 「鴨綠江方面支那領情況彙報」, 『한국독립운동자료』 40(중국동북지역편 II); 국사편찬위원회 한국사 데이터베이스

59 《동아일보》 1934년 2월 28일자.

30년에 가까운 세월을 북만주(남만주의 오기)와 베이징[60] 상하이 등지로 유랑하며 파란중첩한 생활을 계속하다가 모진 병마에 걸리어 작년 겨울 이래 신음하던 바, 드디어 그와 같이 세상을 떠났다는데, 임종 시에는 동씨의 아우인 이시영(李始榮) 씨도 딱한 사정으로 항주(杭州)에 있게 되어 만나보지 못하고 쓸쓸히 영면하였다고 한다.[61]

일찍이 갑오년(甲午年)을 전후하여 한국 관계(官界)를 하직하고 은퇴하여 있다가 경술년에 전 가족 40여 명을 데리고 남만주 통화현 합니하(通化縣 哈泥河)에 이주하여 자택에다 신흥강습소를 설립하고 6, 7년을 그곳에 이주해 있는 조선 청년들의 교육사업에 헌신하여 누만의 가산을 제공한 영석(氵+穎石) 이석영(李石榮) 씨는 그 후 다시 상하이(上海)에 이주하여 30여 년을 해외 풍상을 겪다가 지난(1934년 2월) 16일 오후 2시 반에 상하이 법계 아미배로 서가고(上海法界亞彌培路 徐家庫)에서 향년 80세로 서거하였다.[62]

위의 두 기사에 의하면, 이석영은 일제강점 이후 만주로 망명하여 신흥강습소를 설립하고 교육사업을 전개하는 등 30여 년을 해외에서 병마로 신음하다가 상하이에서 최후를 맞았다. 이석영 사후《동아일보》는 그의 약력을 소개하였는데, 그 내용 중 일제강점 이후를 살펴보면 다음과 같다.

---

60 이석영이 베이징에 실제로 이거하였는지는 확실하지 않다. 우당 이회영이 3·1운동 이후 베이징에서 활동한 바 있는데, 이석영이 이거하였다면 이 시기 같이 베이징에 있었을 것으로 추정된다. 그런데『서간도 시종기』에는 전혀 언급하지 않았다는 점에서 의구심이 든다. 텐진 역시 이석영이 이거하였는지 추후 좀 더 추적해 볼 필요가 있다.

61《동아일보》1934년 2월 28일자.

62《조선중앙일보》1934년 3월 1일자.「상하이법조계에서 이석영옹 長逝, 해외 풍상 30여 년 마침내 불구의 객이 되다」.

> 庚戌年 12月에는 家産을 全部 賣却하여 가지고 全家族과 같이 滿洲 柳河縣 鄒家街로 移舍하였는데, 그곳서는 李東寧 氏 等과 같이 新興講習所를 設立하여 丁巳年까지 在滿同胞의 教育事業에 盡力하였다. 그후 教育事業에 失敗하고 戊辰年에 上海로 移居 以後 今日에 이르렀다고 한다.[63]

그의 약력에 의하면, 1917년까지 신흥강습소 교주로 학교를 운영하였고, 폐교를 한 1917년 상하이로 이주한 것으로 되어 있다. 이석영은 1910년 유하현에 신흥강습소를 설립하고 1917까지 운영하였다. 이석영은 전 재산을 신흥강습소(신흥무관학교) 설립과 운영에 후원하였기 때문에 상하이로 이주한 후에는 경제적으로 많은 어려움을 겪었다. 마침내 이석영은 제대로 끼니도 잇지 못하고 병마에 시달리며 1934년 2월 16일 80세를 일기로 생을 마쳤다. 이석영의 장례식은 2월 20일 치렀으며, 상하이 홍교로 공동묘지에 안장되었다.[64]

4. 신흥무관학교의 이전과 운영

신흥무관학교는 설립 초기 신흥강습소, 신흥중학을 거치면서 점차 무관학교로 자리 잡았다. 그 과정을 따라가며 신흥무관학교의 운영을 살펴보고자 한다.

신흥무관학교는 1911년 여름 신흥강습소로 출발하였다. 그렇지만 교사를

---

63 《동아일보》 1934년 2월 28일자.

64 《동아일보》 1934년 2월 28일자. 현재 서울 남산 예장공원 지하에 이회영기념관이 조성되어 이석영 등 육형제 가족의 여정을 소개하고 있다.

마련하기 쉽지 않았다. 첫 번째 난관은 추가가 원주민 중국인들이 이주해 온 한인들을 일본의 앞잡이로 인식하고 배척하는 상황이었다. 이러한 인식은 신흥강습소 운영 자체를 어렵게 하였다. 중국인의 협조를 기대할 수 없었던 상황에서 그들의 옥수수 창고를 빌려 교사로 사용키로 하고 강습소 개소식을 가졌다. 그뿐만 아니라 학교의 명칭도 무관학교가 아닌 강습소라 붙였다. 그렇지만 신흥강습소는 구국혁명을 목표로 한 무관을 양성하는 출발점이었다.[65]

개교한 신흥강습소는 초대 교장 이동녕, 교감 김달, 학감 윤기섭, 교관 김창환, 교사 이갑수·이규룡, 김순칠 등의 교원으로 구성되었다. 이후로 이광, 이세영, 이상룡, 이철영 등이 교장으로, 이장녕, 양성환, 이관직은 교관으로, 장도순은 교사로 신흥강습소 시기까지 활동하였다. 이들 중에는 한말 설립된 육군무관학교 출신들이 상당수를 차지하였다.

앞절에서 언급한 바 있듯이 신흥강습소 설립에 있어서 절대적 지원을 한 사람은 이석영이다. 그러나 설립한 그해 1911년의 대흉년으로 신흥강습소 운영은 재정난으로 허덕이게 되었다. 이로 인해 새로운 독립운동 기지를 확보하기 위해 노령과 봉천 등지로 이동녕과 이시영을 파견하였다. 이러한 상황에서도 김창환과 윤기섭(尹琦燮)의 꾸준한 노력으로 신흥강습소는 유지되었다.[66] 그런데 이에 대해 신흥강습소 설립에 재정을 지원한 이석영의 재산이 오래가지 못하였기 때문이라고 하였는바,[67] 이는 이후 언급하겠지만, 합니하로 신흥강습소를 이전하고 신 교사를 건립할 때 이석영의 재정적 지원

65 원병상, 「신흥무관학교」, 『독립운동사자료집』 10, 12쪽.
66 『독립운동사 제5권: 독립군전투사(상)』, 172쪽.
67 박환, 『신흥무관학교』, 선인, 2022, 22쪽.

역시 '절대적'이었다는 점으로 볼 때 더 고찰할 필요가 있지 않을까 한다.

아무튼 1911년 여름 신흥강습소로 무관학교가 개교하였지만, 이듬해 1912년 새로운 한인자치기구 부민단이 조직되었다. 이는 그 전해 1911년 가을 국내에서 서간도 즉 삼원보 추가가 일대로 몰려드는 한인들이 점차 늘어남에 따라 새로운 자치기구가 필요하였기 때문이다. 이에 따라 경학사를 발전적으로 해체하고 부민단을 조직하게 되었다.[68] 부민단은 독립운동 기지로 개척한 유하현 삼원보 추가가에서 통화현 합니하로 근거를 옮기기로 하였다. 이때 신흥강습소도 같이 이전하였다.

추가가에서 합니하로 이주하게 된 것은 추가가에서 한인들이 늘어나고 왕래가 많았기 때문에 좀 더 안전한 곳이 필요하였기 때문이다. 추가가는 지리적으로 교통은 편리하였지만, 사방이 개방되어 있어 독립운동 기지로서는 한계가 있었다. 더욱이 일제의 밀정들이 깔려 있는 상황에서 독립운동 기지로서의 역할을 다할 수 없었던 것이다. 또 토착인의 배척이 심했던 것도 이주의 한 이유가 되었다.

합니하는 동남쪽으로 험준한 산이 둘러싸고, 북쪽으로는 깊은 골짜기로 이어졌으며 남서쪽으로는 밀림으로 덮여 있어 지형적으로 독립운동 기지로서 적당한 곳이었다.[69] 신흥강습소 이전 과정을 원병상은 다음과 같이 글을

68 이와 다른 내용도 있다. 『독립운동사(제5권) 독립군전투사(상)』에 의하면 "1911년은 대흉년으로 이주 동포가 심각한 생활고에 허덕이게 되었다. 이에 따라 학교 운영도 재정난으로 위기에 봉착하게 되었다. 1911년 1년간은 이회영(李會榮) 형제의 돈으로 경학사 경비를 그런대로 충당할 수 있었으나 예정하였던 신민회(新民會)의 75만 원도 1백5인 사건(사내 총독 암살 사건[寺內總督謀殺事件])으로 오지 않았다. 이에 따라 동년 가을에 경학사를 해산하기로 하고 이동녕(李東寧)은 노령(露領)으로, 이시영(李始榮)은 봉천으로 독립운동의 새로운 길을 찾아 떠났다."고 하였다.(공훈전자사료관 홈페이지)

69 원병상은 합니하의 지형에 대해 다음과 같이 밝히고 있다. "이곳은 동남쪽에는 태산 준령인 고뢰자(古磊子)가 하늘을 찌를 듯 일왕(一往) 30리 거리로 우뚝 솟아 있고 북쪽에는 청구자

남긴 바 있다.

> 1912년 가을, 서간도로 탈출해 나오는 동포의 수가 나날이 늘어가자 경학사(耕學社)는 발전적 해체가 되고 다시 부민단(扶民團)이 조직되어 초대 단장에는 허혁(許莾)이 추대(2대는 李相龍)되었다. 그리고, 교포들의 안녕 질서를 위한 자치 단체로서 교육의 쇄신과 행정 기구를 다시 정비하려는 중앙 기관을 추가가에서 동남쪽으로 90리 거리에 떨어진 영춘원(永春源)을 거쳐서 통화현 합니하(哈泥河)로 옮기는 동시에 신흥강습소도 이곳으로 이전하였다.[70]

위의 인용문에 의하면 신흥강습소는 추가가에서 영춘원을 거쳐 통화현 합니하[71]로 이전하였다. 그런데 원병상은 신흥강습소의 이전은 부민단 이전에 따른 것도 있겠지만 '교육의 쇄신'을 합니하로 이전하게 된 배경으로 밝히고 있다. 이는 중요한 의미가 있는데, 아마도 추가가에서는 옥수수 창고를 빌려 개교한 상황이고, 서간도 일대로 몰려드는, 즉 독립운동에 참여하고자 하는 젊은이들 다수가 신흥강습소에 입학하기를 원하였기 때문으로 보인다. 이들을 수용하기 위해서는 신흥강습소의 이전이 무엇보다도 급선무였다.

1913년 봄 합니하로 이전한 신흥강습소[72]는 이해 5월 교사를 신축하였다.

(靑溝子)의 심산 유곡이며 남서쪽에는 요가구(鬧家溝)의 장산 밀림이 둘러싸인 그 사위의 준험은 일부당관 만부막개(一夫當關 萬夫莫開)라 할 수 있는, 신비경 같은 이 지역에 파저강(波豬江) 상류인 일위대수(一葦帶水) 합니하 강물이 압록강을 향해 흐르고 있어…."(원병상, 「신흥무관학교」, 『독립운동사자료집』 10, 14쪽)

70 원병상, 「신흥무관학교」, 『독립운동사자료집』 10, 13쪽.

71 신흥강습소가 이전한 곳은 통화현 합니하 외에 소마록구라는 기록이 있다. 이 기록은 일본 밀정이 보고한 문건에 보인다.(2022년 10월 28일 학술발표회 토론 중 김주용 밝힘)

72 합니하로 이전한 신흥강습소 교명에 대해 이상용은 '신흥중학교'라고 기록한 바 있다. "경학사를 추가가에서 창립하였는데 사장으로 추대되었다. 이때 일본의 밀정들이 쫙 깔려 있

원병상의 수기 「신흥무관학교」에 교사 신축 과정을 다음과 같이 밝히고 있다.

> 1913년 봄에 학교가 이전된 뒤 황림 초원에 수만 평의 연병장과 수십 칸의 내무실 내부 공사는 전부 생도들 손으로 이루어졌던 것이다. 삽과 괭이로 고원지대를 평지로 만들어야 했고, 내왕 20리나 되는 좁은 산길을 오가면서 험한 산턱 돌산을 파 어깨와 등으로 날라야만 하는 중노역이었지만, 우리는 힘 드는 줄을 몰랐고, 오히려 원기왕성하게 청년의 노래로 기백을 높이면서 진행시켰다.[73]

원병상 등 교관과 학생들이 삽과 괭이를 들고 우거진 초원 수만 평의 고원지대를 평지로 만들고, 이곳에 연병장과 수십 칸의 내무실을 건립하였다. 교사 건립 작업은 난공사지만 조국 광복이라는 목표와 젊은이의 기백으로 가능하게 하였다.

새로 건립된 신흥강습소 교사는 파저강(波瀦江)이 흐르는 강 북쪽 언덕 위에 고량대하의 모습으로 건립되었다. 각 학년별 강당과 교수실을 갖추었고, 내무반은 사무실과 편집실, 숙직실, 취사장 등이 확보되었다. 이 외에도 낭하에는 학생들의 이름을 붙인 총가가 별도로 설치되었다. 이로써 제대로 된 군

어서 대단히 위험하기 짝이 없었으므로 대고산 산중으로 들어가서 노천에서 회의를 열어 그 취지를 설명하였다. 또 글을 지어 중외에 반포하였는데 말에 비분강개함이 가득하여 감격하여 울지 않는 사람이 없었다. 각처에 소학당을 설립하였으며, 합니하 강변의 깊숙한 곳에 신흥중학교를 설립하고 군사과를 부설하여 몰래 일본 병서를 구입해서 강습하게 하였다."(안동독립기념관, 「행장」, 『국역 석주유고』, 경인문화사, 2008)

73 원병상, 「신흥무관학교」, 『독립운동사자료집』 10, 14쪽.

사학교의 모습을 갖추었다.[74]

합니하 신흥강습소 교사 건립에도 이석영의 후원이 절대적이었다. 원병상은 "이 교사 건축 공사에는 전기 이석영 선생의 재력과 생도들의 총력적인 노력 봉사가 절대적인 힘이었다."고 밝혔다. 또 원병상은 "그뿐 아니라 그 교사 앞 45도로 기울어진 경사 언덕 아래 인접되어 있는 이석영 선생 댁에서는 고국에서 단신 탈주해 오는 돈 없는 생도들에게 다년간 침식 제공도 아끼지 않았고, 학교 유지에도 정신적 물질적으로 그 뜻이 지극히 크고 높았었다."라고 증언하여 이석영에 대해 '정신적 물질적 지주'와 같은 역할을 하였다고 평가하였다.

합니하에서 새로 개교한 신흥강습소는 교명도 '신흥무관학교'[75]로 변경하였다. 원병상은 이를 "신흥강습소란 이름도 신흥무관학교로 승격"하였다고 밝혔다.[76] 신흥무관학교로 교명을 바꾼 후 학제는 4년제 본과, 6개월 과정 특별과를 두었다. 그러나 여전히 재정은 넉넉하지 않았다. 이석영이 교사 건립에 상당한 재정을 담당하였지만 이후 지속적으로 지원하는데 한계가 있었다. 더욱이 1914년 이래 계속된 자연재해로 인해 학교의 운영은 더욱 어렵게 되었다. 이를 해결하기 위해 이주 한인으로부터 성금을 모금하기도 하였다.

1912년 신흥강습소 시절, 학교를 유지하기 위해 여준, 이탁 등이 '신흥강습소 유지회'를 조직하였다. 이 유지회는 이주 한인을 회원으로 하고 매호마다

---

74 『독립운동사 제5권:독립군전투사(상)』, 174쪽.

75 '신흥무관학교' 교명에 대해서는 1919년 4월 유하현 고산자로 옮긴 후 변경하였다고 하는 기록(『독립운동사 제5권: 독립군전투사(상), 197쪽』)과 1919년 5월 3일 개칭하였다는 기록도 있다 (지헌모, 『청천 장군의 혁명투쟁사』, 심성출판사, 1949, 74쪽; 채근식 『무장독립운동비사』, 52~53쪽) 그리고 1917년 1월 13일에 발행된 『신흥학우보』에도 교명을 '신흥강습소'로 사용하고 있다. 본고에서는 원상병의 수기 「신흥무관학교」에 따르고자 한다.

76 원병상, 「신흥무관학교」, 『독립운동사자료집(10): 독립군전투사자료집』, 15쪽.

일정한 기금을 징수하여 신흥강습소 운영에 지원하였다.[77] 이듬해 1913년 11월 14일 신흥강습소를 유지할 목적으로 신흥교육회가 조직되었다. 신흥교육회의 활동에 대해서는 『국민보』에 소개된 바 있는데, 다음과 같다.

> 중앙교육회의 조직된 연원을 간략히 말하건대 서간도부 형제의 협력 일치한 결과로 최초에 신흥 강습소를 설립하고 소장 윤기섭 학감 김창휘 등 제씨의 모범 분발하는 능력으로 인하여 몇 해의 성상을 지내오다가 작년 11월 14일에 이르러는 강습소를 유지할 목적으로 유지인사 49인이 회동하여 신흥교육회를 조직하고 회장 이석 씨 이하 각 임원을 선정하며 회원에게 매년 60전의 의무금을 작정한 후 금년 2월 5일에 제1 정기총회를 열 때에 회원은 벌써 4백여 명에 달하였으니 석 달 동안에 회원은 십 배나 늘었고 회금은 5백여 원에 달한지라. 인하여 그 범위를 확장하기 위하여 회명을 고쳐 중앙교육회라 하고 각 임원을 선정하여 크게 활동하기를 준비….[78]

위의 인용문에 의하면, 1913년 11월 14일 신흥강습소 유지할 목적으로 유지 49명이 신흥교육회를 조직하고 회장에 이석을 선임하였다. 회원에게 의무금으로 매년 60전을 거두어 신흥강습소를 후원하기로 하였다. 1914년 2월 5일 제1회 정기총회를 개최할 때는 회원은 4백여 명으로 늘어났으며 의무금도 5백여 원을 모금하였다. 이에 신흥교육회는 의무금을 확장하기 위해 명칭을 중앙교육회로 변경하였다. 이후 활동에 대해서는 확인되지 않지만 신흥강습소 운영에 많은 도움이 되었을 것으로 판단된다.

---

77 김승학, 『한국독립사』, 354쪽; 『독립운동사 제5권: 독립군전투사(상)』, 172쪽.
78 『국민보』 1914년 4월 8일.

앞서 언급한 신흥강습소 유지회와 신흥교육회 외에도 교육회[79]가 조직되어 학교 운영자금을 지원하였다. 신흥강습소 존폐 문제가 발생한 이후 교육회는 일반 회원뿐만 아니라 유지들과 논의하여 학교를 유지하기 위해 4천 원의 기본금을 모금하기로 하였다. 이에 따라 교육회는 청년교육 즉 신흥강습소 운영을 위한 적립금에 수십만 동포의 적극적인 참여를 권유하였다. 이 모금운동에는 간도 일대 남녀노소가 참여하지 않은 사람이 없을 정도라고 했다. 의장품(장신구-필자)을 팔아 기부하는 부인, 병석에 있으면서도 약값을 의연하는 농민들도 적지 않았다.[80] 한 사례를 소개하면 다음과 같다.

> 해룡현 도목구(海龍縣 倒木溝) 문재희씨(文在羲氏)는 어느 용가에 고공이 되었더니, 우연히 신병을 얻어 병이 점점 중하여 가므로 수삼년 고공가 육칠십원을 복약하기에 다쓰고 금년 고공가의 선금을 주인에게 청구하여 복약하던 터이러니. 이때에 그 지방 교육회 청연위원이 그 동리에서 의연을 청할 새, 문재희씨는 병중에 있고 또 일년 고가를 선용하므로 사세의 가긍함을 보고 의연금을 청하지 아니하였더니, 그 뒤에 문씨가 병석에서 청연위원을 만나 자기에게 대

79 이 교육회가 앞서 언급한 신흥교육회(중앙교육회)와 동일한 조직인지는 분명하지 않다. 이 교육회의 활동이 이주 한인들에게 의연금 모금운동을 전개하였다는 점에서 신흥교육회(중앙교육회)와는 다른 조직으로 판단된다. 교육회에 관한 내용은 『신한민보』에 소개된 바 있다. 그 내용은 다음과 같다. "교육회를 조직하여 본교의 유지할 기초를 든든히 세우고 각 지방 소학 교육을 장려함에 본교의 장래 희망이 크게 있더라. 이후 2개년을 지난 금년 봄에 와서는 현금 정황에 의지하여 본과 연한 4개년을 3개년으로 줄여 제1, 2년은 유년학교 정도로 맞추고 제3년급에 전히 군사 학술을 가르치는데 특히 제3년급에는 수개 학반을 나누어 직접 입학을 허락하였으며, 금년 하기에 40여 명 졸업생을 얻고도 현금 학생이 60여 인이라. 교육회장 이극 씨와 강습소장 여준 씨는 서간도 교육사업에 몸을 바쳐 곤고막심한 처지에 자못 낙관을 붙인다 하였으며…." 위 기사의 교육회는 신흥교육회로 추정된다. 이는 교육회 회장이 이극인데, 신흥교육회 회장 이석과 동일인으로 추정된다.

80 「신흥강습소 기본금 의연 정황」, 『신흥학우보』 2-2, 1917.1.13, 42~43쪽.

하여 청연하지 아니함을 책하며 말하되, "내가 비록 남의 집에 고공이 되었고, 또 병이 들었으나 옳은 일을 옳게 알고 옳은 일을 위하여 힘을 아끼지 아니함은 다른 사람에게 뒤서지 않으려 한다" 하며, 그 청연위원을 책하고 복약하던 돈 4원을 기부함에 그 청연위원은 크게 감격하여 그 돈을 받고 문씨를 향하여 말하되, "당신은 교육회를 위하여 4원을 기부하였고 교육회에서는 당신의 병을 위하여 기부하노라" 하고 문씨에게 1원을 도로 주었다 하니, 이 문씨의 청년교육에 대한 열정을 칭송하지 아니하는 이 없다더라.[81]

위 사례는 병석에 있으면서도 약값까지 의연한 사례이다. 해룡현 도목구에 사는 문재희가 남의 집 고용으로 사는데, 중병인 상황에서 약값 4원을 의연금으로 기부하였고, 교육회에서는 문씨의 약값으로 1원을 다시 기부하였다는 내용이다. 이처럼 당시의 한인들은 나라 되찾기를 목숨보다 중히 여겨 남의 집 고용인으로 어렵게 살지만 신흥강습소 운영을 위해 자기 목숨 값(약값)까지 선뜻 의연한 것이다. 신흥무관학교 유지를 위한 성금은 재만 이주 한인뿐만 아니라 미주 한인사회에서도 있었다. 『신한민보』에 의하면 다음과 같은 내용이 있다.

(전략) 그 아래 두어 줄로 재미동포에게 고하기는 향지에 '임초 씨가 거두어 보낸 1백 원 미화를 가져 본소(신흥강습소: 필자)의 절박한 사정을 면하였사옵고, 본소를 위하여 이렇게 관심하심을 감사하노라' 하였더라.[82]

---

81 「잡조」, 『신흥학우보』 2-2, 1917.1.13, 59~60쪽.
82 『신한민보』 1915년 12월 23일.

위 인용문에 의하면, 미주 한인은 1백 원의 의연금을 모아 임초를 통해 전달하였고, 신흥무관학교(신흥강습소)는 절박한 위기를 넘겼다. 이에 신흥무관학교는 미주 한인의 의연에 감사의 인사를 전하였다.

그렇지만 신흥강습소를 운영하는 재정에 대한 근본적인 해결 방안이 없는 상황에서 신흥무관학교도 폐교할 상황에까지 이르렀다. 결국 대안으로 일종의 둔전병 제도를 도입하였다. 원병상은 다음과 같이 기록한 바 있다.

> 이 문제(운영 비용-필자)를 학교 자체에서 해결해 보려고 학교 당국은 춘경기에 토인들의 산황지(山荒地)를 빌려 생도들을 동원하여 밭을 일으키었다. 우리는 일과가 끝나면 편대를 지어 각 조별로 산비탈에 달라붙어 콩알 같은 땀을 흘리며 괭이질을 하여야 했다. 이극(李剋) 교관의 함경도 사투리 섞인 산타령에 장단을 맞추며 기고만장으로 억센 풀뿌리를 파헤쳐 양전을 만들어 옥수수와 콩, 수수 등을 파종하여 여름내 가꾸고 가을에 거두어 땀이 등에서 줄줄 흐르도록 고된 노력을 하여서 얻은 돈으로 학교 유지비에 일부 보충하기도 하였다.
>
> 시탄으로는 1년간 그 소비량도 막대하다. 동절이 오면 살인적 혹한에 시탄을 달리 구입할 방도는 전연 없었다. 다만 생도들 자신이 강설기를 이용하여 학교 건너편 낙천동(樂天洞)이라는 산턱에서 허리까지 차는 적설을 헤치면서 땔나무감을 끌어 내리고 등으로 그 나무 토막을 져다가 옮겨 매년 월동 준비는 이렇게 하며 생도들 자력으로 해결해 왔다.
>
> 노력 봉사로서 하기방학이 되면 교직원과 졸업생 및 재학생 들이 혼연일체가 되어 각 지방에 흩어져 1개월씩 각자 기술대로 노력 수입을 만들기 위해 산으로 들로 산재한 교포들 집을 찾아다니면서 6·7월 염천에 산전 수답에서 서투른 솜씨로 구슬땀을 흘리면서 품팔이로 돈을 벌어 보태기도 하였다. 이와 같이 애쓰는 학생들을 보기를 민망해 하는 교포들은 진심으로 사랑하고 아끼는

마음으로 몇 날간의 품값은 주겠으니 그만 학교로 돌아가라는 권고도 간절했으나, 이에 응하는 생도들은 한 사람도 없었다.

그것은 우리의 근본 정신이 민폐 없는 노력 수입이기 때문에 염결을 명심하며 따뜻한 동포애도 고사하고 시종 정성껏 땀 흘려 각자 분담된 책임량을 완수해 오기도 했다. 그리하여, 조국을 위해서는 항일 투쟁이었고 모교를 위해서는 경제 투쟁이었다는 신흥무관학교의 둔전병 제도는 이렇게 실천해 왔다.[83]

위의 인용문을 정리해 보면 다음과 같다. 첫째, 춘경기에 중국인의 산황지를 빌려 경작하였다. 황무지나 다름없는 땅을 빌려 학생들을 동원하여 개간하는 것이었다. 교육과정이 끝나면 편대를 나누고 다시 조별로 산비탈에 괭이질로 양전을 만들어 갔다. 양전에는 옥수수와 콩, 수수 등을 심고 여름 동안 가꾸고 가을에 거두어들였다. 이를 환전하여 신흥무관학교 운영에 충당하였다. 둘째, 동절기에는 신흥무관학교 건너편 낙천동 산턱에서 눈을 헤치고 나무토막을 찾아 땔감으로 월동준비를 하였다. 이를 겨우내 시탄으로 활용하였다. 만주의 살인적 혹한을 견디기 위한 월동비 역시 상당하였지만 이처럼 대부분 학생들이 자력으로 해결하였다. 셋째, 하기방학 노력봉사로 운영비를 마련하였다. 신흥무관학교의 하기방학은 1개월이었는데, 이 기간 동안 교직원과 졸업생, 재학생들은 각 지방으로 흩어져 자신의 기술과 품팔이로 받은 임금을 운영비로 갹출하였다. 이때 이주 한인들은 노력봉사하는 이들에게 일정한 품값을 주고 학교로 돌아가라고 권유하였지만, 이를 거절하고 모두가 자신의 노력봉사를 마쳤다. 이렇게 일하면서 싸우는(무관 교육 받는) 상황을 두고 둔전병 제도라고 하였다.

83 원병상, 「신흥무관학교」, 『독립운동사자료집(10): 독립군전투사자료집』, 24~25쪽.

이러한 신흥무관학교 둔전병 제도와 관련하여《권업신문》은 다음과 같이 기사로 소개하였다.

> 우리나라와 압록강 일대를 사이한 서간도 방면의 다수한 동포는 3, 4년 내로 원수의 기반을 벗고 낙역부절하게 이주하여 무수한 곤란을 갖추어 산다 함은 일반 아시는 바거니와 근일에 그곳으로부터 오는 이의 말을 들은즉 조상강을 인하여 3년 겹황을 이어 당하므로 기황이 매우 심한데 목하 경황은 차마 보지 못할 지경에 있으며 예수교인은 수 3천 명에 달하여 교회가 날로 홍왕한다 하고 교육 일반에 대하여는 제반 경비의 군물을 더욱 행●할 수 없으나 여러 인사와 학부형들이 분발 전진하므로 사방에 학교가 점점 증가하는 중 통화현 하이허(通化縣 ●●●)라 하는 곳에 중학 정도 되는 신흥강습소(新興講習所)가 있어 학생이 40여 명가량인데 노동력작과 비상간고는 오늘날 우리의 적당한 예비로 생각하여 학습 여가에 직원과 학생이 일체로 매일 3, 4시간씩 황지를 개척하여 십일경 가량에 달하였는데 지도자 두령을 따라 일제히 농기를 메고 항오가 정제하게 진●하는 모양은 옛날 둔전(屯田)제도를 다시 보겠다더라.[84]

위의 기사에 의하면 신흥강습소의 운영을 위해 황무지를 개간하는 것은 과거의 둔전제도를 부활한 것으로 보도하였다.

이상에서 살펴보았듯이, 신흥무관학교는 신흥강습소 시절부터 이석영의 자금 지원과 유지회와 교육회의 모금운동, 이주 한인사회의 의연금, 학교 당국의 둔전병 제도, 그리고 졸업생과 재학생의 노력봉사 등 다양한 방안을 기반으로 운영 유지되었다.

84《권업신문》1914년 7월 19일.

3·1운동 이후 국내에서 만주 일대로 망명하는 애국 청년들이 늘어나고, 안동현, 집안현, 홍경현 등 여타 지역에서도 애국청년들이 신흥무관학교에 입학하기를 원함에 따라 학교 당국은 이를 수용하기 위해 유하현 고산자와 하동 대두자 지역으로 학교를 이전하고 40여 칸의 큰 병영과 수만 평의 연병장을 갖추었다.[85]

이 외에도 신흥무관학교는 1917년 봄 통화현 팔리초 오관하 소북차에 분교를 설치하였다. 이 분교에는 백두산 인적 미답의 밀림 지대로 곰과 오소리 등 산짐승이 득실거리는 오지였다. 이곳에 막사를 구축하고 무관을 양성하였다. 원병상은 이 분교를 백서농장이라고 하였다. 백서농장이라 불리는 소북차 분교는 장주에 김동삼, 총무 김정제, 훈독 양규열, 교도 이근호, 농감 채찬, 경리 김자순, 의감 김환, 외무 정무 등이 운영하였다.[86] 그리고 합니하에도 분교를 설치하였다.[87]

이처럼 고산자에 새로운 독립운동 기지를 마련하고 확장되었던 신흥무관학교는 3·1운동 이후 일제의 만주 진출로 큰 타격을 입었다. 일제는 만주 일대 독립군 제압과 만주 침략의 전진기지를 확보하기 위해 군대를 출동시켰다. 이로 인해 신흥무관학교의 기반이었던 한인사회는 일시적으로 곤궁에 빠졌다. 또한 일제의 압박으로 중국 관헌의 피동적 방해도 날이 갈수록 가중되었다. 여기에 더하여 만주 일대를 휩쓸던 마적단의 습격까지 더해졌다. 1919년 7월 마적단의 습격으로 윤기섭 교감과 박장섭 교관 이하 학생 수명이 불의로 납치되어 갔고, 또 뒤이어 윤치국 치사 사건 등 불행한 사고가 잇따라

85 원병상,「신흥무관학교」,『독립운동사자료집(10): 독립군전투사자료집』, 27쪽.
86 원병상,「신흥무관학교」,『독립운동사자료집(10): 독립군전투사자료집』, 26쪽.
87 원병상,「신흥무관학교」,『독립운동사자료집(10): 독립군전투사자료집』, 28쪽.

일어났다. 이러한 일련의 상황은 신흥무관학교의 사기를 현저하게 떨어뜨렸다. 마침내 1919년 11월,[88] 앞서 언급한 일제의 출병과 박해, 중국 관헌의 압박, 마적단의 습격으로 인한 불행한 사고 등이 지속되면서 신흥무관학교는 설립한 지 10여 년만에 문을 닫아야만 하였다.

한편 신흥무관학교의 교육과정은 시기마다 차이를 보이고 있지만, 기본적으로는 무관 즉 독립군 양성을 위한 것이었다는 점에서 크게 차이는 없었다. 앞에서 언급한 바와 같이 신흥강습소 개교 시기에는 일반 중학 과정인 본과와 무관을 양성하는 속성과(특별과)를 두었으며, 합니하로 이전한 후에는 4년제 본과와 6개월 및 3개월의 속성과를 병설하였다. 그리고 고산자 시기는 2년제 고등군사반을 두었다.

교육 과목은 교관으로 활동한 원병상은 수기 「신흥무관학교」에서 다음과 같이 밝힌 바 있다.

> 주로 보(步), 기(騎), 포(砲), 공(工), 치(輜)의 각 조전(操典)과 내무령(內務令), 측도학(測圖學), 훈련교범(訓練教範), 위수복무령(衛戍服務令), 육군징벌령(陸軍懲罰令), 육군 형법 (陸軍刑法), 구급 의료(救急醫療), 총검술(銃劍術), 유술(柔術), 격검(擊劍), 전략(戰略), 전술(戰術), 축성학(築城學), 편제학(編制學) 등에 중점을 두고 가르쳤다. 술과로는 넓은 연병장에 김창환 교관의 명랑 쾌활한 구령 아래 주로 각개교련(各個教練)과 기초 훈련을 해 왔다.
>
> 야외에서는 이 고지 저 고지에서 가상적에게 공격전, 방어전, 도강, 상륙 작전

88 신흥무관학교 폐교 시기에 대해서도 이견이 있다. 일부 기록에는 1920년 3월까지 운영되었다고 하고 있으며, 후손 이종찬 이사장 역시 1920년 3월로 보는 것이 타당하다고 밝혔다.(2022년 10월 28일 학술발표회 토론 중)

등 실전 연습을 방불하게 되풀이하면서 이 산 저 산 기슭에서 '돌격 앞으로'를 외치던 나팔 소리가 아직도 귓전에 들려오는 것 같다. 체육으로는 엄동설한 야간에 파저강(婆猪江) 70리 강행군을 비롯하여 빙상 운동, 춘추 대운동, 축구, 목판, 철봉 등 강인 불굴의 신체 단련을 부단히 연마해 왔다.[89]

위와 같이 교과목은 기본적으로 군인 즉 독립군으로서 필요한 군사 지식과 전투에 필요한 군사 훈련, 체력을 기르는 다양한 운동이었다. 이러한 교육을 통해 강인하고 투철한 독립군으로서 양성되었다. 그뿐만 아니라 일반교양을 위한 국어, 국사, 지리, 음악 등의 교과목도 편성되었다.[90] 그렇지만 신흥무관학교의 교육 과목의 핵심은 군사와 관련된 관련 과목이었다.

5. 맺음말

이상으로 이석영의 만주 이주 과정과 신흥무관학교(신흥강습소) 설립 지원, 그리고 신흥무관학교의 운영에 대하여 살펴보았다. 이를 정리하면서 맺음말을 대신하고자 한다.

이석영은 1855년 이유승의 둘째로 태어났지만, 30세에 인척 이유원의 양자로 입적하였다. 그가 입적하게 된 배경은 이유원의 양손이 파양됨에 따라 대를 잇고 제사를 받들기 위함이었다. 이유원은 당시 '조선의 10대 부자의 한

89 원병상, 「신흥무관학교」, 『독립운동사자료집(10): 독립군전투사자료집』, 23~24쪽.

90 지헌모, 『청천 장군과 혁명투쟁사』, 76쪽; 박환, 『신흥무관학교』, 33~34쪽. 이 외에도 박환은 『신흥무관학교』에서 일반교육 과목을 초등윤리, 윤리학 교과서, 고등소학독본, 보통경제학, 중등교과산술, 중등산술, 최신고등학이과서, 신선박물학, 신선이화학, 신편화학, 중등생리학, 교육학, 사범교육학 등으로 정리하였다.

사람'으로 불릴 정도로 재력가였다. 양자 입적 이후 과거에 급제한 이석영은 청요직 등을 역임하였지만, 1894년 동학농민혁명을 보면서 관직에 크게 관심을 두지 않았다. 관직에서 물러난 그는 유유자적하는 생활을 하였지만, 동생 이회영이 민족운동에 적극 참여하는 것을 지켜보면서 이를 지원하는 한편 이회영 등 6형제의 결의에 따라 만주로 이주하면서 민족운동 대열에 참여하였다.

이석영은 일제의 강점 이후 자신이 물려받은 재산을 처분하여 이회영 등 6형제와 함께 압록강을 건너 만주 유하현 삼원보로 이주하였고, 한인 자치 단체인 경학사 조직과 독립군 양성을 위한 신흥강습소 설립과 유지에 자신의 재산을 쾌척하였다. 그는 만주에서 활동하는 민족운동가와 신흥강습소 학생들을 위해 경제적 지원을 아끼지 않았다. 이로 볼 때 신흥무관학교 설립과 운영에서 이석영의 공이 절대적이었다고 할 수 있다.

1911년 여름 신흥강습소로 개교한 신흥무관학교는 3·1운동 이후 일제의 간도 침략, 중국 관헌의 압박, 마적단의 습격 등 복합적인 요인으로 1919년 11월 폐교하였다. 그 사이에도 신흥무관학교의 운영은 원활하지 않았다. 유하현 삼원보 추가가에서의 설립과 통화현 합니하 이전 당시 신흥무관학교 운영은 이석영의 재정 지원에 절대적으로 의존하였다. 그러나 신흥무관학교가 결국 폐교에 이른 데서 보듯이 이석영의 재정 지원이 계속되기는 사실상 불가능하였다. 이는 국내에서 토지 등을 팔아 마련한 자금은 경학사와 신흥무관학교 외에도 독립운동가의 생활자금 지원, 망명해 온 청년들의 뒷바라지 등 광범위하게 지원되었기 때문에 점차 감소할 수밖에 없었다. 이는 신흥무관학교 운영에도 영향을 미쳤다. 이와 같은 상황에서 신흥무관학교 유지를 위해 신흥강습소 유지회, 신흥교육회(중앙교육회), 또 다른 교육회 등이 조직되어 적극 지원하였다. 이 외에도 만주에 이주한 한인과 미주 한인의 성금도 신흥무관학교 운영에 도움이 되었다.

그럼에도 신흥무관학교는 존폐 위기에 처하기도 하였다. 이를 타개하기 위해 학교 당국은 둔전병 제도를 도입하였고, 졸업생과 재학생은 학교 운영비를 마련하기 위해 각지에서 자신의 기술과 힘으로 노력봉사를 하였다. 동절기에는 시탄을 마련하기 위해 눈 덮인 산에서 땔감을 구하기도 하였다. 이와 같은 지원 아래 신흥무관학교는 삼원보 추가가, 통화현 합니하, 고산자로 이전을 거듭하며 유지되었다.

신흥무관학교의 교육과정은 시기마다 차이를 보이고 있다. 신흥강습소 개교 시기에는 일반 중학 과정인 본과와 무관을 양성하는 속성과를 두었으며, 합니하로 이전한 후에는 4년제 본과와 6개월 및 3개월의 속성과를 병설하였다. 그리고 고산자 시기는 2년제 고등군사반을 두었다. 그리고 교과목은 기본적으로 군인 즉 독립군으로서 필요한 군사 지식과 전투에 필요한 군사 훈련, 체력을 기르는 다양한 운동이었다. 그뿐만 아니라 일반교양을 위한 국어, 국사, 지리, 음악 등의 교과목도 편성되었다.

끝으로 그동안 이석영 등 6형제 중 이회영과 이시영을 중심으로 많은 조명과 연구가 이루어진 것은 사실이다. 이는 이들의 활동과 관련된 자료가 그만큼 많았기 때문이기도 하다. 이에 비해 이석영에 관한 연구는 아직도 미진한 것이 현실이다. 이는 그가 남겨 놓은 글이나 자료가 부족한 점도 이유가 된다. 신흥무관학교 설립 과정뿐만 아니라 이후 상하이에서 죽음을 맞이할 때까지 무엇을 하였는지 알려줄 만한 자료가 현재까지는 사실상 발굴되지 않고 있다. 앞으로 보다 많은 자료가 발굴되기를 기원해 보면서 좀 더 좋은 연구를 할 수 있기를 기대해 본다.

04
안재홍의 민족운동과 옥고 기록 분석

1. 머리말

안재홍(民世 安在鴻, 1891-1965)은 일제강점기 36년 동안《조선일보》의 논설기자, 부사장, 사장으로서 전후 9차례에 걸쳐 7년 3개월의 옥고를 치르면서 강렬한 지조와 도저(到底)한 행동으로 일제에 항거했던 언론인이었으며, 민족생존에 대한 독자적인 사상으로 신간회의 창립과 활동에 대단히 기여했던 출중한 민중 지도자였다. 또한 해방 후에는 건국준비위원회 부위원장, 최초의 우익정당인 국민당 당수, 좌우합작위원회를 위해 우익진영 대표, 미군정의 민정장관을 거치면서 자신의 신민족주의 정치노선에 따라 민족분단의 모순 해결과 통일국가 건설을 위해 노력했던 민족주의자였다. 그뿐만 아니라 안재홍은 저술과 논설, 그리고 평론을 통해 한민족의 이상사회를 그리는 한편 민주적이고 도덕적인 정치의 전개를 기획하였던 선비였다. 1950년 5월의 총선거에 무소속으로 출마하여 제2대 국회의원으로 당선되었지만 이해 발발한 한국전쟁 시기에 납북되었다.[1]

안재홍에 대한 평가는 다양하다. 천관우는 "우리의 풍토와 역사적 조건 속에서 민족의 기틀을 찾으려고 고심한 그 독자적인 사상, 외세 강점하에 전후

---

1 안재홍의 연보 최초 정리는 천관우, 「민세 안재홍 연보」, 『창작과 비평』 50, 1978 겨울호, 이정식, 「구성-민세 안재홍의 자서전」, 『신동아』, 1976년 1월호가 있다. 여기서는 정윤재, 『다사리국가론:민세 안재홍의 사상과 행동연구』, 백산서당, 1999와 김인식, 『민세 안재홍』, 역사공간, 2008을 참조하여 작성하였다.

9차례에 걸쳐 7년 3개월의 옥고를 겪은 그 도저한 행동, 이 모든 것이 선생의 상을 우리 현대사에 있어 흔치 않은 민중 지도자의 한 분으로 부각케 하고 있다"고 하였다. 그렇기 때문에 안재홍에 대한 연구성과가 적지 않다.[2]

안재홍은 앞서 천관우가 언급하였듯이 일제강점기에 '9차례 7년 3개월'의 옥고를 치렀다.[3] 그런데 안재홍의 신문조서는 1936년 이른바 '군관학교사건'과 관련하여 종로경찰서 신문조서와 경성지방법원의 신문조서가 유일하게 남아 있다. 그런 점에서 안재홍의 옥고는 몇 가지 논의할 과제가 있다고 본다. 이에 본고에서는 당시 보도되었던 신문기사를 중심으로 안재홍의 9차례 옥고 과정을 살펴보고자 한다.

한 가지 전제되어야 할 것이 있는데, 바로 '옥고(獄苦)'의 개념이다. 사전적 의미로는 "옥살이 하는 고생"이다. 엄밀하게 본다면 형무소나 감옥에 수감된 상태를 의미한다고 할 수 있다. 이를 염두에 두고 안재홍의 옥고 과정을 추적해 보기로 한다.

2. 안재홍의 옥고 기록의 논점

안재홍은 일제강점기 국내에서 활동한 대표적인 민족운동가였다. 그렇기 때문에 안재홍은 늘 일경의 감시를 당하였다. 그럼에도 불구하고 안재홍은 민족운동에 적극적으로 참여하였다. 이러한 활동으로 안재홍은 9차례의 투

2 국사편찬위원회의 한국사연구휘보에서 안재홍으로 검색하면 87편의 논저를 확인할 수 있다. 이들 중 일부는 전문적인 연구는 아닐지라도 안재홍에 대한 연구의 성과가 적지 않음을 알 수 있다. 대표적인 연구로는 정윤재, 『다사리국가론:민세 안재홍의 사상과 행동연구』, 백산서당, 1999; 김인식, 『안재홍의 신국가건설운동』, 선인, 2005; 한국학중앙연구원, 『민세 안재홍 심층연구』, 황금알, 2005; 정윤재 외, 『민족에서 세계로』, 봉명, 2002 등이 있다.

3 김인식, 『중도의 길을 걸은 신민족주의자 안재홍의 생각과 삶』, 역사공간, 2009, 248-253쪽.

옥과 7년 3개월의 옥고를 치렀다.

『민세안재홍선집』에서는 안재홍의 옥고 과정을 다음과 기록하고 있다.

1919년 11월, 청년외교단 조직이 대구에서 발각되어, 경북 경찰국 제3부에 검거됨. 제1차 옥고.

1928년 1월, 《조선일보》 사설 「保釋 遲延의 犧牲」에 대한 발행인의 책임으로, 편집인 白寬洙와 함께 구속되어 금고 4개월의 선고를 받음. 2차 옥고.

1929년 12월, 光州學生事件 眞相報告 民衆大會 사건으로 구속되었으나 연내에 기소 유예됨. 4차 옥고.

1932년 3월, 滿洲同胞擁護義捐金을 유용했다는 구실로, 《조선일보》 영업국장 李昇馥과 함께 구속됨. 5차 옥고.

1936년 이해 軍官學校學生事件으로 서울종로경찰서에 검거됨. 6차 옥고.

1938년 5월 興業俱樂部事件으로 서울 서대문경찰서에 검거되어, 3개월 만에 석방됨. 7차 옥고.

1938년 이해 軍官學校學生事件(1936)에 징역 2년형이 확정되어 다시 입옥. 8차 옥고.

1941년 12월, 朝鮮語學會事件으로 함남 홍원경찰서에 수감됨. 9차 옥고.[4]

위의 기록에 의하면 안재홍은 모두 9차례의 옥고 기록이 있지만 3차 옥고가 누락되었다. 안재홍이 3차 옥고를 겪었다면 언제, 무슨 사건인가가 확인해야 할 과제이다.

이에 비해 김인식이 정리한 안재홍의 연보는 다음과 같다.

4 『민세안재홍선집』 4, 안재홍선집간행위원회, 지식산업사, 1992, 383-415쪽.

1919년 11월, 청년외교단 조직이 대구에서 발각되어 경상북도 경무국에 검거됨. 1921년 5월 징역 3년형이 확정됨

1928년 1월, 조선일보 사설 〈보석 지연의 희생〉의 발행 책임으로 금고 4개월을 당함.

1928년 5월, 조선일보 사설 〈제남사건의 벽상관〉을 집필하여 금고 8개월을 당함.

1929년 12월, 민중대회사건으로 구속되었으나 연내에 기소 유예됨.

1932년 3월, 만주동포 구호의연금 유용 혐의로 구속.

1936년 군관학교학생사건으로 종로경찰서에 검거되어 2심 재판에서 2년 징역형을 받음.

1938년 5월, 흥업구락부사건으로 서대문경찰서에 검거, 3개월 만에 석방됨.

1938년 군관학교학생사건으로 징역 2년이 확정 다시 입옥.

1942년 조선어학회사건으로 함경남도 홍원경찰서에 수감됨.[5]

김인식의 연보에는 9차례의 옥고를 기록하고 있지만, 앞서 살펴본 『선집』의 연보와 다소 차이를 보이고 있다. 우선 3차 옥고는 〈제남사건의 벽상관〉이라는 필화사건으로 금고 8개월을 하였다고 하여 『민세안재홍선집』에서 누락된 것을 보완하였다. 그런데 여기서 3차 옥고에 대해서 약간의 의문이 든다. 3차 옥고의 단서를 제공한 〈제남사건의 벽상관〉 필화사건은 안재홍이 〈보석 지연의 희생〉으로 신문을 받고 있는 상황에서 발생한 것이기 때문이다. 당시 언론의 보도에 따르면 〈보석 지연의 희생〉 필화사건은 1심에서는 금고 4개월이었지만 2심에서는 오히려 금고 8개월로 늘어났다. 한편으로는 이 두 필화사건이 관련성이 있지 않을까 생각되기도 한다. 『민세안재홍선

5 김인식, 『중도의 길을 걸어온 신민족주의자 안재홍의 생각과 삶』, 역사공간, 2009, 248-253쪽.

집』과 '김인식'의 연보를 각각 정리하면 아래 〈표〉와 같다.

〈표〉 민세 안재홍 옥고 기록

차수	선집	김인식
1차	1919년 11월, 청년외교단 조직이 대구에서 발각되어, 경복경찰국 제3부에 검거	1919년 11월, 청년외교단 조직이 대구에서 발각되어 경상북도 경무국에 검거
2차	1928년 1월, 《조선일보》 사설 「保釋 遲延의 犧牲」에 대한 발행인의 책임으로, 편집인 白寬洙와 함께 구속되어 금고 4개월의 선고를 받음	1928년 1월, 조선일보 사설 〈보석지연의 희생〉의 발행 책임으로 금고 4개월을 당함
3차		1928년 5월, 조선일보 사설 〈제남사변의 벽상관〉을 집필하여 금고 8개월을 당함
4차	1929년 12월, 光州學生事件 眞相報告 民衆大會 사건으로 구속되었으나 연내에 기소 유예됨	1929년 12월, 민중대회사건으로 구속되었으나 연내에 기소 유예
5차	1932년 3월, 滿洲同胞擁護義捐金을 유용했다는 구실로, 《조선일보》 영업국장 李昇馥과 함께 구속	1932년 3월, 만주동포 구호의연금 유용 혐의로 구속
6차	1936년 이해 軍官學校學生事件으로 서울종로경찰서에 검거	1936년 군관학교학생사건으로 종로경찰서에 검거되어 2심 재판에서 2년 징역형을 받음
7차	1938년 5월 興業俱樂部事件으로 서울 서대문경찰서에 검거되어, 3개월 만에 석방	1938년 5월, 흥업구락부사건으로 서대문경찰서에 검거되어 3개월 만에 석방
8차	1938년 이해 軍官學校學生事件(1936)에 징역 2년형이 확정되어 다시 입옥	1938년 군관학교학생사건으로 징역 2년이 확정 다시 입옥
9차	1941년 12월, 朝鮮語學會事件으로 함남 홍원경찰서에 수감	1942년 조선어학회사건으로 함경남도 홍원경찰서에 수감

한편 안재홍은 1936년 군관학교학생사건으로 신문을 받는 과정에서 자신의 '전과'를 다음과 같이 밝힌 바 있다. 이에 따르면 세 차례의 옥고가 있었음을 알 수 있다.

> 나는 대정 九년 一二일 大邱복심법원에서 제령 제七호 위반에 따라 징역 三년에 처하였고, 소화 三년 六월 京城지방법원에서 명예훼손죄에 의하여 벌금 七원의 처분을 받고, 동년 七월 중에 신문지법 위반으로 금고 八개월의 언도를 받고 京城西大門형무소에서 복역하였고, 소화 八년 四월 업무횡령죄사건으로 인하여 고등법원에서 징역 六개월의 언도를 받고 京城西大門형무소에 복역

중인데 三개월째에 京城형무소로 이감되어 만기 출옥하였다.[6](밑줄 필자)

즉 1920년 제령 위반으로 징역형 3년, 1928년 7월 신문지법 위반으로 금고 8개월, 그리고 1933년 3월 업무횡령죄로 징역 6개월을 언도받고 이 중 구속 수감된 것은 3건으로 모두 4년 2개월이다. 이는 1933년까지의 경우이다. 이는 이른바 대한청년외교단사건으로 3년, 조선일보 사설 필화사건으로 금고 6개월, 그리고 만주동포옹호의연금 횡령사건으로 징역 6개월 등이다. 이후 안재홍은 신문 과정에 있는 군관학교학생사건과 흥업구락부사건, 조선어학회사건 등 세 차례에 걸쳐 서대문형무소와 홍원경찰서에서 수감된 바 있다.

그런데 뒤에서 살펴보겠지만 흥업구락부사건은 관련자 대부분이 전향을 하고 풀려났기 때문에 '옥고'라고 하기에는 애매한 점이다. 다만 안재홍의 경우 군관학교학생사건으로 보석 중에 흥업구락부사건과 연루되어 보석이 취소되고 서대문경찰서에 입감되어 취조를 받은 것이다. 결국 흥업구락부사건으로 옥고를 치른 관련자는 한 명도 없다는 점이다.

또한 〈표〉의 기록들은 당시 언론에 보도된 내용과 약간 차이를 보이고 있다. 당시 언론에서는 대한청년외교단사건으로 3년, 조선일보 필화사건으로 금고 8개월, 만주동포옹호의연금 횡령사건으로 금고 8개월로 모두 4년 4개월의 언도를 받았다고 보도하였다. 이처럼 두 기록은 약간의 차이를 보이고 있다.

6 「안재홍 신문조서」, 경성종로경찰서, 1936년 6월 2일자.

3. 안재홍의 옥고 기록(제1차~제5차)

1) 제1차 옥고: 대한청년외교단사건

안재홍의 첫 번째 옥고는 '대한청년외교단사건' 때문이었다. 대한청년외교단[7]은 1919년 6월,[8] 이병철(李秉徹)의 집에서 이병철, 송세호, 연병호, 조용주 등이 조선의 독립을 위해 일반 조선인에게 독립사상을 주입하고 상하이임시정부의 운동을 응원하며, 또 세계 각국의 동정을 구하는 외에 일본 정부에 대해서는 특파원을 파견하여 조선 독립을 요구하는 것을 목적으로 결성되었다.[9] 이들은 청년단 외교 활성화를 위해 안재홍을 영입하기로 하고 8월 중 유근의 집에 머물고 있던 안재홍을 만나 가입을 권유하였다.

안재홍은 가입 후 바로 총무로 선임되어 이병철과 함께 청년외교단의 조직을 확장하는 데 주력하였다.[10] 그뿐만 아니라 안재홍 등은 상하이임시정부(가정부 부정)에 다음과 같은 건의문을 발송하였다.

> (1) 가정부의 내각 각부 총장은 상하이에 집중하여 정무의 통일을 도모할 사.
>
> (2) 열강 정부에는 직접 외교원을 특파하여 외교 사무를 확장할 사.
>
> (3) 일본 정부에 대하여도 외교원을 派하여 국가의 독립을 정면으로 요구할 사.
>
> (4) 直히 대표자를 연맹회의에 파견하여 외교 사무를 집행할 사.[11]

---

7 대한청년외교단에 관해서는 장석흥, 「대한민국청년외교단연구」, 『한국독립운동사연구』 2, 독립기념관 한국독립운동사연구소, 1988을 참조할 것.

8 《매일신보》에 의하면, 대한청년외교단은 연병호와 송세교, 조용주가 1919년 4월 중에 최초로 결성하였으며, 당시 서울의 청년부호인 이병철을 5월 중에 가입시켰다.

9 류시중·박병원·김희곤 역주, 『국역 고등경찰요사』, 선인, 2010, 353쪽.

10 「가경할 비밀결사 남녀의 독립음모단」, 《매일신보》 1919년 12월 19일자.

11 「가경할 비밀결사 남녀의 독립음모단」, 《매일신보》 1919년 12월 19일자.

안재홍은 청년외교단 총무로 조직 확장에 전념하는 한편 상하이임시정부에 실질적 독립 외교를 벌일 것과 일본 정부에 독립을 요구할 것을 건의하였다. 그런데 1919년 11월 상순 대구에서 기독교 애국부인회가 독립자금을 모금하던 중 단서가 발각되었는데 그 와중에 청년외교단도 함께 일경에 발각되었다. 청년외교단의 총무 이병철이 애국부인회의 고문으로 활동하였던 관계로 청년외교단까지 수사가 확대되었던 것이다.

이 무렵 안재홍은 이병철, 송세호, 연병호, 조용주 등과 청년외교단 같은 소규모 단체로는 독립운동을 전개하는 데 한계가 있다고 판단하고 목적이 같은 각지의 단체를 규합하여 배달청년당(倍達靑年黨)을 조직키로 하였다. 안재홍은 배달청년당의 강령과 규칙을 작성하던 중 일경에 피체되었다.[12] 청년외교단은 애국부인회와 함께 1920년 6월 29일 최종판결을 받았다. 당시의 신문기사를 보면 다음과 같다.

> 대한청년외교단(大韓靑年外交團)과 대한애국부인단(大韓愛國婦人團) 20여 명에 대한 판결 언도는 예정과 같이 작 29일 오전 9시부터 오미(五味) 재판장(裁判長), 전중(田重), 산구(山口) 양 배석 판사, 하촌(河村) 검사(檢事)가 착석한 후 오미재판장이 엄숙한 태도로 판결을 언도하였는데, 피고 안재홍(安在鴻) 이승호(李承鎬) 송세호(宋世浩) 임득산(林得山) 조용주(趙庸周) 연병호(延丙昊) 김마리아(金馬利亞) 황애스더(黃愛施德)는 각 징역 3년에, 이혜경(李惠卿) 장선희(張善禧) 김완경(金完瓊)은 징역 2년에, 이정숙(李貞叔) 김영순(金英順) 백신영(白信永) 유인경(兪仁卿) 이병철(李秉徹) 김태규(金泰奎) 나대화(羅大化)는 징역 1년으로 언

12 류시중·박병원·김희곤 역주, 『국역 고등경찰요사』, 355쪽.

도하였는데, 피고는 일제히 대구복심법원으로 공소하였더라.[13]

청년외교단사건으로 안재홍은 이병철, 송세호, 조용주, 연병호 등과 함께 제령 7호 위반에 적용되어 징역 3년형을 언도받았다. 위의 기사와 같이 안재홍은 대구복심법원에 상고하였지만 기각[14]됨에 따라 3년형이 확정되었다. 안재홍은 대구감옥에서 복역 중 감형되어 1922년 6월 9일 출옥하였다.[15]

청년외교단사건과 관련하여 보도된 기사가 매우 제한적이어서 안재홍이 언제 피검되었는지 분명하지 않다. 첫 보도가 1919년 12월 19일이고 11월 말에 발각되었던 점[16]으로 보면 적어도 1919년 12월 초에 피체된 것으로 추정된다. 안재홍은 1919년 12월 초 대구형무소에 수감되어 1920년 6월 29일 3년형을 언도받고 복역 중 감형이 되어 1922년 6월 9일 출옥하였다. 이렇게 보면 안재홍은 2년 6개월 정도 옥고를 치른 것이다.

2) 제2차 옥고: 조선일보 필화사건-'보석 지연의 희생'

안재홍의 2차 옥고는 1928년 '조선일보 필화사건'으로 인해 금고 8개월을 받은 것이다. 조선일보 필화사건은 1828년 1월 21일 자 사설 〈보석(保釋) 지연(遲延)의 희생(犧牲)〉 기사 때문에 일어났다. 이 사설은 1925년 12월 검거된 조선공산당원을 공판하기까지 2년 2개월 동안 2명이 옥사하고 보석이 결

13 「대한청년단과 애국부인의 판결: 안재홍과 김마리아는 징역 삼년」, 《동아일보》 1920년 6월 30일자. 이 외에도 관련기사로 《매일신보》 1920년 6월 30일자의 「대한애국부인회와 대한청년외교단의 판결언도」과 《조선일보》 1920년 6월 30일자의 「김마리아 일파 애국부인단 사건」 등이 있다.

14 「이병철 등 판결문」, 대구복심법원, 1920년 12월 27일자.

15 「안재홍씨 출옥」, 《동아일보》 1922년 6월 13일자.

16 장석홍, 「대한민국청년외교단연구」, 281쪽.

정되었음에도 불구하고 옥중에서 공산당원이 사망에 이르자 일제의 식민제도를 비판한 내용이다. 즉 공산당원 옥사 사건의 진상을 밝힐 것과 재판과 감옥, 그리고 보석제도의 개선을 촉구하였다.[17] 그 일부는 다음과 같다.

> (전략) 그러나 돌이켜 조선의 감옥을 살피며 미루어 재판의 태도 ○찰의 간섭 등을 생각해 보아라! 이번 공산당 공판 미결 중의 희생이 이다지 많으며 이다지 참혹함은 무엇보다도 유감을 표명하는 바이다. 우리는 여기서 감옥제도의 개선이라든지 기타 정부 기관에 대한 공○을 운운할지라도 가지지 못하였을 지언정 기관의 규정한 보석제도나마 편견과 수속에 얽매이지 않고 적의한 활용을 하여써 이 이상의 희생자를 내지 않기를 바라는 바이다. (중략) 이번에 기회를 타서 안으로는 피고를 위하여서나 인도를 위하여 법정 내 항쟁을 이 방면에 더욱 발휘하기를 바라는 동시에 밖으로는 법정과 감옥에 걸친 이면을 사회에 창명하여써 여론의 환기를 꾀할 바라고 생각한다.[18]

이 사설은 앞서 비판한 것 외에도 법정 내의 적극적 투쟁과 감옥의 비인도적 행위를 규탄할 것도 함께 촉구하였다.

이와 같은《조선일보》사설을 통해 조선총독부의 식민정책을 비판하자 일

---

17 「保釋遲延의 犧牲」,《조선일보》1928년 1월 21일자.

18 이 외에도 "이와 같이 미결 중에 다수한 희생자를 냈다는 것은 피고의 체질 여하에도 관계되겠지만, 여기에 아등은 신문, 고형이 어느 정도까지 이르렀다는 것을 예상하기가 어렵지 않다. 또 이병 중의 피고에 대해서는 너무나 비인도적 대우를 하였다 함은 의심의 여지가 없다. 감방이 형대가 아닌 이상 판결의 여하가 예단되지 않은 미결 중에 있는 이상 피고에 대한 인간적 동정이 있다고 하면 생명이 목전에 걸려 있는 피고에게 보석의 청원이 자주 있었음에도 불구 옥사를 당할 때까지 보석을 지연하여 보석한다 해도 사망, 불구의 경과를 초래하는 악한 근성은 어디에 있는 것일까"라고 하여, 총독부 당국자를 비판하였다.

제는 즉시 신문지법 위반으로 경찰을 출동시켰다. 이에 대해《조선일보》는 다음과 같이 보도하였다.

> 지난 21일부로 발행된 본보 사설(本報社說)의 보석 지연의 ××(保釋遲延의 ××)이라고 제목한 기사는 당시 행정 처분으로 삭제를 당하였던 것인 바, 재작일 25일 아침에는 그 기사로 인하여 경성지방법원 검사국(京城地方法院 檢事局)에서 돌연 활동을 개시하는 동시에 중야(中野) 차석검사(次席檢事)의 지휘하에 송전(松田) 검사(檢事)가 서기와 및 예심계(豫審係)의 좌좌목(佐佐木) 통역(通譯)과 종로서 고등계 형사를 대동하고 본사 및 주필 안재홍(安在鴻) 씨 사택과 편집인 백관수(白寬洙) 씨 사택과 논설반 기자 이관구(李寬求) 씨의 사택을 수색한 후 전기 안재홍 이관구 백관수 삼씨를 검사국에 소환하여 늦도록 취조한 후에 백관수 안재홍 양씨는 결국 서대문형무소(西大門刑務所)에 수감되었다더라.[19]

이 기사에 의하면, 문제의 사설은 이미 당국의 행정처분을 받았음에도 불구하고, 1월 25일 저녁 경성지방법원의 지휘로 종로경찰서 형사를 출동하여 주필인 안재홍, 편집인 백관수, 논설반 기자 이관구 등의 집과 조선일보 사무실을 수색하였다. 이어 이들을 소환한 후 안재홍과 백관수를 서대문형무소에 수감하였다. 당시 출동 상황을 보면 조선 사상 계통의 일에 가장 정통하다는 검사국 유에야마(植山) 서기가 참여하였으며, 종로서 고등계 형사 오모리(大森)와 도이(土井) 등 수명의 형사들이 자동차를 타고 조선일보사로 향하였을 정도로 긴박하게 전개되었다.[20]

19「양씨 돌연 수감」,《조선일보》1928년 1월 27일자.
20「검사국 긴장 자동차로 활동」,《동아일보》1928년 1월 27일자.

이 사설의 직접적인 집필 동기는 조선공산당사건의 박길량(朴吉良)이 보석 허가를 받은 지 불과 몇 시간도 지나지 않아 서대문형무소 안에서 사망하였기 때문이었다.[21] 사설은 행정처분을 받아 압수되었지만 결국 주필이었던 안재홍은 1월 31일 신문지법 조례 제26조 위반으로 기소되었다.[22] 그러나 2월 3일 보석이 허가되어 석방되었다.[23]

공판일이 정해지자 변호인단[24]이 구성되었으며,[25] 2월 24일 쓰에히로(末廣) 재판장의 단독심리와 나카노(中野) 검사의 입회로 경성지방법원 4호 법정에서 개정되었으나[26] 안재홍의 공판은 조서 불비로 인해 연기되었다. 당일 공판은 변호인의 입회하에 개정되어 백관수의 사실심리는 마쳤지만 안재홍은 정치범으로 대구형무소에서 복역 중 15개월 20일의 형기를 앞두고 가출옥한 전후 경로가 충분히 조사되지 않았기 때문에 폐정되었다.[27] 공판은 4월 16일 속개되었고 최진과 이승열의 변론이 있었지만 안재홍과 백관수에게 각각 금고 4개월을 구형되었다.[28] 이어 4월 28일 판결에서는 안재홍은 검사의 구형대로 금고 4개월이 언도되었고, 백관수는 벌금 1백 원에 처해졌다.[29]

---

21 「조선일보 필화 안·백 양씨 수감」,《중외일보》 1928년 1월 27일자.

22 「조선일보 필화 양씨 수기로」,《중외일보》 1928년 2월 1일자.

23 「안, 백 양씨 보석출감」,《조선일보》 1928년 2월 4일자; 「조선일보 필화의 안백 양씨 보석」,《중외일보》 1928년 2월 4일자; 「양씨 보석」,《동아일보》 1928년 2월 5일자,

24 안재홍 등 조선일보필화사건의 변호인단은 崔鎭, 許憲, 金炳魯, 李升雨, 韓國鍾, 金用茂, 李仁, 權承烈, 趙憲植 등이 참여하였다.

25 「본보필화사건 래 24일에 개정」,《조선일보》 1928년 2월 11일자.

26 「본보 안백 양씨 필화사건 공판」,《조선일보》 1928년 2월 24일자.

27 「본사필화사건 조서불비로 연기」,《조선일보》 1928년 2월 25일자; 「동업 조선일보 필화 공판」,《중외일보》 1928년 2월 25일자

28 「본보필화사건 속행 공판기일」,《조선일보》 1928년 4월 15일자; 「조선일보 필화 금고 4월 구형」,《동아일보》 1928년 4월 17일자.

29 「체형과 벌금 언도 본보 필화사건의 판결」,《조선일보》 1928년 4월 29일자; 「백씨는 벌금 백원 안씨는 체형 언도」,《중외일보》 1928년 4월 29일자.

이에 대해 안재홍은 1심에 불복하고 경성복심법원에 공소를 제기하였다.[30] 5월 21일 다카기(高木) 재판장과 가와무라(河村) 검사의 진행으로 속개된 공소공판은 허헌, 권승렬, 조헌식의 변론이 있었지만 오히려 1심보다 4개월이 늘어난 8개월의 금고형을 구형받았다.[31] 이어 25일 속개된 공소 판결에서 안재홍은 구형대로 금고 8개월이 최종 언도되었다.[32]

결국 안재홍은 1심 판결보다 4개월이 더해진 금고 8개월로 언도되었다. 이에 가와무라 검사는 안재홍이 달아날 염려가 있다고 하여 보석을 취소하여 5월 28일 안재홍은 서대문형무소에 수감되었다.[33] 수감 중이던 안재홍은 2심 판결에 다시 불복하고 상고하였다.[34] 상고 공판은 7월 16일 예정이었으나 연기되었고, 26일 기각되어 금고 8개월의 형이 확정되었다. 당시 보도된 내용은 다음과 같다.

> 동업 조선일보(朝鮮日報) 필화사건의 피고 안재홍(安在鴻)은 저간 경성복심법원에서 금고 8개월의 판결을 받고 수감되어 동 고등법원에 상고 중이던 바, 지난 26일에 상고 기각되어 그 이튿날부터 즉시 복역을 하게 된 중이라는데, 그의 건강상태는 별다른 이상이 없다더라.[35]

---

30 「조일필화사건 안재홍씨 공소」, 《중외일보》 1928년 5월 5일자.

31 「1심판결 4개월에 검사 8개월 구형」, 《중외일보》 1928년 5월 22일자; 「8개월 금고 구형」, 《동아일보》 1928년 5월 23일자.

32 「조선일보 안재홍씨 금고 8개월 언도」, 《중외일보》 1928년 5월 26일자; 「1심보다 4개월 가형 금고 8월 판결」, 《동아일보》 1928년 5월 26일자.

33 「보석 돌연 취소 안주필 수감」, 《동아일보》 1928년 5월 30일자; 「안재홍씨 돌연 수감」, 《중외일보》 1928년 5월 31일자.

34 「조선일보 안씨 상고 공판」, 《중외일보》 1928년 7월 3일자.

35 「조선보 필화사건 안주필 복역」, 《동아일보》 1928년 8월 3일자.

안재홍은 서대문형무소에서 복역하였다. 복역 중 1928년 11월 10일 은사령(恩赦令)에 의해 1928년 11월 11일 출감될 예정이었으나[36] 7개월간 옥고를 모두 치르고 1929년 1월 26일 출옥하였다. 비교적 건강한 몸으로 출옥한 안재홍은 그동안 밀린 가사를 처리한 후 조용한 사찰에 한동안 휴양키로 하였다.[37]

〈보석 연기의 희생〉의 조선일보 필화사건으로 안재홍은 1928년 1월 25일 서대문경찰서에 소환된 후 취조를 마치고 서대문형무소에 수감되었다. 이어 1월 31일 기소되었다가 2월 3일 보석으로 석방되었다. 5월 25일 공소공판에서 금고 8개월을 언도받고 5월 28일 서대문형무소에 다시 수감되었고, 7월 26일 상고 기각되어 형이 확정된 후 복역을 마치고 이듬해 1929년 1월 26일 출옥하였다. 이 사건으로 안재홍은 기소를 포함하여 서대문형무소에서 7개월 8일 동안 옥고를 치렀다.

3) 제3차 옥고: 재만동포 구제의연금 횡령사건

안재홍의 3차 옥고는 1932년 3월 '만주동포구호의연금횡령사건'에서 비롯되었다. 안재홍이 이 사건과 관련하여 유치되는 과정은 다음과 같다.

> 경기도 경찰부 형사과에서는 10일 오후부터 돌연 활동을 개시하여 조선일보

---

36 「출옥은 8시 이후 치안유지법은 들지 않은 듯, 안재홍도 출감될 듯」 및 「은사령 전문」, 《동아일보》 1928년 11월 11일자.

37 「필화사건의 안재홍 26일 朝에 출옥」, 《조선일보》 1929년 1월 21일자; 「안재홍씨 출감 건강한 몸으로」, 《동아일보》 1929년 1월 27일자; 「백여 친지 환영리에 안재홍씨 출옥」, 《조선일보》 1929년 1월 28일자. 그런데 조선일보 기사에 의하면, "작년 7월 26일에 서대문형무소에 수감된 안재홍은 작년 11월에 일반 감형으로 그 형기 4분의 1인 2개월의 감형을 받아 오는 25일이 그 형이 만기로 되는 날 그 익일인 26일 오전 7시에 출옥되리라더라"고 하였다.

사의 사장 안재홍, 영업국장 이승복 양씨를 소환하여 형사과의 이견(二見) 경부보가 엄중한 취조를 한 후 양씨를 즉각 경찰부 유치장에 유치시키고 계속 취조 중인데, 취조의 내용은 일찍이 조선일보사에서 취급하여 오던 재만 피난 동포 구제의연금 1만 수천 원의 용도에 관한 것으로 그것을 횡령 소비한 혐의가 농후한 까닭이라는 바, 전기 의연금을 내인 동포가 비상히 많은 관심 사건의 진전은 각 방면의 비상한 주목을 끌고 있다.[38]

이 기사에 의하면, 《조선일보》는 자사에서 관리해 오던 재만동포 구제의연금 1만 2천여 원을 횡령하였으며, 사장 안재홍과 영업부장 이승복을 소환 취조한 후 혐의가 있어 경찰서 유치장에 입감되었다는 것이다.

1931년 8월 말경 중국이 수재를 크게 당함에 따라 재중 동포들의 생활이 적지 않은 어려움을 당하였다. 이에 안재홍 등은 9월 3일 중국수재동정회(中國水災同精會)를 발기하였다.[39] 이 동정회는 10월 27일 만주조난동포문제협의회(滿洲遭難同胞問題協議會)로 개편되었다.[40] 이 협의회는 재만 동포를 위한 구제의연금을 《조선일보》를 통해 모금키로 하였다. 하지만 당시 조선일보사의 경영이 어려움을 겪자 조선일보사에서 모금된 구제의연금을 일시 유용하였다. 이에 일제는 《조선일보》를 탄압하기 위해 횡령사건으로 조사를 하였다.

안재홍과 이승복이 구제의연금 횡령으로 소환되자 만주동포문제협의회 상무이사 홍봉유(洪鳳裕)는 "사실이라면 중대한 문제"라고 하였으며, 경기도 경찰부 노무라 형사과장은 "앞으로 송국하게 될는지 안 될는지도 방금 엄중

38 「조선일보 간부 등을 횡령혐의로 구인 취조」, 《중앙일보》 1932년 3월 13일자.
39 「경성부 수표정에 있는 중국수재동정」, 《동아일보》 1931년 9월 4일자.
40 「각 방면 유지 회합 조난동포문제협의회 조직」, 《동아일보》 1931년 10월 29일자.

히 취조를 하는 중"이라고 언급하였다. 이에 비해 조선일보사 편집국장 대리 이선근(李瑄根)은 "별일에는 이르지 않을 것으로 믿습니다"라고 반응하였다.[41] 3월 10일 소환된 안재홍은 이틀 후인 12일 불구속으로 석방되었지만 구속된 이승복과 함께 취조를 받았다.[42]

당시 이 사건에 대해 여론은 매우 부정적이었는데, 전조선농민조합본부에서는 규탄 성명서를 발표하였다.[43] 그뿐만 아니라 재경단체 유지들 중심으로 3월 16일 대책강구회를 개최하였다. 특히 조선노동총동맹, 신간회 경성지회 등에서 의견서 발표를 준비하기에 이르렀다.[44] 그러나 대책강구회의 결의사항은 경찰당국의 압력으로 발표되지 못하였다.[45] 또한 재만동포문제협의회는 위원 사임을 하지 않는 안재홍의 태도에 유감을 표명하는 동시에 본 사건이《조선일보》와 관계없다는 결의를 하였다.[46] 이 과정에서 안재홍은 서대문형무소에 수감되었는데 시기가 불분명하다. 1932년 5월 1일 간행된『삼천

41「조선일보 간부 등을 횡령혐의로 구인 취조」,《중앙일보》1932년 3월 13일자.

42「안사장은 석방코 취조는 진행」,《중앙일보》1932년 3월 14일자.

43「조선일보 간부 등에 관계된 동포구제금 소비사건에 대한 여론」,《중앙일보》1932년 3월 17일자. 성명서의 내용은 다음과 같다. "過般 滿洲에서 悲慘한 危害를 當한 朝鮮勤勞兄弟들은 집을 잃고 헐벗고 굶어서 一刻이 三秋같이 救護를 기다렸다. 이에 赤誠으로써 가난한 주머니를 털어낸 在內 兄弟의 ××든 救護金 一萬數千圓을 조선일보사 간부들이 橫領消費하여서 그 救護를 遷延시켰다. 一錢二錢이 모여서 一萬을 넘었으니 그 人數 또한 六七萬의 動員이었다. 이 無言한 大衆義氣를 俗稱 民衆文化機關이라는 그들에게 ○○當하였고 抹殺當하였다. 그들은 大衆을 欺瞞한 公敵이며 同時에 今後 朝鮮運動線上에서 罪人이다. 그럼으로 大衆의 嚴正峻嚴 質責을 받지 않으면 안 된다. 偉大한 民衆은 恒常 가장 峻嚴 且 正確한 審判者이다. 1932年 3月 16日 全朝鮮農民組合本部"

44「조선일보 간부 등에 관계된 동포구제금소비사건에 대한 여론」,《중앙일보》1932년 3월 16일자.

45「조선일보 간부 등에 관계된 동포구제금소비사건에 대한 여론」,《중앙일보》1932년 3월 19일자.

46「조선일보사건과 관계 없음을 변명」,《중앙일보》193년 3월 30일자.

리』에 안재홍의 수감 소식을 다음과 같이 전하고 있다.

> 어젯밤에 安在鴻 씨가 감옥으로 구금되어 갔다고 전한다. 아마 요지간 말썽이 되어오든 만주동포 구제금 문제가 끝끝내 누가 됨인 듯. 나는 그저께 석양에 우리 社로 놀러 오신 安씨더러「나아갈 때도 용기가 있어야 하겠거니와 퇴할 때는 그보다 더 큰 용기와 총명이 있어야 한다.」고 어떤 암시를 표하였든 바, 氏는 오히려 이제 1만 5천 원만 있으면 신문사는 깨끗이 구제되어 간다고 퍽 이나 자신있게 말씀하고 있었다. 氏보다 한걸음 앞서 놀러 오셨다가 돌아가신 許憲씨가 그 석상에 계셨더라면 이러한 문제를 중심삼고 좋은 화제를 들을 수 있었으련만…. (하략)[47]

이 글에 의하면, 안재홍은 1932년 4월 말경 서대문형무소에 수감된 것으로 판단된다.

이와 같은 상황에서 7월 19일 예심이 종결되어 횡령죄로 공판에 회부되었고,[48] 안재홍은 다음날 20일 보석이 허가되어 서대문형무소에서 출감하였다.[49] 4월 말경에 수감되었던 안재홍은 2개월 20여 일 만에 석방된 것이다.

이해 12월 1일 경성지방법원에서 열린 공판에서 안재홍과 이승복은 각각 징역 8개월이 언도되었다.[50] 그러나 이에 불복한 안재홍은 상고하였고, 1933년 2월 2일과 9일에 속개된 경성복심법원 공소공판에서 안재홍은 1심대로

47「수표교반음」,『삼천리』4권 5호, 1932.5, 22쪽.
48「안재홍 예심 종결 공판에 회부」,《동아일보》1932년 7월 20일자.
49「안재홍, 이승복 보석 금일 허가」,《동아일보》1932년 7월 21일자.
50「안재홍, 이승복 체형 8개월」,《동아일보》1932년 12월 3일자.

징역 8개월을 구형받았다.[51] 안재홍은 2심에도 불복하고 상고하였지만 기각되어 5월 1일 서대문형무소에 수감되었다.[52]

안재홍은 재만동포 구제의연금 횡령사건으로 1932년 3월 10일 소환되었다가 12일 불구속으로 석방되었다. 그러나 예심종결으로 4월 말경 서대문형무소에 수감되었다가 7월 20일 보석으로 풀려났다. 이듬해인 1933년 2월 9일 금고 8개월을 언도받았고 상고하였으나 5월 1일 기각으로 서대문형무소에 수감된 후 이해 11월 2일 출옥하였다.[53] 이 사건으로 인해 안재홍은 모두 8개월을 복역하였다.

4) 제4차 옥고: 군관학교학생사건

안재홍의 4차 옥고는 1936년 '군관학교학생사건'으로 서대문형무소에서 복역하였다. 이 사건의 발단은 1936년 5월 말 '사상적 룸펜'과 광산 브로커 등을 검거 조사하던 중 정한무(鄭漢武), 김춘우(金春雨), 유권봉(劉權奉), 오세호(吳世鎬), 허천석(許川石), 김송일(金松一) 등이 남경군관학교사건과 관련된 비밀결사에 가입하여 활동한 것에서 비롯되었다. 당시 남경군관학교사건으로 지명수배를 받고 있던 정세호(鄭世鎬) 김재형(金在瀅)은 5월 29일 검거되는데 이들을 취조하는 과정에서 안재홍이 연루된 사실이 밝혀졌다. 정세호와 김재형은 안재홍에게 국내정세의 동향과 운동자금, 그리고 구체적 운동방침을 요구하였다. 이로 인해 안재홍은 6월 2일에 검거되어 취조를 받았다.[54] 이어

51 「이, 안 양명에게 징역 8개월 구형」, 《중앙일보》 1933년 2월 4일자; 「안이 양명에게 7개월 언도」, 《중앙일보》 1933년 2월 10일.
52 「안, 이 양인 수감」, 《조선중앙일보》 1933년 5월 2일자.
53 「안재홍 씨 今朝 만기 출옥」, 《동아일보》 1933년 11월 3일자.
54 「종로서 사건 漸擴大」, 《조선중앙일보》 1936년 6월 4일자.

이승복도 이틀 후인 4일 검거되었다.[55]

안재홍과 이승복은 사건과 관련성이 미약하여 경찰 취조만 받고 석방되는 듯하였으나[56] 새로운 사실이 드러나 계속 취조를 받았다.[57] 종로경찰서의 취조 결과 오세호 등은 6월 24일 경성지방법원으로 송치되었고, 안재홍은 2개월 만인 7월 16일 송치되었다.[58] 경성지방법원에서 정식 취조를 받던 안재홍은 정태운(鄭泰雲), 김덕원(金德元)과 함께 보안법 위반 및 치안유지법 위반으로 예심에 회부되었고, 나머지 7명은 불기소 처분을 받았다.[59]

안재홍에 대한 예심공판은 1년 후인 1937년 10월 5일 개정되어 심리를 마쳤다.[60] 이어 12일 속개된 공판에서 증인 변인균(卞仁均)의 신문을 마친 후 안재홍은 2년형을 구형받았다.[61] 19일에 개정된 공판에서 안재홍은 구형대로 징역 2년을 언도받았다.[62] 안재홍은 1심에 불복하고 10월 26일 경성복심법원

---

55 「이승복도 검거」, 《조선중앙일보》 1936년 6월 5일자.

56 「종로서사건 단락, 안이 양씨는 석방될 듯」, 《조선중앙일보》 1936년 6월 10일자.

57 「신사실의 탄로로 송국이 지연될 듯」, 《조선중앙일보》 1936년 6월 13일자.

58 「종로서 군관교사건 안재홍 이하 9명 今朝에 검사국에 송치」, 《조선중앙일보》 1936년 7월 17일자; 「남경군교사건 16일 송국」, 《동아일보》 1936년 7월 17일자. 이날까지 안재홍 등 모두 10명이 송치되었다. 안재홍, 金梓瀅, 金世鍾, 金德元, 鄭泰雲 등 5명은 구속으로, 나머지 5명은 불구속으로 송치되었다.

59 「안재홍 등 3명 예심에 회부」, 《조선중앙일보》 1936년 7월 28일자; 「3명은 예심에 안재홍, 기덕원, 정필성 등」, 《동아일보》 1936년 7월 28일자; 「안재홍씨 등 3명 기소 예심에 회부」, 《조선일보》 1936년 7월 28일자.

60 「안재홍 등 3명 래 5일 공판」, 《조선일보》 1937년 9월 29일자; 「안재홍 공판 개정」, 《동아일보》 1937년 10월 6일자.

61 「○○강의 진부 증인학생 신문」, 《조선일보》 1937년 10월 9일자; 「안재홍 속행 공판」, 《동아일보》 1937년 10월 9일자; 「안재홍에게 징역 2년 구형」, 《조선일보》 1937년 10월 13일자; 「안재홍에게 2년 구형」, 《동아일보》 1937년 10월 13일자. 김덕원과 정성필은 각각 징역 1년이 구형되었다.

62 「안재홍 체형 2년」, 《조선일보》 1937년 10월 19일자; 「안재홍 판결 구형대로 2년역」, 《동아일보》 1937년 10월 20일자.

에 공소를 하였다.[63] 1938년 4월 27일 개정된 공판에서는 방청을 금지시키고 진행한 후 징역 2년을 언도하였다.[64] 안재홍은 상고하였으나[65] 홍업구락부사건으로 5월 23일 보석이 취소되었고, 이후 수감되어 약 2년 만인 1940년 2월 19일 서대문형무소를 나섰다.[66]

한편 안재홍은 군관학교학생사건으로 보석 중 홍업구락부사건에 연루되었다. 홍업구락부는 1925년 3월 23일 결성된 비밀결사였지만 1938년 2월 연희전문학교의 경제연구회사건을 조사하면서 그 실체가 드러났다.[67] 안재홍은 홍업구락부 조직 초기부터 참여하였다. 홍업구락부사건이 일제에 발각될 당시 안재홍은 군관학교사건 상고 중으로 보석 상태였다.

홍업구락부사건이 터지자 안재홍은 5월 23일 보석이 취소되어 서대문경찰서에서 취조를 받았다.[68] 그러나 홍업구락부사건 관련자는 치안유지법 위반으로 송치되었지만 관련자 대부분이 사상전향 성명서[69]를 제출함에 따라 9월

---

63 「안재홍 공수」, 《동아일보》 1937년 10월 29일자.

64 「안재홍 공판 27일 복심에」, 《동아일보》 1934년 4월 4일자; 「안재홍에 2년 복심에서 구형」, 《조선일보》 1938년 4월 28일자; 「안재홍 공판 방청금지코」, 《동아일보》 1938년 4월 28일자; 「안재홍 공판 복심에서 2년 언도」, 《동아일보》 1938년 5월 5일자; 「안재홍에게 2년역 언도」, 《조선일보》 1938년 5월 5일자.

65 「안재홍 상고」, 《동아일보》 1938년 5월 10일자.

66 「안재홍씨 출옥」, 《조선일보》 1940년 2월 21일자; 「민세 안재홍 작일 만기 출감」, 《동아일보》 1940년 2월 20일자.

67 김승태, 『일제강점기 종교정책사-기독교편』, 한국기독교역사연구소, 1996, 231-232쪽 및 265쪽.

68 「保釋出獄者ニ關スル件」, 西大門警察署, 1938년 5월 24일자.

69 성명서 내용은 다음과 같다.(《동아일보》 1938년 9월 4일자)

"我等은 일찌기 民族自決主義의 團體인 同志會의 延長으로 興業俱樂部를 組織하고 活動하여 오던 바 滿洲事變 以來 內外 諸 情勢 특히 支那事變 以來의 急激한 變換에 鑑하여 從來 抱懷한 바 主義·主張의 誤謬를 認定하는 참다운 皇國日本의 國民인 信念下에 興業俱樂部를 解散함에 當하여 我等의 去就와 動向을 밝힘과 同時에 我等의 抱持한 理想과 主張을 玆에 披瀝하려 하는 바이다.

3일 홍업구락부는 해체되었다. 그뿐만 아니라 이날 신흥우 등 54명은 기소유예처분으로 모두 풀려났다.[70] 그렇지만 안재홍은 군관학교사건으로 서대문형무소에서 수감생활을 하였다.

5) 제5차 옥고: 조선어학회사건

안재홍의 5차 옥고는 1942년 조선어학회사건과 관련이 있다. 조선어학회

現下 內外情勢의 急激한 變轉과 我日本의 劃期的 躍進發展은 我等朝鮮民衆으로 하여금 新覺悟下에 將來의 發展을 約束치 않으면 안 될 處地에 臨하였다.

我等은 從來 民族自決主義의 觀念에 拘泥되어 다만 民族自決만을 夢想하여 오던 터이나 이는 全혀 內鮮 兩族의 文化史的 新使命을 認識치 못한 바이다.

특히 最近 數年來 朝鮮統治上에 나타난 飛躍的 現象, 그중에도 南總督의 內鮮一體政策은 半島民衆에 주는 同胞的 信賴와 新日本의 國家的 大理想과를 强調한 革新的 機運을 醞釀한 바로서 我等의 抱懷한 一切의 疑懼와 不安을 一掃하여 버렸다.

方今 東亞 諸 民族의 指導者로서 皇道의 宣揚을 理想한 新東亞建設의 歷史的 使命을 達成하려고 奮鬪하고 있는 皇國日本의 光榮있는 態度는 朝鮮民衆으로 하여금 「新日本構成」의 有力한 1員이 되려고 하는 劃期的 諸現象에 鑑하여 從來의 所謂民族自決思想은 東亞發展의 新方向을 無視한 바임을 장차 認識하기에 이르렀다. 如斯히 하여 朝鮮民衆의 利害休戚은 全혀 日本全體의 그것에 合致하고 躍進日本의 前途도 또한 朝鮮民衆을 결코 排除하는 것이 아니며 특히 內鮮 兩族의 一源同根임에 想致하여서는 完全한 民族으로서 一元化시키고 人類社會의 發展과 新東亞建設과의 偉業을 期할 바이다.

今에 我等은 從來의 抱懷한 民族自決의 迷妄을 淸算하고 內鮮一體의 使命을 具現시키는 것이 朝鮮民衆의 唯一한 進路인 것을 認識하여서 新日本建設의 大國民的矜持와 抱負下에 그 賦與된 임무를 遂行하는 것이 朝鮮民衆의 將來의 幸福과 發展을 約束하는 것임을 確信하여 玆에 興業俱樂部를 解散하는 터이다.

目下의 支那事變은 日本의 大國家的 使命 即 新東亞建設의 目的을 達成케 하는 聖戰임으로 我等은 如何한 犧牲은 不辭하고 光輝있는 皇國 日本의 臣民으로서의 榮譽와 責任을 痛感하고 八紘一宇의 道義的 結合으로써 自奮努力케 함을 誠心으로써 誓하는 바이다. 그리고 興業俱樂部의 解散에 臨하여 我等은 그 活動資金으로서 今日까지 蓄積한 金 2千4百圓을 京城 西大門警察署에 依賴하여 國防費의 一助로서 謹히 獻納하기로 한다.

興業俱樂部 一同"

70 「홍업구락부사건 금 3일 일부 해금」, 《동아일보》 1938년 9월 4일자; 「기호파 중심의 秘社 홍업구락부의 전모」, 《매일신보》 1938년 9월 4일자; 「협의 민족주의단체 홍업구락부 전향 성명서 발표」, 『재만조선인통신』 59, 홍아협회, 1938.10, 51쪽.

사건은 1942년 여름방학을 맞은 함흥 영생여자고등보통학교 학생들이 기차로 귀향하는 도중 일본어를 사용하지 않았다는 이유로 경찰의 조사과정에서 박영희라는 학생의 집을 수색하여 일기를 압수한 일에서 발단되었다.

이해 9월 5일 맞춤법 사전 편찬에 참여한 영생여학교 교사 정태진 체포를 필두로 10월 1일에는 이윤재, 한징, 이극로, 정인승, 김윤경, 최현배 등을 체포하였다. 안재홍은 12월 서승효, 이인, 김양수, 장현식 등과 함께 검거되었다. 조선어학회사건에 검거된 관련자들은 1945년 1월 16일 함흥지방재판소에서 이극로는 징역 6년, 최현배는 징역 4년, 이희승은 징역 2년 6개월, 정인승·정태진은 징역 2년, 김법린·이중화·이우식·김양수·김도연·이인 등은 각각 징역 2년 집행유예 3년의 판결을 받았다. 안재홍은 홍원경찰서에서 취조를 받다가 기소유예로 대략 10개월 만인 1943년 9월 석방되었다.[71]

4. 맺음말

이상으로 안재홍이 겪은 옥고의 과정을 살펴보았다. 앞서 살펴본 바와 같이 안재홍의 옥고는 다섯 차례가 확인되고 있다. 사건과 관련하여 각 옥고 사이에 서로 연관된 경우도 있다. 〈표〉에 의하면 3차 옥고, 4차 옥고, 7차 옥고, 그리고 6차 옥고와 8차 옥고에 대한 검증이 더 필요하지 않을까 한다. 3차 옥고인 〈제남사건의 벽상관〉 조선일보 필화사건은 2차 옥고 과정에서 발생한 것으로 안재홍과는 관련이 없는 것으로 판단된다. 왜냐하면 2차 옥고와 관련된 당시 언론보도에서 〈제남사건의 벽상관〉과 관련성에 대해 전혀 언급을 하지 않고 있기 때문이다. 그뿐만 아니라 안재홍은 이 시기 〈보석 지연의 희

71 『한국사』 51, 국사편찬위원회, 2001, 114-116쪽.

생〉 필화사건으로 공소공판 중이었다.[72]

그리고 4차 옥고는 광주학생운동과 관련된 민중대회사건으로 안재홍은 이 사건에서 증인신문을 한 바 있다. 안재홍은 송진우와 함께 1930년 8월 14일 경성지방법원에서 증인신문을 받았다.[73] 민중대회사건으로는 허헌, 이관용, 홍명희, 이원혁, 조병옥, 김동준 등 6명이 유죄판결을 받았다.[74] 이런 점에서 볼 때 안재홍은 광주학생운동 대책강구 민중대회사건과는 직접적으로 관련이 없는 것으로 판단된다. 7차 옥고는 앞서 언급한 바 있듯이 홍업구락부사건으로 옥고를 치른 관계자가 없다. 이 사건 연루자들이 전향서를 제출함에 따라 모두 석방되었기 때문이다. 다만 안재홍은 군관학교학생사건으로 취조를 함께 받았다. 6차 옥고와 8차 옥고는 동일한 사건이기 때문에 두 차례로 분리하는 것은 적절치 않아 보인다. 또한 9차 옥고의 경우도 엄밀하게는 옥고라 할 수 없을 것이다.

이러한 점을 고려한다면 안재홍은 대한청년외교단사건, 〈보석 지연의 희생〉 조선일보 필화사건, 재만동포 구제의연금 횡령사건, 군관학교학생사건 등의 사건으로 옥고를 치렀다고 할 수 있다. 그 외는 재판 과정의 경찰서 수감과 보석 등이 반복되고 있다. 전체적으로 볼 때 안재홍의 옥고는 경찰서를 포함하여 형무소 등 입감은 모두 다섯 차례, 연 수감 기간은 모두 6년 7개월 정도가 된다.[75]

---

72 이와 관련하여 『조선일보50년사』에는 〈보석지연의 희생〉으로 구속되었다가 보석으로 풀려나 있던 안재홍이 28일 보석이 취소되고 다시 수감되었다고 하였다.

73 「민중대회사건에 양시를 증인신문」, 《조선일보》 1930년 8월 15일자.

74 「허헌 등 사건 예심종결, 6인 전부 유죄 결정」, 《동아일보》 1930년 9월 7일자; 「민중대회사건 예심결정서 전문」, 《중외일보》 1930년 9월 10일자.

75 안재홍의 7년 1개월의 입감생활은 다음과 같다. 대한청년외교단사건으로 2년 6개월, 조선일보 필화사건으로 7개월, 재만동포 구제의연금 횡령사건으로 8개월, 군관학교학생사건으

옥고를 치른 횟수가 줄어든다 하더라도 안재홍의 민족운동사에서의 업적이 줄어드는 것은 아니다. 안재홍은 대한청년외교단사건으로 2년 6개월의 옥고를 치른 후 일제가 가장 경계하였던 인물이다. 그렇기 때문에 일제는 늘 안재홍에 대해 특별히 감시와 탄압으로 일관하였던 것이다. 그러한 가운데서도 안재홍은 일제강점기 민족운동을 늘 선두에서 지도하였다.

로 2년, 조선어학회사건으로 10개월 등이다.

05
아나키스트 원심창과 주중대사 암살사건

1. 머리말

"나는 그대들의 얼굴을 안다.
나는 그대들의 성품을 안다.
하지만 함께 그대들이 오늘까지 걸어온 道
내가 지금 가고 있는 道
이미 그대들이 걸어왔다.
오! 그대들의 血과 나의 血은
人類社會에 가장 위대한 事業, 無政府共産主義를 建設하는데
役軍이 된다.
歷史가 된다. (중략)
그렇다!
被壓迫, 被搾取 무리에게
敵이라는 그대를 죽이라고.
그대의 하루 밤 密議는
그대가 決行하였던 手榴彈은
政府라는 그대의 心臟을
그 어떠한 차가움일지라도
이번 殺人未遂, 爆發物取締 違反 등 각종 죄목으로
元心昌 , 白貞基 양군은 無期, 李康勳은 징역 15년. (하략)"

이 시는 누가 지은 것인지 알 수 없지만, 1934년 7월경 발표된 「무기수(無期囚)」라는 제목의 시로 『혈궤열차(無軌列車)』라는 책에 게재하려고 했던 것이다. 원심창, 백정기, 이강훈의 혁혁한 전공, 즉 아리요시 아키라(有吉明) 암살 미수사건을 기리며 아나키즘의 이상사회를 건설하자는 내용을 노래하고 있다.[1] 그러나 이 시는 내용이 과격하다고 하여 삭제되었다. 원심창은 1933년 3월 이른바 六三亭義擧라 불리는, 아리요시 주중일본공사 암살 미수 사건으로 이해 11월 24일 일본 나가사키지방재판소에서 무기징역을 선고받았다. 그리고 가고지마(鹿兒島) 나카노(中野)형무소에서 해방된 지 2개월 후인 1945년 10월 10일 석방되었다.

사상사적 측면에서 일제강점기 민족운동은 크게 세 가지의 흐름으로 전개되었다. 민족주의, 공산주의(사회주의), 그리고 무정부주의(이하 아나키즘)가 그것이다. 그러나 이러한 민족운동에서의 사상적 흐름은 해방 후 남북 분단이라는 상황에서 남한에서는 민족주의가, 북한에서는 공산주의가 각각의 정부를 수립하는 데 절대적 영향을 미치게 되면서 아나키즘은 남에서도 북에서도 수용되지 못하고 설 자리를 잃게 되었다. 이에 따라 민족주의나 공산주의만큼 학문적 연구가 축적되지 못하였다. 그러나 최근 들어 아나키즘에 대한 연구가 조심스럽게 진전을 보고 있다. 일제강점기 아나키즘운동사의 복원은 민족운동사의 기여 공백을 메워주는 데도 적지 않은 기여가 있을 것으로 생각된다. 이러한 점에서 아나키즘에 대한 본격적인 연구가 필요하다고 할 수 있다. 평택지역도 아나키즘 계열의 민족운동 흐름이 발견된다.

---

1 「조선문 출판물 차압 기사 요지-『無軌列車』」, 『조선출판경찰월보』 72, 1934.8. 이 외에도 1933년 11월 「武藏野에 있는 B군을 받들자」라는 글과 12월 「無期囚」라는 수필이 『土民』이라는 잡지 창간호에 각각 실렸으나 역시 삭제당하였다.(『朝鮮出版警察月報』 64, 1924.12)

일제강점기 평택지역의 대표적인 아나키스트는 원심창이다. 원심창은 1919년 3·1운동에 참여한 이래 해방될 때까지 일본과 중국에서 아나키스트로 활동한 대표적인 인물 중의 하나이다.

원심창은 1906년 12월 1일 지금의 평택시 팽성읍 안정리에서 출생하였다. 평택공립보통학교를 졸업한 원심창은 14세 때 고향에서 3·1운동을 경험하였고, 이 경험이 그를 민족운동의 열혈투사로 전환시켰다. 1920년 중동학교에 입학하였으나 중퇴하고 1922년 말경 일본으로 건너가 노동자, 학생의 신분으로 아나키즘을 수용하였다. 1925년경 일본의 대표적인 아나키즘 단체인 흑우회에 가입한 이후 불령사, 흑색운동사, 흑색전선연맹, 흑우연맹과 노동단체인 동흥노동동맹, 그 외에도 무산자학생학우회와 동경조선무산자동맹 등의 단체에서 활동하였다. 그뿐만 아니라 1930년대 중국에서 남화한인청년연맹과 남화구락부, 흑색공포단 등에 가입하여 아나키즘운동을 적극적으로 전개하였다.

이와 같은 그의 치열한 삶의 행적에도 불구하고 이른바 '아나키스트'라는 굴레에 묶여 연구의 대상에서도 기피되다시피 하였다. 특히 그는 해방 후에도 일본에서 살았던 관계로 더욱 연구의 관심에서 벗어나 있었다.[2] 이에 따라 본고에서는 원심창의 삶을 추적해 보고자 한다. 이를 위해 먼저 원심창의 생애와 일본에서의 아나키스트로서의 활동 등에 대하여 살펴본다. 이어 일본에서 중국으로 탈출한 후 남화한인청년연맹의 재건 활동과 원심창의 대표적 민족운동의 하나인 아리요시 주중일본공사의 암살미수사건에 대해 구체적으로 논구해 보고자 한다. 본 연구가 평택지역에서 원심창에 대한 새로운

2 이에 비해 국내에 있던 백정기와 이강훈, 그리고 함께 활동하였던 정화암 등에 대해서는 회고록과 연구논문이 비교적 많다고 할 수 있다.

인식과 재조명을 위한 작은 계기가 되기를 바란다.

2. 생애와 주요 활동

원심창은 일제가 조선침략의 야욕을 본격적으로 실현해 가는 을사늑약이 체결된 이듬해 1906년 12월 1일 충청남도 평택군 읍내면 안정리 175번지(현 경기도 평택시 팽성읍 안정리 175번지)[3]에서 출생하였다. 안정리는 지금은 미군 부대가 주둔하고 제법 도시화되었지만 당시에는 벽촌이었다. 현재 그가 태어난 175번지 일대는 고추 등 채소밭으로 이용되고 있다.

원심창의 가계에 대해서는 알려져 있지 않지만 본관은 원주(原州)이다. 이명(異名)은 원훈(元勳)이다. 3형제 중 막내인 그는 어려서부터 영특하고 의협심이 강하였던 것으로 보인다. 그의 성품은 한마디로 '도덕군자'였다. 남화한인청년연맹과 흑색공포단원으로 함께 활동하고 아리요시 암살 시도에도 같이 참여하였던 동지 이강훈은 "그는 남을 위해 자기를 바치고 희생하려는 봉사정신이 어느 누구에게도 찾을 수 없으리만치 독특한 마음씨의 소유자"라고 평가하고 있다.[4] 그러면서도 지극히 온순하고 인자하였고 민족 도의심과 지용(智勇)을 겸비한 전형적 혁명투사였다.

9세 때인 1914년 3월 평택공립보통학교(현 평택성동초등학교)에 입학하여 4년 만인 1918년 2월에 졸업하였다. 평택공립보통학교는 1913년 3월 25일 설

---

3 원심창이 출생한 안정리는 태어날 당시에는 충청남도 평택군 읍내면에 속하였으나 1914년 3월 1일 부군면 통폐합 시 경기도 진위군 부용면에, 이후 1938년 행정개편 때는 경기도 평택군 팽성면에 속하게 되었다.

4 『통일조선신문』 1971년 7월 7일 ; 『의사 원심창』, 원주원씨중앙종친회, 1979, 14쪽.

치를 인가받아 이해 6월 개교하였다.[5] 당시 평택공립보통학교는 읍내면 객사리에 설립되었는데 집에서는 그리 먼 곳은 아니었다. 4년 동안 학업을 마친 원심창은 한동안 집에서 농사일을 거들면서 생활을 하였다.

보통학교를 졸업한 지 1년 만인 1919년 3월 1일 서울에서 시작된 만세운동은 평택지역에도 그 영향을 받아 전역에서 전개되었다. 원심창은 당시 14세의 청소년기였지만 만세운동에 참가하였다. 그가 어떠한 방법을 통해 만세운동에 참여하였는지는 명확하게 확인하기는 어렵지만, 당시 생활하고 있던 부용면에서 전개하였던 만세운동이었을 것으로 추정된다.

부용면의 3·1운동은 1919년 4월 1일 전개되었다. 부용면 주민들은 현덕면, 포승면, 청북면, 오성면 등지에서 만세운동을 전개하였다는 소식을 듣고 이날 부용면사무소와 부용산 등지에 모여 만세시위를 전개한 후 평택역에 합류하기 위해 안성천 군문교로 진출하였다.[6] 그렇지만 부용면 만세운동은 이날 이외에는 더 이상 전개되지 못하였다. 그런데 원심창은 이날 부용면만세운동 외에 같은 날 전개되었던 평택역전 만세운동에 참가하였을 가능성도 있다. 이날 평택역전 만세운동은 평택지역에서 3천여 명이 참가할 정도로 가장 규모가 컸던 시위였다.[7] 《매일신보》에 따르면, 부용면 주민들이 군문교로 진출하였다고 하는데, 군문교와 평택역은 불과 2킬로미터 정도밖에 안 된다. 이러한 점에서 볼 때 원심창은 부용면에서 만세운동에 참가한 후 이날 밤 평택역 앞에서 전개되었던 만세시위에도 참여하였을 가능성이 크다고 본다.

---

5 『조선총독부관보』 제192호, 1913년 3월 25일자. 평택공립보통학교는 현재의 성동초등학교로 교명을 변경하였으며, 학교 연혁에는 1913년 6월 개교하였다고 밝히고 있다.

6 《매일신보》 1919년 4월 5일자.

7 「극비 독립운동에 관한 건」(제35보), 고제9808호, 1919년 4월 2일자; 김정명, 『조선독립운동』 I, 489쪽; 강덕상, 『3·1운동』(1), 344쪽.

원심창은 3·1운동과 관련하여 "소년시절 3·1독립운동의 맹렬한 민족항쟁 광경을 경험하였다"고 회고한 바 있다.

3·1운동은 원심창에게 식민지 현실을 인식하는 데에 적지 않은 영향을 주었다. 청년기인 14세에 만세운동에 직접 참여한 경험은 식민지 현실에서 민족적 차별을 새롭게 인식하고 민족운동 대열에 참여하기로 다짐하는 계기가 된다.[8] 즉 3·1운동은 그에게 민족 현실에 눈뜨게 하고 독립이라는 과제를 남긴 것이다.

원심창은 이를 위해 우선 학업에 매진하기로 하고 1920년 3월 서울의 중동학교에 입학하였다. 1922년경 중동학교를 중퇴한 원심창은 이해 12월경 일본 도쿄로 건너갔다. 도쿄에서의 첫 일은 당시 가난한 유학생이 으레 그러하듯 노동자 생활이었다. 노동으로 학자금을 마련한 원심창은 1925년 4월 니혼대학 사회학과 전문부에 입학하였다. 그러나 뜻대로 학비를 조달하지 못해 더 이상 학업을 유지할 수 없게 되자 이해 9월 대학을 자퇴하였다.[9] 원심창의 대학생활은 6개월 정도였지만 이 기간 동안 무산학생학우회[10]의 주요 임원으로 활동하였다.

원심창이 니혼대학에 입학한 지 한 달 후인 1925년 5월 24일 무산학생학우회는 춘기정기총회를 개최하였는데, 이날 회의에서 하기방학을 이용한 고국방문 순회강연대 파견과 재래의 학우회가 보관하고 있는 재외동포위문금을

8 「원심창 외 판결문」.

9 「원심창 외 판결문」.

10 무산학생학우회의 공식 명칭은 留日本東京朝鮮無産學生學友會이다. 이 단체는 1924년 12월 11일 오후 6시 東京市 菊町 區中 6番町 49번지에서 창립총회를 개최하였으며, 주의 강령은 1. 無産學生은 互相扶助할 일, 2. 自助修學의 精神을 涵養할 일, 3. 完全한 思想을 世界的으로 廣求 實現할 일 등이다.(《조선일보》 1924년 12월 23일, 「동경유학 중의 무산학우 창립총회를」)

조속하게 처리할 수 있도록 교섭할 것을 결의하였다. 무산학생학우회는 이날 임원을 개선하였는데 원심창은 김학원(金學元)[11] 등과 함께 위원으로 선정되었다.[12] 무산학생학우회의 활동에 대해 자세히 알려지지는 않았지만, 이해 11월 초 재일본조선노동총동맹, 재도쿄무산청년동맹, 흑우회 등 9개 단체와 공동으로 이른바 소준상업고등학교사건 진상 규명 요구와 근본 죄악을 성토하는 성명서를 발표한 바 있다.[13] 원심창이 언제 무산학생학우회에 가입하였는지, 그리고 언제까지 활동하였는지는 알 수 없지만 핵심 인물로 활동한 것만은 분명하다고 할 수 있다.

또한 원심창은 도쿄조선무산자동맹(東京朝鮮無産者同盟)에서도 활동한 바 있다. 1925년 11월 1일 무산자동맹이 추기정기총회를 개최하고 규약수정과 회원 연령 제한 등을 결의하고 임원을 개선하였는데, 이날 원심창은 교양부 집행위원으로 선임되었다.[14]

이를 전후하여 원심창은 아나키즘운동에 전념하였다. 원심창이 아나키즘

---

11 김학원은 무정부주의자로 귀국 후 1926년 중외일보 마산지국 기자로 활동한 바 있으며(《중외일보》 1926년 12월 11일), 1929년 충북에서 비밀결사인 동인회를 조직하여 문예운동을 전개하다가 일경에 검거되었다.(《중외일보》 1929년 5월 27일) 이 사건으로 징역 5년을 선고받았다.(《중외일보》 1930년 5월 21일)

12 「고국방문 순강 결의」, 《조선일보》 1925년 5월 31일 ; 「근백 경관 엄중 경계리 무산학우 정기회」, 《시대일보》 1925년 5월 31일. 이날 정기총회에서 사회자 김학원은 "현 사회제도의 불합리를 통론하고 본회로 하여금 새로운 사회를 이룩하는데 소임을 다하자"는 개회사가 있었다. 이러한 점에서 무산학생학우회는 다분히 사회주의 또는 아나키즘을 수용한 단체로 보인다. 이날 위원으로 선정된 인물은 원심창, 김학원 외에 金正根, 金喆鎬, 金鍾鼎, 韓晛相, 李相烈, 朴載壽, 金恒濟, 楊喜得, 金忠, 崔昌漢, 安秉琦, 李聖奎 등이다.

13 「가상적 문제로 장문의 성명서를 반포」, 《시대일보》 1925년 11월 8일.

14 「동경무산동맹 정총」, 《시대일보》 1925년 11월 6일. 원심창 이외에 이날 선임된 집행위원은 다음과 같다. 서무부 嚴仁圭, 교양부 李鍾模, 선전부 鄭禧源, 조사부 方致規, 편집부 李相烈 李友狄, 감사위원 白武 秋弘權 都相鎬.

을 수용하게 된 것은 크로포트킨의 『상호부조론』[15]과 오스기 사카에(大杉榮)의 논설집, 그리고 아나키즘과 관련된 서적을 탐독하면서부터였다. 당시 일본에 유학중이던 많은 학생들이 아나키즘을 수용하였는데, 특히 오스기 사카에의 영향이 컸다. 오스기 사카에는 당시 일본을 대표하는 아나키스트로 대표적인 논설집은 『정의를 구하는 마음』 등이다.[16] 학비를 마련하기 위해 노동을 하는 등 어려운 생활을 하던 원심창에게 아나키즘은 하나의 복음과도 같았다. 그는 아나키즘에 대한 서적을 탐독하는 한편 아나키스트들과 교류하였다. 나아가 실제적 운동을 위해 아나키즘 단체에 가입하게 되었다. 이에 따라 원심창은 흑우회(黑友會)에 가입하였다.

흑우회는 1921년 11월에 결성된 흑도회(黑濤會)[17]의 후신으로, 1923년 1월에 조직되었다. 흑도회는 결성 당시 막연히 사회주의를 연구한다는 차원에서 조직되었지만, 니가타현(新瀉縣, 한인 노동자 학살) 사건에 대한 규탄운동을

---

15 크로포트킨은 다양한 저작을 통하여 아니키즘은 '인류의 진보를 위한 사상'이라고 하여 아나키즘에 대한 부정적인 인식을 긍정적으로 변화시켰다. 특히 그의 대표적 저작이라고 할 수 있는 『상호부조론』은 아나키즘 이론의 핵심으로, 적자생존이라는 다윈의 개념에도 불구하고 종의 진화에서 가장 중요한 요소는 경쟁(적자생존)이 아니라 협동(상호부조)이라고 주장하였다.(오장환, 『한국 아나키즘운동사 연구』, 국학자료원, 1998, 22쪽 및 34쪽)

16 오스기 사카에(大杉榮)의 논설집 『정의를 구하는 마음』은 아르나코-산디칼리즘의 직접행동을 강조하여 의회를 배격하고 노동자의 단결된 힘으로 총파업, 시위, 태업, 공장점거 등의 수단으로 경제정의를 달성할 것을 주장하고 있다. 아울러 마르크스의 유물론에 입각한 중앙집권적 정치 엘리트의 영도사상을 배격하고 노동자의 해방은 노동자 자신의 힘으로 한다는 자주, 자결, 자유연합의 정신을 강조하였다.(박환, 『식민지시대 한인아나키즘운동사』, 선인, 2005, 290쪽)

17 흑도회는 1921년 일본에서 결성된 사회주의운동 단체이다. 1920년 1월 金若水·朴烈·鄭泰成 등이 유학생과 노동자 사회의 상호부조를 목적으로 조선고학생동우회를 만들었는데, 이 가운데 박열과 정태성·白武·김약수 등과 신인연맹의 조직을 준비하던 金判權·權熙國·원종린·김약수·정태성·曹奉岩·金思國·張貴壽·박열·林澤龍 등 20여 명이 1921년 11월 21일에 결성했다.(『독립운동사사전』 7, 독립기념관 한국독립운동사연구소, 2004, 676쪽)

전개하는 과정에서 사회주의와 아나키즘 간의 차별성이 점차 드러남에 따라 대삼영의 영향을 받은 박열 이윤희 등의 아나키스트와 계리언(堺利彦)의 영향을 받은 원종린 등의 사회주의자로 사상적 분화를 함에 따라 1922년 12월에 해체되었다. 흑도회가 해체된 이후 박열, 이윤희 등은 1923년 2월 풍운회(風雷會)를 조직하였다가 곧바로 흑우회로 변경하였다. 흑우회는 기관지로 『불령선인(不逞鮮人)』과 『후데이 센진(太い鮮人)』, 그리고 『현사회(現社會)』를 간행하였다.[18] 그리고 김약수, 안광천 등 사회주의자들은 1923년 1월 북성회(北星會)를 결성하였다.[19]

흑우회는 1923년 9월 이른바 박열의 '대역사건'[20] 이후 한인 아나키스트에

---

18 흑우회의 기관지는 박열이 중심이 되어 처음에는 『不逞鮮人』이라는 제호로 창간호와 제2호를 발행하였으나 '不逞鮮人'이라는 용어가 일본 경찰이 항일민족운동가를 모욕하기 위해 사용하기 시작하다가 일반화된 경멸어로 사용됨에 따라 당국에서 사용을 금지시켰다. 이에 기관지 제호를 『太い鮮人』로 변경하였으나 당국에서 다시 사용을 금지하자 『現社會』로 개칭하였다.

19 정혜경, 『일제시대 재일조선인민족운동연구』, 국학자료원, 2001, 362-363쪽; 『독립운동사사전』 7, 686-687쪽; 오장환, 『한국 아나키즘운동사 연구』, 99-100쪽.

20 박열사건의 개요는 다음과 같다. 폭탄을 던져 일본 고관을 처단하고자 하는 박열의 계획은 1921년부터 준비되었다. 이를 위해 1921년 11월경부터 杉本貞一라는 일본 외항선원을 통해 폭탄을 구하고자 했으나 실패하였다. 1922년 9월 서울에서 열린 노동자대회는 니이카타현의 한인노동자 학살사건에 대한 보고를 해달라고 박열을 초청하면서 여비를 보내왔다. 이에 귀국한 박열은 노동자대회 자리에서 金翰을 만났고, 일본으로 돌아갔다가 11월에 다시 서울에 와 김한으로부터 폭탄을 구해주겠다는 약속을 받았다. 김한은 상하이 의열단으로부터 폭탄 30개가 도착하게 되어 있었으므로 그 가운데 몇 개를 도쿄로 보내준다고 약속한 것이다. 이를 위해 김한과 박열은 서울에 있는 기생 李小紅을 통해 편지연락을 취했다. 그 사이 김한은 상하이에서 온 의열단원 金相玉과 연락을 취하고 있었는데, 때마침 일어난 '종로경찰서폭탄투척사건'의 혐의를 받고 경찰에 포위된 김상옥이 순국하는 사건이 일어났다. 이에 김한도 혐의를 받게 되어 폭탄 제공 약속은 이루어지지 못했다. 김한이 구하고자 했던 폭탄은 만주 安東縣까지 운반하는 데는 성공했으나 엄중한 감시로 인해 서울로 들여올 수 없었다. 1923년 5월 27일 불령사에 金重漢이 가입하자 박열은 가을에 황태자 결혼식이 있다는 사실을 알아내어 김중한에게 폭탄을 구하는 일을 맡겼다. 그러나 김중한과 박열의 사이가 멀어지면서 박열의 거사 계획은 김중한의 애인이자 불령사 회원인 新山初代를

대한 당국의 탄압과 박열사건의 공판지원에 주력함에 따라 활발한 활동을 전개할 수 없었다. 박열과 함께 검거되었다가 석방된 불령사(不逞社) 회원들도 흑우회에 가입하였지만 흑우회 활동은 여전히 침체되었다.

원심창이 흑우회에 언제 가입하였는지는 분명하지 않다. 그의 약력에 의하면, 1922년 말에 가입했다고 하지만[21] 1926년 전까지 흑우회에서의 그의 활동은 확인되지 않고 있다. 일제 측의 자료에 의하면, "불령사 검거 후 무정부주의계 선인의 상황은 위축 침체되어 부진되었지만 잔당 장상중, 이홍근, 원심창 등이 일치하여 서서히 만회운동에 노력하였다"라고 하였다.[22] 그런데 여기서도 원심창이 흑우회 재건을 위해 노력한 시기가 언제였는지 분명하지 않다. 흑우회 재건을 위해 함께 노력한 최규종과 장상중은 1925년 11월 예심 종결 이후 풀려나 활동이 가능하였다. 원심창이 이들과 흑우회 재건 활동을 할 수 있었던 인적 관계나 최규종과 장상중과 함께 '잔당(殘黨)'이라고 한 점에서 볼 때, 늦어도 박열사건으로 박열 등 불령사 회원이 검거되는 1923년 8월 28일 이전에 가입한 것으로 추정된다. 그렇지만 흑우회에서 원심창의 활동은 흑우회 재건을 통해 좀 더 분명하게 드러난다. 흑우회 재건 이전까지 원심창의 활동은 앞서 살펴본 무산학생학우회와 도쿄조선무산자동맹 등에 집중되고 있다.

통해 일본공안당국에 알려지게 되었다. 그 결과 폭탄입수는 논의단계에서 좌절되었고, 박열이 8월 28일에 검거되는 것을 필두로 가네코·陸洪均·崔圭悰·金重漢·徐東星·정태성 ·장상중·하일·徐相庚·洪鎭祐·한현상·野口品二·栗原一男·小川茂 등 불령사 회원 16명이 9월 3일까지 모두 체포되었다. 이 가운데 1925년 11월에 예심이 종결되면서 박열과 가네코만이 대역죄·폭발물취체규칙위반의 죄명으로 송치되고 김중한을 제외한 나머지는 방면되었다.(『고등경찰요사』, 경상북도경찰부, 1934, 162쪽 ; 『독립운동사사전』 2, 527-528쪽)

21 『의사 원심창』, 원주원씨중앙총친회, 1979, 71쪽; 『통일조선신문』 1971년 7월 7일자.

22 『고등경찰요사』, 62-163쪽.

흑우회 재건 과정에서 원심창은 아나키스트로서 적극적인 활동을 전개하였다. 흑우회 조직 재건에 앞장섰던 이홍근(李弘根)[23]의 회고에 의하면, 1926년 초기 당시[24] 흑우회는 장상중, 최규종 등 몇몇 회원만 남아 있을 뿐 별다른 활동을 하지 못했다. 이에 이홍근은 김정근, 원심창, 장상중과 함께 재건문제를 상의하여 다카다(高田) 죠시가야(雜司谷區)의 2층 건물을 얻어 활동 근거지로 삼았다고 한다.[25]

1926년에 들어 원심창은 최규종, 정상중, 정태성 등과 흑우회 재건을 위해 본격적인 활동을 전개하였다. 우선 이해 1월에는 미에현(三重縣)조선인피살사건을 조사하기 위해 장상중과 전득을 파견하였다.[26] 이어 1월 30일에는 일본인으로 조직된 아나키스트단체 흑색청년연맹(黑色青年聯盟)에 가입하여 긴밀한 연대를 가지면서 세력을 확장하고자 하였다.[27] 1926년 2월 10일에는 임시총회를 개최하고 동지의 규합과 아나키즘 선전에 관해 협의한 결과 기관지를 발행하기로 하였다.[28]

그러나 흑우회를 재건하기 위해서는 무엇보다도 조직 개편이 필요하였다.

---

23 이홍근(1907-1990)은 평남 중화 출신으로 본명은 李宖根이다. 진남포상공학교 재학시절 동맹휴업사건으로 퇴학처분을 당했으며, 1924년 일본으로 건너갔다. 천도교동경종리원에서 기숙하면서 최갑룡, 한상렬 등과 함께 지냈으며, 세이소쿠(正則)영어학교에 다녔다. 이후 원심창, 장상중 등의 흑우회에 가입하여 기관지 『흑우』의 발행에 참여하였다. 이어 1927년 조선자유노동자조합을 결성한 이후 평양으로 돌아와 이해 12월 관서동우회(이후 관서흑우회)를 창립하였다.(『일제하사회운동사자료총서』 12, 1990)

24 이홍근은 '1925년 초기'로 기억하고 있으나 당시 상황으로 볼 때 '1926년 초기'로 추정된다. 왜냐하면 그의 회고에 의하면 장상중과 최규종 등이 별다른 활동을 하지 못했다 하는데, 이들이 활동할 수 있었던 시기는 1925년 11월 예심종결 이후이다.

25 이홍근, 「역사적 진군에의 동참」, 『국민문화회보』 11, 1983, 9쪽; 김명섭, 『재일 한인아나키즘운동 연구』, 단국대학교 박사학위논문, 2001, 102쪽 재인용.

26 「삼중현사건 조사원 파견」, 《시대일보》 1926년 1월 20일.

27 『독립운동사자료집』 〈별집 3〉, 독립운동사편찬위원회, 1978, 72쪽.

28 『독립운동사자료집』 〈별집 3〉, 72쪽.

일제 당국의 주목과 감시가 늘 뒤따른 것도 한 이유가 된다. 1926년 5월 원심창은 장상중, 육홍균, 김정근, 정태성, 한예상, 최규종, 이홍근, 최규동, 이원세 등과 동경 타카다쵸(高田町) 죠시가야(雜司谷) 431번지에 흑생운동사(黑色運動社)라는 간판을 걸었다.[29] 이어 7월 11일에는 일본인 아나키즘단체인 흑색청년연맹이 주최하는 무산정당비판박멸연설회에 조선인 대표로 원심창과 이호(李浩) 두 명이 참석하여 연설하였는데, '불온언사'가 있다고 하여 검거되기도 하였다.[30]

이해 7월 기관지 『흑우(黑友)』와 팸플릿 『소작농』을 간행하였다. 그러나 이들의 내용이 아나키즘을 선전, 고취시키는 것이라 하여 당국으로부터 발매와 배포를 금지 당하였다.[31] 그런데 이 시기와 관련하여 일제 측 정보에 의하면, 원심창 등은 이혁, 맹형모의 무산학우회, 최낙종, 변영우 등의 동홍노동동맹회와 협력하여 점차 흑우회를 이은 흑색운동사는 예전의 세력을 만회하였다고 밝히고 있다.[32]

그런데 1926년 7월 23일 박열사건으로 박열과 함께 구속된 처 가네코(金子文子)가 우쓰노미야형무소(宇都宮刑務所) 도치기(枋木)지소에서 자살하는 옥

29 『한국아나키즘운동사』, 한국무정부주의운동사편찬위원회, 1978, 277-278쪽. 그런데 『개정증보 조선민족독립운동비사』에 의하면, "금자문자옥사건 이후 조선인아나키즘운동이 불리해짐에 따라 흑우회는 최낙종 최상렬은 1926년 9월 동경 小石川區위생인부를 규합하여 관동동홍노동동맹을, 장상중 정태성 등은 흑우회를 흑우사로, 그리고 원심창 육홍균 등은 11월에 흑색전선연맹을 조직하여 일본인 아나키즘단체 흑색전선청년연맹에 가맹하였다. 그러나 그후 박열의 뜻을 계승하기 위해 장상중 원심창 등은 11월 12일 불령사로 개칭하고 기관지 『흑우』 2호를 발행하였다"라고 하였다.(坪江汕二, 『개정증보 조선민족독립운동비사』, 고려서림, 1986, 286쪽)

30 『고등경찰관계연표』, 조선총독부 경무국, 1930, 204쪽.

31 『독립운동사자료집』〈별집 3〉, 73쪽; 《동아일보》 및 《시대일보》 1926년 7월 7일자.

32 『고등경찰요사』, 163쪽.

사사건이 발생하였다.[33] 이에 원심창, 최규종, 육홍균 등은 진상조사에 착수하였다. 원심창 등은 1925년 12월 옥중결혼식 이후 가네코의 옥중 임신을 무마하기 위해 당국이 교살한 사건이라고 단정하였던 것이다. 이들은 7월 27일 목검을 휴대하고 지소장 집으로 몰려가 사건 경위를 확인하였다. 그뿐만 아니라 형무소에서 관리하는 공동묘지에 가매장된 유해를 발굴하여 화장한 후 박열의 선산인 문경에 안치하였다.[34]

이후 1926년 11월 원심창은 육홍균과 함께 흑색운동사를 흑색전선연맹(黑色戰線聯盟)[35]으로 변경하고 일본의 무정부주의자단체인 흑색청년연맹(黑色青年聯盟)에 가입하여 한일 아나키즘운동의 공동전선을 형성하였다. 이어 이해 12월에는 장상중, 이홍근, 박망 등과 함께 박열의 사업을 계승한다는 목적으로 흑색전선연맹을 불령사(不逞社)로 개편하고 기관지로 『흑우』를 계속 발행하였다. 그러나 일제의 극심한 탄압을 받고 부득이 1927년 2월 흑풍회(黑風會)로 개칭하고 조선노동총동맹계의 동흥노동동맹을 세포조직으로 산하에 두었다. 또한 이해 2월 말에는 오우영 등이 중심이 되어 별동대로 조선자유노동자연맹(朝鮮自由勞動者聯盟)을 조직하였다.[36]

그뿐만 아니라 이 시기 원심창은 노동운동에도 적극 참여하였다. 원심창은 1926년 9월 10일 최낙종, 김상렬 등과 함께 조선인 위생인부를 결속시켜 동흥노동동맹(東興勞動同盟)을 조직하였다.[37] 이때 원심창은 이홍근, 장상중

---

33 《동아일보》 1926년 7월 31일, 「'대역범' 박열의 애인 복역 중 옥중에서 자살」.

34 『한국아나키즘운동사』, 197-181쪽; 정혜경, 『일제시대 재일조선인민족운동연구』, 369-370쪽.

35 『고등경찰요사』에는 1926년 10월 흑우회를 흑색청년연맹으로 개칭하였다고 하였다.

36 『고등경찰요사』, 163쪽 ; 『한국아나키즘운동사』, 278쪽.

37 『한국아나키즘운동사』, 183쪽 및 278쪽. 원심창의 약력에 의하면 "1924년 재일무정부주의자의 최초의 노동조합인 동흥노동조합 결성에 참여 간부로 일하며 노동조합을 통한 항일투쟁에 종사함(丁贊鎭, 徐相漢, 梁一東, 陳哲, 李何中, 韓何然 梁相基, 朴彈, 朴奉實, 張露洪

과 함께 선전대에 편성되어 조선인 노동자들의 숙소를 순방하면서 『자유사회』를 배부하였다. 그리고 조직을 확대한 동흥노동동맹은 타가다(高田部)와 센카부(千住部)의 지부를 두었다.[38] 원심창 등이 중심이 된 별동대 자유노조연맹은 우의단체로 1927년 6월 조선인신문배달인조합을 비롯하여 조선자유노조연맹 교토부(江東部)와 야마헤부(山手部), 오사키(大崎)조선인일반노동조합 등을 산하에 두었다.[39]

흑우회-흑색운동사-흑색전선연맹-불령사-흑풍회로 이어지는 조선인아나키즘단체는 1928년 들어 또 한 번 조직체를 변경하였다. 즉 1928년 1월 15일 흑우연맹(黑友聯盟)으로 개칭하였다. 당시 주요인물은 원심창을 비롯하여 장상중, 한하연, 이시우, 최낙종, 정태성 등이었다. 그리고 흑우연맹은 기관지로 『호조운동(互助運動)』을 발행하여 조직과 선전을 강화하였다.[40] 흑우연맹은 조직을 강화하는 과정에서 격문을 발표하는 한편 반대파를 습격하는 등 폭력적인 양상도 없지 않았다. 1927년 2월 친일단체인 상애회 회원들이 흑우연맹 우의단체인 자유노조연맹원의 일터에서 폭력을 행사한 사건이 있었다. 이 사건으로 반목을 거듭하던 원심창 등 흑우연맹원은 1928년 2월 상애회 행동대장 하고봉(河古奉)을 폭행하였다. 이에 상애회는 경찰에 후원을 받아 권총, 일본도 등으로 무장하고 흑우연맹과 아나키스트의 회의 장소로 활용하고 있던 계림장을 습격하였다. 이 습격사건으로 한하연 등 일부가 일경에 피체되고 여러 명이 부상을 당하였다. 그러나 이 사건은 정당방위로 인정되어

, 閔興圭, 閔魯鳳, 李時雨, 韓榮來 등과 함께)"이라고 밝히고 있다. 그런데 일제측 정보에 의하면 1926년에 가서야 동흥노동동맹의 조직이나 활동 등이 보이고 있다.

38 정혜경, 『일제시대 재일조선인민족운동연구』, 370쪽.

39 박상희, 「동경조선인제단체역방기」, 1927; 『재일조선인연구』 5, 1979, 138쪽.

40 『한국아나키즘운동사』, 278쪽.

무죄로 모두 풀려났다.[41] 또한 이해 5월에 원심창은 이혁과 함께 재동경조선노동조합 북부지부를 습격하였다가 체포되었다.[42]

이듬해 1929년 6월 7일에는 동경유학생학우회가 민족주의계와 공산주의계의 연합으로 춘계대운동회를 개최하기 위해 협의 중이던 동경신간회사무소를 습격하였다.[43] 이 학우회 습격사건에는 원심창과 김병운, 이시우, 하경상, 한하연, 양성기, 최복선 등이 참여하였는데, 흑우연맹원 권상근이 사망하고 신간회 측의 유원우, 김기석 등 5명의 부상자가 발생하였다. 이로 인해 원심창, 최복선, 한하현, 백병련, 정진모, 정찬진, 유종기 등 7명[44]이 피체되었다. 원심창 등이 학우회를 습격한 이유는 당시 본국에서 전개되고 있던 한재구호(旱災救護)에 관심 없고 운동회 개최에만 열중하는 유학생의 비민족적 자세에 대한 반성을 촉구하기 위한 것이었다.[45] 이들은 예심에 회부되어 이치가야형무소(市谷刑務所)에 있던 중 백병련은 옥중에서 사망하고 6명은 1930년 4월 29일 보석으로 풀려났다.[46] 이 사건 이후 일제 당국의 감시에 더 이상 일본에서 활동할 수 없다고 판단한 원심창은 적극적인 항일투쟁을 위

---

41 『고등경찰요사』, 163쪽; 『한국아나키즘운동사』, 278-279쪽; 『개정증보 조선민족독립운동비사』, 290쪽.

42 『고등경찰요사』, 163쪽; 『한국아니키즘운동사』, 281쪽.

43 「재동경 동포간 주의 충돌로 유혈참극」, 《조선일보》 1929년 6월 9일. 《중외일보》 1929년 6월 9일자 「동경신간회에 6명 살상의 참변」 기사에 다르면, 사건이 일어난 장소는 동경 시외 호총정 취방 199번지 조선학생학우회관이라고 하였다.

44 「동경살상사건 피해자 판명」, 《조선일보》 1929년 6월 10일; 「동경흑우회사건 관계자 5명 보석」, 《중외일보》 1930년 5월 6일; 「동경충돌사건 5인이 석방」, 《조선일보》 1930년 5월 6일.

45 『고등경찰요사』, 164쪽; 『한국아나키즘운동사』, 279-280쪽; 『개정증보 조선민족독립운동비사』, 287쪽.

46 「동경흑우회사건 관계자 5명 보석」, 《중외일보》 1930년 5월 6일; 「동경충돌사건 5인이 석방」, 《조선일보》 1930년 5월 6일. 동경학우회습격사건은 1932년 1월 19일 공판을 재개하였으나 3명이 출두하지 않아 무기연기되었다.(『독립운동사자료집』 〈별집 3〉, 408-409쪽) 그런데 「원심창 외 2인 판결문」에는 이 사건으로 3개월간 수형생활을 한 것으로 되어 있다.

해 1930년 일본을 탈출 베이징을 경유하여 상하이로 진출하였다.

상하이에 도착한 원심창은 1931년 6월 남화한인청년연맹에 가입하여 조직을 재건하는 한편, 11월에는 흑색공포단을 조직하는 데 참여하였다. 그리고 의열 투쟁에도 적극 참여하여 1932년 12월 16일 톈진의 일본영사관 폭탄 투척, 이듬해 1933년 3월 17일 주중일본공사 아리요시 아키라(有吉明) 암살을 주도하다가 피체되어 일본으로 이송되었다. 이후 나가사키(長崎)에서 진행된 재판에서 무기형을 언도받고 가고시마(鹿兒島) 나카노형무소(中野刑務所)에서 복역 중 일제의 패망으로 1945년 10월 10일 출옥하였다. 해방 후에는 잠시 귀국하였다가 다시 일본으로 건너가 주로 일본에서 활동하였다. 1946년 박열과 함께 신조선건설동맹을 창설하고 부위원장에 피선되었으며, 이해 10월 재일조선인거류민단을 창설 초대 사무총장을 맡았다. 이후 거류민단 부단장과 단장 및 고문, 독립노동당 일본특별당부 결성, 조국평화축성협의회 중앙대표위원 겸 사무총장, 『통일조선신문』 창간 및 대표, 한국민족자주통일동맹 일본본부 결성 및 대표위원 등으로 활동하다가 1971년 7월 4일 영면하였다.[47]

3. 남화한인청년연맹 재건과 아리요시 암살미수사건

1930년 일본에서 중국 베이징으로 건너온 원심창은 이곳에서 머물다가 1931년 4월 상하이로 갔다. 당시 상하이에는 만주에서 활동하던 정현섭 등 재만조선인 아나키스트들이 대종교와의 이념적 갈등과 공산주의자들의 위

47 『조선통일신문』 1971년 7월 7일자; 『의사 원심창』, 73-74쪽.

협[48] 등으로 중국 관내로 이동하면서 점차 상하이로 집결하였다.[49] 한인아나키스트들의 거두 유기석(柳基石)은 1930년 4월 상하이에 왔으며, 이를 계기로 4월 20일 유자명(柳子明), 장도선(張道善), 정해리(鄭海理) 등과 함께 남화한인청년연맹(南華韓人青年聯盟)을 결성하였다.[50]

---

48 당시 만주에서는 아나키스트들은 공산자주의자로부터 적지 않은 위협을 받았다. 1930년 1월 24일 김좌진이 공산주의자에게 살해되었으며, 1931년 7월 초순에는 이준근과 김야운이 역시 공산주의자에게 피살되었다. 또한 김좌진의 동생 김종진도 납치되어 행방불명되는 등 공산주의자들로부터 신변의 위협을 받았다.

49 박환, 『식민지시대 한인아나키즘운동사』, 116-119쪽.

50 김정명 편, 「1937年の在支不逞朝鮮人の不穩策動狀況」, 『조선독립운동』 II, 원서방, 607쪽. 남화한인청년연맹의 결성 시기에 대해서는 자료에 따라 각각 기록하고 있다. 1930년 9월 20일 조선총독부 경무국장이 작성한 보고문서 「併合記念日 前後ノ商況ニ關スル件」(朝保秘 第1257號)에 의하면 "8월 29일, 상하이 남화한인청년연맹, 무정부주의자 柳○○은 병합기념일을 기해 상기 연맹 명의로 국치기념 선언서를 발표하고 그 주의 정강을 명시하고 그 존재를 밝혔다"라고 하였다. 이는 남화한인청년연맹이 주의와 정강을 선전하였다는 기사라는 점에서 1930년 8월 이전에 결성되었음을 알 수 있다. 「上海及ビ南京方面ニ於ケル朝鮮人ノ思想狀況」(『일제암흑기통치자료집』 10)에서는 "1930년 4월 무정부주의자 중 申鉉鼎, 崔榮錫 등이 본적지 충청남도 천안읍 호서은행에서 금 5만7천원을 편취, 상하이로 탈출한 것을 기회로 在上海무정부주의자들은 이 돈을 무정부주의운동자금으로 제공할 것을 협의하고 4월 20월 유자명, 장도선, 정해리, 유기석 등이 프랑스조계 金神父路 新新里 모 중국인의 집 2층에서 모임을 갖고 활동기관으로 남화한인청년연맹을 조직하고 그 선언, 강령, 규약을 발표하였다"라고 하였다. 이에 의하면 1930년 12월에 결성되었다. 그리고 「在上海南華韓人青年聯盟の綱領規約及宣言」(『사상휘보』 5)에서는 "1931년 중 상하이 프랑스조계에서 조선인 무정부주의자 정화암(정원옥), 김지강, 전리방(이용준), 이달, 정해리(정종화), 유자명(유홍식), 양여주(오면직), 이수현(박기성), 유여시(유기석), 유기문, 허열추, 백구파(백정기), 이강훈, 원심창 등이 회합하여 일본제국주의하에서 조선민중의 진정한 해방은 무정부주의 혁명에 의해, 자본주의사회 기구를 근본으로 타도, 일체 권력과 사유재산제도를 부인하고 상호부조 자유연합의 정신에 기초한 정치적 경제적 만민평등의 사회를 창설한다. (중략) 남화한인청년연맹인 비밀결사를 조직하였다"라고 하여, 1931년에 남화한인청년연맹이 결성되었다고 밝히고 있다. 이외에 종로경찰서의 중요사건 보고문서 「치안유지법 위반 살인, 살인미수, 자미수 의견서」에는 1931년경, 「最近ニ於ケル在支不逞朝鮮人ノ策動狀況ニ關スル件」(1942년 3월 31일자)에서는 1930년 4월에 남화한인청년연맹이 결성되었다고 보고하고 있다. 그리고 정화암 등의 회고에서는 1931년 9월에 남화한인청년연맹이 결성되었다고 밝히고 있다. 이상의 기록을 검토할 때 남화한인청년연맹은 1930년 4월에 결성되

남화한인청년연맹의 강령과 규약은 다음과 같다.

〈강령〉

1. 我等의 一切 組織은 自由聯合의 原因에 基한다.

2. 一切의 政治的 運動과 勞動組合至上運動을 否認한다.

3. 私有財産制度를 否認한다.

4. 僞道德的 宗教와 家族制度를 否認한다.

5. 我等은 絶對 自由平等의 理想的 新社會를 建設한다.

〈규약〉

1. 本聯盟은 綱領에 의해 社會革命을 遂行함을 目的으로 한다.

2. 本聯盟은 綱領의 目的을 遂行하기 위해 盟員 全體가 승인하는 모든 방법을 採用한다. 단 綱領에 抵觸되는 本聯盟員 各 個人의 自由發意 또는 自由合意에 따른 行動이 비록 本聯盟에서는 直接 關與하지 않았더라도 이에 대해 何等의 干涉을 하지 않는다.

3. 本聯盟은 自由意志에 따라 綱領에 贊同하고 全盟員의 承認을 받은 男女로서 組織한다.

4. 本聯盟의 一切 費用은 盟員이 分擔한다.

5. 本聯盟의 集會는 年會, 月會, 臨時會로 한다. 단 召集은 書記部에 있다.

6. 本聯盟의 社務를 처리하기 위해 書記部를 둔다. 단 盟員 全體의 互選으로 選擧한 書記 若干人을 두고 그 任期는 각 1년으로 한다.

었으나 그 활동이 유명무실함에 따라 1931년 9월에 재정비되었다고 보여진다. 정화암 등의 회고는 남화한인청년연맹이 재정비되었던 시기를 결성 시기로 파악한 듯하다.

7. 聯盟員으로 綱領에 背하고 規約을 破壞하는 行動을 할 時는 全盟員의 決議를 經하여 除名한다.

8. 聯盟員은 自由롭게 脫退할 수 있다.

9. 聯盟員은 會合 時 出席者 全體가 부득이 할 때에 한하여 缺席할 수 있다.

10. 本規約은 每年 大會에서 討議하고 滿場一致로 通過한 修正案에 의해 할 수 있다.[51]

강령과 규약에 의하면, 남화한인청년연맹은 사유재산과 종교, 가족 등 기존의 제도를 모두 부정하고 자유연합의 원리에 따른 사회혁명을 수행하여 절대적 이상사회 구현을 추구하고자 하였다.

그러나 남화한인청년연맹은 결성 초기 실제 활동이 미약하여 유명무실하였다. 이와 같은 상황에서 원심창이 1931년 4월 베이징에서 상하이로 온 것이다. 일본에서 흑우회를 재건하고 아나키즘운동에 참여한 바 있는 원심창은 이중현(李中鉉)과 협의한 후 유명무실한 남화한인청년연맹을 재건하기 위해 정화암(鄭華岩), 유자명, 정해리 등과 교류하였다. 그리고 이해 6월에 "혁명적 수단으로 현재의 사회조직을 철폐하고 상호부조의 절대적 자유평등사회를 실현하기 위하여 우선 조선에 있어서의 일본 통치권을 탈취하여 조선독립을 성취하고 일본의 입헌군주제를 철폐하고 일체의 사유재산을 일반사회의 공유에 넘기고 일본 및 조선에서 무정부공산주의를 실현할 것"을 목적으로 하는 남화한인청년연맹에 가맹하였다.[52] 또 재북동경북의용군후원회

51 「在上海南華韓人青年同盟の綱領規約及宣言」, 『사상휘보』 5, 고등법원 검사국 사상부, 1935.12, 112쪽.

52 「원심창 외 2인 판결문」.

(在北京東北義勇軍後援會) 등 항일단체로부터 자금을 지원받아 남화한인청년연맹 재건에 주력하였다.[53]

원심창은 남화한인청년연맹에 가입 후 1931년[54] 10월부터 서기를 맡아 각종 정보와 연맹원에 대한 보고 및 연구회의 개최를 담당하는 한편 남화한인청년연맹의 주의 정책 실현 및 확대 강화를 위해 적극 활동하였다.[55] 당시 상하이에는 원심창을 비롯하여 양여주, 유자명, 김지강, 유기석, 엄형순, 이용준, 나월환, 박기성, 정해리, 이하유, 김광주, 유산방 등 혈기왕성한 아나키스트들이 활동하고 있었다.[56] 이들 중 이달, 나월환, 이하유 등은 원심창과 함께 일본에서 아나키즘운동을 하던 인물들이다. 남화한인청년연맹은 산하에 남화구락부(南華俱樂部)를 두었는데, 원심창은 여기에도 가입하여 이달, 안우생, 김광주 등과 남화청년한인동맹의 활동방향에 대해 논의하였다.[57]

남화한인청년연맹에 가맹한 후 원심창은 주로 연맹과 아나키즘을 선전하는 격문 또는 선전문을 제작 배포하였다. 그 사례는 다음과 같다.

첫째, 1931년 8월 29일 국치일을 맞아 격문을 배포하였다. 당시 프랑스조계 채시로(菜市路)와 날비덕로(辣斐德路)의 교차점에 위치한 중국인이 경영하는 철공장 2층에 거주하고 있던 원심창은 8월 20일 남화한인청년연맹 명의로 「8월 29일은 조선민족이 타족(他族)의 노예가 된 날이다. 분발하여 적의 아성을 쳐부수자」라는 격문을 1백여 매를 등사하여 8월 27일과 28일 이틀 동

53 김정명 편, 「1937年の在支不逞朝鮮人の不穩策動狀況」, 『조선민족운동』 II, 607쪽.

54 「원심창 외 2인 판결문」에는 '1933년 8월'으로 되어 있다. 그러나 1933년 8월은 원심창이 아리요시암살미수사건으로 상하이총영사관에서 예심 중에 있었다. 따라서 시간적 흐름으로 볼 때 남화한인청년연맹에 가입한 직후인 1931년 8월로 추정된다.

55 「원심창 외 2인 판결문」.

56 『혁명가들의 항일 회상』, 민음사, 1988, 378쪽.

57 정화암, 『이 조국 어디로 갈 것인가』, 145쪽.

안 상하이에 있는 조선인들에게 배포하였다. 이 격문에는 남화한인청년연맹의 주의와 목적을 선전하는 내용도 담고 있었다.

둘째, 1932년 5월 1일 메이데이를 맞아 선전문을 우송하였다. 원심창은 노동절을 즈음하여 4월 말경 프랑스조계 채시로(菜市路) 저영인리(底榮仁里) 16호 자신의 집에서 남화한인청년연맹 명의로 노동절의 의의와 무정부주의 내용을 담은 선전문 약 1백 매를 제작하여 상하이 조선인들에게 우송하였다.

셋째, 1933년 3월 1일 독립기념일을 맞아 선전문을 우송하였다. 원심창은 조선독립기념일을 맞아 2월 하순경 자신의 집에서 역시 남화한인청년연맹 명의로 「일본제국주의를 저주하며 모든 사유재산제도와 권력을 파괴하고 무정부공산주의사회를 건설하려는 취지」로 쓴 선전문 70여 매를 등사하여 프랑스조계 내에 있는 조선인에게 우송하였다.[58]

한편 남화한인청년연맹은 무정부 사회건설을 위한 적극적 행동실천을 목적으로 하는 흑색공포단(色恐怖團)을 조직하였다. 이 흑색공포단은 원심창 등 남화한인청년연맹원뿐만 아니라 대만인, 일본인, 중국인, 미국인 등을 망라하여 조직된 국제적 '테러조직'이었다.[59] 조직 과정을 살펴보면 다음과 같다.

1931년 11월 초순 중국인 아나키즘단체인 동방무정부주의자연맹(東方無政府主義者聯盟)의 간부 왕아초(王亞樵)와 고문 화균실(華均實)은 백정기와 협의하는 과정에서 무력해진 동방무정부주의자연맹을 대신할 단체조직을 제안하였다. 이에 일본인 아나키스트 좌야일랑(佐野一郎)의 계획에 따라 10월 중순 백정기, 좌야(佐野), 왕아초, 화균실 등 4명은 불조계 백정기의 집에서 '현

58 「원심창 외 2인 판결문」.

59 「1937年の在支不逞朝鮮人の不穩策動狀況」, 『조선민족운동』 II, 607쪽.

사회의 모든 권력을 부인하고 새로운 세계 전 인류가 인생의 모든 방면에서 자유와 평등을 향유할 수 있는 신사회 수립'을 강령으로 하고 직접 파괴공작을 목적으로 흑색공포단을 조직하기로 하였다. 활동 자금은 왕아초가 부담하기로 하였다. 이에 따라 이들은 동지를 규합한 후 11월 말 불조계 한 중국인의 집에서 흑색공포단을 결성하였다.[60] 이해 12월에 이수현, 이용준, 김지강, 이달, 엄순봉, 양여주 등이 입단하였고, 1932년 7월에 정화암과 연락이 이루어졌고, 다시 이강훈 원심창 등이 입단하였다.[61] 흑색공포단의 주요활동은 일제의 기관 파괴 및 요인 암살, 친일분자 숙청, 배일선전 등을 목적으로 하는 행동대였다.[62] 이와 같은 목적에 따라 원심창은 행동대원으로 톈진에 있는 일본영사관 폭탄투척과 주중일본공사 아리요시 암살을 추진하였다. 원심창을 중심으로 이 두 사건을 살펴보면 다음과 같다.

톈진 일본영사관 폭탄투척은 1932년 12월에 진행되었다. 1932년 11월 중순경, 베이징에 있을 때부터 함께 아나키즘 활동을 하고 남화한인청년연맹

---

60 정화암은 흑색공포단을 '항일구국연맹'이라고 밝히고 있다. 그 조직 과정은 다음과 같다. "1931년 10월께입니다. 왕아초(王亞樵)와 화균실(華均實) 등이 그 사람들입니다. 우리 보고 항일공동전선을 펴자는 것입니다. 우리야 대환영이지요. 그래서 우리 쪽에서 나와 이회영과 백정기를 비롯해 7명이, 중국 쪽에서 왕과 화를 비롯해 역시 7명이, 그리고 여기에 일본인 사노(佐野)와 이또(伊藤)가 더 끼어 항일구국연맹을 조직했습니다."(『혁명가들의 항일 회상』, 381쪽)

61 김정주 편, 「상하이급ビ남경방면ニ於ケル朝鮮人ノ思想狀況」, 『일제암흑기통치자료집』 10, 871-872쪽. 그러나 이 자료에 의하면, "1931년 11월 말 불조계 중국인 집에서 조직회를 개최 재협의하고 흑색공포단을 조직하였다."라고 하고 있다. 「在上海南華韓人青年同盟の綱領規約及宣言」에는 "원심창, 백정기, 정원옥, 김지강, 이용준, 이달, 정종화, 오면식, 이강훈 등은 여러 차례 모임을 갖고 1931년 11월 상하이 프랑스조계 한 중국인의 집에서 흑색공포단을 조직하였다."고 하였다.(「在上海南華韓人青年同盟の綱領規約及宣言」, 『사상휘보』 5, 111쪽.)

62 정화암, 『이 조국 어디로 갈 것인가』, 134쪽.

을 결성하였던 유기석[63]이 베이징에서 상하이로부터 온 것을 알게 된 원심창은 이용준[64]과 함께 그의 숙소인 프랑스조계 서문로 무릉공우에서 만났다. 이 모임에서 유기석은 다음과 같은 제안을 하였다.

> 나는 北京에서 항일운동에 종사하고 그 자금으로 지난번에 福建省의 각 항일단체로부터 금 7천 원을 수령하여 그 잔금 3천 원이 있다. 이것을 가지고 北平(北京) 또는 天津에 있는 日本軍部 혹은 日本領事館에 폭탄을 투척하면 다시 광동성, 복건성 방면의 항일단체로부터 수만 원의 자금을 획득할 수 있다. 그러므로 그 자금으로 무정부주의운동 자금으로 충당하려고 자신은 그 동지를 모집하여 왔다.[65]

즉 유기석은 베이징 또는 톈진으로 가서 일제 기관에 폭탄을 던질 것을 제안하였다. 이 제안에 원심창과 이용준이 찬성하였다. 이에 원심창, 이용준, 유기석 3명은 일본군부 또는 일본영사관을 파괴함과 동시에 무정부주의운동 자금을 조달할 목적으로 폭탄을 투척할 것을 공모하였다.[66] 이를 실행에 옮기기 위해 원심창, 이용준, 유기석은 이해 11월 중순경 베이징으로 갔으나 장학량 군대 30만여 명이 주둔하고 있었다. 베이징에서 폭탄을 투척할 상황

63 「원심창 외 2인 판결문」(1940년)에는 '柳絮'로 되어 있다.

64 이용준의 아나키즘운동에 대해서는 이동언, 「여산 이용준의 생애와 항일독립투쟁」, 『제천 애국지사 이용태의 삶과 사상』, 역락, 2005 참조.

65 「원심창 외 2인 판결문」. 이에 대해 「이용준 판결문」(1940)에는 다음과 같이 기록하고 있다. "나는 北京에서 항일운동을 감행하기 위해 그 자금으로 지난번에 福建省 泉州城 내의 아나키스트 중국인 秦望山으로부터 금 8천 원을 수령하고 왔는데, 北京 또는 天津에 있는 日本軍部 또는 日本總領事館에 폭탄을 투척하면 다시 同人으로부터 금 30만 원의 자금을 획득할 수 있으므로, 자기는 그 동지를 모집하여 왔다."

66 「원심창 외 2인 판결문」.

이 어렵게 되자 이들은 12월 11일[67] 톈진으로 이동하여 정세를 관망하였다. 이틀 후인 13일 프랑스조계 교통여관에서 폭탄을 투척할 대상으로 일본주둔군 병영과 일본 총영사 관저를 선정하였다. 그리고 16일 오후 6시 30분에 유기석은 병사(兵舍)에, 이용준은 관저(官邸)에 각각 폭탄을 투척하고, 원심창은 지리를 잘 모르기 때문에 상하이의 아나키스트들과 연락하기로 결의하였다. 거사 당일인 12월 16일 오후 6시 30분 이용준과 유기석은 미리 준비한 중국제 수류탄을 관저와 병사에 각각 투척하였으나 폭탄의 위력이 크지 않아 건물 일부만 파괴시켰다.[68] 그리고 원심창은 톈진에서 감행하였던 폭탄 투척을 알리기 위해 상하이로 바로 귀향하였고, 이용준과 유기석도 각각 일경의 눈을 피해 상하이로 돌아왔다.

톈진 일본영사관 폭탄 투척을 제대로 성공하지 못한 원심창은 이듬해 1933년 들어 새로운 활동을 모색하였다. 이른바 육삼정의거인 주중일본공사 아리요시 암살(미수)사건을 기획한 것이다.[69] 아리요시는 1932년 7월 23일 장개석의 국민정부의 승인을 받아 '종삼위 동일등(從3位 勳1等) 특명전권대사'로서 1932년 7월 26일 주중공사로 임명되었다.[70] 아리요시의 주중공사 파견에 대해 중국 국민정부에서는 상당한 기대를 가지고 있었으며 특히 만주문제

---

67 「원심창 외 2인 판결문」에는 12월 14일로 되어 있다.

68 「원심창 외 2인 판결문」; 「이용준 판결문」; 『독립운동사』 7(의열투쟁사), 독립우동사편찬위원회, 1976, 782쪽.

69 주중일본공사 아리요시에 대한 암살시도는 원심창, 백정기, 이강훈 등보다 앞서 한 차례, 이후 한 차례가 더 있었으나 모두 실패하였다. 전자는 1932년 9월 26일 除奸團이 남경으로 가는 아리요시이 탈 차에 폭탄을 설치하였으나 발각되어 실패하였다.(《동아일보》 1932년 9월 29일, 「유길 공사 일행에 대한 암살음모 遂暴露」) 후자는 평북 출생 柳瀅植(22)이 1936년 2월 21일 상하이에서 시도하였다가 체포되어 실패하였다.(《동아일보》 1936년 3월 6일, 「유길 공사 암살범 유형석 상하이에서 피착」.

70 《동아일보》 1932년 7월 25일, 「주중공사에 유길씨 결정」.

해결에 일대 진전을 볼 수 있을 것으로 보고 환영하였다.[71] 그러나 1933년 2월 들어 일제의 개로(開魯)공격으로 중일관계는 악화되었다.[72] 이에 아리요시는 2월 14일 돤치루이(段祺瑞)와 회견하였고,[73] 3월 중에는 난징에서 뤄원간(羅文幹)과 회견 후 3월 24일 일본으로 돌아갈 예정이었다.[74] 이와 같은 상황에서 남화한인청년연맹은 일제에 타격을 주기 위해 아리요시를 암살하기로 한 것이다.

1933년 3월 5일 상하이 프랑스조계 복리리로(福履里路) 정원방(亭元坊) 6호의 백정기 집에서 원심창을 비롯하여 백정기, 이강훈, 이달, 이용준, 양여주, 이수현, 김지강, 엄형순 등의 흑색공포단원 및 정화암, 정해리 등이 모임을 갖고 중일 양국의 동향을 분석하고 앞으로의 활동에 대해 협의하였다.[75] 이 모임에서 원심창은 다음과 같이 당시 중국 내의 동향을 전달하였다.

> 현재 우리 무정부주의자가 동양에서 가장 脅威한 제국주의는 일본제국주의인바, 일본은 전력을 다하여 滿洲國의 견실한 발전에 원조하여 차지하고 있으면 수년이 지나지 않아 만주국은 견실한 국가가 될 것은 필연적이다. 일본도 역시 강력한 제국주의 국가가 되어 조선, 중국의 혁명은 당분간 어려워질 것이다. 주중일본공사 有吉明은 일본 정부 荒木 육상의 밀명에 따라 중국 국민정부 군사위원장 蔣介石을 4천만 원으로 매수하고 蔣介石에게 滿洲를 포기하도록 하고 熱河에서 無抵抗主義를 취하게 할 목적으로 중국에 왔다. 이와 같은

71 《동아일보》 1932년 7월 25일, 「유길 신공사에 민국 크게 기대」.
72 《동아일보》 1933년 2월 10일, 「개로공격으로 중측 대일항의」; 《중앙일보》 1933년 2월 10일, 「개로공격 항의」.
73 《동아일보》 1933년 2월 16일, 「日中現狀維持 不可를 力說, 段祺瑞 有吉明氏會見」.
74 《동아일보》 1933년 3월 4일, 「유길 공사, 나씨 방문 타개책 의견 교환」.
75 「이용준 판결문」.

> 교섭은 2월 중순경 대체로 성립되었으므로 근일 중에 귀국하므로 虹口에 있는 某 요정에서 有志들과 송별연회가 있을 예정이다.[76]

이를 요약하면 다음과 같다. 첫째, 일제의 지원을 받은 만주국이 견실해지면 일제를 더 강력한 제국주의 국가로 만든다. 둘째, 일제가 강력한 제국주의 국가가 되면 조선과 중국의 해방은 당분간 어려워진다. 셋째, 일제는 아리요시를 통해 장개석을 매수하여 만주를 포기케 한다. 넷째, 이를 달성한 아리요시는 곧 일본으로 귀국할 예정이다.

이와 같이 원심창이 보고한 동향을 두고 참석자들이 협의한 후 아리요시를 암살하기로 결정하였다. 즉 "아리요시 공사가 지참한 4천만 원은 일본 민중의 고혈을 착취한 것이며, 장개석의 행동은 중국 민중을 파는 매국적 행위로 우리 무정부주의자로서는 이 밀약을 양국 민중에게 폭로하여 밀약의 성립을 저지함과 동시에 일본의 중국에 대한 외교정책이 실패로 돌아가게 하면 무정부주의자의 위협으로 일본제국주의 강화를 방지하며, 중국 민중의 반(反)장개석 열(熱)을 격발시킴으로써 평소 주장하는 혁명 시기의 단축을 도모할 수 있다. 그러므로 그 수단을 위해 아리요시 공사를 암살할 것"을 결의하였다.[77] 이를 실행할 단원으로 다음날 3월 6일 백정기와 이강훈이 추첨으로 선정되었다.[78]

이에 따라 백정기와 이강훈은 정화암과 이용준이 준비한 폭탄과 화균실로부터 입수한 권총으로 암살할 계획을 준비하였다. 원심창은 아리요시 공사

---

76 「원심창 외 2인 판결문」.
77 「원심창 외 2인 판결문」.
78 「원심창 외 2인 판결문」; 「이용준 판결문」; 정화암, 『이 조국 어디로 갈 것인가』, 150-151쪽.

암살계획을 일본인 아나키스트 야타베(矢田部勇司)[79]에게 전달하고 암살 계획에 참여시키는 한편 그를 통해 아리요시의 사진과 상용하는 자동차 번호를 알아내었다. 그리고 3월 14일밤 실행에 앞서 연회장소인 육삼정(六三亭)을 답사한 다음 거사 당일의 잠복장소로 무창로(武昌路)의 중국요리점 송강춘(松江春)으로 정하였다. 3월 16일에는 거사를 어떻게 실행할 것인지 공모하여 다음과 같이 결정하였다.

> 결행하는 날 밤 연락은 六三亭 앞 工藤自動車店에서 기다리고 있는 동지 某로부터 有吉明 공사의 돌아가는 시간을 文路와 武昌路 사이에 있는 矢田部勇司에게 전달하고, 矢田部勇司는 松江春에 있는 元心昌 白貞基 李康勳 등에 속히 알리며, 백정기와 이강훈은 즉시 출동하여 아리요시 공사에게 폭탄을 던지고, 원심창은 乍浦路와 武昌路의 교차점에서 자동차를 준비하여 폭음 후 3분간 기다렸다가 백정기와 이강훈이 돌아오지 않을 때는 바로 달아난다.[80]

거사 당일인 17일 밤 아리요시가 연회를 마치고 나오면 야타베가 송강춘에서 기다리고 있는 원심창, 백정기, 이강훈에게 알리고, 백정기와 이강훈이 바로 폭탄을 던지고, 자동차에 대기하고 있던 원심창은 백정기와 이강훈, 야타베 3인을 태우고 달아나는 것이었다. 그러나 이 계획은 다음과 같이 수정 보완하였다.

---

79 矢田部勇司는 일본인 아나키스트로 흑색공포단원으로 활동하고 있었다. 「원심창 판결문」에는 谷田部勇司로 되어 있는데, 矢田部勇司의 오기이다.

80 「원심창 외 2인 판결문」.

> 3월 17일 오후 2시경 백정기와 이강훈은 上海公寓에 (있다가) 이날 밤에 백정기가 먼저 도시락 모양의 폭탄을 공사에게 던지고 만약 백정기를 추격하는 자가 있을 때는 이강훈이 수류탄을 던지고 다시 소형권총을 사용하고, 백정기는 대형권총으로 극력 체포를 면한다.[81]

이러한 사전 공모에 따라 3월 17일 오후 8시경, 아리요시는 9시 20분경에 육삼정을 떠날 것이라는 통보를 받은 원심창, 백정기, 이강훈, 그리고 야타베 등은 즉시 자동차를 몰고 육삼정으로 향하였다. 차 안에서 원심창은 미리 준비하였던 폭탄과 권총을 백정기에게 건네주었다. 송강춘에 도착하자 야타베는 아리요시의 동향을 파악하여 알리기 위해 먼저 떠났고, 원심창, 백정기, 이강훈은 송강춘에서 연락오기를 기다렸다.

그러나 이 계획은 실행 직전에 상하이 총영사관 경찰에 탐지되어 8시 25분경 특고과 경찰 수십 명이 출동하여 원심창, 백정기, 이강훈을 현장에서 체포하였다.[82] 암살대상이었던 아리요시는 예정대로 3월 24일 일본으로 귀국하였다.[83] 이후 원심창, 백정기, 이강훈은 4월 14일 치안유지법 및 폭발물 취체법칙 위반, 살인예비, 기물 훼기 피해 사건으로 상하이 총영사관 관할 검사에

---

81 「원심창 외 2인 판결문」.

82 《동아일보》 1933년 3월 21일, 「유길 공사 암살계획 밀의현장을 습격」. 기사 내용은 다음과 같다. "상하이신공원(上海新公園) 사건 이래 일시 조용하던 조선○○당은 또 유길(有吉) 공사 암살을 계획하는 것을 상하이총영사관 경찰이 탐지하고 17일 오후 6시 25분 그들이 홍구 무창로(虹口 武昌路) 중국요리점 송강춘(松江春)에 모이어 밀의하는 것을 특고과 무장경관 십수 명이 그 집을 포위하고 朱元勳(경기, 원심창의 오기) 이강훈(22, 강원) 백구파(28, 전남)의 세 명을 체포하고 암살용 폭탄 2개와 권총 3정을 압수하였다."

83 《동아일보》 1933년 3월 22일, 「24일 발 유길 공사 귀국」; 3월 24일, 「유길 공사 귀국」. 아리요시은 1936년 3월 6일 외교계에서 은퇴하였으며(《동아일보》 1936년 3월 7일, 「유길 전 주중대사 외교계 용퇴」), 이듬해 1937년 6월 25일 죽었다.(《동아일보》 1937년 6월 26일, 「아리요시씨 서거」)

송치되었으며, 4월 17일 기소 예심에 회부되어 7월 5일 종결되었다.[84] 그러나 공판심리는 일본 나가사키지방재판소(長崎地方裁判所)로 회부되었다. 이에 따라 원심창 등은 7월 10일 나가사키지방재판소로 이송되었다.[85] 그리고 11월 24일 나가사키지방재판소 공판에서 원심창에게 무기징역이 구형되었다. 원심창은 이에 불복하고 상고하였지만 12월 19일 이를 취소하였다.[86] 원심창은 최후진술에서 유창한 일본말로 일제의 죄악상과 야만적 행패를 일일이 실례를 들어가면서 재판장을 꾸짖었다.[87]

한편 원심창 등이 나가사키지방재판소에서 재판을 받는 동안 동경의 흑우연맹은 이들에 대한 구원운동을 전개하였다. 원심창 등이 일본으로 압송되자 조선동흥노동동맹의 양일동(梁一童)과 최학주(崔學柱), 흑기노동자연맹의 정찬진(丁贊鎭), 극동노동조합의 진철(陳哲), 흑우연맹의 홍성환(洪性煥) 등이

---

84 박경식 편저, 「재류조선인운동」, 『재일조선인관계자료집성』 2, 삼일서방, 1975, 787쪽.

85 《조선중앙일보》 1933년 7월 11일, 「유길 공사 암살 계획한 피고 3명 장기에 이송」; 7월 13일, 「유길 공사 암살 계획한 피고 3명 장기에 이송」; 《동아일보》 1933년 7월 12일, 「유길 공사 암살 계획한 조선인 3명 終豫」.

86 『재일조선인관계자료집성』 2, 787쪽. 원심창이 구형받은 무기징역 선고 내용은 다음과 같다. "법률에 비추어 볼 때 원심창의 판시 행위는 국체 변혁을 목적으로 한 결사에 가입한 점과 목적수행을 위한 점은 치안유지법 제1조 제1항, 사유재산제도를 부인을 목적으로 한 결사에 가입한 점, 목적수행을 위한 점은 동법 제1조 제2항에 해당하는 바, 이는 1개의 행위로서 2개의 죄명에 저촉되는 것으로써 형법 제54조 제1항 전단 및 제12조에 의하적수보다 무거운 형에 처하도록 하고, 폭발물을 사용한 점은점은좌은 제1조 및 형법 제60조에, 사람의 신체를 해하려는 목적으로 폭발물을 사용하려다가 들킨 점은점은좌은 제2조 및 형법 제60조에, 제1조 의 점은 형법 제201조 및 제60조에 해당하는 것으로서 이는 하나의 행위로 여러 개의 죄명에 저촉되는 것이니만큼 형법 제54조 제1항 전단 및 제10조에 의하적수무거운 형인한 점은점은 제2조의 형에 따르고, 2개의점은좌은을 위반한 행위는 연속범인한만큼 형법 제55조 제10조에 의하적수보다 무거운 형인점은좌은 제1조의 죄하나로 하적수소정 형기 중 무기책은 제선택하였고, 아울러 치안유지법 제1조 1항 후단의 죄는 형법 제45조 전단의 병합죄이슌행을미 앞에서 무기징역제선택로 폭므로 동법 제46조 제2항에 따라 다른 형을 가하지 않고"(「원심창 외 2인 판결문」)

87 『의사 원심창』, 18쪽.

모여 구체적인 구원방안을 논의하였다. 구원자금으로 흑우연맹사무소를 명도하여 30원을 마련하였고 홍성환을 대표로 나가사키(長崎)에 파견하였다.[88] 홍성환은 헌책상을 가장하여 11월 13일 나가사키로 잠입, 각 신문사와 조선인 노동자합숙소에 사건의 전말을 적극 선전하였다. 또한 공판심리가 열린 11월 15일에는 수백 명의 방청인을 이끌고 들어갔다가 강제추방을 당하기도 하였다.[89]

아리요시 공사 암살미수사건은 일제경찰에 탐지되어 성공하지는 못했지만[90] 일제의 대륙 침략 음모를 폭로시켜 한국인의 항일의식을 고취시켰으며, 또한 중국인들의 항일의식에도 영향을 주어 항일전쟁을 하게끔 유도하려고 했다는 점에서 한국독립운동사에서 큰 사건이었다. 그뿐만 아니라 이 사건은 앞서 살펴본 톈진 일본공사관 폭탄투척사건과 더불어 아나키즘의 민족운동에 대한 새로운 인식을 갖게 하였다.[91]

4. 맺음말

이상으로 원심창의 생애와 주요 활동, 그리고 남화한인청년연맹에서의 활동과 주중일본공사 아리요시 암살미수사건에 대하여 살펴보았다.

원심창은 평택지역을 대표하는 아나키스트로 일본과 중국에서 활동한 민족운동가이며 전형적 혁명투사였다. 원심창이 민족운동에 눈을 뜨게 된 것

---

88 『재일조선인관계자료집성』 2, 787-788쪽.

89 「홍성환 자필이력서(나는 이렇게 걸어왔다)」; 김명섭, 『재일 한인아나키즘운동 연구』, 122쪽 재인용.

90 이강훈과 정화암은 이 사건이 성공하지 못한 이유로 원심창이 소개한 일본인 오끼의 밀고 때문이었다고 한다.(정화암, 『이 조국 어디로 갈 것인가』, 152쪽)

91 공기택, 「남화한인청년연맹의 무정부주의 활동」, 국민대학교 석사학위논문, 1990, 69쪽.

은 3·1운동의 경험 덕분이다. 그는 14세의 청소년기에 3·1운동에 참가하였다. 3·1운동에 직접 참여한 원심창은 식민지 지배의 현실을 직시하고 일생을 민족운동에 매진하기로 결심하였다. 이를 위해 우선 학업에 전념하기로 하고 중동중학교에 입학하였으나 중퇴하고 1922년 일본으로 건너갔다. 일본에서 노동자 생활을 하면서 일본대학에 입학하였으나 크로포트킨과 오스기사카에(大杉榮)의 저작물을 통해 아나키즘을 수용하였다. 그리고 아나키스트로 민족운동에 전념하였다.

일본에서는 박열의 대역사건 이후 침체되었던 흑우회를 재건하였으며, 이후 흑색운동사, 흑색전선연맹, 불령사, 흑풍회, 흑우연맹 등으로 조직을 개편하면서 재일조선인 아나키즘운동의 중심에서 활동하였다. 그뿐만 아니라 1930년경 중국으로 건너가서는 유명무실해진 남화한인청년연맹을 재건하였으며, 남화한인청년연맹의 행동대이며 국제테러단인 흑색공포단에도 입단하여 활동하였다. 특히 원심창이 참여하였던 톈진 일본영사관 폭탄 투척과 주중일본공사 아리요시 암살미수사건은 남화한인청년연맹의 대표적인 활동의 하나였다. 또한 원심창의 대표적인 민족운동이라 할 수 있다.

이 사건은 비록 성공을 하지 못하고 미수에 그쳤지만 일제의 대륙침략 음모를 폭로하여 한국인의 항일의식을 고취시켰으며, 또한 중국인들의 항일의식에도 영향을 주어 항일전쟁을 하게끔 유도하려고 했다는 점에서, 한국독립운동사에서 큰 사건이었다. 뿐만 아니라 이 사건은 앞서 살펴본 톈진 일본공사관 폭탄투척사건과 더불어 아나키즘의 민족운동에 대한 새로운 인식을 갖게 하였다.

특히 1930년대 초 중국 내에서 전개되었던 민족운동의 침체와 임시정부의 약화, 그리고 일제의 만주와 상하이 침공으로 이어지는 일련의 과정에서 민족운동의 난관을 타개하기 위해 그 수단으로 '테러'라는 의열투쟁을 선택

할 수밖에 없었던 상황이었다. 이봉창과 윤봉길 의사의 의열투쟁에 이은, 비록 성공하지는 못하였지만 원심창의 텐진 일본공사관 폭탄 투척과 주중일본공사 아리요시 암살사건은 대내외적으로 한국민족운동의 역량을 적지 않게 부각시켰으며, 이로 인해 한국민족운동에 대한 중국정부의 지원 또한 크게 확대되었다. 뿐만 아니라 원심창의 이 두 사건은 이후 남화한인청년연맹에도 동일한 목표를 달성하기 위해 연계투쟁으로 이어지는 역할도 하였다. 이러한 점에서 원심창이 참여하였던 두 의열투쟁은 역사적으로 중요한 의미를 지녔다고 할 수 있다.

다만 이 글은 원심창의 민족운동을 통시적으로 살펴보았다는 점에서는 의의가 있지만, 앞으로 그의 활동을 내용적으로 좀 더 깊이 분석할 필요가 있다고 본다. 즉 원심창의 활동을 아나키즘 수용과 일본에서의 활동, 중국에서의 의열투쟁, 그리고 해방 후 일본에서의 민단활동과 통일운동에 대해 그 사상적 의의 등을 조명할 필요가 있다고 본다.

제3부

근대전환기 평택지역의 사회동향

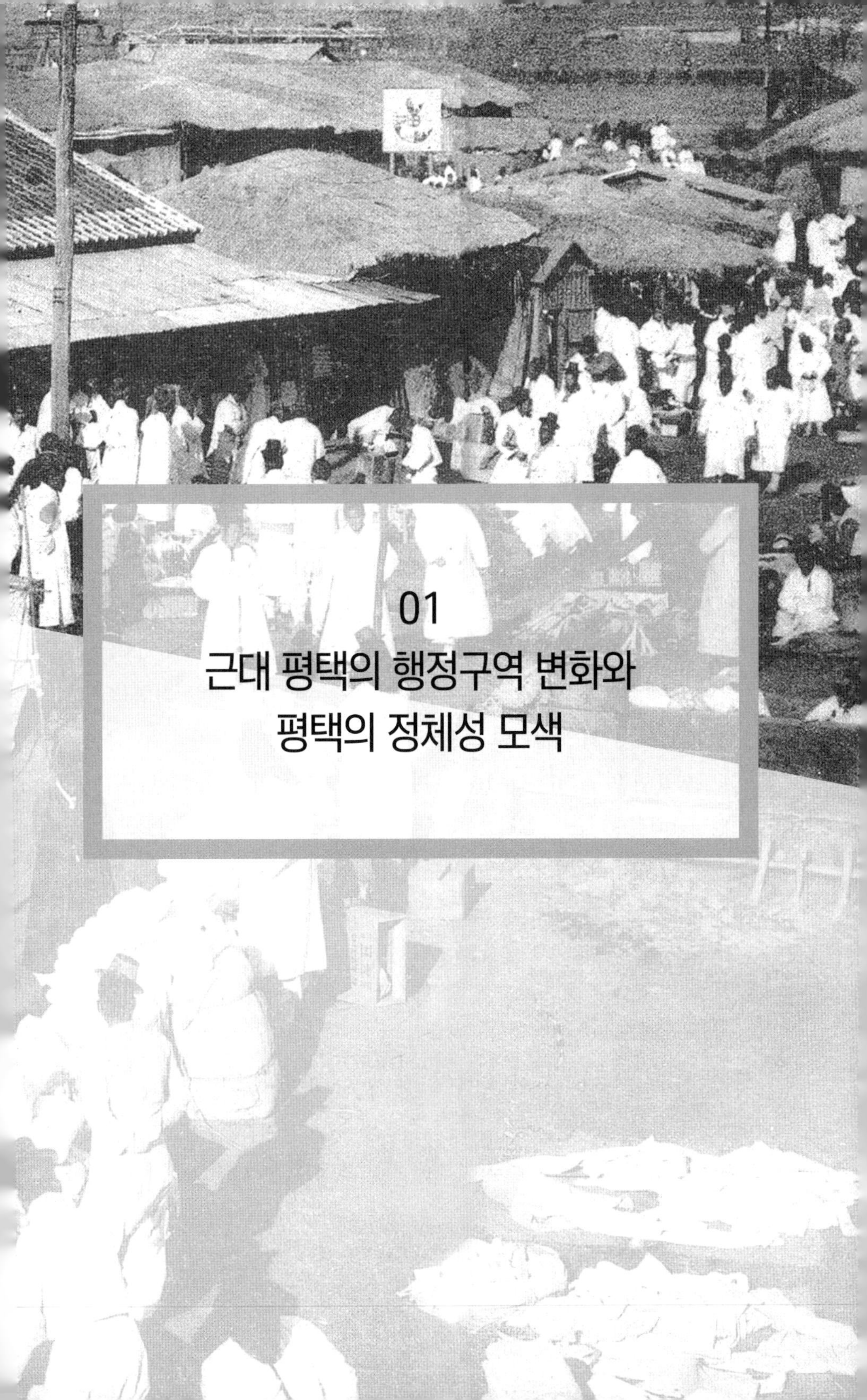

01

근대 평택의 행정구역 변화와 평택의 정체성 모색

1. 머리말

2016년은 지역적으로 볼 때 전국의 주요 중소도시 및 군단위 지자체들에게 상당히 의미 있는 한 해였다. '정명 6백년'이라고 하여 양양, 부안, 인천 등 대부분의 지역에서 기념행사를 벌이면서 지역의 '정체성'을 재확인하려고 하였다.[1] 또 경남 울주군은 '정명 1천년'인 2017년을 맞아 '울주 정명 1천년 뿌리 찾기' 학술세미나를 통해 '울주공동체'의 의미를 되새기고 있다. 지역의 역사는 우리 역사와도 함께 지역인들에게 정체성을 제공해 주기도 하지만, 지역명이 가지고 있는 의미가 갈등의 소산이 되기도 한다. 그만큼 '지명'은 지역의 정체성을 확립해 가는데 무엇보다도 중요한 요인이다. 이런 의미에서 2014년도 또한 일부 지역으로서는 의미 있는 중요한 한 해였다. 1914년은 비록 일제강점기이기는 하였지만, 대대적인 행정구역 개편이 이루어졌고, 이것이 오늘날 대부분 지역의 공간적 구획 형성의 기본적인 틀이 되었기 때문이다. 이에 따라 부천시와 청양군 등 일부 지역에서는 그해에 100년의 의미

---

1 강원도 양양군의 경우 '양양'이라는 지명을 사용한 지 6백년이 되는 2016년에 지역의 향토축제인 현산문화제를 '양양문화제'로 하여 지역명을 활용하여 정체성을 확보하고자 하였다. 전북 부안군은 정명 6백년인 2016년 군민대화합의 장을 마련하고 '부안 천년의 노래'를 보급하여 6백년의 역사를 바탕으로 새로운 천년 비상을 염원하고 미래 부안 비전을 밝히고자 하였다. 인천직할시도 2016년 정명 6백년을 맞아 "금년은 비류 2000년, 인천 정명 600주년, 근대 개항 130주년을 맞는 역사적인 해로서 인천의 정체성을 확립하는 계기로 활용할 것"이라고 하였다.

를 되새기는 다양한 기념행사를 전개한 바 있다.[2]

2014년은 평택이라는 '공간적 틀'이 형성된 지 100년을 맞는 해였다. 평택은 옛 진위와 평택을 토대로 수원, 양성, 직산 등지의 월경지 등을 1914년 통폐합하면서 현재 평택의 모습을 갖추게 되었다. 이에 통합 100년을 계기로 다양한 기념행사를 준비하고자 하였으나, 오히려 역풍을 맞아 한바탕 소동을 치른 바 있다.[3] 이에 따라 변변한 기념행사도 없이 무의미하게 보내고 말았다. 결국 평택은 지명의 자기 정체성을 새롭게 자리매김하지 못하고 있다.

평택은 최근에 발행된 시사에 의하면, "현재는 단일한 행정구역인 평택시도 조선시대에는 여러 개의 군·현으로 나뉘어 있었으며, 고려시대에는 조선시대에 폐현이었던 현이 속현으로 존재하였고, 부곡·장도 적지 않았다. 고려시대를 기준으로 할 때 지금의 평택시에는 진위현·평택현·수원부·양성현·직산현·영신현·광덕현·용성현·경야연·송장부곡·백랑부곡·포내미부곡·종덕장·오타장·청호역 등이 있었다"[4]라고 밝히고 있듯이, 여러 권역으로 나뉘어 있던 곳들이 조선과 근대를 거치면서 현재의 평택으로 자리 잡게 되었다. 1980년대 이후 송탄시, 평택시, 평택군으로 분리되었다가 1995년 5월 이들 3개 지역 시군이 다시 통합되면서 지역적으로 보이지 않는 갈등이 여전히 남

---

2 부천시는 2014년 부천 탄생 백년을 앞두고 2013년 9월 '백년 전의 미래'라는 사진전을 통해 부천의 역사를 시민과 함께 이해하는 장을 마련하였고, 청양군은 개군 100주년을 기념하기 위해 군의 역사적 자료를 모아 타임캡슐을 매설하였다. 이 외에도 많은 지역에서 100년의 기념행사를 개최하고 지역의 정체성을 정립하고자 하였다.

3 필자는 '평택 100년의 의미'라는 칼럼을 지역신문에 게재한 바 있다.(『평택시사신문』 2013년 10월 23일) 주요 내용은 일제강점기에 현재의 평택이라는 공간적 틀이 마련되었다는 점에서 의미가 있고, 이를 계기로 평택 통합 100주년을 맞아 그 의미를 되새겨보자는 것이었다. 이에 대해 반론으로 '평택시 통합 100주년의 의미에 대한 반론'(평택시사신문 2013년 10월 30일)이라는 기고문이 게재된 바 있다.

4 『평택시사』 상권, 평택시사편찬위원회, 2001, 1쪽.

아 있고, 특별한 조치가 없는 한 앞으로도 당분간 지속될 수 있다. 이에 따라 본고에서는 근대 평택지역의 행정구역 개편과정을 살펴보면서 평택의 정체성을 모색하며 바람직한 미래 비전을 구상하고 근거를 마련하는데 초점을 맞추어 보고자 한다.

2. 근대 평택의 행정구역 변화

오늘날 평택의 공간적 형성의 토대는 옛 진위와 평택이다. 진위라는 지명이 처음으로 기록된 것은 『삼국사기』다. 이에 따르면 "진위현은 본래 고구려 부산현이었는데 경덕왕이 이름을 고쳤다. 지금까지 그대로 따른다(振威縣 本高句麗 釜山縣 景德王改名 今因之)"[5]는 것으로, 신라 경덕왕은 742년부터 765년까지 재위에 있었는데, 대체로 757년대에는 '진위'라는 지명이 사용됐을 것으로 본다.[6]

'평택'이라는 지명이 처음으로 기록된 것은 고려시대이다. 『고려사』에 의하면 1236년인 고종 23년 9월 25일에 처음으로 '평택'이라는 지명이 등장한다.[7] 그리고 『고려사』 56권 지(地) 권 10편에 의하면 "고려시대에 평택현이 존재하였음을 기록하고 있어서 옛날에는 하팔현이었으며 고려시대에 지금의 명칭(평택현-필자)이다(古河八縣, 高麗, 稱今名)". 고려시대에 와서 처음으로 '평택'이라는 지명이 사용되었음을 알 수 있다.[8] 그렇지만 언제 하팔현이 평택현

---

5 『삼국사기』 권 제35 잡지 제4, 지리2 신라, 당은군조

6 『평택시사』(상), 평택시사편찬위원회, 2001, 9쪽.

7 『고려사』 세가 권 제23 고종 23년조. "甲申 蒙兵分屯于南京平澤牙州河陽倉等處"

8 그러나 『평택시사』에는 "본래 백제의 하팔현이었고, 757년 평택으로 고쳐"라고 하여, 신라시대부터 평택이라는 지명이 사용되었다고 밝히고 있다.(『평택시사』(상), 15쪽)

으로 개명되었는지 분명하지 않다.

그렇다면 당시의 평택의 권역은 어떻게 될까? 이를 정확하게 비정하는 것은 쉬운 일이 아니다. 오늘날처럼 지도가 정확한 시대가 아니었기 때문에 매우 불확실하다. 당시 평택현은 양광도의 천안부에 속했는데, 1236년 몽고군이 침입하였을 때 남경, 평택, 아주, 하양창 등지에 나누어 주둔하였다고 했다.[9] 남경은 지금의 서울이고, 아주는 아산, 하양창은 아산 공세리 일대이다. 이로 본다면 평택은 아산과 경계를 이루고 있지 않았을까 추정된다. 이는 조선시대 평택현이 충청남도에 속했다는 점에서 타당성이 있다고 본다. 그렇다면 평택현은 지금의 팽성읍 일대라고 할 수 있다.

이 두 기록을 보면 '진위'라는 지명은 '평택'이라는 지명보다는 500년 정도 앞섰다고 본다. 그렇기 때문에 1914년 행정구역을 개편할 때 지금의 '평택'이라는 지명보다는 기존의 '진위'를 그대로 사용하였다. 이는 진위가 평택보다는 역사적으로나 지리적으로 더 정통성 있는 이름이라고 할 수 있기 때문이다.

근대 들어 한말 1895년과 대한제국기 1906년 두 차례에 걸쳐 지방 행정구역을 개편하고자 했다. 1895년 5월 '칙령 제98호'에 의해 대대적인 지방제도의 개편이 있었다. 즉 조선 개국 이래 약 500년간 지속돼 오던 8도제가 폐지되고 23부제가 채택됐으며. 종래 부·목·군·현(府·牧·郡·縣) 등 다양하게 불려 오던 하부 행정구역들이 군으로 통일되고 이를 23부 밑에 두도록 했다. 이때 진위현과 평택현은 각각 진위군과 평택군으로 변경됐으며 공주부 관할에 두었다.[10]

---

9 각주 6) 참조.

10 『고종시대사』 3집, 고종 32년 5월 26일조.

그동안 경기도와 충청도로 각각 나누어져 있던 진위지역과 평택지역이 공주부라는 하나의 광역체제 안에 편입됐다. 그러나 23부제는 이듬해인 1986년 13도제로 변경됨에 따라 진위군은 다시 경기도, 평택군은 충청남도에 각각 속하게 됐다.[11] 23부제가 13도제로 다시 전환된 것은 기존의 군·현을 기반으로 지배력을 행사하던 향반이나 이서층의 반발이 적지 않았기 때문이다.

이후 1906년 들어 다시 지방행정구역 개편을 시도하였다.[12] 당시 정부는 '지방제도조사소'를 설치하여[13] 월경지(越境地, 飛地)와 들쑥날쑥한 견아상입지(犬牙相入地, 斗入地)를 정리해 354군을 219개의 군으로 통폐합하고자 했지만[14] 한국 정부와 일본 통감부의 견해 차이로 전면적인 통폐합은 이루지 못했다.[15] 대한제국기 행정구역 개편은 앞서 언급하였듯이 월경지·견아상입지의 정리를 단행하는 것을 계기로 군의 경계가 바뀌는 동시에 군의 면적·호구·세구 등의 격차를 줄이는 결과를 가져왔다.

이러한 행정구역 개편은 지역민의 생활까지 영향을 미쳤다. 그러나 이 역시 토호세력의 저항[16]과 한·일 양측의 이견[17]으로 군 통폐합은 군세의 균형이라는 목적을 달성하지 못했다. 그럼에도 불구하고 1906년 지방행정구역 개편 작업 과정에서 〈지방제도개정청의〉와 〈지방구역분합설명서〉를 작성하

---

11 『고종시대사』 3집, 1896년 8월 4일조.

12 이 시기 지방 행정구역 개편에 대해서는 이상찬, 「1906~1910년의 지방행정제도 변화와 지방자치 논의」, 『한국학보』 42, 일지사, 1986을 참조할 것.

13 『고종실록』 47권, 1906년 9월 21일.

14 「地方制度改正ᄒᆞᄂᆞᆫ請議書」 및 「地方行政區域說明書」(국립중앙도서관 소장, 『地方制度調査』 朝-31-62 所收); 홍순권, 「일제시기의 지방통치와 조선인 관리에 관한 일고찰-일제시기의 군행정과 조선인 군수를 중심으로」, 『국사관논총』 64, 39쪽 재인용.

15 현 평택의 공간적 특성이 형성되기 전인 1914년 이전에 월경지로는 양성현과 직산현의 월경지가 지금의 포승면과 안중읍 일대에 있었다.

16 《황성신문》 1906년 7월 23일자.

17 『한국사』 44, 국사편찬위원회, 2000, 453쪽.

였는데,[18] 평택지역에 해당하는 분합안의 내용은 다음과 같다.

진위군 일원

수원군 두입지: 오타면, 광덕면, 포내면, 현암면, 가사면, 양정면, 청룡면, 숙성면

양성 두입지: 소니면(소고니면)

양성 비지: 율북면, 서생면, 감미동면, 승량면

직산 비지: 언리면, 외지곶면, 안중면

평택 비지: 소북면

'1906년 지방구역 분합안'은 기본적으로 수원군과 양성군의 견아두입지, 양성군·직산군·평택군의 월경지를 진위군으로 통합하고자 하는 것이었다. 그리고 면수의 경우도 분합 이전은 13개 면이었지만 분합 이후에는 30개의 면으로 늘어나는 것이었다. 그러나 실제 1906년의 분합안은 수원군의 두입지 오타면과 양성군의 두입지 소고니면만 진위군에 통합돼 13개 면이 15개 면으로 늘어나는 데 그쳤다. 이처럼 당시 분합안의 실행은 적지 않은 어려움이 있었음을 짐작할 수 있다. 그리고 평택군의 소북면은 진위군에 넘겨진 것이 아니라 오히려 수원군에 편입됐으며, 직산군의 월경지 경양면이 평택군에 포함돼 평택군은 6개 면이 그대로 유지됐다.

그럼 1906년 대한제국기에 구상되었던 행정구역 개편은 언제 달성됐을까? 불행하게도 일제강점기인 1914년에 전격적으로 이루어졌다. 그렇다 하더라도 일제강점기의 행정구역 개편은 앞서 언급하였듯이 1906년의 행정구역 개편안이 거의 그대로 반영됐던 것이다. 이를 〈표1〉로 정리하면 다음과 같다.

18 국립중앙도서관 소장, 『地方制度調査』 朝-31-62 所收

〈표1〉 1906년 지방구역 분합안과 1914년 진위군 통폐합안

1906년 지방구역 분합안	1914년 진위군 통폐합안
ㅇ진위군 일원 ㅇ수원군 두입지: 오타면 · 광덕면 · 포내면 · 현암면 · 가사면 · 양정면 · 청룡면 · 숙성면 ㅇ양성 비지: 율북면 · 서생면 · 감미동면 · 승량면 ㅇ직산 비지: 언리면 · 외지곶면 · 안중면 ㅇ평택 비지: 소북면 ㅇ양성 두입지: 소니면(소고니면)	ㅇ진위군 일원 ㅇ수원군: 종덕면 · 율북면 · 수북면 · 토진면 · 서신리면 · 청룡면 · 숙성면 · 오정면 · 언북면 · 포내면 · 현암면 · 안외면 · 승량면 · 가사면 · 광덕면 ㅇ평택군 일원

'1906년 분합안'은 '1914년 통폐합'에 대부분 반영됐음을 알 수 있다. 다만 충청남도의 평택군이 진위군에 통합된 것이 다를 뿐이다. 그런 점에서 평택 지역의 통합은 대체로 1906년에 그 기준이 마련됐다고 할 수 있다.

이후 진위군의 통합은 군 통합과 면 통합이 두 차례에 걸쳐 진행됐다. 먼저 군 통합을 살펴보자. 기존의 부와 군의 관할구역 넓이가 일정하지 않았다. 규모가 큰 곳은 500방리(方里, 1방리는 15.423㎢)가 넘었지만 작은 곳은 3방리에 불과했기 때문에 전체적으로 불균형했다. 뿐만 아니라 인구수도 편차가 커서 많은 곳은 2만 8000여 호, 적은 곳은 1300여 호에 불과했다. 군의 경계 또한 들쑥날쑥해 행정상 불편한 점이 적지 않았다.

이에 따라 일제는 군폐합의 기준을 면적은 40방리, 가구 수는 1만 호로 정했다. 기준에 미달될 경우는 인접 군에 폐합하고 이상인 군은 존치시키기로 해 전국적으로 97개 군이 폐합됐다. 이 기준에 따라 충남의 평택군이 폐합돼 경기도 진위군에 합치게 된 것이다.

평택군이 진위군에 행정적으로 통합된 것은 1914년 3월 1일이었으나 평택군이 진위군에 통합하기로 한 것은 이미 한 해 전인 1913년에 결정되었다. 이러한 사항은 《매일신보》 1913년 12월 29일 자에서 확인할 수 있는데, 이 기사에 의하면 기존 진위군, 당시 수원군에 속했던 종덕면·율북면·수북면·토

진면·서신리면·청룡면·숙성면·오정면·언북면·포내면·현암면·안외면·승량면·가사면·광덕면, 그리고 충청남도의 평택군 일원이 진위군으로 통합되었다.

진위군 통합에 이어 관내의 면 폐합이 이어졌다. 먼저 진위군에 통합된 평택군에서 면폐합이 실시됐다. 1914년 3월 4일의 〈평택군 면폐합에 관한 건〉에 의하면 3개 면이 2개 면으로 폐합됐다. 이를 정리하면 〈표〉와 같다.

〈표2〉 폐군된 평택군의 면폐합 내용

신설 면	구 면
부용면	읍내면 일부 · 동면 일부
서면	서면 전부 · 동면 일부

폐군된 평택군은 원래 읍내면·동면·서면 3개 면이었지만 부용면과 서면으로 폐합됐다. 즉 읍내면의 경우 구창리·신환포·신덕리·창월리를 제외한 전부와 동면의 노와리·평궁리·추팔리를 합하여 부용면으로, 서면의 전부와 동면의 남산리·대사동·석근리를 합하여 서면이 되었다. 부용면이라는 명칭은 객사리에 있는 부용산에서 유래했으며 부용면은 12개, 서면은 13개로 모두 25개의 동리로 개편되었다. 폐군으로 진위군에 통합된 평택군이 3개 면에서 2개 면으로 소폭 축소된 반면 진위군은 면폐합으로 인해 통합 이전에는 15개 면이었지만 통합 이후 5개 면으로 대폭 조정되었다.

〈표3〉 1914년 통합 당시 진위군의 면폐합 내용

신설면	구면	면적(방리)	호수(호)	인구(명)	지세액(원)	비고
북면	군내면 · 일북면 · 이북면 · 마산면(동막리 제외) · 이서면의 야막리	2.1	783	4,143	3,387	
서탄면	이서면(야막리 제외) · 이탄면 · 수원군 율북면 황구지	2.0	688	3,738	2,990	
송탄면	일탄면 · 마산면의 야막리 · 송장면 · 소고니면(율포리 제외) · 여방면(동삭공리 외 3개리 제외)	2.0	896	4,629	3,502	동삭곡리 · 서재리 · 모곡리 · 영신리 제외
고덕면	고덕면(신리 외 4개리 제외) · 소고니면의 율포리 · 오타면(울성리 · 삽교리 제외) · 성남면의 소시동 · 평택군 읍내면 구창리와 신환포 · 수원군 종덕면 · 수원군 율북면 동청리 · 수원군 수북면 동안리	2.1	832	3,937	3,309	신리 · 교포리 · 송호리 · 안화리 · 송대리 제외
병남면	오타면 울성리와 삽교리 · 성남면(소시동 제외) · 병파면 · 여방면의 율리 외 3개리 · 평택군 읍내면 신덕리와 창월리	1.9	885	3,794	2,741	

진위군 면폐합에서 논란이 됐던 것은 이서면의 야막리·수원군 율북리의 황구지·평택군 안성천 이북 지역이다. 이들 지역은 하천을 경계로 하고 있기 때문에 교통이나 행정상에 적지 않는 불편함이 따랐다. 이에 따라 이들 지역은 기존 면에서 떨어져 나와 새로운 면에 편입되었다. 이에 앞서 1913년 11월 24일 수원군은 면폐합을 신청했으며, 이 신청안은 1914년 3월 26일에 인가되었다. 당시 수원군 내 면중에서 청북면·현덕면·포승면·오성면이 진위군으로 편입됐다.

〈표4〉 수원군 면폐합 후 진위군에 편입된 지역

신설면	구면
청북면	토진면, 수북면 백봉리 · 도렴리 · 평촌 · 어연리 · 벽동 · 황곡리 · 한산리 · 하가천리, 율북면 불정리 · 상가천리 · 율리 · 항곡리 · 진목리 · 서신리면, 청룡면(강길리 제외)
포승면	안외면 6개 동리, 현암면 5개 동리, 포내면(5개 동리 제외), 승량면(2개 동리 제외)
현덕면	안외면 5개 동리, 포내면 4개 동리, 승량면 국리, 현암면(6개 동리 제외), 가사면, 광덕면
오성면	포내면 학현리, 승량면 외촌, 오정면, 언북면, 숙성면(대죽동 일부 제외), 진위군 고덕면 5개 동리, 청룡면 강길리 일부, 안외면 송담리 일부, 현암면 언성리 일부

수원군의 지역 중 일부가 1914년 12월 29일 자 《매일신보》를 통해 진위군에 속한다고 했지만, 이 역시 1913년 8월 6일에 이미 결정됐던 것이다. 왜냐하면 〈부군 폐합에 관한 건〉에 의하면 경기도 장관이 수원군의 14개 면을 진위군으로 넘겨줄 것을 정무총감에게 요청했기 때문이다.

이 같은 과정을 통해 1914년 부·군 폐합 후 진위군은 모두 11개 면으로 구성됐다. 진위군의 통폐합은 '경기도령 제3호'에 의거 1914년 4월 1일 자로 시행됐다. 진위군의 군·면 폐합은 견아상입지와 월경지뿐만 아니라 지세(地勢)에 따라 진행된 것이었다.

앞서 언급했듯 지방구역의 통폐합은 한말 1895년과 대한제국기 1906년에 추진된 바 있다. 그러나 지역 유지들의 저항과 한·일 간 견해 차이로 그 뜻을 이루지 못했다. 지방구역 개편은 일제 강점 직전인 1910년 4월에도 시도됐으며, 여러 차례 과정을 거쳐 최종적으로 1914년에 이뤄졌다.

1914년 실시된 부·군폐합에 대한 평가는 여전히 논란 중이다. 식민통치 확립을 위한 것이라는 비판적 평가가 많으며 이러한 측면은 여전히 유효하다고 본다. 그럼에도 불구하고 부·군 폐합의 의미가 전혀 없는 것은 아니다. 1914년 부·군 폐합이 '종래의 행정구역인 구한국 정부 시대의 것을 답습해 구역·인구·자력이 부동하다'고 한 데서 보듯이 그 틀이 1906년에 이미 마련된 것이었기 때문이다. 이 시기 역시 통감부라는 한계성이 있지만 우리의 의지가 크게 반영된 것이다. 기본적으로 1914년 부·군 폐합은 '시정상의 편의와 경비 절감'이 목적이었으며 시정상의 편의란 '행정 일원화'를 의미한다. 그런 점에서 1914년 부·군 폐합은 1906년의 연장선상에서 이뤄진 것이라 할 수 있고 이는 오늘날까지도 여전히 유효하다는 점에서도 적지 않은 영향을 남

긴 것이다.[19]

한편 1914년 폐군된 평택군은 진위군에 통합됐고, 통합된 진위군은 1938년 9월 24일 다시 평택군으로 변경됐다.[20] 진위군이 평택군으로 변경된 것은 병남면이 평택읍으로 승격됐기 때문이며,[21] 이는 평택역을 중심으로 형성된 일본인 사회가 이미 사회·경제적으로 진위군의 주도층이 됐기 때문에 가능했던 일이었다.

해방 이후 평택군은 1981년 7월 1일 송탄읍[22]이 송탄시로 승격됨에 따라 분리되었고, 1986년 1월 1일 평택읍이 평택시로 승격됨에 따라 서부지역 안중읍, 현덕면, 청북면, 팽성면, 오성면 등만 남게 되었다. 이후 1995년 5월 10일 평택군, 송탄시, 평택시가 통합되어 도농복합 형태의 오늘의 평택시가 되었다. 이러한 과정을 거치는 동안 평택은 지역적 정서와 통합 과정에서의 갈등이 남게 되었다.[23]

3. 평택의 정체성을 위한 모색—'평택학'의 정립

진위라는 정명의 1260년 이래 평택지역은 부침을 거듭하면서 근대 이후의 구역 재편 과정에서 지역적 갈등이 내재하게 되었다. 평택지역은 앞서 살

---

19 이에 대해서는 이대화, 「20세기 초반 지방제도 개편의 목적과 추진과정-경상북도 김천 지역의 사례를 중심으로」, 『崇實史學』 23, 숭실사학회, 2009; 洪淳權, 「일제시기의 지방통치와 조선인 관리에 관한 일고찰; 일제시기의 군 행정과 조선인 군수를 중심으로」, 『국사관논총』 64, 국사편찬위원회, 1995 등을 참조할 것.

20 《매일신보》 1938년 9월 29일.

21 『연표로 보는 현대사』, 448쪽; 국사편찬위원회 홈페이지(http://db.history.go.kr/)

22 송탄면은 1963년 1월 1일 송탄읍으로 승격되었다.

23 2014년 통합 평택 100년을 계기로 '송탄진위서탄고덕을 사랑하는 모임(송사모)'가 결성되어 활동하고 있다.

펴보았듯이 진위와 평택, 수원, 양성, 직산 등지가 1910년대에 진위군으로 통합되었다가 1938년 평택군으로 군명을 개명하면서 기존의 '진위'라는 군명은 '면명'으로 남게 되었다. 뿐만 아니라 1905년 경부선 부설과 평택역의 설치로 그동안 평택의 중심지였던 진위를 벗어나 평택역 일대가 새로운 중심지역으로 급부상하였다. 이를 계기로 평택군청을 비롯하여 각종 관공서, 금융기관, 사회단체 등이 평택역 일대로 집중함에 따라 이 지역은 평택의 행정과 경제의 중심지로 위상을 갖게 되었다. 이 위상은 오늘날까지 이어지고 있다.

또한 통합 평택시가 출범한 지 벌써 22년이 지났지만 물리적인 거리감과 권역별로 거주하고 있는 원주민들의 의식 속에 자리 잡고 있는 심리적 거리감, 급속한 도시화로 인한 외부 인구 유입 증가로 인한 원주민과 유입 인구 사이의 문화적 괴리감 등으로 인해, 같은 평택인으로서의 동질감은 날로 약해지고 있는 것이 현실이다. 특히 금년부터 시작된 삼성반도체의 입주를 시작으로 계획된 도시화로 인해 고덕국제신도시가 형성되고 있으며, 더욱이 미군기지와 이에 따른 필요인력의 이주가 마무리되면 평택은 물리적, 심리적으로 현재의 3개 권역에서 4, 5개 권역으로 더 분화될 가능성이 크다. 이는 지역의 균형발전 면에서는 큰 장애가 될 것이다. 이를 극복하기 위해 2014년 '통합 평택 100년'을 전후하여 평택의 정체성을 보다 분명하게 드러내기 위해 '평택학'이라는 지역학으로서의 학술적 연구를 꾀하고자 하였다.

지역학은 지역의 특수한 조건과 배경, 현실, 성격(지역성)을 구분하고 설명해내는 일이다. 따라서 지역학 연구의 과제는 지역의 자원을 개발, 활용하는 일 등을 포함하고 있다. 그런 점에서 지역학의 연구 분야는 매우 넓고 다양하다. 예를 들어 지리, 생태, 자원, 환경, 역사, 문화, 정치, 사회, 경제, 예술, 문화관광, 문화산업 등 모든 분야가 지역학 연구의 대상이라 할 수 있다. 따라서 지역학의 연구는 공동보조를 취하는 것이 필수적이다.

더욱이 21세기가 '문화의 산업화' 시대라는 것은 우리 모두가 자각하는바, 어느새 문화산업, 문화상품, 문화경쟁력, 문화전략 등의 용어가 친숙하게 다가오고 있다. 그만큼 문화자원 활용 요구도 증대되고 있다. 이제는 지역 문화 특성과 이미지가 상품이 되고 경쟁력이 돼 미래자원이 되는 시대이다. 지역 문화자료는 가치를 올바르게 계승하는 것과 더불어 결국 문화자원으로 활용이 가능해야 한다. 그렇기 때문에 연구보다 더 중요한 일은 우수하고 의미 있는 자신들의 문화가 제 가치를 인정받고 전승되어 현대문화 속에서 살아 숨 쉬는 것으로 활용될 수 있도록 해야 한다. 따라서 지역 문화자원 활용을 위해 그 문화유산의 '경쟁력'과 '차별성'을 보강하는 콘텐츠 개발에 투자가 필요하다. 콘텐츠는 문화 알기, 느끼기, 생각하기, 선양하기, 체험하기의 방법을 개발하는 작업이며, 이를 위해서는 풍부하고 다양하며 전문성 있는 자료와 연구자가 있어야 한다. 또한 문화 아이디어는 역사적 소재와 프로그램의 특성(경쟁력), 수요자의 수준과 기대치, 다양하고 적절한 매체 동원 등이 종합적으로 작용하여 완성되는 것이다.

'평택학'이라는 용어가 등장한 것은 2010년이다.[24] 당시 평택에 박물관을 설립해야 한다는 인식이 제기되었고, 이를 계기로 지역학으로서의 평택학이 논의되기 시작하였다. 평택시청에서는 이해 2월 "'평택학'을 기반으로 한

24 필자는 2010년 11월 14일 《평택시민신문》과 대담을 통해 '평택학'이라는 용어를 사용하였다. 당시 필자는 평택학의 필요성에 대해 다음과 같이 밝힌 바 있다. "지역학으로서의 '평택학'의 정립이다. 문화라고 하면 중앙을 중심으로 형성되고 향유하는 것으로 인식되었다. 서울이 문화의 중심이고 서울에서 살아야 한다는 인식이 강했다. 그러나 이제는 중앙이 가지는 문화는 한계에 이르렀다고 생각한다. 최근 새롭게 조명 받는 것이 '지역학'이다. 이는 지역으로서의 정체성 내지 역사성을 확립하고 지역인으로서 자긍심을 갖도록 하고 있다. 지역은 역사뿐 아니라 정치, 경제, 사회, 교육, 민속 등을 포괄하는 문화공동체다. '평택학'을 확립함으로써 평택의 문화를 새롭게 조명할 뿐 아니라 창출해 낼 수 있다."

시민의 정신문화 및 선현 추모, 고양 사업 추진"이라는 제한적 의미에서 '평택의 정신적 철학 정립 연구용역'을 공고한 바 있다.[25] 그리고 이해 12월 23일 평택문화원 주최로 '일류 문화도시의 정체성 확립을 위한 평택학 정립을 위한 학술대회'[26]를 개최함으로써 평택학이라는 용어가 더 자연스럽게 쓰이게 되었다. 이후 평택문화원은 2013년부터 평택의 정체성 확립과 평택학의 이해를 위한 방안의 하나로 '평택학 시민강좌'[27]를 개설하였다. 2013년부터 2016년까지 개설한 '평택학 시민강좌'는 다음과 같다.

〈표5〉 평택학 시민강좌 프로그램

연도	강의 주제	강사	일시
2013	지역학으로서의 평택학의 이해	성주현	5/23
	지리로 보는 평택의 역사	김해규	6/27
	평택의 역사인물1-지영희	노동은	7/25
	평택 전통 예인과 그들의 삶	박성복	8/22
	평택의 자연과 환경	김만제	9/26
	조선학, 민세학, 평택학	황우갑	10/24
	원균 다시보기, 역사의 편견을 넘어서다	김인호	11/28
	평택지역 근대의 초상	김해규	12/19

25 평택문화원 홈페이지(http://www.ptmunhwa.or.kr/)

26 당시 학술대회에서는 「지역학의 대두와 평택학」(윤한택), 「평택학과 평택시사」(이진한), 「문화유산을 통해 살펴본 평택의 역사」(양정석), 「평택의 정체성과 평택 출신 역사인물, 안재홍과 민세주의」(김인식), 「평택의 예인과 전통문화, 지영희와 평택의 전통예술」(이보형), 「문화도시 평택과 그 미래」(유동환) 등이 발표되었다. 그런데 이날 발표에서 '평택학'이 필요한가 하는 회의론도 제기된 바 있다.

27 평택문화원 김은호 원장은 평택학 시민강좌에 대해 "평택의 역사, 문화예술, 도시환경 등에 대한 시민의식을 고취시켜 시민들에게 생활 주변에 대한 관심을 불러일으키기 위한 강좌"이며 "이를 통해 평택에 대한 애향심과 시민문화의식을 함양할 수 있을 것"이라고 취지를 밝혔다.

2014	일제강점기 평택지역의 민족운동 양상	김 일	9/25
	근대 교통의 발달과 평택의 변화	김찬수	10/2
	진위천 생태 탐방	김만제	10/9
	일제강점기 평택지역의 사회운동	김 방	10/16
	평택의 새마을운동	김영미	10/23
	해방 전후 평택지역의 사회동향	박철하	10/30
	한국전쟁과 평택	양영조	11/6
	동학농민혁명 · 청일전쟁과 평택	성주현	11/20
	평택지역의 간척과 경관변화	김해규	11/27
	일제강점기 평택의 돈과 권력	김인호	12/4
2015	평택지역의 선사유적과 문화	신연식	10/8
	원효의 오도성지와 평택	엄기표	10/15
	신라의 서해 항로와 평택	장일규	10/22
	고려의 지방제와 평택지역	정선용	10/29
	려말선초 왜구의 침략과 평택지역	이재범	11/5
	조운제도와 평택지역의 해창	문경호	11/12
	정유재란 소사벌대첩과 왜란의 추이	신효승	11/19
	조선후기 대청외교와 삼학사에 대한 인식	지두환	11/26
	영조 초 '무신 난'과 평택지배층의 변화	김해규	12/3
	평택을 지나는 조선의 대로와 역원	김종혁	12/10
2016	평택지역 생태계의 변화	김만제	9/1
	지속가능한 지역 공동체(평택)와 로컬거버넌스	이창언	9/8
	평택민요 자세히 읽기	최자운	9/22
	신성장경제신도시 평택의 발전방향	장정민	9/29
	해방 후 평택의 정치	성주현	10/6
	대를 잇는 평택의 맛집	임 봄	10/13
	평택지역의 역사 지명	김해규	10/20
	미군 주둔과 평택	박성복	10/27
	반환미군 공여지를 활용한 평택의 문화예술공간 조성	이수연	11/3
	아름다운 삶을 위하여	나태주	11/10

또한 평택문화원은 2015년에는 '평택학 학술대회'를 개최하여 평택학 정립을 학문적으로 심화시켰다. '평택학 학술대회'의 내용은 〈표6〉과 같다.

〈표6〉 평택학 학술대회

일시	대주제	발표주제	발표자/토론자
2015.10.23	평택 민족운동가 재조명	안재홍의 민족의식 형성과 변화	김형목/김인식
		아나키스트 원심창의 민족운동	김명섭/김인덕
		수진농민조합과 남상환의 활동	조성운/김해규
2015.11.20	평택의 근대 바라보기	평택지역의 식민지배와 일제협력	박철하/서태정
		근대 평택 경제의 진로	김인호/최재성
		평택역 부설과 근대 평택의 형성	김해규/황민호

이 외에도 2016년 12월에는 '평택학, 길을 묻다'라는 주제로 '평택학 학술포럼'을 개최한 바 있다.[28] 이처럼 평택문화원은 평택의 역사와 문화에 대한 이해와 공감대의 심화를 통해 '평택학'을 확산시키고자 노력하였다.

'평택학'은 평택의 정체성을 확립하는 데 가장 핵심적인 요소임에는 틀림이 없다. 우리나라에서 지역학이 자리 잡게 된 배경에는 1990년대에 시행된 지방자치제도가 자리잡고 있다. 이 시기 민주화와 지역화뿐만 아니라 세계화라는 담론이 우리 사회에 확산되었고, 이를 계기로 지역에 대한 관심이 높아 갔으며, 이를 학문적으로 발전시키면서 지역학이 안착하게 되었다. 지역학의 사전적 의미는 "일정한 지역의 지리, 역사, 문화 따위를 종합적으로 연구하는 학문"이라고 할 수 있다. 이를 지역학연구회에서는 "한 지역 또는 국

28 '평택학 학술포럼'에서는 「수원학이 걸어온 길」(최성환), 「소통으로서의 용인학 운영실태와 과제」(김장환), 「천안학이 걸어온 길 걸어갈 길」(채경석) 등이 발표되었다.

가의 언어, 문화, 역사, 사회, 정치, 경제, 국제관계 등을 종합적으로 연구하는 학문"[29]으로 규정하고 있다. 또한 앞서 언급한 2016년 평택학 학술포럼에서는 "지역학은 지역 정체성 추구 및 확립은 물론 지역 역사 문화의 본질과 가치를 밝히고, 지역민들의 삶의 질의 향상, 당면한 과제 해결과 미래 발전을 모색하는 이론적, 학문적 논리 제공 등을 목적으로 종합적인 연구를 연속적으로 하는 학문"[30]이라고 밝힌 바 있다. 이러한 논의를 토대로 평택학이라고 하면 "평택시라는 행정적, 지리적 단위 안에서 삶을 공유하고 있는 평택인이 주체가 되어, 평택시와 관련된 역사, 문화, 정치, 경제, 사회 등 다양한 영역에 대한 종합적, 체계적 연구를 통해 지역의 특성과 정체성을 발굴하고 공동체를 이룸으로써 지역의 현재와 미래 발전에 기여하고자 하는 학문적 지향 및 활동"이라고 정의내릴 수 있지 않을까 한다.

앞서 언급하였듯이 평택학을 정립하기 위해 평택 관내에서는 평택문화원이 중심이 되어 학술대회, 시민강좌 등 다양한 활동을 전개해 왔다. 그렇지만 여전히 평택학의 방향과 과제에 대해서는 더 많은 고민과 논의가 필요한 상황이라고 할 수 있다. 그만큼 지역학(평택학)의 정립이 쉬운 작업은 아니다.

2010년을 계기로 평택학이 지역에서 서서히 뿌리는 내리기 시작하였지만 여전히 제한사항들이 적지 않다. 자치단체장의 정치적 판단에 따라 지역학 기관의 유지와 소멸이 결정되는 구조적 취약성에 기인한 조직과 예산의 부족, 이로 인한 인력 부족, 지역학 연구자와 행정기관과의 인식 차이와 소통 채널 부족, 지역대학 부설연구소와 지역 연구자의 협력 시스템이 원활하게

29 채경석, 「천안학이 걸어온 길 걸어갈 길」, 『평택학 길을 묻다』, 2016 평택학 학술포럼 자료집, 평택문화원, 36쪽 재인용.

30 문영일, 「원주민과 유입인구의 화합, 지역정체성 확립을 위한 지역학의 역할」, 『평택학 길을 묻다』, 2016 평택학 학술포럼 자료집, 평택문화원, 59쪽.

운영되지 못하고 있는 점 등 풀어야 할 과제가 산적해 있다고 할 수 있다.

그렇다면 평택학은 앞으로 어떻게 정립해 가야 하는가? 그 방법은 다음과 같이 정리할 수 있다. 첫째, 평택시민의 자기 실현과 지속가능한 발전 방향에 대한 충분한 준비이다. 둘째, 비교적 많은 진전이 있다고는 하지만, 역시 가장 중요한 것은 철저한 자료 수집과 정리이다. 이에 대한 지속적인 투자와 조사대상 확대 마인드가 필수다. 셋째, 종합·객관적인 지역문화 연구가 지속되어야 한다. 이를 통해 평택시민들은 지역정체성(문화전통, 동질성 등)을 체감하면서 지역의 주인이 될 수 있고, 자발적으로 지속가능한 발전 과제나 대안, 당면과제 해결을 위한 노력과 의견 개진을 하게 될 것이다. 넷째, 문화콘텐츠 개발은 아이디어 싸움이다. 특성별, 내용별, 수요층별로 목적에 맞게 차별화된 경쟁력 있는 콘텐츠를 개발하고 특성에 맞는 활용 분야 등을 연결해야 한다. 다섯째, 평택의 특성을 종합하고 효율적으로 활용하기 위해서 인접 분야 인력과 긴밀한 학제적 연구와 소통이 필요하다. 그리고 이를 적극 지원함으로써 미래를 만들어가는 공동체로서의 역할을 할 수 있어야 한다,

삼성전자 평택 고덕산업단지는 2012년 5월 14일 기공식을 가진 바 있다. 삼성전자 평택 유치는 일자리 확대와 도시기반시설 확충, 세수증대 등 직접적인 경제적 효과 상승 등이 기대되었다. 또 평택의 도시 브랜드 가치 상승, 공장 건설에 따른 간접투자 효과, 인구 유입 등 지역경제 활성화 등 긍정적인 효과도 기대되었다. 반면에 주거환경, 문화, 복지, 교육 등 전반적인 삶의 질 향상에 도움이 되는 것을 무엇으로 할 것인가를 정하는 것이 과제이다. 결국 '평택'이라는 지역의 역사성 정립을 통한 정체성 확립이 무엇보다도 중요하다. 그런 점에서 평택학이 필요한 것이다. 이런 관점에서 평택학의 향후 과제는 다음과 같이 제시할 수 있다.

첫째, 1백 년을 맞는 평택의 이미지 구축, 둘째, 일류도시로서의 세계적 위

상 갖추기, 셋째, 평택을 대표할 수 있는 인문학적 고찰, 넷째, 평택의 정체성 확립, 다섯째 평택인과 함께 하는 인문학 조성, 여섯째 평택인으로서의 삶의 가치관 부여, 그리고 미래 평택 발전을 위한 토대 마련 등이다.

지역학은 과거에 매달리는 것이 아니라 미래를 위한 학문이라 할 수 있다. 평택학 역시 과거의 역사에 매달리는 것이 아니다. 지난 평택의 역사를 통찰하고 이를 기반으로 새로운 평택을 위한 동력을 마련하는 것이 바로 평택학의 과제이자 존재 이유라고 할 수 있다.

4. 맺음말

이상으로 근대 평택지역의 행정구역 변화와 이 과정에서 앙금으로 남아 있는 지역적 갈등을 극복하기 위한 방안의 하나로 평택학의 모색에 대하여 살펴보았다. 이를 정리하는 것으로 맺음말을 대신하고자 한다.

평택은 삼국시대부터 지역사를 가지고 있지만 현재의 지역 명칭인 '진위'는 신라, '평택'은 고려 시기에 명명되었다. 이후 진위와 평택은 경기도와 충청도를 넘나들면서 근대를 맞았다. 한때 공주부에 속하기도 하였지만 일제강점기인 1914년 3월 진위와 평택이 진위군으로 통합되었다가 1938년 평택군으로 명칭이 변경되었다. 해방 이후 평택군은 송탄시, 평택시, 평택군으로 분구되었다가 1995년 재통합되어 오늘에 이르고 있다. 이 과정을 거치면서 지역적으로 정서를 달리하는 모습이 드러나기도 하였다. 여기에다가 최근에는 고덕국제도시의 출범과 미군기지의 이전으로 기존의 지역적 정서의 갈등이 확대되어 가고 있다. 이는 도시개발 과정에서의 불균형도 한 원인이 된다.

이를 극복하는 근본적인 방안 마련의 일환으로 평택에서는 지역학의 필요성이 대두되기 시작하였다. 1914년 3월의 행정구역 개편은 당시는 진위군이었지만, 오늘날 평택이라는 공간적 틀을 형성하는 토대를 마련하였다. 통합 100년을 맞는 2014년을 전후해서 대두된 평택학은 이후 평택문화원의 '평택학 강좌'를 통해 지역학으로서 확립할 수 있는 계기가 되었다고 평가할 수 있다.

일부에서는 '평택학이 필요한가'에 대해 여전히 부정적인 시각을 가지고 있다. 그렇지만 '평택'이라는 정체성과 공동체로서의 공감을 끌어내기 위해서는 평택학의 정립이 반드시 필요하고 본다. 이를 위해서는 평택 시민의 자기 실현과 지속 가능한 발전 방향에 대한 충분한 준비, 포괄적 지역 사료의 수집과 정리, 종합·객관적인 지역문화의 지속적 연구, 지역 관련 문화콘텐츠 개발, 지역 특성을 종합하고 효율적으로 활용하기 위해서 인접 분야 인력과 긴밀한 학제적 연구와 소통이 필요하다.

이를 통해 평택시민들은 지역 정체성(문화전통, 동질성 등)을 체감하면서 지역의 주인이 될 수 있고, 자발적으로 지속 발전 가능한 공동체의 일원으로서의 역할을 할 것으로 본다. 결국 평택학은 첫째, 근대 1백 년을 지나고 있는 평택의 고유 이미지 구축, 둘째, 세계문화 일류도시로서의 위상 갖추기, 셋째, 평택을 대표할 수 있는 인문학적 고찰, 넷째, '평택'이라는 지역의 정체성 확립, 다섯째, 평택인과 함께 하는 인문학 조성, 여섯째, 평택인으로서의 삶의 가치관 부여, 그리고 미래 평택 발전을 위한 토대 마련 등의 과제를 감당해 가야 할 것이다.

02
근대 시기 '안성천'의 명명과 이칭들

1. 머리말

평택지역은 지형적으로 동고서저(東高西低) 형으로 동쪽은 높지는 않지만 비교적 산이 많으며 서쪽은 서해와 맞닿고 있어 평야지대를 이루고 있다. 이러한 지리적 특성으로 대부분 산은 동쪽에 위치하고 하천은 동에서 서로 흘러간다. 평택지역을 흐르는 대표적인 하천은 평택의 남부를 가로지르는 안성천, 동북에서 서남으로 흘러 안성천과 합류하는 진위천이다. 이들 두 하천의 명칭은 근대 시기에 붙여진 것이다.

평택지역을 동서로 가로질러 서해안으로 흘러가는 하천이 '안성천'이다. 이 하천을 '안성천'이라고 부르지만, 실제로 평택지역의 지명과 관련이 없는 명칭이기도 하다. 고지도에 의하면 '안성천'은 장호천, 홍경천, 소사천 등으로 기록하고 있다. 김정호가 「대동여지도」를 제작하기 전에 만든 지도로 여겨지는 「동여도」에는 안성에서 소사평(素沙坪)을 거쳐 평택으로 흐르는 하천을 소사천(素沙川), 진위현의 남쪽을 흐르는 하천을 장호천(長好川)으로 표기하고 있다. 그리고 안성을 가로지르는 하천은 남천(南川)으로 표기하였다. 이러한 기록은 「동여도」 외에도 확인되고 있다.[1]

---

1 「대동여지도」에 의하면, 안성을 흐르는 하천을 남천(南川), 양성에서 소사평을 거쳐 평택으로 흐르는 하천을 소사천(素沙川), 진위 남쪽을 흐르는 하천을 장호천(長好川)으로 표기하였다. 고지도 외에 『신증 동국여지승람』, 『대동지지』, 『여지도서』 등 지리지에서도 장호천, 소사천, 홍경천(弘慶川) 등으로 기록하고 있다.

일반적 산과 하천의 지명은 역사성, 대표성, 실제성을 근거로 해서 결정된다. 그럼에도 평택지역을 흐르는 안성천의 명칭은 평택지역의 역사성, 대표성, 실제성에서 부합하는가를 두고 많은 논란을 야기하고 있다. 평택시는 지난해 평택을 관통하는 국가하천 중 진위천과 안성천 합류부에서부터 하류까지 평택호 20킬로미터 구간을 '평택강'으로 명명하는 선포식을 가진 바 있다.[2] 이 사업의 취지는 다음과 같은 것이다. "한 도시를 흐르는 물줄기는 그 지역의 역사·문화·생활사를 형성하는 주된 요인으로 평택사람들의 삶과 함께 하며 오늘에 이르렀고, 진위천과 안성천 등 평택을 흐르는 물줄기는 예로부터 '장호천'이나 '웅천'으로 불렸다. 특히 두 강물 합류부인 팽성읍·고덕면·오성면 두물머리에서 서해에 이르는 물줄기는 오랫동안 평택의 지명을 담은 '광덕강' 등으로 불리며 평택의 정체성을 상징하는 등 다양한 이름으로 불렸다." 이에 대해 일부 시민단체에서는 반대하는 성명을 발표하였다.[3] 평택시민들은 '평택강'이라고 명명하는 것에 대해 86.5%가 찬성한다는 여론조사도 있었다.[4]

---

2 『평택시사신문』 2021년 6월 16일.

3 『평택시사신문』 2021년 6월 23일. 평택강 명명 반대 성명에 참여한 시민단체는 평택환경행동과 서평택환경위원회, 평택항발전협의회를 비롯해 화성환경운동연합, 경기환경운동연합, 오산환경운동연합, 안성천살리기시민모임, 기흥호살리기운동본부, 오산천살리기지역협의회, 수원하천유역네트워크, 서호천친구들, 수원시지속가능도시재단 물환경센터, 한강시민사회공동체, 울산강살리기네트워크 등 14개 단체이다. 이들 시민단체는 "국가하천의 명칭 변경은 국토부 검토, 국가수자원관리위원회의 심의를 통해 결정되며 인근 지자체의 동의가 필요하다는 점, 선포식 이전에 시민 공론화 과정과 이웃 지방자치단체들의 동의를 얻기 위한 노력이 미비했던 점, 안성천과 진위천 합류점 하류는 그동안 '평택호'라는 명칭을 써 왔는데 '평택강'이 혼선을 초래할 수 있다는 점, 평택호 수질개선이 시급한 선결과제인데 상생 협력해야 하는 이웃들과 분쟁을 유발할 수 있다는 점, 과한 의욕과 왜곡된 애향심, 민·관 협치를 외면한 독선적 시정 운영, 평택시지명위원회 심의 절차 없이 평택시 환경국 주도로 성급히 진행하고 있다는 점을 문제점으로 지적하였다.

4 『평택시사신문』 2021년 7월 14일. 이 여론조사는 평택시에서 '평택강'을 선포한 후 만 19세

이처럼 '평택강' 명명에 대해 평택지역에서는 찬반의 여론이 있다. '평택강'이라고 명명한 구간을 포함한 '안성천'의 명칭은 근대 시기에 명명되었다. 이 글은 근대 형성기 안성천의 명칭 변경사를 살펴보고자 한다.

2. '안성천'의 명명의 배경과 정착

평택지역을 가로지르는 하천을 지금은 '안성천'이라 부르지만, 근대 이전에는 이 명칭이 사용된 적이 없다. 이와 관련하여 평택 지역사를 연구하는 김해규는 다음과 같이 밝힌 바 있다.

> 안성군 삼죽면 내당리에서 발원하여 현덕면 권관리까지 총 연장 59.5km에 달하는 안성천은 오성면 창내리에서 진위천과 합류하여 아산만으로 흐른다. 안성천은 조선 말기까지 소사하(素沙河)라고 불렸다. 조선후기 실학자 이중환의 택리지에도 소사하라고 명기된 것을 보면 이 명칭은 고려시대 이전부터 조선시대 내내 사용된 것으로 보인다.[5]

이 글에 의하면 안성천은 조선 말기까지 소사하(素沙河)로 불렸으며, 이 명칭은 고려시대부터 사용되었다고 한다. 안성천이라는 하천의 이름은 조선 말기 즉 근대 시기 이전까지 오랫동안 '소사하'라고 불렸음을 알 수 있다.

그렇다면 언제부터 안성천으로 불리게 되었을까. 근대 이전 하천의 명칭은 전 구간 동일하게 불리지 않았다. 고을마다, 마을마다 또는 지역마다 고

이상 남녀 1천 명을 대상으로 2021년 6월 23일과 24일 양일간 유무선으로 실시되었다.

5 김해규, 「평택인의 삶, 애환 서린 안성천」, 『평택시민신문』 2000년 8월 15일.

유한 이름을 가지고 있었다. '안성천'의 경우 안성지역은 영봉천 또는 남천으로, 양성지역에서는 소사천, 진위지역에서는 홍경천 등으로 각각 불렸다. 그러다가 근대 시기에 접어들면서 하천에 대한 통일적 관리의 필요성이 커짐에 따라 하천 명칭도 전 구간을 하나의 명칭으로 통일되어 갔다. 즉 하천에 대한 통제와 관리를 중요하게 여기는 근대사회가 형성되면서 하천의 명칭, 본류와 지류 등에 대한 통일적인 파악을 지향하게 되었다. 이러한 목적을 위해서는 전통 사회의 하천 인식과 그것에 바탕을 둔 명칭을 그대로 사용할 수 없었다. 이러한 하천 명칭이 통일된 시기는 일제강점기였다.[6]

일제는 강점 이후 토목사업에 필요한 기초 조사를 위해 해마다 상당한 예산을 배정하였고, 도로, 항만, 하천 등의 현황 조사비로 사용하였다. 1915년 들어 근본적인 하천 조사를 시작하기로 하고 토목국 공무과에 하천계를 신설하였으며, 1928년까지 제1기 하천 조사를 마쳤다. 조선총독부는 기존의 지도를 보면서 하천의 유역 면적, 유로 연장 등의 개요를 알아보고자 하였으나 하천명이 통일되지 않아 곤란을 겪었다. 이에 총독부는 1914년 9월 25일 관통첩 제355호로 하천명, 각 하천의 수해 상황, 관개 면적, 하천 공작물의 개수 등을 각 도지사에게 조사할 것을 지시하였다. 그러나 각도에서 제출한 보고서에도 하천명이 통일되지 않아 행정용으로 활용할 수 없었다. 이러한 문제점을 해결하기 위해 조선총독부는 옛 지리지를 참조하여 보정하고 또는 지명에 따라 새롭게 하천명을 부여하였다. 이때 정해진 하천명은 일제가 제작한 조선지형도(1; 50,000)에 표기함으로써 오늘날까지 사용되고 있다.[7] 이러

6 『안성천』, 경기도 박물관, 2003, 149쪽.

7 조선총독부, 『조선하천조사서』, 1929, 30~31쪽(한국건설기술연구원 번역, 『조선하천조사서』, 국토해양부, 2010)

한 점에서 보면, 현재의 하천명 중 다수는 다분히 식민성이 내포되었다고 할 수 있다.

> 일제는 조선을 병합한 지 5년째인 1914년 9월 25일에 하천의 명칭, 각 하천의 수해 상황, 관개면적, 하천 공작물 등을 조사하기 시작하였다. 그리고 이렇게 조사된 하천의 명칭이 너무 다양하여 이용하기 어렵게 되자 각종 문헌을 참고하여 보충하거나, 또는 지명 등에 의해 새롭게 이름을 붙이기도 하였다. 이후 하천의 조사 과정에서 본류[幹川]와 지류[支川]를 확정지어 통일성을 부여하게 된다. 그 결과가 조선총독부 토지조사국에서 만든 1:50,000 조선지형도에 기입되고, 이후 대체적으로 이것을 따르게 되었다.[8]

바로 이 시기에 평택지역을 흐르는 하천의 명칭도 정해졌다. 본류의 하천은 안성천, 지류는 진위천(제1지천)과 황구지천(제2지천)으로 명명된 것이다. 이들 본류와 지류의 기점과 종점은 다음 〈표〉와 같다.

〈표〉 일제강점기 '안성천' 명명과 본류 및 지류[9]

하천명	구분	기점	종점
안성천	본류	안성시 공도면 한천 합류점	평택시 현덕면 권관리
진위천	제1지천	평택시 서탄면 오산천 합류점	안성천
황구지천	제2지천	화성시 안룡면 원천리천 합류점	진위천

8 『안성천』, 경기도 박물관, 2003, 149쪽.
9 조선총독부, 『조선하천조사서』, 1929, 16쪽; 경기도, 『경기도세개요(상)』, 행정학회인쇄소, 1936, 34쪽.

위 〈표〉에 의하면 그동안 홍경천, 소사천 등으로 불리며 평택지역을 가로지르는 하천은 1914년 일제의 하천 조사로 인해 '안성천'으로 명명되었다. 이와 더불어 장호천은 진위천(振威川), 곡현천(哭峴川)과 나천(奈川)은 황구지천(黃口池川)으로 명명되었다. 장호천은 1915년 당시 진위군을 지나기 때문에 진위천으로, 곡현천과 나천은 황곶포(亢串浦)의 지명을 따서 황구지천으로 명명하였다.[10] 지천은 그것이 흐르는 지역의 명칭을 활용하여 명명되었다면, 안성천은 '안성도(安城渡)'라는 명칭에서 비롯된 것으로 추정된다.

'안성도'라는 명칭은 1894년 청일전쟁을 기록하는 과정에서 작명된 명칭이다. 평택 남부를 흐르는 하천 즉 소사천에는 소사교(素沙橋), 아교(牙橋), 주교(舟橋) 등 세 개의 다리가 있었다. 소사교는 소사원(素沙院) 앞, 아교는 소사원 남으로 5리로 직산 경계에, 주교는 소사원 북으로 5리에 각각 있었다.[11] 이들 다리를 이용할 수 없는 경우 다리가 있는 곳을 나루터로 활용하였다. 그중 하나가 안성도로 불리게 되었는데, 직산과 경계를 이루고 있는 아교로 추정된다. 1908년 발행된 『한국철도노선안내』와 1914년에 발행된 『경기도 안내』에 의하면 '안성도'를 다음과 같이 소개하고 있다.

> 안성도: 성환역 북방 1리에 있다. 강폭은 5, 6간이다. 청일전쟁 당시 마쓰자끼(松崎) 대위와 부하가 같이 전사한 곳으로, 그곳을 건너기 쉬운 안성 운운하는 노래를 시작하면 당시가 떠올라 이곳을 지날 때는 감개무량을 금치 못한다. 그러나 지금은 하등의 표시가 없다는 것이 유감이다.[12]

---

10 황구지천은 항곶천(亢串川)이란 명칭이 붙게 된 황구지포가 1914년의 행정구역 개편 시 공식적인 행정리의 명칭으로 채택됨에 따라 한자 표기가 바뀐 것으로 볼 수 있다.

11 『양성읍지』, 1899.

12 통감부 철도관리국, 『한국 철도노선 안내』, 1908, 58쪽.

안성도(안성군): 군의 서남을 흐르는 안성천의 하류에 있다. 지금으로부터 20년 전 청일전쟁 당시 일본군이 성환의 대승을 이루고 나아가 일거에 아산으로 나아갈 때 안성도를 건너던 그 유명한 마쓰자끼(松崎) 대위가 전사한 곳이다. 그후 유지들이 상의하여 부근 산상에 추모비를 건립하고 청일전쟁 당시 오시마(大島) 혼성여단의 포병 진지도 기념하고 있다. 평택역으로부터 약 1리 반의 동쪽에 있다.[13]

위의 두 자료는 '안성도'는 청일전쟁 당시 일본군 마쓰자끼 대위 전사한 곳을 설명하면서 쓰이고 있다. 『경기도 안내』에는 안성도가 안성군의 안성천 하류에 있다고 하면서 평택역에서 동쪽으로 약 1리 반에 있다고 하였다. 이는 명백한 오류이다. 평택역에서 약 1리 반 동쪽에 있는 안성도는 안성군이 아니라 진위군이었다. 이로 볼 때 안성도는 평택역에서 멀지 않은 안성천의 하류에 해당하는 진위군에 있었음에도 불구하고 '안성군'의 지명을 원용하여 '안성도'라고 하였다. 이를 계기로 이후 지도 등 지리지와 관련된 기록물에서는 소사천 대신 안성천으로 명명되었다.

그렇다면 근대 시기 문헌에 안성천은 어떻게 기록되었는가. 안성천에 관련된 첫 기록은 1895년 일본 측 자료에서 확인되고 있다.

哨兵이 이미 素沙場을 출발하자 이어서 본군 및 좌우 2대도 素沙場을 떠나 마지막에 위생대의 일대가 출발하여 모두 대거 성환을 향했다. 본래 素沙場에서 성환으로 향하는 도로는 하나의 길로 길의 좌우는 모두 水田 沼澤만 있었다. 일시 많은 군대가 진행하기 어렵다. 그러므로 행군상 실로 막대한 불편을 느

---

13 조선총독부 경기도, 『경기도 안내』, 1915, 79쪽.

낀다. 그러나 군율이 정숙한 우리 군대는 감히 전후없이 列을 바르게 행진하여 오전 제2시경에는 무사히 중앙의 하류까지 도달했다. 이것이 즉 安常江(밑줄 필자)이다. 이 강에 渡橋가 있어 安常橋라고 한다. 우리 좌우 양 날개가 무사히 安常渡를 건너서 敵營 가까이 나가니 실로 오전 2시 30분 사방이 적막하다.[14]

안성천에 관한 첫 기록은 청일전쟁과 관련된 자료에서 보이는데 안성천을 '안상강(安常江)'으로 기록하고 안성도를 '안상도(安常渡)'로 표기하고 있다. 이 기록은 청일전쟁 직후인 1895년에 작성된 것으로 아직 안성천과 안성도의 명칭이 정착되기 이전이기 때문에 안상천과 안상도로 각각 기록한 것으로 추정된다.

이후 안성천 관련 기록은 1900년대부터 다시 보이고 있다. 1904년 경부선 부설 당시 선로 공사에 종사하는 한국인과 일본인, 그리고 지방관민 사이에서 크고 작은 다툼들이 자주 발생하였는데, 이를 조사하기 위해 파견된 다치다(立田) 경무의 복명서에 안성천 내용이 확인된다.

경부철도 선로 공사는 경성, 부산 간의 전 선로를 남북으로 나누고 충청북도 영동을 중심으로 하여 부산 방면을 南線으로 하고 경성 방면을 北線으로 하였다. 남선은 부산에서부터, 북선은 영등포에서부터 기공한 것이니 當館이 관할하는 곳은 북선이다.

북선 중 영등포에서 수원까지 약 80里 간의 공사는 이미 완성하여 지금은 영업 열차가 하루에 2회씩 그곳 사이를 왕복하여 상당한 승객이 있다. 수원에서

---

14 多田省軒, 「松崎大尉安常渡に敵破る」, 『繪本通俗征清軍記』, 1895, 98-99쪽.

부터 오산·진위·평택·성환·천안 등을 거쳐 전의까지 약 180里 사이는 영등포에서부터 수원에 이르는 선로와 마찬가지로 平坦線으로서 이렇다 할 난공사도 없고 약간의 절취 공사와 몇 군데 架橋 공사가 있을 뿐이며 나머지는 築堤 공사이므로 거의 완성하였다. 다만 오산천·안성천(밑줄 필자)·천안천 등 2, 3곳의 가교공사가 아직 완성되지 않았기 때문에 완성되지 않은 장소에 한하여 본선 측에 따라 假線을 설치하여 궤도를 포설하였고, 전의까지는 목하 1일 1회씩 건축열차를 왕복하여 다량의 철도 용재를 운반하고 있다. 그리고 이 사이의 가교공사는 山口組, 志岐組의 청부이며 모두 9부 정도까지 다 되었고 또 자주 공사를 서두르고 있는 모양이어서 바야흐로 머지않아 본선이 완전히 완성되지 않겠는가.[15]

위의 복명서에 의하면, 부설 중인 경부선 노선에서 안성천을 지나는 가교가 아직 완성되지 못하였다고 하였는데, 평택역을 지나는 하천을 안성천이라고 하였으며 가교를 설치하는 곳은 군문포 근처였다. 1908년 간행된 『한국철도노선안내』에는 이 철교는 "성환역에서 거리 3리 66쇄(鎖)에 있다"고 하였다.[16]

1908년 12월 30일 중추원에서 안성지역을 조사한 바 있는데, 이때 안성천과 관련하여 언급되고 있다. 그 내용은 다음과 같다.

가) 안성은 경부철도 선로의 성환역에서 동북으로 4리여 떨어져 있는 봉비산

15 「立田 警部 복명서 진달의 건」(1904년 7월 16일), 『주한일본공사관기록(22)』; 국사편찬위원회 한국사데이터베이스 홈페이지(http://db.history.go.kr/)
16 통감부 철도관리국, 『한국 철도노선 안내』, 1908, 59쪽.

의 산록, 안성천(밑줄 필자) 연안에 위치해 있다.

나) 문: 예를 들어 어떤 곳 소재의 5두락 논을 학교에 기부하여 교육비로 충당한다고 유언하고 잠시 후에 이를 을에게 주라거나 혹은 이를 매각하여 그 금액으로 안성천(밑줄 필자)에 가교를 놓으라고 하는 등 서로 저촉되는 유언을 하였다면 어느 쪽을 인정하는 관습이 있는가?

다) 답: 안성천(밑줄 필자)은 細流여서 배를 저을 수 없으므로 여객은 항상 도보로 한다. 드물게 말 등에 의지해 하는 것이 있지만 마부가 여객 운송을 하지는 않고, 여객이 말을 세내어 빌리기 때문에 이곳에는 여객의 운송에 관한 관습은 없다.[17]

위의 인용문에서 가)는 안성의 지리적 위치, 나)는 상속과 관련된 문답 과정, 다)는 여객 운송과 관련된 문답 과정에서 각각 안성천을 언급하고 있다. 가)와 다)는 안성지역의 안성천을, 나)는 평택지역의 안성천을 각각 의미하고 있다.

일제 강점 이후 일본인에 의해 지리지들이 많이 편찬되었다. 그중에 평택지역과 관련하여 안성천을 언급하는 자료를 정리해 보면 다음과 같다.

■ 평택군(지세): (전략) 전군이 평야로써 덮여 있는 하류는 동쪽의 직산군으로부터 와서 북쪽의 군 경계를 흐르는 안성천(밑줄 필자) 및 동남은 아산군 경계를 따라[18]

17 「융희 2년 조사보고서(안성)」, 『중추원 조사자료』; 국사편찬위원회 한국사데이터베이스 홈페이지(http://db.history.go.kr/)

18 吉田英三郎, 『조선지』, 町田文林堂, 1911, 379쪽.

■ 안성천(밑줄 필자): 충청남북도와 경기도 경계를 흐르고 아산만으로 들어간다.[19]

■ 평택: 경기도 진위군 부용면에 속하고 백제는 하팔이라고 칭하였는데 나중에 지금의 이름으로 개칭하였다. 북으로 부용산을 등지고 동서남의 세 방향은 개활하다. 동서는 8리, 남북 3리에 걸친다. 천안에 5리, 안성에 7리 17정, 둔포에 2리 7정, 직산에 3리, 공주에 14리, 경성 47리, 부산에 227리를 떨어져 있으며, 수로는 안성천(밑줄 필자)에서 해로로 강화에 30리, 태안에 15리, 당진에 14리, 면천에 8리로 교통이 편리하다.[20]

■ 부용산: 평택 읍내의 북쪽에 있으며, 그 지방의 가장 높은 산으로 노송이 우거졌으며, 그 모양이 부용을 닮아서 붙여진 이름이다. 동은 평택평야에 접하고 서는 안성천(밑줄 필자) 하류에서 멀리 바다를 바라보는 전망이 좋고 정상에는 토성의 터가 있다.[21]

■ 안성천(밑줄 필자): 본 강은 충청남도, 경기도 경계를 흘러 아산만으로 들어간다.[22]

■ 북서 황해도에 인접한 지방은 구릉이 기복하였으나 임진강 및 예성강의 長流가 有하고, 又 안성천(밑줄 필자)의 流가 有하여 처처에 평야가 불소하고 舟楫의 便, 灌漑의 利가 有하며 地味가 또한 豊饒하다.[23]

■ 안성: 山脈은 郡을 東西로 分하는 分水嶺이 되어 河水는 東流하여 淸渼川이 되고 西流하여 安城川(밑줄 필자)이 되니라.[24]

---

19 藤戶計太, 『최신조선지리』, 경성일보사 대리부, 1918, 104쪽.
20 藤戶計太, 『최신조선지리』, 경성일보사 대리부, 1918, 281쪽.
21 조선총독부 경기도, 『경기도 안내』, 1915, 79쪽.
22 日高友四郞, 『新編朝鮮地誌』, 조선홍문사, 1924, 371쪽.
23 특파원, 「燈下不明의 近畿 情形」, 『개벽』 47, 1924.5, 73쪽.
24 김태영, 『안성기략』, 동아인쇄소, 1925, 3쪽.

■ 안성천(밑줄 필자): 郡內 最大한 川으로 流源은 三이 有하니, 一은 三竹面 國師峰 東南部, 鍮舟峴 西部, 七長山 西部에서 出하고, 一은 金光面 玉井峴, 槖峴, 梨峴에서 出하여 邑內面 場基里 附近에서 合水하여 郡의 庶男으로 流하다가 孔道, 大德, 微陽 三面 接界에서 漢川과 合하고, 一은 瑞雲山에서 發源하여 瑞雲, 微陽 二面을 經하여 孔道面 熊橋里에서 合水하여 西로는 振威를 經하여 西海에 注入하나니라.[25]

■ 牙山灣岸 平野: 안성천(밑줄 필자), 곡교천의 풍요한 水田 지대로, 안성, 평택, 천안, 온양, 예산, 홍성, 서선, 당진 등은 그 중심 取引地에 있다.[26]

위의 기록은 1910년대 이후에 작성된 것으로, 이미 안성천으로 불리기 시작한 이후의 기록이라는 점에서 명칭이 어느 정도 정착된 것임을 알 수 있다. 한국인이나 일본인 모두 '안성천'으로 기록하였다. 이러한 기록은 당시 언론인 《동아일보》에서 15회 정도, 《조선일보》에서 4회 정도가 각각 확인되고 있다. 《동아일보》의 사례를 보면 다음과 같다.

(라) 동행자가 강도, 안성천 다리에서 40원 강탈 도주

지나간 30일 오후 9시경에 평택(平澤)과 성환(成歡) 사이에 있는 안성천(安城川) 다리 부근에서 동행하던 사람의 머리를 몽둥이로 난타하고 현금 37원을 강탈 도주한 자가 있었는데…. (하략)[27]

25 김태영, 『안성기략』, 동아인쇄소, 1925, 8~9쪽.
26 淺香幸雄, 『조선신지지』, 恒春閣, 1943, 32쪽.
27 《동아일보》 1923년 2월 2일.

(마) 안성천 가교

안성시장(安城市場) 동남부에 있는 안성천(安城川)에는 교량이 없어서 막심한 곤란을 겪어 오던 바, 금번 지방비 5천 원과 면비 1천 원, 기부금 1천 원 합 7천 원으로 교량을 가설하게 되어 불원간 기공할 터인바, 이 교량이 완성되면 안성과 성환 사이의 교통이 편리하게 되리라 한다.[28]

위의 두 기사에서 (라)는 안성천 다리에서 일어난 강도사건, (마)는 안성천에 다리를 설치한다는 내용이다. 각각 안성천이라는 명칭을 쓰고 있지만 (라)는 평택지역, (마)는 안성지역이다. 이로 볼 때 안성지역과 평택지역에서 통일적으로 안성천이라는 이름을 쓰고 있음을 알 수 있으며, 안성천이라는 명칭은 정착되었다고 할 수 있다.

이와 같이 개인의 저작물과 언론 등에서 기존의 하천 소사천, 홍경천이 아닌 안성천이 일반화되었던 것이다. 이때부터 오늘날까지 그 명칭이 그대로 이어지고 있다.

3. '안성천'의 이칭—소사천, 광덕강, 군물천 등

앞에서 살펴보았듯이 청일전쟁 이후 안성천이라는 명칭이 점차 일반화되었지만, 소사천, 광덕강, 군물천 등의 명칭이 한동안 함께 사용되었다. 이와 관련된 자료는 다음과 같다.

---

28 《동아일보》 1932년 6월 24일.

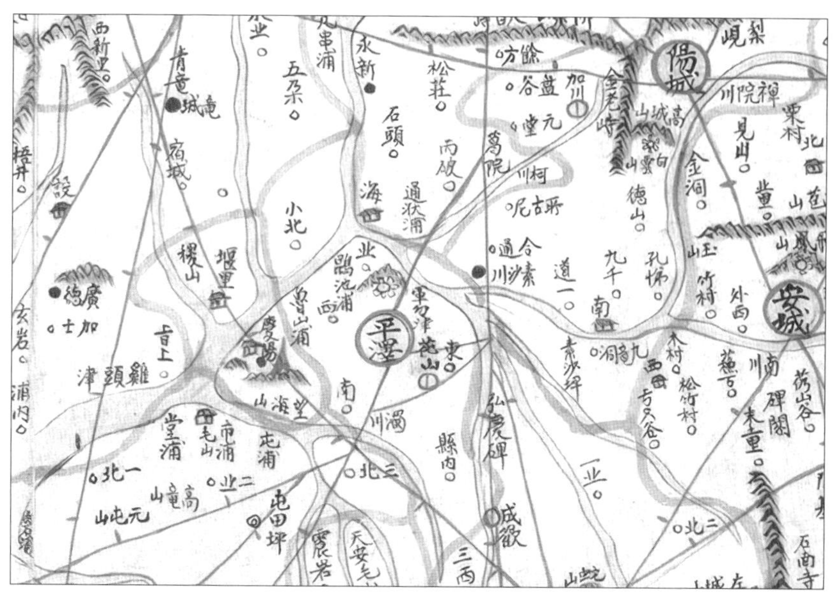

〈그림1〉 소사천을 표기한 『동여도』

먼저 소사천에 대한 기록이다. '소사천'에 대한 첫 기록은 1750~60년대 편찬된 『여지도서』에서 보인다. 『여지도서』 「평택현」 산천조에 의하면 "하천은 양성 소사천의 하류가 동쪽으로부터 구불구불 서북쪽으로 흘러 서해로 들어간다"[29]라고 하였는바, 양성현에 흐르는 소사천이 평택현을 거쳐 서해로 흘러간다. 이후 소사천의 기록은 김정호가 제작한 『동여도』에서 확인된다.(〈그림 1〉 참조)

『동여도』에 의하면 소사천은 양성현의 선원천(禪院川)과 안성의 남천(南川)이 합류하여 서해로 흐르는 하천이다. 소사천이 흐르는 유역에는 구룡동(九

29 『평택시사(제8편)』, 평택시사편찬위원회, 2001, 1302쪽. "川陽城素沙川下流 自東逶迤西北方 入西海"

龍洞), 남창(南倉), 구천(九千), 도일(道一), 소사평(素沙坪), 통보포(通洑浦) 등의 지명이 있다. 이들 지명 중에는 도일동(道一洞), 소사평 등은 현재까지도 남아 있다.

이 외에도 소사천의 명칭이 지방 지리지에서도 확인된다. 1842년에 제작된 『경기도지』 「양성현」 산천(山川) 조에 소사천은 다음과 같이 기록되어 있다.

〈山川〉

天德山 在縣西五里 上有祈雨祭壇 爲 縣之鎭山

白雲山 在縣南十五里

槐台山 在縣西一百里 一路如線過振威之松庄水原之楊干 入于海有牧馬場

素沙川 在縣南三十里 禪院川及安城郡南川之水合而西流 爲此川

禪院川 在縣東二里 源出竹山左贊西洞 過古陽智至縣之禪院前 爲此川

海 在縣西一百里 槐台山西

위의 인용문에 의하면, 소사천은 양성현의 남쪽으로 30리에 있으며 선원천과 안성군의 남천이 합하여 서쪽으로 흐른다.

이 기록은 1871년에 제작된 『경기읍지』[30]와 1899년에 제작된 『양성읍지』[31]

---

30 『경기읍지』 「양성현」 산천조, 1871.
〈山川〉: 天德山 在縣西五里 上有祈雨祭壇 爲 縣之鎭山 / 白雲山 在縣南十五里 / 槐台山 在縣西一百里 一路如線過振威之松庄水原之楊干 入于海有牧馬場 / 素沙川 在縣南三十里 禪院川及安城郡南川之水合而西流 爲此川 / 禪院川 在縣東二里 源出竹山左贊西洞 過古陽智至 縣之禪院前 爲此川 / 海 在縣西一百里 槐台山西

31 『양성읍지』 산천조, 1899.
〈山川〉: 天德山 在縣西五里 上有祈雨祭壇 爲 縣之鎭山 / 白雲山 在縣南十五里 / 槐台山 在

에 거의 그대로 반영되었다.

1842년에 제작된 『경기도지』의 소사천은 1871년에 제작된 『경기읍지』와 1899년에 제작된 『양성읍지』에 동일하게 쓰이고 있다. 이는 현재 불리는 안성천은 1842년, 1871년, 1899년에 제작된 지리지에는 '소사천'이었다. 또 1899년 『양성읍지』의 내용은 이보다 앞서 1891년에 제작된 『양성현읍지』의 내용을 그대로 반영하였음을 알 수 있다.[32]

그런데 위에서 살펴본 소사천은 지리지의 지도에서는 홍경천으로 변경되었다. 관련 지도를 살펴보면 〈그림 2〉~〈그림 5〉와 같다.

〈그림 2〉에서 〈그림 5〉까지의 지도에는 '소사천'이라는 하천명이 없고 '홍경천(弘慶川)'이 그 자리를 대신하고 있다. 홍경천에 대한 기록은 『신증동국여지승람』과 『여지도서』에서 확인된다. 이 기록은 다음과 같다.

> 홍경천: 현 남쪽 35리 지점에 있다. 선원천과 안성 남천 물이 합쳐지고, 서쪽으로 흘러 홍경원 북쪽에 와서 이 냇물이 된다. 또 수원부 오을미곶에 들어간다.[33]
>
> 홍경천: 소사교의 남쪽을 지나 진위현의 장호천(長好川)과 합류하여 다라와비진(多羅窩飛津)이 된다. 남으로 흐르는 물줄기는 쌍령산에서 발원하여 본현의

縣西一百里 一路如線過振威之松庄水原之 入于海有牧馬場 / 新增 高城山 在邑西南五里

32 『양성현읍지』 산천조, 1891.
〈山川〉: 天德山 在縣西五里 上有祈雨祭壇 爲 縣之鎭山 / 白雲山 在縣南十五里 / 槐台山 在縣西一百里 一路如線過振威之松庄水原之 入于海有牧馬場 / 新增 高城山 在邑西南五里 / 月出山 自天德山東行五里 開面爲邑之主山 / 素沙川 在縣南三十里 禪院川及安城郡南川之水合而西流 爲此川 / 禪院川 在縣東二里 源出竹山左贊西洞 過古陽智至 縣之禪院前 爲此川 / 海 在縣西一百里 槐台山西

33 『평택시사(제8편)』, 평택시사편찬위원회, 2001, 1395~1396쪽. "弘慶川 在縣南三十五里 禪院川及安城郡南川之水合 而西流至稷山縣 弘慶院北 爲此川 又入于水原府吾乙未串"

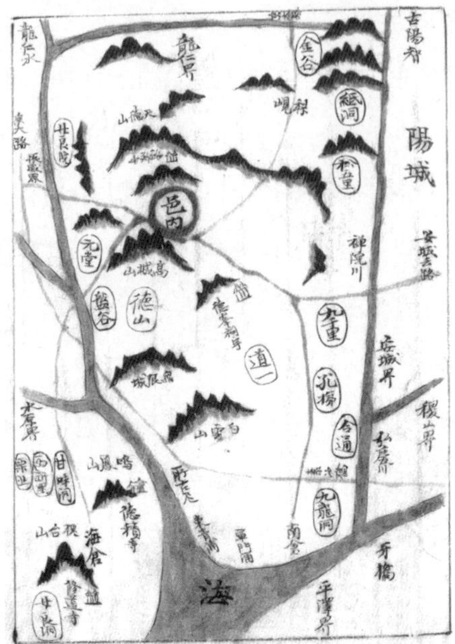

〈그림2〉 경기지 양성현

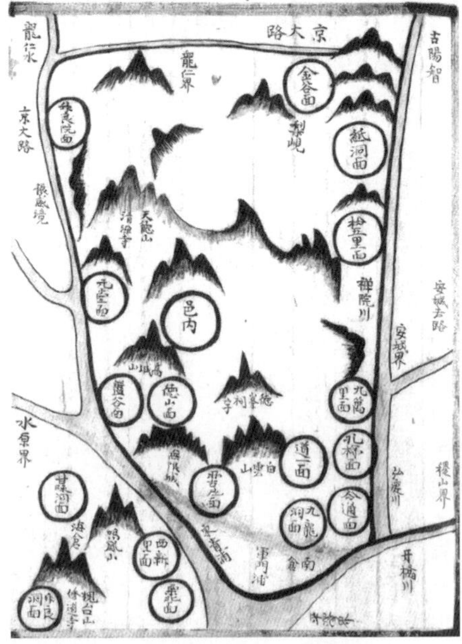

〈그림3〉 경기읍지 양성현

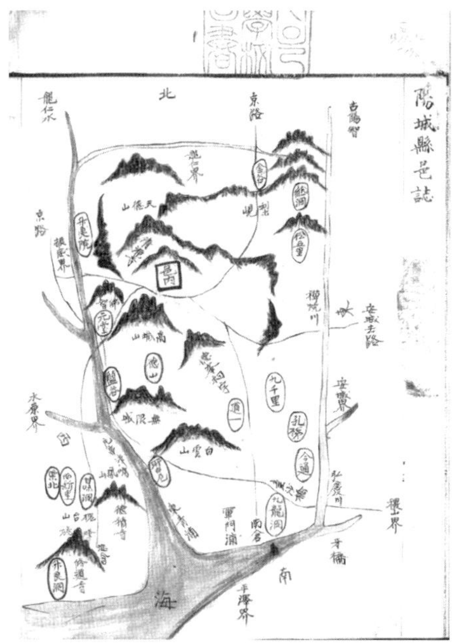

〈그림4〉 양성현읍지

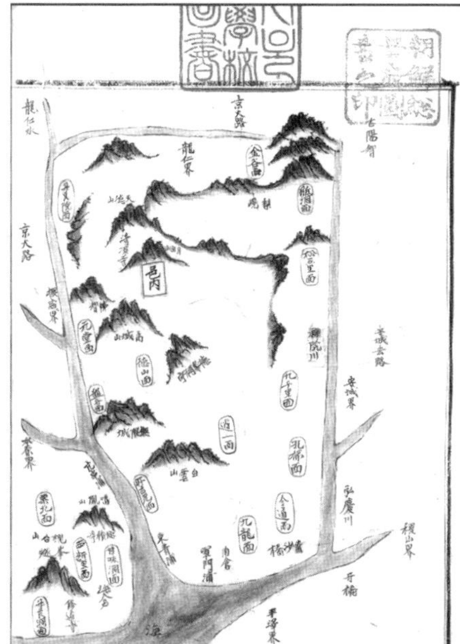

〈그림5〉 양성읍지

금동면(金洞面)을 지나 용인의 대천과 합류하여 산북(山北)의 승량원(升良院)을 지난다. 이어 진위 장호천의 물과 합류하여 항곶진(亢串津)의 물이 되고 또 아래로 본현의 소사교 아래의 물과 합류하여 다라와비진이 되면서 바다로 흘러간다.

홍경천: 현의 남쪽 35리에 있다.[34]

위 자료들에서는 홍경천이 선원천과 안성의 남천이 합류하여 서해로 흘러 들어가는 하천이라고 했고, 앞에서 살펴본 소사천 역시 선원천과 안성군의 남천이 합류하여 서쪽으로 흘러간다고 하였다. 이로 볼 때 조선 중기에 홍경천은 조선 후기 읍지에는 소사천으로 기록되었다. 즉 홍경천의 다른 이름이 소사천인 것이다. 그렇지만 지도에는 여전히 홍경천을 쓰고 있음을 알 수 있다. 이는 지리지와 지도를 각각 다른 인물이 작성한 데 따른 혼란이 아닌가 한다.

홍경천에서 소사천으로 바뀐 하천명은 근대 시기에도 적지 않게 기록되었다. 앞에서 살펴본 『양성현읍지』와 『양성읍지』는 각각 1891년과 1899년에 편찬되었지만, 1842년에 편찬된 지리지의 내용을 그대로 답습하였기 때문에 소사천이 아닌 홍경천으로 기록되었다. 이에 비해 일본인들이 조선 지리를 조사 또는 탐사하고 남겨 놓은 문헌에는 홍경천이 아닌 소사천으로 기록하고 있다.

1894년 오다 사이지로(大田才次郎)가 간행한 『신찬조선지리지(新撰朝鮮地

---

34 『평택시사(제8편)』, 평택시사편찬위원회, 2001, 1402쪽. "弘慶川 過素沙橋西南 與振威長好川 合流爲多羅窩飛津 南流一派 發源于雙嶺山 過本縣金洞面 合于龍仁界大川 過山北升良院 仍與振威長好川 水合爲亢串津水 又下與本縣素沙橋下流水合 爲多羅窩飛津于海. 弘慶川在縣三十五里"

理)志』[35]에는 경기도 하천과 관련하여 "한강, 임진강, 기타 (중략) 장호(천) 진위, 소사(천) 양성, 남천 안성 (중략) 등의 하천이 흐른다"[36]라고 하였는바, 1890년대 초반에는 홍경천이 아닌 소사천으로 불렸음을 알 수 있다.

이 외에도 1900년대 소사천으로 기록된 것은 다음과 같다.

> 素砂河 하류의 成歡에 경부철도 정거장이 있다. 이 역은 征淸(청을 정벌: 청일전쟁을 말함)의 役으로 우리 군대가 처음 銃火를 연 곳이다. 河口 牙山은 청병의 근거지로 우리 군대를 막은 곳이다. 우리 보병 제9여단이 격파한 곳이다.[37]
>
> 충청, 경기 양도의 경계에 있는 大灣으로 만안이 分岐하여 둘이 되었다. 남쪽에 있는 것을 貢稅湖라 하고, 북쪽에 있는 것을 古溫浦라 한다. 灣入이 깊고 물이 깊어 얕지 않다. 또 서해 好適의 일 錨地이다. 貢稅湖의 남쪽에 일 하천이 있는데 素沙河라고 하며 평택에서 흐른다. 또 일 하천이 있는데 상류 新昌에 舟楫이 통한다고 해도 河底가 얕아서 滿潮가 되지 않으면 여기를 지날 수 없다.[38]
>
> 평택역: 부근에 素沙川, 通峰里川 등 크지 않으며 군문포에 이른다. 나룻배는 서는 둔포, 백석포를 경유하여 아산만으로 흐르고, 동은 소사천을 경유하여 안성에 이른다.[39]

---

35 『新撰朝鮮地理志』은 東藩紀要, 象胥紀聞, 朝鮮八域誌, 朝鮮賦, 大典會通, 抄事撮要, 高麗史, 懲毖錄, 朝鮮事情, 朝鮮見聞錄 등의 문헌과 한국 전문가의 의견을 참조하여 저술한 한국지리 개론서이다.(남영우, 「일본 명치기의 한국지리 관련 문헌」, 『지리학』 28-1, 대한지리학회, 1993, 59쪽)

36 大田才次郎, 『新撰朝鮮地理志』, 博文館, 1894, 69~70쪽.

37 矢津昌永, 『韓國地理』, 丸善株式會社, 1904, 163~164쪽

38 田淵友彦, 『韓國新地理』, 1905, 博文館, 286쪽.

39 통감부 철도관리국, 『한국철도선로안내』, 1908, 59쪽.

성환: 素沙河 하류에 위치[40]

성환은 素砂河의 하류로 경부철도의 정거장, 이 역은 日清戰役에 우리 군대가 처음 청병을 친 곳이다. 아산은 素砂河의 하구로 이곳 역시 아군이 청군을 격파한 곳이다.[41]

위의 문헌에 의하면, 1910년대에는 홍경천이 아닌 소사천 또는 소사하로 기록하고 있음을 알 수 있다.

앞에서 살펴본 홍경천, 소사천과는 달리 광덕강(廣德江)으로도 기록되었다. 광덕강과 관련된 첫 기록은 1800년대 조면호의 한시에서 보인다.

南去高山五百里 鱗脩羽曠日悠悠 老兄憂思轉衰疾 兩地艱難今白頭 驛樹蟬鳴晴落晚 池荷雨滴早疑秋 歲年不與人相計 廣德江村有釣舟 有廣德歸隱計.[42]

水原之廣德 吾所平生欲居之地也. 廣德申生仁均適至 問其居生之樂 率成一絶題之. 廣德江村一草廬 太平烟月任興居 春來好作如何事 朝把耘鋤又釣魚.[43]

廣德江村申定均 龍鍾却似下流人 偶然一說瞠吾眼 君是當今懷葛民.[44]

조면호는 어린 시절 서원(犀園) 김선(金鐥)에게 수업하고, 중년 이후에는 추사(秋史) 김정희(金正喜)의 만년 제자가 되어 성화와 시문에 대한 가르침을 받았다. 혼인 관계나 교유의 측면에서 볼 때 안동김씨, 경주김씨 등과 밀접한 관

40 地理硏究會, 『最新新地理』, 田中宋榮堂, 1910, 235쪽

41 足立栗園, 『朝鮮新地誌』, 積善舘, 1910, 82쪽.

42 「憶弟 季氏遊宦高山」, 『玉垂先生集卷之十一 / 詩』(한국고전종합DB)

43 「題申生仁均扇面」, 『玉垂先生集卷之十八』(한국고전종합DB)

44 「贈廣德申生」, 『玉垂先生集卷之二十四』(한국고전종합DB)

계를 맺고 있던 경화세족으로 박규수(朴珪壽), 신석우(申錫愚) 등과 서울 북촌의 시단을 주도하고 김창희, 김기수(金綺秀), 한장석(韓章錫) 등의 후배 문인을 이끌며 활발한 창작 활동을 통해 방대한 분량의 시를 남겼다. 위의 인용된 시는 수원 '광덕강' 인근에 있는 교유 신정균의 집에 놀러 왔다가 지은 것이다.

개인 문집에서 사용된 '광덕강'이 문헌자료에 기록된 것은 1905년이다. 농사시험장 기사 고바야시(小林房次郎)와 농상무 기사 나카무라(中村彦)는 일본 정부로부터 조선 토지를 조사하라는 명에 따라 1905년 4월 24일부터 10월 26일까지 경기도, 강원도, 충청남북도를 답사한 바 있다. 이들이 보고한 『한국토지농산조사보고』에 의하면 다음과 같은 내용이 있다.

> 안성천 충적지는 소위 평택평야로 경기 충청 양도에서 자랑하는 안성천 연안에 널리 퍼져 있다. 이 강은 편마암지에서 발원해 화강암지의 일부를 경과하고 거듭 편마암지를 관통해 흘러 광덕강으로 흘러 들어간다.[45]
>
> 경기도에 있는 경지 중 구역이 조금 큰 것은 한강, 임진강, 광덕강(충청도와 경계를 이룸) 및 그 지류 연안에 많으며, 그 경지의 개황을 서술하면 다음과 같다.[46]
>
> 6. 안성천
>
> 안성천은 근원을 경기도 죽산 부근에서 발원하여 안성을 경유 평택평야 중앙을 관통해 흐르고 광덕강으로 흘러간다. 흐름의 길이는 36km로 배를 띄울 수

45 『한국토지농산보사보고(IV)_경기도,충청도,강원도』, 1905; 『한국토지농산조사-경기도, 충청도, 강원도』, 농촌진흥청, 2009, 54~55쪽.

46 『한국토지농산보사보고(IV)_경기도,충청도,강원도』, 1905; 『한국토지농산조사-경기도, 충청도, 강원도』, 농촌진흥청, 2009, 128~129쪽.

있는 곳은 12km에 불과하다. 그 구역 내에 평야가 많다.[47]

위의 자료에서, 안성천은 경기도 죽산에서 발원하여 평택평야를 지나 광덕강으로 흘러간다. 이는 즉 안성천과 황구하가 만나는 지점부터 광덕강이 된다. 이러한 기록은 다음에서도 확인할 수 있다.

> (1) 광덕강 지류 연안의 경지
>
> 본 경지는 수원, 진위, 안성 및 남양의 4군을 걸쳐져 있으며 군물천(일명 안성천) 및 황구하를 따라 띠 모양(帶狀)을 이룬다.[48]

위 인용문에는 광덕강은 수원, 진위, 안성, 남양 등 4개 군에 걸쳐 있으며, 군물천과 황구하는 광덕강의 지류이다.즉 "군물천과 황구하의 광덕강과 합류하는 부근"[49]이라고 하여, 군물천과 황구하가 만나는 부근부터는 광덕강인 것이다. 이는 지도에서도 확인된다.

이 외에도 '광덕강'과 관련된 기록은 다음과 같다.

> 진위군: 본도의 남부에 위치하고 동은 양성군에, 북은 용인군에, 서는 수원군에 접하고,남은 廣德江을 사이에 두고 충청남도 직산군에 접하고, 동서 3리 남북 4리이고, 동북 일대는 산과 구릉의 기복이 있고, 振威川이 군의 서부를 흘

---

47 『한국토지농산보사보고(IV)_경기도,충청도,강원도』, 1905; 『한국토지농산조사-경기도, 충청도, 강원도』, 농촌진흥청, 2009, 241쪽.

48 『한국토지농산보사보고(IV)_경기도,충청도,강원도』, 1905; 『한국토지농산조사-경기도, 충청도, 강원도』, 농촌진흥청, 2009, 132쪽.

49 『한국토지농산보사보고(IV)_경기도,충청도,강원도』, 1905; 『한국토지농산조사-경기도, 충청도, 강원도』, 농촌진흥청, 2009, 139쪽.

러 그 유역 3리의 평야를 이루어 멀리 평택의 평야에 連接한다.[50]

안성천: 본 강은 충청남도, 경기도 경계를 흘러 牙山灣으로 들어간다. 그 하류를 廣德江이라 부른다.[51]

안성천은 충청남북도 경기도 경계를 흐르고 아산만에 흘러간다. 하류를 廣德江이라고 한다. 潮汐을 이용하면 평택까지 작은 배를 거슬러 운항할 수 있다. 강을 따라 繫舟場은 里浦津, 唐浦津, 韓津 등이다.[52]

즉 광덕강은 진위군과 충남 직산군과 경계를 이루고 있으며, 안성천의 하류에 해당하였다. 이는 앞에서 언급한 바와 같이 안성천과 황구하가 만나는 곳부터 안성천의 하류인데, 이를 안성천이 아닌 광덕강이라고 한 것이다.

1905년에 간행된 또 다른 자료인 『한일경제관계』에도 광덕강과 관련된 기록이 보인다. 동해안과 서해안, 남해안으로 흐르는 하천을 조사한 것으로, 관련 기록은 다음과 같다.

주요한 하천은 東海岸에는 豆滿江·慶州川, 西海岸에는 鴨綠江·大寧江·淸川江·大同江·禮成江·臨律江·漢江·廣德江·錦江·萬頃江·榮山江, 南海岸에는 蟾津江·洛東江이 있다.[53]

위의 인용문에는 서해안의 하천 중에 광덕강이 있으며, 이 광덕강은 "수원,

---

50 吉田英三郞, 『朝鮮志』, 町田文林堂, 1911, 270~271쪽

51 日高友四郞, 『新編朝鮮地誌』, 朝鮮弘文社, 1924, 371쪽.

52 藤戶計太, 『最新朝鮮地理』, 1918, 104쪽

53 「韓國內地調査一件_韓國의 農産 및 土地에 관한 日本 農商務省의 調査 槪要(1905.12.20)」, 『한일경제관계(1)』, 국사편찬위원회 한국사데이터베이스)

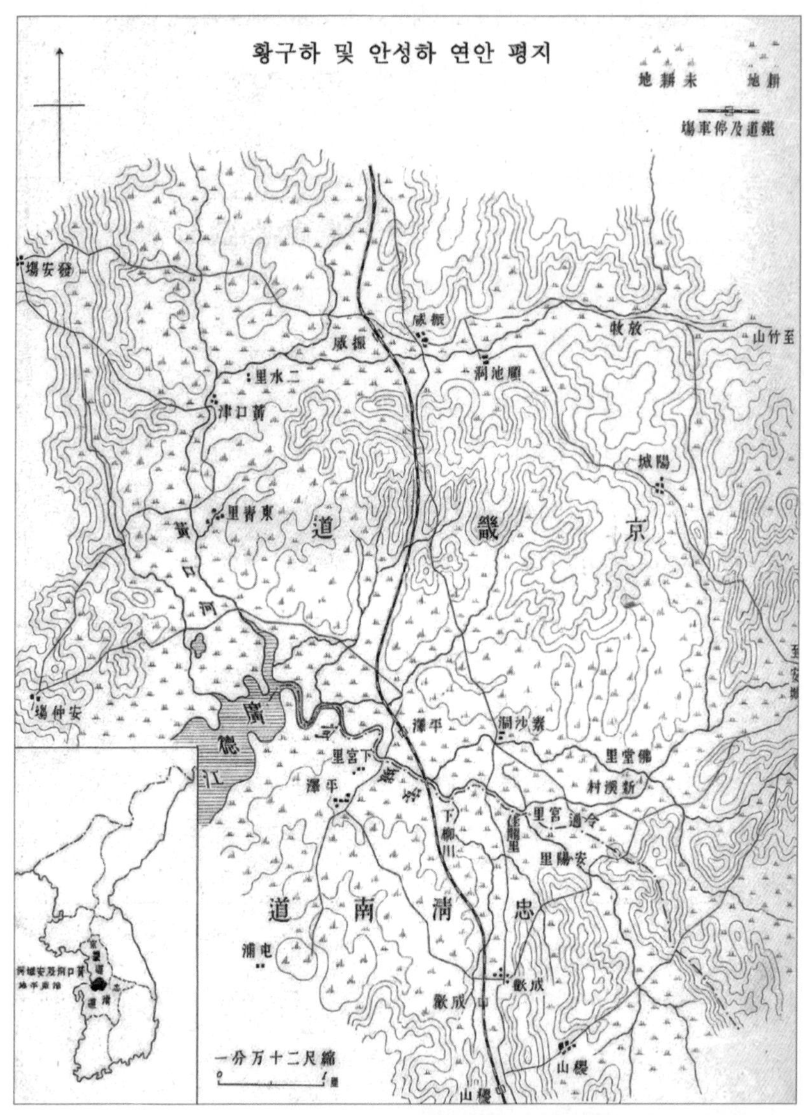

〈그림6〉 안성하와 황구하가 합수하는 곳부터 광덕강이라고 표기한 지도(한국토지농산 보고서)

〈그림7〉 광덕강이 표기된 지도(조선총독부, 『조선지도』, 1919, 한국학중앙연구원 장서각 소장)

진위, 평택 부근에 경지가 있으며 충청남도로 흘러간다"고 하였다. 이외에 일제강점기 광덕강으로 표기된 지도는 다음과 같다.

위의 지도는 조선총독부에서 1919년에 제작한 조선지도이다. 이 지도에 의하면 경부선이 지나는 평택역의 서쪽에 안중장이 있고, 그 아래 '광덕강'으로 표기된 하천명이 보인다.

일제강점기 행정문서에서도 '광덕강'의 하천명이 확인된다. 1912년과 1913년 경기도와 충청남도에서 광덕강을 경계로 하여 '기주(寄洲)' 문제로 다툼이 있었다. 경기도 장관이 내무부 장관에게 보낸 공문의 내용은 다음과 같다.

> 寄洲에 관한 건
>
> 지난달 12일부 地1 제719호 제목의 건에 관한 조회에 보고한 조서에 牙山郡 白石浦 북쪽은 원래 水原郡 佳士面으로, 당시 廣德江은 수원군 소속이었으며 한국시대에서부터 관리를 파견하여 收稅를 징수한 사실이 명료하며, 백석포의 서쪽 방향 3개의 섬은 원래 수원군 가사면 3島, 백석포의 동쪽의 新星浦는 원

래 廣德面 신성포 또 그 동쪽 新興浦는 수원군 광덕면 신흥포로써 그 중간에 존재한 기주는 당연히 본도의 소관으로서 수원군의 소속으로 인정하고….[54]

1913년과 1914년 경기도와 충남은 광덕강을 사이에 두고 기주된 땅을 두고 소유권을 다투고 있다. 경기도는 기주된 지역 즉 아산군 백석포 북쪽 '광덕강'에 있는 3개의 기주(寄洲) 즉 수원군 가사면 3개의 섬과 광덕면 신성포, 신흥포의 소유권을 주장하였다. 〈그림 8〉에 의하면 경기도와 충청남도 경계에 기주 다툼과 관련된 '광덕강구(廣德江口)'라는 명칭이 있다. 기주 다툼이 있던 당시의 수원군 가사면과 광덕면은 〈그림 8〉의 지도에서는 진위군 현덕면에 해당하고 현재는 평택시 현덕면이다.

한편 위의 기록 중에는 안성천을 '군물천'이라고 한 것으로 보인다. 군물천에 대해서는 다음의 인용문에서 좀 더 구체적으로 확인할 수 있다.

(11) 황구하 및 군물천 연안의 경지

평택평야의 일부를 포함한다. (중략) 토성은 군물천과 황구하의 광덕강과 합류하는 부근 및 비습지에 있어서는 식토 혹은 양질식토로 상류로 나아감에 따라 모래가 증가해 양토로 변해 끝내는 상류 계간에 이르면 사질양토로 변한다. 군물천은 하궁리에 있는데 수평면과 경지 표면과의 차이는 3m 남짓, 황구하는 황구진에 있으며 그 차는 3m 내지 3.6~9m 남짓으로 해수의 침입은 강어귀에서 12km 내외의 상류에 영향을 미친다. (중략) 관개는 앞서 서술한 바와 같이 주로 우수 및 하수를 퍼올려 사용하므로 용수구를 설치하여 관개수를 끌어올리는 일은 불과 군물천 및 황구하 상류 연안 지방에 불과하다. 양쪽 하천 연

---

54 「回答 寄洲ノ所管ニ關スル件」(1913년 10월 13일), 경기도장관.

안을 답사하던 중 목격한 용수구가 설치된 몇 곳을 열거하면 군물천 상류 안성군 웅교에 있는 것은 도량 폭이 0.9m 남짓에 길이 4km로 수량이 풍부한데 반대 신대촌 부근에 있는 것은 도량 폭이 좁고 길이도 또한 2.2km 내외로 수량이 많지 않다. 양자 모두 물을 군물천에 의존하는 것으로 신대촌은 웅교에서 4km 남짓 하류에 있어 수량이 현저히 감소한다.[55]

(9) 군물천 연안(안성천)의 경지

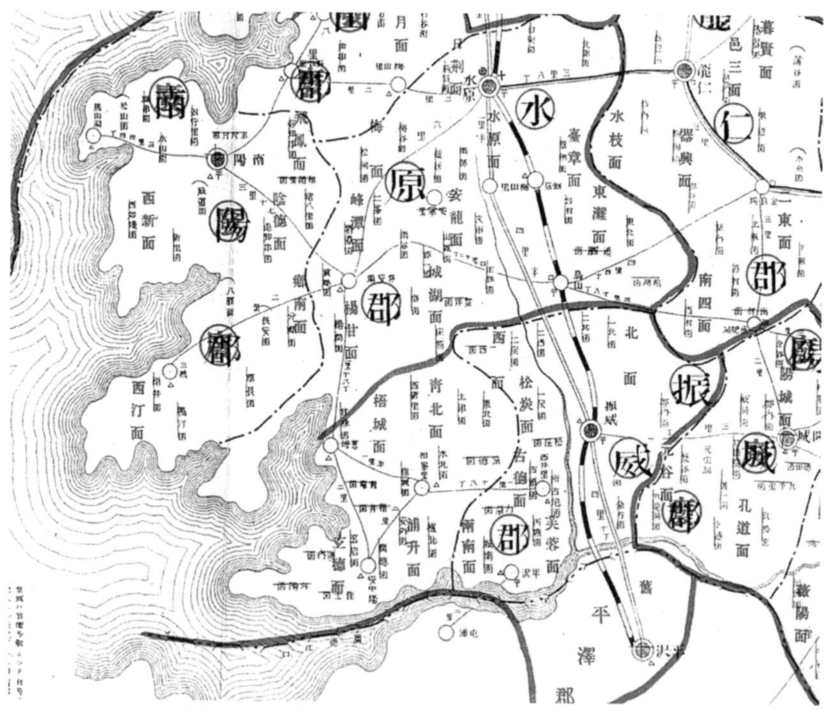

〈그림8〉 광덕강이 표기된 경기도전도(1914, 수원광교박물관 소장)

55 『한국토지농산보사보고(IV)_경기도, 충청도, 강원도』, 1905; 『한국토지농산조사-경기도, 충청도, 강원도』, 농촌진흥청, 2009, 139쪽.

> 군물천 연안은 소위 평택평야의 일부분으로 그 면적은 약 2,900정보이며, 논과 밭이 반반 정도이다. 토양은 대개 양토, 양질식토 및 식토로 지질이 양호하며, 군물천 지류의 연안지 다시 말해 성환 부근 충적지는 사질의 양토이다. (중략) 군물천 연안지는 경부철도 평택, 성환 양 정거장이 접하고 있을 뿐 아니라 군물포 및 둔포와 같은 좋은 항구를 가지고 있어 매우 편리하다.[56]

위의 두 기록에 의하면 군물천은 '하궁리'에 있다고 하였는데, 〈그림8〉에 의하면 하궁리에 있는 하천을 '안성천'으로 표기하고 있다. 이는 하궁리에 있는 안성천을 당시 이 지역 사람들은 안성천이 아닌 '군물천'으로 불렀음을 알 수 있다. 이에 비해 다음의 기록을 살펴보면 군물천의 상류 일대를 '안성천'이라고 하고 있다.

> 4. 경기도 안성군 신계촌 미경지
>
> 안성군 신계촌 북방에 있는 초생지로 평택정거장 동쪽 12km에 있으며, 면적은 역 650정보이다. 이 땅은 북쪽에 구릉을 등지고 지세가 평탄해 동서로 길고 남북으로 짧다. 안성천의 소지류 중앙을 관통해 흐름으로써 우기 때 종종 침수되는 일이 있으나 그 깊이가 60~90cm로 1~2일이면 물이 빠진다고 한다.[57]

위의 자료는 안성군 신계촌 일대를 답사한 것으로, 평택역으로부터 12k킬로미터 동쪽에 위치한 신계촌 일대를 흐르는 하천을 '안성천'이라고 하였다.

---

56 『한국토지농산보사보고(IV)_경기도,충청도, 강원도』, 1905; 『한국토지농산조사-경기도, 충청도, 강원도』, 농촌진흥청, 2009, 151쪽.
57 『한국토지농산보사보고(IV)_경기도, 충청도, 강원도』, 1905; 『한국토지농산조사-경기도, 충청도, 강원도』, 농촌진흥청, 2009, 186쪽.

4. 맺음말

이상으로 근대 시기 안성천의 명명 과정과 그 이명에 대하여 살펴보았다. 이를 정리하면서 맺음말을 대신하고자 한다.

첫째, 근대 이전 시기 안성천은 하나의 이름이 아닌 '남천', '영봉천', '홍경천', '소사천' 등으로 기록되었다. 즉 안성천은 지역마다 구간마다 다양하게 불렸음을 알 수 있다. 근대 이전에는 어느 기록에서도 안성천의 이름은 찾아지지 않는다. 즉 각종 지리지에서 '안성천'이라는 하천명이 확인되지 않는다. 조선 중기 문신 이명한의 『백주집』에는 '진위천'과 '안성천'이라는 명칭이 보이고 있다.[58] 다만 이들 명칭이 오늘날 명명되고 있는 지명과 관련된 고유명사였는지는 좀 더 신중히 고찰해 보아야 한다.

둘째, 안성천이 명명되기 시작된 것은 1894년 청일전쟁의 영향을 받은 근대 시기였다. 청일전쟁에서 승리한 일본 측은 각종 기록물이나 화보집을 통해 대내외적으로 승전을 홍보하였다. 특히 해상의 풍도전투에 이어 고전하였던 성환전투에서 대승한 점은 이후 평양전투 등 청일전쟁에 크게 영향을 미쳤다는 점에서 적지 않은 의미를 두었다. 성환전투에서 당시 소사천을 건너는 과정에서 진흙과 뻘로 인해 건너기가 어려웠고 전세가 불리하였지만, 마쓰자키(松崎) 대위의 죽음으로 전세를 뒤집고 첫 육전(陸戰)에서 승리할 수 있었다. 육전의 첫 전투에서 대승을 거둔 일제는 성환전투를 기록한 기록화에는 '안성도진격지도(安城渡進擊之圖)', '안성도대격아송기대위용·(安城渡大激我松崎大尉勇·)', '마쓰자키 대위 앞장서 안성천을 건너 적중으로 진격하는

---

58 이명한, 『백주집』; 「안성천 관련 고문헌」, '블러그 안성지역사'(https://blog.naver.com/swani99/222411871332)에서 재인용.

그림(松崎大尉挺身安城川ヲ渡リ敵中ニ進ム圖)', '안성도의 청병을 격파(安城渡之淸兵ヲ破)' 등 '안성도'와 '안성천'이라는 명칭을 사용하였다. 또한 '건너기 쉬운 안성도(渡ルニ易ギ安城渡)'라는 문구가 들어간 군가를 만들어 불렀다. 이를 계기로 국내에서도 점차 그동안 불렸던 소사천은 안성천으로 불리게 되었다. 이러한 점에서 '안성천'이라는 명칭은 일제의 침략과 무관하지 않으며, 그 연장선에서 붙여진 하천명이라 할 수 있다.

조선총독부는 1914년 9월 25일에 하천의 명칭, 각 하천의 수해 상황, 관개 면적, 하천 공작물(工作物) 등을 조사한 바 있으며, 그 결과로 조선총독부 토지조사국에서 만든 1:50,000 조선지형도에 평택을 지나는 하천을 안성천으로 기입하였고, 이후 이를 행정지명으로 따르게 됨에 따라 현재의 안성천, 진위천 유역 중 본류는 이때 안성천으로 정해졌다. 결국 일제는 행정의 편리를 위해 안성천으로 통일시켰다.

그럼에도 안성천은 평택지역에서 '소사하(소사천)', '군물천' 등으로 불렸으며, 안성천의 하류 즉 안성천과 진위천이 합수하여 서해로 흐른 구간은 '광덕강'으로 불렸다. 특히 '군물천'으로 기록된 것은 현지를 답사하고, 지역 주민의 의사를 반영하였다는 점에서 의미가 있다고 할 수 있다. 이로 볼 때 지역의 하천명은 고정된 것이 아니라 시대에 따라 지역의 특성, 역사성, 실제성을 반영하여 새롭게 명명할 수 있다는 것을 알 수 있다.

03
평택 일대 청일전쟁과 '안성천' 지명의 형성

1. 머리말

'지명(地名)'의 사전적 의미는 '마을이나 지방, 지역, 산천 등의 이름'이다. 단순한 듯하지만 지명은 역사적, 사회적, 지리적으로는 많은 의미를 담고 있다. 『한국민족문화대백과사전』에서는 다음과 같이 언급하고 있다.

> 문화유산으로서의 우리 지명은 우리 조상들이 생활을 시작하면서 붙인 것이므로 그 당시 사람들의 사고와 생활 용어까지도 포함되어 있다고 볼 수 있다. 그러므로 우리는 우리 지명을 연구, 조사함으로써 지역 주민의 언어·풍속·의식·도덕·종교 등의 발달과 특성을 찾아낼 수 있다.
>
> 더 나아가 지명을 연구함에 따라 우리 문화 발달의 발자취를 더듬어볼 수 있을 뿐만 아니라, 지명의 어원적 분석도 알 수 있다. 또한 지명이 사회나 주민에게 영향을 준 사회적·행정적 기능에 어떻게 작용하였는가를 구명해 볼 수도 있다.[1]

즉 지명은 문화유산의 성격을 내포하고 있으며, 이를 연구함으로써 문화 발달의 자취를 더듬어 볼 수 있다고 하였다. 지명은 단순한 땅이름이라기보다는 문화적 가치가 응축되어 있는 문화 화석으로서의 의미가 있음을 설명

---

1 「지명」, 한국민족문화대백과사전(https://100.daum.net/encyclopedia/view/14XXE0054179)

하고 있다. 그리고 지명의 어원은 지역의 정체성을 자리매김하는 핵심 지표가 되기도 한다. 지명은 첫째 역사성, 둘째 대표성, 셋째 실제성으로 결정된다. 지명에는 지역명뿐 아니라 일정한 지역 내 자연 지형의 명칭도 중요한 요소이다. 대표적인 것이 지역 내의 산과 강이다.

평택지역을 대표하는 하천은 안성천과 진위천이다. 안성천은 안성시 공도면 한천 합류점을 기점으로 평택시 현덕면 권관리를, 진위천은 평택시 서탄면 오산천 합류점을 기점으로 안성천과 합류하는 곳을 각각 종점으로 하고 있다.[2] 그런데 이 두 하천의 명칭은 의외로 근대 시기에 와서야 정착되었다. 특히 안성천은 근대 이전에는 웅청강·남천(南川)·영봉천(影鳳川) 등으로 불려 왔으며,[3] 1900년대 초에 이르러서 '안성천'이라는 기록이 보이고 있다.[4] 안성천이라는 명칭은 1900년대 이후 쓰이기 시작하여 이 하천을 대표하는 명칭이 되었으며, 이는 청일전쟁 기록물의 '안성도(安城渡)'에서 비롯되었다는 것은 이미 밝혀진 바 있다.[5] 본고에서는 기존의 연구를 토대로 평택 일대의 청일전쟁 동향을 일괄하고 청일전쟁 기록물에 안성천이 어떻게 기록되었는지를 살펴보고자 한다.

---

2 조선총독부, 『조선하천조사서』, 1929, 16쪽; 경기도, 『경기도세개요(상)』, 행정학회인쇄소, 1936, 34쪽.

3 평택시사편찬위원회, 『평택시사』 1, 2014, 66쪽; 『신증동국여지승람』 제10권, 안성군 산천조; 『輿地圖書』 補遺篇(京畿道), 同治十年辛未十二月日 安城郡邑誌及邑事例册 川. 전근대 시기 안성천의 명칭에 대해서는 서인원, 「전근대 평택지역 지명과하천명의 변화」, 『평택을 흐르는 강과 하천에 대한 학술회의』(발표집), 평택시·역사와교육학회, 2021를 참조할 것

4 「立田 警部 복명서 진달의 건」(1904년 7월 16일), 『주한일본공사관기록(22)』; 국사편찬위원회 한국사데이터베이스 홈페이지(http://db.history.go.kr/). 그렇지만 1905년에 정리된 韓國의 農産 및 土地에 관한 日本 農商務省의 調査 概要에서는 광덕강(廣德江)으로 표기되기도 하였다.(韓國近代史資料集成 6권 6권 韓日經濟關係 1, 九. 韓國內地調査一件, (41) [韓國의 農産 및 土地에 관한 日本 農商務省의 調査 概要]).

5 이에 대해서는 앞의, 「근대시기 '안성천'의 명명과 이칭들」을 참조할 것.

2. 평택 일대와 청일전쟁의 전초전

청일전쟁(1894~1895)은 조선에 대한 주도권을 둘러싸고 중국과 일본 간에 벌어진 전쟁으로 전쟁의 시작은 조선이었다. 청일전쟁에 앞서 1894년 1월 10일 고부에서 기포한 동학농민군은 5월 말 조선 정부에서 상징성이 있는 전주를 점령하였다. 이에 정부는 자력으로 동학농민군을 진압할 수 없다고 판단하고 청국에 원병을 요청하였다. 당시 중국의 실권자 위안스카이(袁世凱)는 출병 요청을 수용하고 6월 6일 톈진조약(天津條約)에 따라 일본에 조선 출병을 통보하였다.

그러나 일본은 이보다 앞선 6월 2일 이미 조선 정부가 중국에 출병을 요청하였다는 보고를 받고 '일본공사관 및 거류민을 보호한다.'[6]는 구실로 제5사단 오시마(大島義昌) 소장 휘하의 혼성여단을 조선에 파견하기로 결정하였다.[7]

일본 정부는 오래전부터 조선의 독립을 공고히 하고 '내정개혁'을 도모한다는 등의 명분을 내세워 한반도에 대규모 일본군을 파병, 청국과의 전쟁을 불사하고 조선에 대한 지배적 주도권을 확보한다는 계책을 수립하고 있었던 바, 이 기회에 이를 실행하기 된 것이다. 이에 따라 6월 5일 일본군 참모본부 내에 대본영(大本營)이 설치되고, 동시에 오시마(大島)가 거느린 혼성여단 선발대가 요코스카(橫須賀) 항을 출발, 9일 인천에 상륙하여 곧바로 서울로 진

---

6 信夫淸三郞, 『增補 淸日戰爭』, 南窓社, 1970, 145쪽.

7 일본 정부는 이미 5월 30일에 조선 정부가 반드시 중국에 원병을 요청하고 청국은 이에 응할 것이라 첩보를 입수하고 조선에 있는 일본인을 보호하고 일본 제국의 권세를 유지하기 위해서는 우리 또한 군사를 보낼 필요가 있다고 결정한 바 있다.(후지무라 미치오 지음, 허남린 옮김, 『청일전쟁』, 소화, 1997, 76쪽)

군하였다. 그 뒤 6월 하순까지 8,000여 명의 일본군이 경인(京仁) 간에 집결하였다.

조선 정부는 일본이 독단으로 대규모 군인을 파병한 데 당황하였고 항의하는 한편 즉시 철병할 것을 요청하였다. 더욱이, 6월 11일 정부군과 동학농민군 사이에 전주화약(全州和約)이 성립되었기 때문에 외국군이 간섭할 구실이 없어진 상황이었다. 일본군 육전대(陸戰隊)와 함께 서울에 귀임한 오토리(大鳥圭介) 일본공사는 위안스카이와 세 차례에 걸친 회담 끝에 양국 군의 공동 철수에 합의하기에 이르렀다.

그러나 일본 정부는 국내에서의 정치적 혼란을 청국과의 전쟁으로 해결하고자 전쟁을 일으킬 명분을 찾으려 급급하였다. 그리하여 개전 구실을 마련하기 위해 공동철병안을 순순히 이행하는 대신 조선 내정을 공동으로 개혁하자는 안을 청국에 제안하였다. 일본의 예상대로 청국 측이 이 제안을 거절하자 일본은 청국에 '제1차 절교서(絶交書)'를 보냄과 동시에 단독으로 조선의 '내정개혁'을 단행하겠다고, 일방적으로 결정하였다.

이 사이에 이홍장의 조정 의뢰에 따라 러시아와 미국이 일본군의 철수를 요구하였지만, 7월 중순 일본 정부는 청국에 '제2차 절교서'를 보내는 한편, 영국과 영일신조약(英日新條約)을 체결하고 영국의 간접적인 지원을 얻어 개전을 서둘렀다. 일국 정부의 개전 결의를 전달받은 오토리 공사는 조선 정부에 청국의 대조선 종주권 주장에 대한 확답을 요구하는 시한부 최후통첩을 발한 뒤 7월 23일 경복궁을 불법 점령, 쿠데타를 통해 흥선대원군(興宣大院君)과 김홍집(金弘集) 등을 앞세운 친일정권을 수립하였다. 이어 일본군은 서울의 조선군을 무장시킨 다음 공식 선전포고도 하기 전인 아산 근처에 집결한 청군을 공격할 태세를 갖추었다.

청일전쟁의 본격적인 전투는 7월 25일 일본 해군이 풍도(豊島) 앞바다에서 청국 함대를 기습적으로 공격함으로써 시작되었다. 이해전에서 청국 군함과 청국 증원군을 태운 영국 수송선 가오슝호(高陞號)가 일본 해군의 기습공격으로 격침되었다. 이어 육지에서는 평택과 성환 일대에서 전투가 전개되었다. 이하에서는 평택 일대에서 전개된 청일전쟁의 상황을 구체적으로 살펴보고자 한다.[8]

평택 일대에서 전개된 청일전쟁은 오시마 요시사마(大島義昌)[9]가 이끄는 혼성여단의 일본군 공격과 성환에서 이에 대응하는 청군의 첫 육전으로, 개시되었는데 이른바 성환전투의 서전이었다. 1894년 7월 25일 용산에 주둔한 일본군 혼성 제9여단은 서울 경비에 필요한 최소한의 인원만 남겨두고 청군이 상륙한 아산으로 남진하였다. 혼성 제9여단의 전투병력은 보병 15중대 3천 명, 기병 47기, 산포 8문이었다. 남진하는 혼성여단은 본대, 전위대(前衛隊), 동로독립지대, 척후대(斥候隊) 등으로 구성되었다.

먼저 전위대는 오류동에 있던 보병 제21연대 제3대대를 근간[10]으로 7월 25일 수원을 출발하여 과천에서 1박 하고 수원으로 향하였다. 그러나 이날 풍도전투가 일어나자 전위대 사령관 다케다 히데노부(武田秀山)는 7월 25일 그 정황을 시찰하기 위해 기병 중대와 함께 수원에 도착하였다. 다케다는 7월 26일 기병으로 구성된 척후대를 파견하여 정황을 조사하였는데, 청군은 성환에 4~50명, 평택 소사장에 기병 12~3명이 있다는 것을 보고하였다. 이어 소사장, 상궁리(上宮里)를 지나 평택으로 진출하면서 아산 방향을 수색하였다.

8 평택지역에서의 청일전쟁은 참모본부에서 편찬한 『明治 27·8年 日淸戰史(第1卷)』, 東京印刷株式會社, 1904, 130~156쪽을 참고하였다.

9 오시마 요시사마(大島義昌, 1850~1926)은 조슈번(長州藩) 출신 사무라이로 전 일본 아베 신조(安培晋三) 수상의 고조부이다.

10 전위대는 보병 21연대 중 제11중대를 제외하고 보병 21연대 제7중대, 기병과 공병 중대(각 1소대 제외), 야전전신대로 구성되었다.

이와 같은 상황에서 혼성여단 본대는 7월 26일 오전 수원에 이르렀다. 도요베 신사쿠(豊邊新作)가 이끄는 척후대는 이날 오후 4시 30분 평택 칠원(七原) 남쪽 1킬로미터 지점에 위치한 전지(畑地)에서 청군 기병 10명을 조우하고 격퇴하였다. 이는 평택지역에서 전개된 육전 청일전쟁의 첫 총격전이다. 청군을 물리친 척후대는 소사장 북쪽 고지까지 추격하였고, 청군 기병은 성환으로 퇴각하였다.

한편 보병 제21연대 제11중대로 구성된 동로독립지대는 동작진, 용인, 안성을 경유하여 7월 26일 용인에 도착하였다. 그리고 수원을 출발한 본대는 7월 27일 진위 칠원에 이르러 야영하는 한편 보병 제21연대 제7중대 1소대와 3명 3기를 계두진(鷄頭津)으로 파견하여 나루터를 감시케 하였다.

7월 28일 오전 4시 진위 칠원을 출발한 본대는 이날 8시 30분 소사장 북쪽 방향 고지에 이르렀고, 전위대도 이곳에 합류하였다. 그리고 제9중대와 제11중대는 소사장 남쪽 방향 하천 언저리에서 경계하였다. 본대는 소사장 북쪽 2킬로미터 정도 되는 도로 서쪽까지 진출하였다. 본대가 칠원 남쪽 삼우로(三叉路)를 지날 때, 조선인 1명이 와서 청군 군함 3척 중 2척이 격침되었고, 평택 부근 상궁리에 적지 않은 청군들이 군막을 치고 있다는 정보를 주었다. 이 정보를 들은 오시마 여단장은 군문리 독립지대를 편성하고 군문리 나루터 북쪽 고지 상세교(上細橋)에 파견하여, 이곳을 점령케 하고 청군의 정보를 파악하도록 하였다.

청군 지휘관 섭사성은 2,500여 명의 병력을 이끌고 성환에 포진한 후 야전에 축성하고 야포 6문을 설치해서 일본군의 공격을 대비하였다. 성환에 있는 청군의 주력부대는 성환과 그 동쪽에 있는 앵속방주산(罌粟坊主山)[11]에 포진

11 '罌粟坊主山'은 실제 지명이 아니다. 1904년 편찬한 『일청전사』에 의하면 월봉산 근처의 언

하고 있었다. 일부는 계곡을 사이에 둔 북서 방향 은행정(銀杏亭) 고지에 배치하였다. 청군의 동향을 파악한 오시마 여단장의 우익대(右翼隊)는 은행정 고지를 견제하고 주력으로 앵속방주산을 공격하는 전투 계획을 수립하였다.

평택지역에서의 본격적인 전투는 7월 29일 새벽에 전개되었다. 7월 28일 한밤중인 11시 각 소대장을 소사장 야영지의 본대로 불러 모아 작전계획을 시달하는 한편 일부 부대를 새롭게 편성하고 배치하였다. 즉 보병 1소대(제21연대 제7중대 1소대)와 기병 3기로 구성된 1지대는 계두진에, 보병 1중대(제21연대 제4중대)와 기병 3기로 구성된 1지대는 군문리에, 보병 1중대(제11연대 제11중대)와 기병 5기로 구성된 동로독립지대는 사현(沙峴)에 각각 배치되었다. 그리고 본대는 다음과 같이 편성하였다.

좌익대(左翼隊): 사령관 다케다(武田) 보병 중위, 보병 제21연대 제3대대(제11중대 결), 보병 제21연대 제2대대 제7중대(1소대 결), 기병 5기, 공병 제5대대 제1중대(1소대 결)

우익대(右翼隊): 사령관 니시지마(西島) 보병 중위, 보병 제11연대(제1대대, 제11중대와 12중대 결), 기병 5기

포병단(砲兵團): 포병 제5연대 제3대대(2소개 결), 보병 제11연대 제12중대

예비대(豫備隊): 보병 제21연대 제1대대(제2, 4중대 결)

독립기병(獨立騎兵): 기병 제5대대 제1중대(1소대 결)

덕 모습이 정수리에만 머리카락이 남아 있는 어린아이의 머리와 같다고 해서 붙였다고 한다. 현 월봉산의 오른쪽에 있는 야트막한 월성산으로 추정된다. 「成歡附近淸國兵幕營攻擊及戰鬪始末ノ雜件」에는 '芥子坊主山'이라고 기록되어 있다. 한편 앵속방주산은 월봉산으로 추정하는 지역 연구자도 있다.

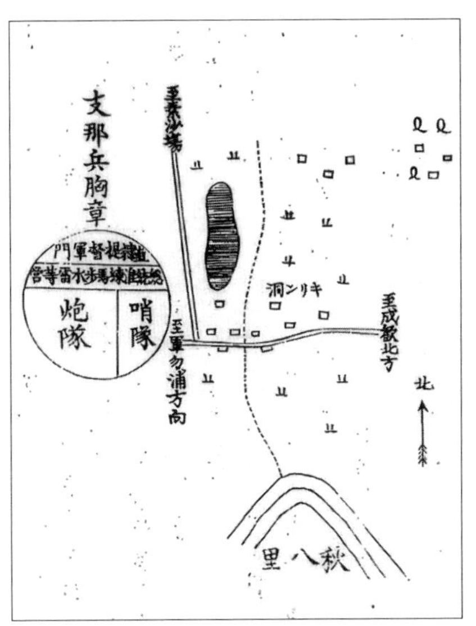

〈그림 1〉 일본군과 청군이 접전한 평택 추팔리 북쪽 기린동 일대

7월 29일 평택 일대에서 전개된 청일전쟁의 첫 전투는 일본군 우익대의 성환으로 진출하면서 시작되었다. 우익대는 전대(前隊) 제12중대, 본대 제10, 제7, 제9중대와 공병중대(1소대 결)로 구성되었다. 우익대를 지휘한 다케다 보병 중좌는 다음날 7월 30일 오후 9시 20분에 전투 상황을 보고하였다. 전투 상보를 통해 평택지역에서의 첫 전투 상황을 살펴보면 다음과 같다.

7월 29일 오전 2시 소사장을 출발한 우익대는 성환역을 향해 도로를 따라 진출하였다. 3시 소사장 남쪽 하천에 가설된 가교에서 좌익대와 떨어져 추팔리로 통하는 도로를 따라 전진하였다. 3시 25분 추팔리 북쪽 약 6백 미터의 기린동[12]에서 청군 2개 대개가 가옥을 방패로 삼아 일본군이 10미터 근접까

12 보고에는 'キリン洞'으로 표기되어 있다.

지 오기를 기다렸다가 갑자기 사격하였다. 앞쪽으로 나가던 일본군은 곧바로 밭으로 흩어져 사격으로 대응하였다.(〈그림 1〉) 이는 일본군과 청군의 첫 대규모 본격 전투였다. 기린동은 하천을 건너 추팔리로 가는 중간의 마을이었다. 이 마을에는 청군이 먼저 진지를 구축하고 일본군의 공격을 대비하고 있었던 것이다.

첫 전투가 전개되는 사이 본대의 3개 중대는 점점 우익대에 이르렀고, 공병중대는 뒤쪽 하천의 제방에 있었는데, 청군의 공격은 점차 격렬하였다. 3시 25분 제10중대와 제7중대의 각 1개 소대를 흩어져 있는 전위 우익대로 증파하고 사격으로 대응하였다.

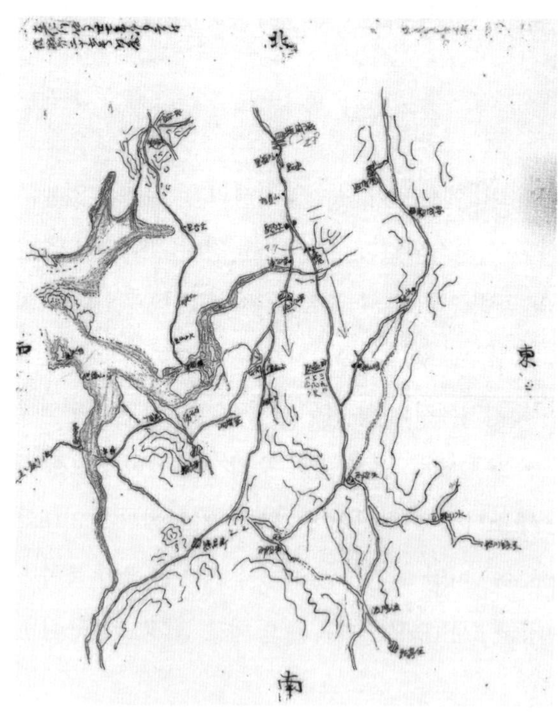

〈그림 2〉 평택 일대에서 전개된 일본군의 진격로

오전 3시 45분[13] 본대의 3개 중대는 청군의 좌측으로 진출하여 돌격하였고, 청군은 추팔리로 퇴각하였다. 그러나 마침 달이 구름에 가려져 어둠이 짙어지고 피아간 구별이 불가능함에 따라 일본군과 청군의 전투는 소강상태로 되었다. 4시 20분 일본군은 집합 명령을 시달하고, 기린동 집집마다 수색을 하고 청군 2명을 생포하였다.

일본군은 전열을 정비한 후 오전 5시 20분 제7중대를 전위로 삼아 성환을 향해 다시 전진하였다. 5시 50분 전위대는 추팔리 남쪽 5백 미터, 우익대 본대가 4백 미터에 이르렀을 때 청군 2백 명이 흩어져 있는 것을 발견하였다. 일본군은 즉시 사격을 하였다. 6시 10분 전방 약 8백 미터의 삼림에 청군 4백 명이 횡대로 집합해 있는 것을 확인한 일본군 제9중대는 곧바로 청군을 향해 일제히 사격을 시작하였다. 제10, 제12중대는 예비대와 함께 최전선 후방의 50미터 고지 언덕을 향해 돌진하였다. 오전 6시 30분 우익대 제일선은 점차 청군의 좌익을 향해 전진하였고, 예비대도 속속 전진하였으며 일본군과 청군은 맹렬하게 서로 사격하였다.

6시 50분 전방 1,500미터의 고지[14]에 있는 청군 포병은 흩어져 있는 일본군을 향해 포격하자 즉시 제10중대를 출동시켜 일제히 사격하였고, 제9중대는 우익으로 전진하였다. 공병중대는 예비대의 후방에 있는 고지에 도착하였다. 7시 15분 전방에 있던 청군 2백 명이 퇴각하자 공병중대는 청군의 우익으로 돌아 청군의 퇴각을 위협하였다. 7시 40분 청군의 포격은 중지되었고 일본군은 계속 전진하였다. 마침내 청군은 아산으로 물러남에 따라 8시 일본군

13 보고에는 4시 45분으로 되었는데, 3시 45분으로 판단된다. 이는 시간 경과에 따른 보고라는 점에서 오기로 보인다.

14 전방 1,500미터의 고지는 청군의 본대가 진을 치고 있는 월봉산으로 판단된다.

은 승리를 확인하기 위해 월봉산으로 집결하였다.[15]

이에 앞서 7월 26일 오후 5시 진위 소사장에서 보고한 전투상보도 있는데, 다음과 같다. 이 전투상보는 도요베(豊邊) 기병 중대장이 한 것이다.

> 기병중대는 전위사령관의 수색 임무를 받고 7월 16일 오전 3시 수원을 출발하여 아산을 향해 전진하여 오산동과 칠원에 망을 보는 초소를 배치하였다. 이후 전진한 기병중대는 오후 4시 37분 진위 칠원역 삼우로(三叉路)의 남쪽 1천 미터에 있는 연지(烟地)[16]에서 청군 기병 10기와 조우하고 즉시 사격하여 소사장 북쪽 고지에 이르러 격퇴하였다. 일본군은 청군의 통역에 사용하는 기마 1두를 포획하였고, 청군 기병은 성환 막영으로 퇴각하였다.[17]

칠원역 삼우로의 남쪽 1천 미터의 연지는 성환전투에서 일본군과 청군의 전초전 현장이기도 하였다.

성환에 있는 청군 막영은 소사장에서 약 4천 미터 떨어져 있었는데 전방에는 3개, 후방에 1개의 부대가 분산 배치되었다. 오후 8시 기병중대는 소사장에서 말에 필요한 보급을 하고 10시 30분 소사장 북쪽 약 1천 미터의 삼림에 노영하였다. 이에 앞서 오전 3시에는 4명으로 구성된 척후 1조를 남양을 경유하여 평택 계두진으로 향하게 하였다.[18]

한편 칠원에 있던 위생대는 본격적인 전투가 시작되자 소사장 하천에 도착하였다. 이때 기린동에서 전투가 벌어져 위생대가 있는 곳까지 탄환이 날

---

15 武田 步兵中佐, 「七月二十九日右翼隊 戰鬪詳報」, 7월 30일 오후 9시 25분.
16 연지(烟地)는 지명이 아니라 화전을 한 곳으로 추정된다.
17 豊邊新作 騎兵中隊長, 「戰鬪詳報」, 7월 26일 오후 5시.
18 豊邊新作 騎兵中隊長, 「戰鬪詳報」, 7월 26일 오후 5시.

〈그림 3〉 평택 일대 청일전쟁 약도

아오자 약 400미터 후방에 있는 촌락으로 퇴각하였다. 5시 총격이 점차 약해지므로 하천을 건너 분대소를 개설하였다. 오전 7시 50분 분대소를 전진시켜 성환역 북방 약 800미터에 있는 삼림 속에 개설하였다. 야전병원은 소사장에 개설하고 부상자를 수용해서 치료하였다.

군문포에 독립지대는 이날 오전 3시 30분 상세교의 야영지를 출발하여 오전 5시 25분 서근리를 점령하였다. 계두진 독립 소대는 전투가 시작되었다는 소식을 듣고 청군이 그 근거지에서 후퇴하는 것을 측면에서 공격하기 위해

하천을 건너 전진하였다.[19]

이상으로 평택 일대에서 전개된 일본과 청군의 전투상황을 살펴보았다. 일본군은 7월 28일 진위 소사장에 주둔한 후 청군의 동향을 정찰한 후, 이를 토대로 28일 오후 11시 30분(일부 기록은 7월 29일 영시) 청군에 대한 공격 명령을 하달하였다. 일본군은 우익대와 좌익대로 나누어 갯벌과 같은 하천을 건넜고, 추팔리 일대에서 첫 전투가 시작되었다. 이 전투에서 일본군은 적지 않은 사상자가 발생하였는데, 특히 마쓰자키(松崎) 대위가 사망하였다.

3. 청일전쟁의 기록과 '안성천'

평택을 가로지르는 하천은 '안성천'이라고 한다. 현재 안성천이라 불리는 하천은 조선 말기까지 주로 '소사하'라고 불렸다.[20] 그렇지만 세부적으로 보면 지역의 지리지마다 안성천의 명칭은 달랐다. 안성지역은 영봉천 또는 남천으로, 양성지역에서는 소사천, 진위지역에서는 홍경천 등으로 각각 기록하고 있다.

이처럼 지역마다 달리 불리던 하천 명칭은 근대에 이르면서 하천에 대한 통일적 관리의 필요성에 따라 그 명칭도 전 구간을 하나의 명칭으로 통합하여 호칭하게 되었다. 즉 하천에 대한 통제와 관리를 중요하게 여기는 근대사회로 이행하면서 하천의 명칭, 본류와 지류 등에 대한 통일적인 파악을 지향

19 「混成旅團戰鬪詳報」, 混成旅團報告 제21호.

20 김해규, 「평택인의 삶, 애환 서린 안성천」, 『평택시민신문』 2000년 8월 15일. "안성군 삼죽면 내당리에서 발원하여 현덕면 권관리까지 총 연장 59.5km에 달하는 안성천은 오성면 창내리에서 진위천과 합류하여 아산만으로 흐른다. 안성천은 조선 말기까지 소사하(素沙河)라고 불렸다. 조선후기 실학자 이 중환의 택리지에도 소사하라고 명기된 것을 보면 이 명칭은 고려시대 이전부터 조선시대 내내 사용된 것으로 보인다."

하게 되었다. 따라서 전통 사회의 하천 인식과 그것에 바탕을 둔 명칭을 그대로 이용할 수 없었다. 하천 명칭이 대대적으로 변경, 통합된 시기는 주로 일제강점기였다.[21]

조선총독부는 1914년 9월 25일 관통첩 제355호로 하천명, 각 하천의 수해 상황, 관개 면적, 하천 공작물의 개수 등을 각 도지사에게 조사할 것을 지시하였다. 그러나 각도에서 제출한 보고서에 하천명이 통일되지 않아 행정용으로 활용할 수 없었다. 이러한 문제점을 해결하기 위해 조선총독부는 옛 지리지를 참조하여 보정하고 또는 지명에 따라 일률적으로 새롭게 하천명을 부여하였다. 이때 정해진 하천명은 일제가 제작한 조선지형도(1; 50,000)에 표기되었고 오늘날까지 거의 대부분 그대로 사용하고 있다.[22]

> 일제는 조선을 병합한 지 5년째인 1914년 9월 25일에 하천의 명칭, 각 하천의 수해 상황, 관개면적, 하천 공작물 등을 조사하기 시작하였다. 그리고 이렇게 조사된 하천의 명칭이 너무 다양하여 이용하기 어렵게 되자 각종 문헌을 참고하여 보충하거나, 또는 지명 등에 의해 새롭게 이름을 붙이기도 하였다. 이후 하천의 조사 과정에서 본류[幹川]와 지류[支川]를 확정지어 통일성을 부여하게 된다. 그 결과가 조선총독부 토지조사국에서 만든 1:50,000 조선지형도에 기입되고, 이후 대체적으로 이것을 따르게 되었다.[23]

안성천은 기존의 문헌자료에는 앞에서 언급한 바와 같이 영봉천, 남천, 소

---

21 『안성천』, 경기도 박물관, 2003, 149쪽.

22 조선총독부, 『조선하천조사서』, 1929, 30~31쪽(한국건설기술연구원 번역, 『조선하천조사서』, 국토해양부, 2010)

23 『안성천』, 경기도 박물관, 2003, 149쪽.

사하, 홍경천 등으로 기록되었지만, 최종적으로는 기존의 지명이 반영되지 않고 새로운 명칭 즉 안성천으로 부여되었다. 이것이 곧 평택지역을 흐르는 대표 하천의 명칭이 되었다. 이 점에서 당시에 부여된 하천명은 다분히 식민성이 내포되었다고 할 수 있다.

안성천은 정확히 언제부터 사용되었을까? '안성천'이라는 기록이 처음으로 확인되는 것은 1894년이다. 이는 「송기대위안성천용전(松崎大尉安城川勇戰)」(〈그림4〉)이라는 기록화의 제목으로 일본에서 발행된 청일전쟁 기록화 즉 우키요에(浮世畵)이다. 이 기록화는 아다치 긴코(安達吟光)가 제작한 청일전쟁 기록화의 일부이다. 아다치(1853~1902)는 일본 우키요에 화가로 일본 서남전쟁과 청일전쟁을 묘사하는 전쟁화를 많이 남겼다.[24] 아다치가 안성천이라는 명칭을 쓴 것은 청일전쟁 당시 불렀던 '안성도'에서 영향을 받은 것으로 보인다.

이 외에도 요슈 치가노부(楊洲周延)의 「아병안성천용진지도(我兵安城川勇進之圖)」(〈그림5〉)와 「송기대위군공을 세우는 그림(松崎大尉軍功を顕す圖)」(〈그림7〉),[25] 우다가와 구니치다(歌川國貞)의 「춘목좌신광언(春木座新狂言) 일본대

24 아다치는 전쟁 기록화에도 미인화(美人畵), 역사화(歷史畵)의 작품을 많이 남겼다.

25 이 기록화는 마쓰자키 대위의 군공을 기록하고 있는데, 군공의 내용에 '안성천'이 있다. "明治卄七年七月卄9日の夜半十二時頃我陸兵ハ清兵幕営の地なる成歡に向て進發し檄戦五時間の後物の美事に其敵塁を抜くのみならず次で牙山の根拠までをも奪ふの大勝利誰か一太白を浮べて大日本帝國万歳の祝声を發せざらんや而して其快戦中最も勇猛にして先登第一の功を顕ハしたるは彼の清兵が金城鉄壁と為し我兵を此處に喰止んと頼みにしたる安城川に飛込みて漲る大水の中にて兵士を指揮し遂に渡りて敵兵の中に乱入したる陸軍歩兵大尉正七位勲五等松崎直臣氏なり氏ハ旧熊本藩士にして人と為り沈毅頗る漢学に通じ又文章を能くす明治七年飄然上京して陸軍士官学校に入り十年西南の役起るに當て氏ハ少尉試補を以て各地に轉戦し乱平きて勲六等に叙せらる尓来(爾来)進現位に昇り前途大に有望の士なりしに惜い哉此檄戦中遂に敵丸の為めに戦死す嗚呼國家の為め誰か涙痕に咽ばざらん氏ハ安政元年に生る享年四十一歳呼."(밑줄은 필자)

〈그림4〉 아다치 긴코(安達吟光)의 「松崎大尉安城川勇戰圖」(1894년 작, 평택시청 박물관팀 소장)

〈그림5〉 요슈 치가노부(楊洲周延)의 「我兵安城川勇進之圖」(1894년 작, 평택시청 박물관팀 소장)

〈그림6〉 우다가와 구니치다(歌川國貞)의 「春木座新狂言 日本大勝利安城川の場」(1894년 작)

승리안성천마당(日本大勝利安城川の場)」(〈그림6〉) 등이 있다.

이처럼 청일전쟁 기록화에는 '안성천'을 표기한 것이 있지만, 앞에서 언급한 바와 같이 청일전쟁 당시 전투상보에는 '안성천'이라는 명칭은 보이지 않는다. 이에 비해 '안성도'에 대해서는 다음과 같은 보고가 있다.

> 7월 29일 영시 좌익대를 선발로 하여 소사장 야영지를 출발하여 청군의 좌측을, 우익대는 오전 2시경 소사장을 출발하여 3시 5분 안성도(밑줄 필자) 양 방향 약 700미터 촌락에 이르렀을 때 30미터 거리에서 청군의 사격을 받았고, 청군의 좌익을 돌파하여 4시 10분에 이르러 청군을 격퇴하였다.[26]

이 보고 내용은 혼성여단장 오시마가 성환전투를 마친 후 1894년 7월 30일 오후 3시 아산 야영지에서 인준한 것으로, 처음으로 '안성도'라는 지명을 사용하였다. 그런데 이보다 늦은 보고서 「혼성여단 전투상보」에는 '안성도'라는 표기가 없다. 즉 '소사장 고지에서 출발하여 도하한 후'라고 하여 직접적

〈그림7〉 요슈 치가노부(楊洲周延)의 「松崎大尉軍功を顕す圖」

26 「混成旅團報告 第二十號」, 1894년 7월 30일 오후 3시.

으로 안성도를 언급하지 않았다. 「혼성여단 전투상보」에 있는 지도(〈그림 2〉 참조〉)에도 안성도는 표기되어 있지 않다.

니시지마 보병 제11연대장이 보고한 「성환역 부근 청국병 막영 공격 및 전투시말의 잡건」에도 도섭장(渡涉場)의 유무를 정찰하였지만 '안성도'는 언급하지 않았다. 다만 '두 개의 하류를 건너서'라고 하였는데,[27] 이 두 개의 하류는 훗날 '안성천'이 되었다.

그리고 오늘날 안성천에 해당하는 하천은 '소사장 남방 하천', '깊은 진흙질의 개천과 도랑', 또는 "성환역 배후로 나가기 위해 하천 좌측 기슭을 따라"라고 하였듯이,[28] 「혼성여단 전투상보」에는 '안성천'이라는 명칭은 직접 사용하지 않았다. 이 밖에도 평택 일대에서 전개된 일본군의 전투상보에서는 '두 개의 흐르는 하천', '두 개의 하천', '소사장 남방 하천' 등으로 표기하였다.

〈그림8〉 고바야시 교치카(小林清親)의 「牙山激戰安城渡進擊之圖」
(1894년 작, 평택시청 박물관팀 소장)

27 西島助義 步兵 第十一聯隊長, 「成歡驛附近淸國兵幕營攻擊及ヒ戰鬪始末ノ雜件」.

28 「混成旅團戰鬪詳報」, 混成旅團報告 제21호,

이를 반영한 청일전쟁 기록화는 '안성도'로 표기하였다. 미즈노 토시카타(水野年方)의 「안성도대격전송기대위용맹(安城渡大激戰松崎大尉勇猛)」(〈그림10〉), 고바야시 교치카(小林清親)의 「아산격전안성도진격지도(牙山激戰安城渡進擊之圖)」(〈그림8〉), 미기다 토시히데(右田年英)의 「안성도격전아군대첩지도(安城渡ノ激戰我軍大捷之圖)」(〈그림9〉), 우다가와 구니치다(歌川國貞)의 「조선안성도격전지도(朝鮮安城渡ノ激戰之圖)」(〈그림10〉), 하세가와 요시노츠케(長谷川久義之助)의 「안성도근방돌격도(安城渡近傍突擊圖)」(〈그림12〉), 노부카즈(延一)의 「일본승리안성도지청병파(日本勝利安城渡之清兵ヲ破)」(〈그림13〉) 등이 있

〈그림9〉 미기다 토시히데(右田年英)의 「安城渡ノ激戰我軍大捷之圖」(1894년 작)

〈그림10〉 우다가와 구니치다(歌川國貞)의 「朝鮮安城渡ノ激戰之圖」
(1894년 작, 日清戦争錦絵美術館 소장)

〈그림11〉 미즈노 토시카타(水野年方)의 「安城渡大激戰松崎大尉勇猛」
(1894년 작, 평택시청 박물관팀 소장)

〈그림12〉 하세가와 히치요시노츠케(長谷川久義之助)의 「安城渡近傍突擊圖」
(1894년 작, 國立臺灣歷史博物館 소장)

〈그림13〉 노부카즈(延一)의 「日本勝利安城渡之淸兵ヲ破」
(1894년 작, 강덕상 편저, 『우키요에 속의 조선과 중국』, 일조각, 2010)

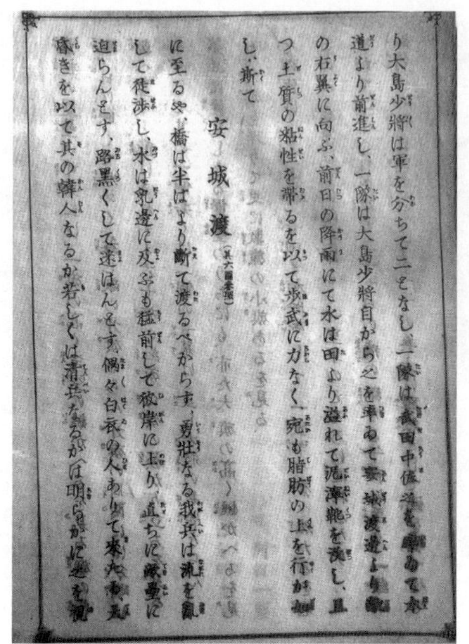

り大島少將は軍を分ちて二となし、一隊は武田中佐之を率ゐて[illegible]
道より前進し、一隊は大島少將自から之を率ゐて安城渡邊より[illegible]
の右翼に向ふ、前日の降雨にて水は田より溢れて泥濘靴を沒し、且
つ土質の粘性を帶るを以て歩武に力なく、宛も脂肪の上を行か[illegible]
し、漸て

安 城 渡 （其六圖參照）

に至るや、橋は半ばより斷て渡るべからず、勇壯なる我兵は流を亂
して徒渉し、水は乳邊に及ぶも猛前して彼岸に上り、直ちに敵壘に
迫らんとす、路黑くして迷はんとす、偶々白衣の人ありて來たれ[illegible]
[illegible]きを以て其の韓人なるか若しくは清兵なるかは明らかに之を[illegible]

〈그림14〉『日清戰爭繪』의 소제목 '안성도'

〈그림15〉『日清戰爭繪』의 그림 '안성도'

다. 이들 기록화는 1894년에 제작되었다.

앞에서 살펴본 바와 같이, 청일전쟁 직후 남겨진 기록화는 '안성도'와 '안성천'이 혼재하고 있는데, 이는 우키요에 화가의 인식에서 비롯된 것으로 판단된다. 이들 화가들은 현지를 실재 답사하고 기록화를 남긴 것이 아니라, 당시 신문 기사나 사진 등이 반영된 것이다. 소사장에 진지를 구축하였던 일본군이 하천을 건넜던 곳을 '안성도'라고 한 것을 반영하여 '안성천'이라고 쓴 것이라 할 수 있다. 이는 청일전쟁 직후 그려진 기록화에서 '안성도'라는 명칭을 더 많이 사용하였다는 점에서도 알 수 있다.

이와 같은 청일전쟁 기록화의 '안성도'는 이듬해 1895년 발행된 그림책 『일청전쟁회(日清戰爭繪)』에 반영되었다. 이 그림책에는 '안성도'를 본문의 소제목으로 사용하고 있을 뿐만 아니라 '안성도' 그림도 첨부하였다.(〈그림 14〉와 〈그림 15〉 참조)

또한 청일전쟁 이듬해인 1895년에 발행된 『회본통속정청군기(繪本通俗征清軍記)』에서도 다음과 같이 '안성도'를 반영하고 있다.

> 哨兵이 이미 素沙場을 출발하자 이어서 본군 및 좌우 2대도 素沙場을 떠나 마지막에 위생대의 일대가 출발하여 모두 대거 성환을 향했다. … 오전 2시경에는 무사히 중앙의 하류까지 도달했다. 이것이 즉 安常江(밑줄 필자)이다. 이 강에 渡橋가 있어 安常橋(밑줄 필자)라고 한다. 우리 좌우 양 날개가 무사히 安常渡(밑줄 필자)를 건너서 敵營 가까이 나가니 실로 오전 2시 30분 사방이 적막하다.[29]

29 多田省軒, 「松崎大尉安常渡に敵破る」, 『繪本通俗征清軍記』, 1895, 98-99쪽.

위의 기록에는 안성천이 아닌 '안상강(安常江)'으로, 안성도를 '안상도(安常渡)'로 각각 기록하고 있다. 이 기록은 청일전쟁 직후인 1895년에 작성된 것으로 아직 안성천과 안성도의 명칭이 정착되기 이전이기 때문에 안상강과 안상도로 각각 기록한 것으로 추정된다.[30]

이처럼 안성천이라고 기록된 것은 '安城渡の戰い(안성도의 전투)'라는 청일전쟁 당시 신문 보도의 영향이 컸다고 판단된다.[31] '안성도의 전투'가 널리 알려지게 된 것은 성환전투의 전초전인, 소사장의 남쪽 하천을 건너서 추팔리 일대 즉 기린동에서 마을 안쪽에 있던 청군의 사격으로 마쓰자키 나오미(松崎直臣) 대위가 전사하고 다수의 병사가 죽거나 다친 첫 전투였기 때문이다.

첫 전투 이후 우익대는 오른쪽으로 돌아서 청군을 공격하려고 하였으나 도키야마 슈조(時山龔造) 중위와 병사 22명이 갯벌에 발이 빠지는 바람에 하천에서 익사하였다.[32] 그렇지만 결국 성환전투에서 승리한 일본군의 전투상황을 보도하면서 '安城渡の戰い(안성도의 전투)'라는 표제를 게재하였고, '안성도'가 널리 알려지게 되었다.(〈그림 16〉 참조)

청일전쟁 직후 기록화와 1895년 발행된 청일전쟁 기록물에서 보인 하천은 1905년 참모본부에서 편찬한 『명치 27, 8년 일청전사』에서 '안성천'으로 표기하였다. 〈그림 16〉의 「가룡리 부근 전투 약도」에 의하면 지도 위쪽의 하천을

---

30 단순산 오자 가능성도 있다.

31 오타니 다다시 지음, 이재우 옮김, 『청일전쟁, 국민의 탄생』, 오월의봄, 2018, 110쪽.

32 7월 29일 전투에서 일본군 사상자는 다음과 같다. 부상자: 橋本昌世(보병 소좌), 竹下一清(보병 조장), 山根重太郎(보병 상등병), 渡邊久左工門(보병 일등병), 岩田保太郎(보병 일등병), 森永岩藏(보병 일등병), 磯部常左工門(보병 일등병), 龍下三次郎(보병 일등병), 綱本彦太郎(보병 일등병), 西村蔦吉). 전사자: 松崎直臣(보병 대위), 時山龔造(보병 중위), 原七四郎(보병 일등군조), 三井勝次郎(보병 2등군조), 大迫長太郎(보병 상등병), 水口俊道(보병 상등병), 阿部林吉(보병 상등병).

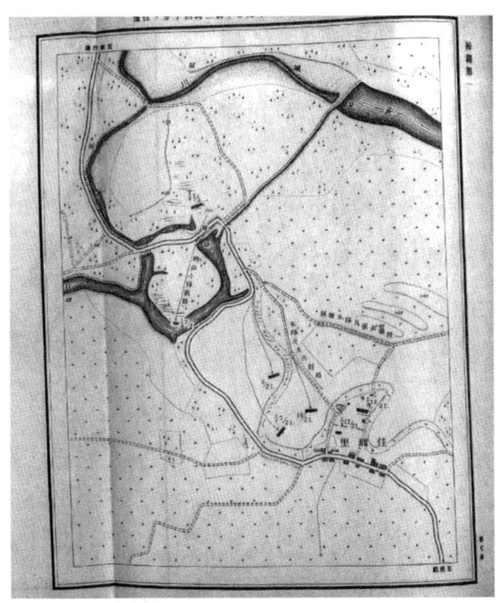

〈그림16〉 '安城渡の戰い'가 전개되었던 안성천 일대

'안성천'이라고 하였다.[33] 그렇지만 『명치 27, 8년 일청전사』 본문에는 안성천이라는 명칭은 없다.

> 우익대는 보병 제21연대 제12중대(중대장 대위 松崎直臣)를 전위(사령관 대위 山田一男, 제3대대장대리)로 삼았으며, 나머지 부대는 본대와 함께 19일 오전 2시경 소사장을 출발하여 은행정 고지로 향하여 전주가도를 전진할 때 마침 만조 시기여서 하천, 늪과 못이 크게 범람하여 도로와 논밭을 판별하면서 전진하기가 극히 곤란하였다. 첨병 제12중대 제2소대는 간신히 오전 3시 20분 가룡리 부근에 도달하였는데 갑자기 전방 약 30미터의 가옥과 가옥 사이에서 맹렬한 사격을 받았다. 곧바로 첨병은 현장에 엎드려 응전하였다. 약 10분간 교전 후

33 參謀本部 編纂, 『明治二十七八年 日淸戰史』, 1905, 挿圖 第一.

첨병장 야마다(山田) 소위는 부상하였고 마쓰자키(松崎) 대위는 적탄을 맞고 죽고 병졸 수명이 죽거나 부상을 입었다. 순식간에 본대는 첨병 오른쪽 후방에 이르러 함성을 지르며 전진하였다. 청군 과반은 본대를 향하여 사격을 하려고 하자 대기하고 있던 제12중대의 제1, 제3소대는 가룡리 북쪽 약 1백 미터에 이르러 사격을 개시하였다.[34]

위의 상보는 앞에서 언급하였던 평택 추팔리 후방 6백 미터에 있는 기린동에서의 전투 상황이다. 소사장을 출발한 우익대는 은행정을 향해 가는 도중 하천을 건너야 하는데, 도하하는 상황을 "마침 만조 시기여서 하천, 늪과 못이 크게 범람하여 도로와 논밭을 판별하면서 전진하기가 극히 곤란하였다"고 하였다. 이는 일본군이 건너야 하는 하천이었지만, '안성천'으로 표기하지는 않았다. 앞에서 언급한 바와 같이 〈그림 16〉의 지도에만 '안성천'을 표시하였다.

이와는 달리 성환전투와 관련된 지도 「혼성여단남진급작전지일람도(混成旅團ノ南進及作戰地一覽圖)」에는 안성천은 표기되어 있지 않으며, '안성도'만 표기되어 있다.(〈그림 17〉 참조)

〈그림 17〉에 의하면 일본군이 야영하였던 칠원역과 소사장, 일본군 독립지대가 진을 친 군물포와 계두진, 일본군이 건넜던 안성도, 첫 전투가 전개되었던 추팔리 등을 각각 표기하고 있다. 이에 비해 하천은 있지만 '안성천'이라고 표기는 하지 않았다. 〈그림 16〉과 〈그림 17〉을 비교해 보면 상세 지도라고 할 수 있는 〈그림 16〉에는 안성천이 표기되어 있지만, 전투 작전지도인 〈그림 17〉에는 표기되어 있지 않다. 이와는 달리 「성환부근전투도(成歡附近

34 參謀本部 編纂, 『明治二十七八年 日淸戰史』, 1905, 140~141쪽.

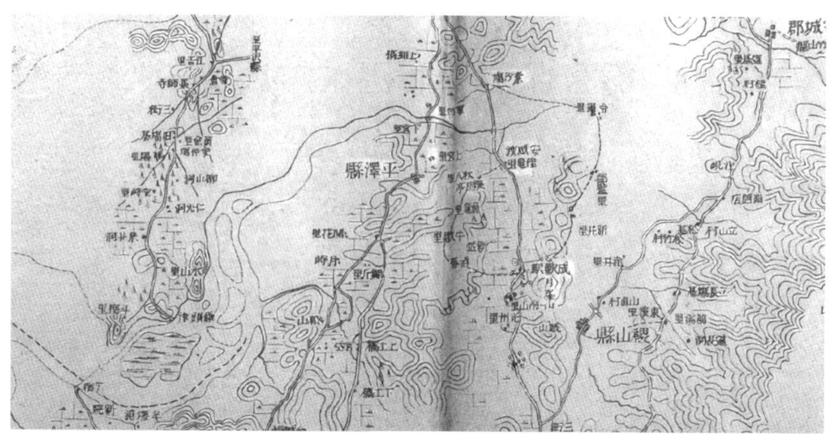

〈그림17〉『明治二十七八年日清戰史』의「混成旅團ノ南進及作戰地一覽圖」

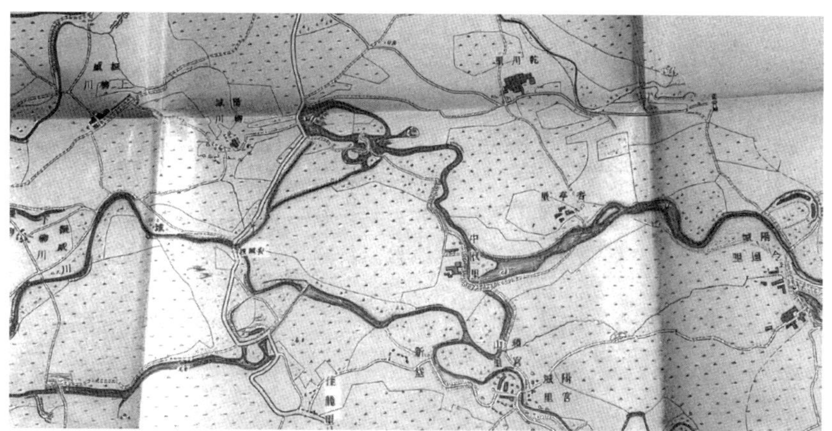

〈그림18〉『明治二十七八年 日淸戰史』의「成歡附近戰鬪圖」

戰鬪圖)」에는 '안성천'과 '안성도' 둘 다 표기되어 있다.(〈그림 18〉 참조)

한편 평택지역을 가로지르는 하천은 앞에서 언급한 바와 같이 영봉천, 남천, 소사하(소사천), 홍경천 등으로 불렀고, 1894년 오다 사이지로(大田才次郎)

가 편찬한 『신찬조선지리지(新撰朝鮮地理志)』[35]에는 경기도 하천과 관련하여 "한강, 임진강, 기타 (중략) 장호(천) 진위, 소사(천) 양성, 남천 안성 (중략) 등의 하천이 흐른다"[36]라고 하였는 바, 안성천과 관련된 기록이 없다. 안성천에 해당하는 하천은 진위현에서는 장호천, 양성현에서는 소사천, 안성군에서는 남천이라고 불렀다. 소사천은 소사하로 기록된 문헌도 적지 않았다.[37]

그리고 이 하천에는 소사교(素沙橋), 아교(牙橋), 주교(舟橋) 등 세 개의 다리가 있었다. 소사교는 소사원(素沙院) 앞, 아교는 소사원 남으로 5리로 직산 경계에, 주교는 소사원 북으로 5리에 각각 있었다.[38] 이들 다리를 이용할 수 없는 경우 다리가 있는 곳을 나루터로 활용하였다. 그중 하나가 '안성도'로 불려진 것으로 보이며, 소사장과 연결되며 성환으로 가는 아교로 추정된다. 다만 일본군이 성환으로 행군하기 위해 별도로 도장을 설치하였으며, 이를 '안성도'라고 불렀을 가능성도 없지 않다.

'안성천'이라는 하천명은 1900년 이후 사용되는 빈도수가 여러 차례 확인된다. 1904년 경부선 부설 당시 선로 공사장에서 발행하는 크고 작은 소요 사태를 조사하기 위해 파견된 다치다(立田) 경무의 복명서에는 "수원에서부터 오산·진위·평택·성환·천안 등을 거쳐 전의까지 약 180리 사이는 영등포에서부터 수원에 이르는 선로와 마찬가지로 평탄선으로서 이렇다 할 난공사도

---

35 『新撰朝鮮地理志』은 東藩紀要, 象胥紀聞, 朝鮮八域誌, 朝鮮賦, 大典會通, 抄事撮要, 高麗史, 懲毖錄, 朝鮮事情, 朝鮮見聞錄 등의 문헌과 한국 전문가의 의견을 참조하여 저술한 한국 지리 개론서이다.(남영우, 「일본 명치기의 한국지리 관련 문헌」, 『지리학』 28-1, 대한지리학회, 1993, 59쪽)

36 大田才次郎, 『新撰朝鮮地理志』, 博文舘, 1894, 69~70쪽.

37 矢津昌永, 『韓國地理』, 丸善, 1904, 163~164쪽; 田淵友彦, 『韓國新地理』, 博問閣, 1905, 286쪽; 足立栗園, 『韓國新地誌』, 積善館, 1910, 82쪽.

38 『양성읍지』, 1899.

없고 약간의 절취 공사와 몇 군데 가교(架橋) 공사가 있을 뿐이며 나머지는 축제(築堤) 공사이므로 거의 완성하였다. 다만 오산천·안성천(밑줄 필자)·천안천 등 2, 3곳의 가교공사가 아직 완성되지 않았기 때문에"라고[39]하였다. 이 외에도 1908년 「중추원 자료보고서」[40]와 일본 측에서 편찬한 지리지에서 '안성천'이라는 지명이 확인되고 있다.[41]

이와 같이 일본 측에 의해 명명된 안성도와 안성천은 앞에서 언급한 바와 같이 조선총독부가 1915년 하천 정비를 할 때 안성천으로 일원화되면서 확고하게 자리 잡게 되었다고 할 수 있다.[42] 이후 '안성천'이라는 하천명은 현재까지 유지되어 오고 있다. 이에 비해 '안성도'라는 지명은 청일전쟁과 관련된 기록 외에는 찾아볼 수 없다는 점에서 일본 측에 의해 일시적으로 호칭된 것이라 할 수 있다. 뿐만 아니라 청일전쟁에서 안성도의 의미는 일제는 기념과 기억의 공간이었으며, 이를 위해 관광 명소로 소개하는 등 적극 활용하였다.

일제는 철도 부설 이후 조선의 관광지를 소개하거나 안내하는 홍보 책자에서 평택역과 성환역, 또는 천안역을 설명할 때 반드시 청일전쟁에서 승전한 역사적 공간으로 '안성도 전투'를 소개하고 있다. 일제는 청일전쟁 육전의 서전이라고 할 수 있는 성환전투 전승과 이 전투에서 전사한 마쓰자키를 기리는 충혼비, 전승탑 등을 식민지 일본인을 위한 중요한 관광지로 소개하고

39 「立田 警部 복명서 진달의 건」(1904년 7월 16일), 『주한일본공사관기록(22)』; 국사편찬위원회 한국사데이터베이스 홈페이지(http://db.history.go.kr/)

40 국사편찬위원회 한국사데이터베이스(https://db.history.go.kr/)

41 吉田英三郎, 『朝鮮志』, 町田文林堂, 1911, 379쪽.

42 조선총독부 경기도, 『경기도 안내』, 1915, 79쪽; 藤戶計太, 『최신조선지리』, 경성일보사 대리부, 1918, 104쪽 및 281쪽; 日高友四郎, 『新編朝鮮地誌』, 조선홍문사, 1924, 371쪽; 특파원, 「燈下不明의 近畿 情形」, 『개벽』 47, 1924.5, 73쪽; 김태영, 『안성기략』, 동아인쇄소, 1925, 3쪽 및 8~9쪽.

활용하였다.

이 외에도 평택과 천안지역의 일본인들에게 충혼비와 전승탑은 일본인으로서의 영광을 재현하고 기억하는 공간이 되었다. 특히 평택지역의 일본인은 '평택선전가'에 청일전쟁 승전을 담아 자신들의 정체성을 확립하고자 하였다.[43] 이로 볼 때 안성천은 청일전쟁의 산물이며, 일본 측에 의해 의도적으로 명명되었던 것이다. 이와 관련하여 다음과 같은 평가가 있다.

> 안성도란 지명은 당시 청일전쟁의 격전장 중의 한 곳인 소사하(素沙河), 즉 오늘날 안성천(安城川)의 옛 지명이었던 한내(大川)를 일본의 전승을 기념하기 위해 개작한 지명이라고 하였다. 따라서 기존의 옛 문헌에도 없는 지명을 자신들의 전승을 기념하기 위해서 새롭게 만들어 의미를 부여하는 '의도된 문화경관(Intended Cultural Landscapes)'이라고 할 수 있다.[44]

4. 맺음말

이상으로 평택 일대에서 전개된 청일전쟁과 이를 기록한 문헌을 통해 안성천이 명명된 과정을 살펴보았다.

1894년 청일전쟁은 동학농민혁명을 진압하기 위해 조선 정부가 청국에 파병을 요청하면서 기인되었다. 호시탐탐 한반도에 출병할 구실을 찾던 일본

---

43 《조선신문》 1927년 8월 4일; 1928년 11월 8일; 1929년 1월 23일.

44 이병연, 『조선환여승람』, 보문사, 1929; 이병연, 백승명 외 역주, 『(역주)조선환여승람(상)-천안군편』, 천안문화원, 2005; 이행열, 「일제강점기 『조선명승시선(朝鮮名勝詩選)』에 나타나는 명승고적의 문화경관 연구-충청남도 천안을 사례로-」, 『한국전통조경학회지』 108(37-2), 한국전통조경학회, 2019, 49쪽.

정부는 동학군 진압이 아닌 자국민과 공사관을 보호한다는 명분으로 출병하였다. 일본군은 인천으로 상륙하여 왕궁이 있는 서울로 진격하였고, 7월 23일 경복궁을 불법으로 점령하면서 청일전쟁이 시작되었다. 7월 25일 서울을 출발하여 남진한 일본군은 수원을 경유하여 27일 진위, 칠원을 거쳐 소사장에서 야영하였다. 이날 칠원에서 일본군과 청군의 첫 전투가 있었다. 이 전투는 일본군 척후대와 청군 사이에 벌어진 총격전으로 평택 일대에서의 첫 전투이며 성환전투의 서전이라고 할 수 있다. 이어 일본군은 계두진과 군문리에도 진지를 구축하였다.

7월 29일 전개된 성환전투 중 평택 추팔리 북쪽 기린동에서 두 번째 전투가 시작되었다. 이 과정에서 일본군 측에서는 마쓰자키 대위가 전사하였고, 이어 소사장 남쪽 하천을 건너던 일본군은 만조와 갯벌로 인해 20여 명의 사상자가 발생하였다. 그렇지만 일본군은 결국 청군 공략에 성공하였고, 성환 월봉산에 주둔한 청군은 마침내 아산으로 퇴각하였다.

평택 일대는 일본군이 야영한 소사장, 일본군과 청군이 첫 총격전을 한 칠원, 일본군이 진지를 구축한 군문리와 계두진, 일본군과 청군이 전투한 추팔리 기린동, 그리고 일본군이 건너다 사상자를 낸 소사장 남쪽 하천 등의 청일전쟁 관련 현장이 있다. 그런데 평택 일대에서 전개된 전투 과정을 보고한 상보에는 '안성천'이 아니라 대개 '두 개의 흐르는 하천', '두 개의 하천', '소사장 남방 하천' 등으로 표기하였다.

청일전쟁과 관련하여 '안성천'을 기록하고 있는 것은 기록화 우키요에이다. 청일전쟁에서 일본군의 전투와 승리 장면을 기록한 우키요에는 일본에서 적지 않게 생산되었는데, 이들 기록화의 대부분은 '안성도'를 표제에 포함하였지만 일부는 '안성천'을 표제에 쓰기도 하였다. 기록화가 '안성도', '안성천'을 표제로 쓴 것은 '安城渡の戰い(안성도의 전투)'라는 당시 신문 보도의 영향이었다.

뿐만 아니라 1895년 발행된 그림책 『일청전쟁회(日清戰爭繪)』, 1905년에 편찬된 『명치 27, 8년 일청전사』에 반영되었다. 『명치 27, 8년 일청전사』 전투 과정의 기록에는 안성도와 안성천의 기록은 보이진 않지만 일부 지도에는 이를 표기하였다. 그렇지만 이들 기록에 안성천이라고 표기된 하천은 1900년대까지도 일본 측에서 발행한 지리지에는 여전히 '소사하'로 표기되었다.

청일전쟁 이후 1900년대까지 안성천, 소사하 등으로 각각 기록된 하천은 1914년부터 시작된 조선총독부의 하천 정비 과정에서 안성천으로 명명되었고, 이후 각종 문서와 기록을 통해 안성천으로 정착되었으며 현재에 이르고 있다. 조선총독부가 안성천으로 명명한 것은 육전 청일전쟁에서 첫 승리 즉 '安城渡の戰い(안성도의 전투)'의 표현의 영향으로 추정된다. 더욱이 '안성도'라는 지명은 청일전쟁과 관련된 기록 외에는 찾아볼 수 없다는 점에서 일본 측에 의해 작명된 것이라 할 수 있다. 뿐만 아니라 청일전쟁에서 안성도의 의미는 일제의 기념과 기억의 공간이었으며, 이를 위해 관광 명소로 소개하는 등으로 적극 활용하고자 하였다.

04
근대 스포츠의 수용과 평택지역의 체육활동

1. 머리말

한국(조선)에서 서구적 근대 스포츠의 수용과 발달은 강화도조약(1876)을 기점으로 한다. 그런 점에서 근대 스포츠는 한국 근대화 과정과 일정한 궤를 같이 하고 있다.[1] 개항 이후 우리나라가 우선적으로 해결해야 할 과제는 반봉건적 근대화와 반제반침략적 근대국가 체제의 확보에 있었다. 근대 스포츠의 도입은 근대화 과정에서 해결해야 하는 중요한 요소의 하나로 간주되었다. 따라서 한국(조선)에서의 근대 스포츠의 도입과 성장의 과정은 근대화와 민족주의적 의의를 동시에 지니고 있으며, 특히 신교육의 도입 과정과 맥을 같이 하고 있다.[2]

1895년 고종이 공포한 〈교육입국조서〉에 의하면 교육의 3대 기강 즉 덕양, 체양, 지양을 강조한 바 있다. 여기서 체양은 신체를 튼튼히 하며 무병해야 한다는 것으로 '체력의 양성'을 교육의 중요한 목표 중 하나로 삼았던 것이다. 근대체육 도입은 약육강식의 경쟁적 세계에서 국가를 부강하게 하려는 현실 인식도 적지 않은 영향을 미쳤다. 대표적인 것이 병식체조이다.[3]

---

1 근대체육에 대해서는 이학래, 『한국근대체육사연구』, 지식산업사, 1990; 이학래, 『한국체육사연구』, 국학자료원, 2003을 참조할 것,

2 『한국사』 45(신문화운동 I), 국사편찬위원회, 2000, 365쪽.

3 이에 대해서는 나순성, 「한말 학교체육의 발전과정에 대한 고찰」, 『숙명여자대학교 논문집』 10, 숙명여자대학교, 1970년을 참조할 것. 병식체조는 1895년 최초의 학제공포 이후 1909년 학교령 개정 공포까지의 사이에 학교체조의 중심이었다. 체조의 내용은 대열행진,

근대 이전에 우리에게 스포츠가 없었던 것은 아니다. 전통적인 경기는 농한기나 각종 명절을 중심으로 전개되었는데, 대부분 민속적인 측면과 심신단련의 측면으로 진행되어 왔다. 씨름, 그네타기, 널뛰기, 윷놀이, 연날리기, 석전놀이, 죽마놀이, 썰매타기, 팽이치기, 자치기, 제기차기, 공차기 등이 농촌이나 일반 사회에서 행해졌다. 이와는 달리 지배층은 격구, 토호, 쌍육, 기국, 격봉 등이 오락을 겸한 체육 활동으로 행해졌다. 유학자들은 심신단련을 위해 체조를 하는가 하면 활인심방 등을 실시하기도 하였다. 이러한 전근대의 체육은 고래의 전통적 오락 내지 유교적 교육관의 테두리를 벗어나지 못하였다.

본고에서는 우리나라에서의 근대 스포츠의 수용과 일제강점기 평택지역에서 전개되었던 체육활동에 대하여 살펴보고 평택지역에서 기능의 경합, 근대적인 체육활동이 어떻게 확산되었는지를 조명하고자 한다. 이를 위해 당시 간행된 신문 기사를 주로 활용한다.

2. 스포츠단체 조직과 운동회 개최

우리나라의 근대 스포츠는 19세기 중엽 개항 이후 근대화의 물결 속에서 형성되기 시작하였다. 1895년 신교육 제도가 실시되면서 체육이 학교 제도 속에서 체계적으로 수용되어 발전하였는데, 1896년 외국어 학당이 설립되면서 외국인 교사들에 의해 축구를 비롯한 근대 스포츠가 학생들에게 소개되었다. 국내에서 최초로 열린 근대 스포츠 행사는 1896년 5월 2일 서울 삼선평

집총교련, 구보 등이었다.

영어학교에서 개최한 육상경기였다.[4] 그리고 이듬해 1897년 4월 서울 관공립 소학교 학생 1천여 명이 훈련원에 모여서 대운동회를 개최한 바 있다.[5] 이를 계기로 대부분의 학교에서 운동회가 열렸다. 운동회는 한 학교 내에서만 진행되지 않고 연합운동회로까지 발전하였다. 당시 운동회는 사회체육으로서의 의미가 강하였다.

平澤脚戱大會 平澤市

民主催로 陰七月十五日부터 八月五日까지 每市日마다 脚戱大會를 開催한다는데 賞品은 黃牛二頭外에 副賞品이 多하다 하며 初日인 去十五日부터 觀衆이 無慮數千에 達하야 頗히 大盛況을 呈한다

〈그림1〉 평택시민 주최로 개최된 씨름대회 기사 (《동아일보》 1927년 8월 17일)

이러한 운동회는 근대적 체육을 일반에게 널리 보급하는데 크게 기여하였으며, 민족적 위기를 맞아 민족의식의 각성과 근대적 의식을 계몽하는 기능도 담당하였다. 이러한 흐름은 일제강점기에도 그대로 이어졌다. 일제강점기 1920년 7월 13일 조선체육회[6]가 발족하고 '제1회 조선정구대회'[7]를 시작으로 1929년 '전조선종합경기대회'를 열었고, 지방에서의 체육활동도 활기를 띠어 체육단체가 속속 조직되었을 뿐만 아니라, 각 지역의 청년회는 거개가 체육부를 두어 다양한 체육대회 등을 개최하였다.

4 이학래, 앞의 책, 101쪽; 『개항 100년 연표 한미수교 100년사』, 637쪽; 국사편찬위원회 한국사 데이터베이스 근대사연표 1896년조.

5 『고종시대사』 4; 국사편찬위원회 한국사 데이터베이스 근대사연표 1897년조.

6 한말 체육단체로는 대한체육구락부, 황성기독청년회 운동부, 대한국민체육회, 대동체육구락부, 대한흥학회 운동부, 소년광창체육회, 체조연구회 등이 있었다. 일제강점기 들어 일본인들이 중심이 되어 1919년 2월 18일 조선체육협회를 창립하였으며, 조선인 중심으로는 1920년 7월 13일 조선체육회를 창립하였다.

7 《동아일보》 1921년 6월 25일자. 제1회 정구대회는 경성 명치정 동순테니스코트에서 7월 1일부터 3일까지 개최하기로 하였으나, 연기되어 10월 15일부터 18일까지 보성고등보통학교에서 개최되었다.

이 과정에서 전통놀이 중이 하나였던 씨름은 '각희대회(脚戲大會)'라는 이름의 근대적 스포츠로 새롭게 변신하였다. 평택지역도 각희대회가 추석 등 명절 때면 늘 하는 행사였으며, 전시체제기인 1943년 10월 8일 경방단원의 체력향상과 심신단련을 도모하기 위해 씨름대회를 가진 바 있다.[8]

그렇다면 일제강점기 평택지역에서는 언제부터 스포츠 단체가 조직되었으며, 체육활동을 전개하였을까? 평택지역에서 근대 스포츠와 관련된 최초의 기록은 야구부[9]의 조직이었다. 야구는 서양의 대표적인 근대 스포츠이지만 일찍이 평택에 수용되었다. 1917년 3월 평택지역 청년들은 신체를 건강하게 할 목적으로 야구부를 조직하려는 움직임이 있었다. 야구부 조직을 위해 뜻있는 사람들의 찬성과 의연을 모집하는 한편 세칙을 만들고 임원을 선발하고자 하였다.[10] 그리고 이해 5월 27일에 진위청년체육구락부에서 운동회를 개최한다는 예고 기사가 있었다.[11] 이로 볼 때 야구부는 조직되지 않았지만 대신 체육구락부가 조직되지 않았을까 하는 추측을 할 수 있다. 이를 계기로 평택지역에 크고 작은 운동회가 개최되었다. 당시 운동회는 학교, 조합, 면, 관공서, 청년단체 등이 참가하였다. 이는 단순한 운동회가 아니라 지역의 축제이자 중요한 사회적 행사였다.

운동회나 체육행사는 대체로 연례행사로 개최되었다. 그렇기 때문에 해마

---

8 《매일신보》 1943년 10월 10일자.

9 우리나라에는 1905년 미국인 선교사 질레트(P. Gillett)에 의해 야구가 처음 소개되었다. 당시 선교사로 온 미국인 질레트가 황성기독청년회(현재의 YMCA) 회원들에게 야구를 가르친 것이 그 시초이다. 우리나라에 야구가 소개된 지 12년만인 1917년, 당시 널리 알려진 스포츠가 야구였다는 점에서 평택에도 야구가 보급되었음을 보여준다는 데 큰 의미가 있다. 그렇지만 이보다 앞서 평택지역도 근대 체육 종목이 적지 않게 보급되었을 것으로 추정된다.

10 《매일신보》 1917년 3월 17일자.

11 《매일신보》 1917년 5월 27일자.

다 5월이나 10월이면 운동회와 체육행사에 관한 기사가 유난히 많다. 그렇다고 당시의 운동회나 체육행사가 모두 기사화되지는 않았다. 평택지역도 운동회가 많았지만, 실제 기사화된 것은 그리 많지 않았다. 당시 신문기사를 통해 평택지역 체육활동을 살펴보면 다음과 같다.

1920년대는 일제 식민 당국의 지배 체제의 기조가 무단통치에서 문화통치로 전환되면서 사회적 활동이 활발하게 전개되었다. 이러한 분위기에 체육활동 또한 거창하게 진행되는 경우가 적지 않았다. 평택에서는 '찬란 굉장'한 대규모의 운동회가 1920년 5월 2일 평택곡물매매조합 주관으로 개최되었다. 물론 이전에도 운동회가 있었을 것으로 추정되지만, 당시 기사로 볼 때 공식적으로는 첫 운동회였다. 당시《매일신보》에 게재된 내용은 다음과 같다.

> 當地 穀物賣買組合 主幹으로 今 五月 二日 日曜 日暖風和하고 柳綠花明 陽春佳節을 卜하여 一般 官民 及 普通 尋常 兩校 生徒와 聯合으로 普通學校 運動場에서 運動會를 開催하였다는데, 本會의 諸般 設備와 賞品 等의 豐足은 勿論 組合으로부터 全部 擔當한다 하며, 此에 伴하여 學父兄 諸位 及 有志者 李成烈 徐丙稷 鄭鶴謨 氏等의 發起로 左記 金額을 損出하여 普尋 兩校에 運動器具 一式을 購買 贈呈하였다 하니, 有志者 諸氏의 公益熱은 感服할 바이오. 又 組合의 誠意는 尤히 艶羨할지로다. 當日 會場의 華麗한 裝飾을 加하여 燦爛宏壯을 助함은 勿論이오 京城으로 一流의 樂隊를 招聘하여 嶄新奇節한 數百種의 科目으로 空前絶後의 大盛況을 呈할 터이라더라.[12]

위의 인용문에 의하면, 운동회는 관내 관민뿐만 아니라 평택공립보통학교

12《매일신보》1920년 5월 2일자.

와 평택심상소학교 두 학교 학생 연합으로 보통학교 운동장에서 개최되었다. 운동회를 주관한 곡물매매조합은 운동회와 관련된 제반 설비와 상품 등을 전담하였으며, 학부형과 이성렬, 서병직(徐丙稷), 정학모(鄭鶴謨) 등은 의연금을 모아 보통학교와 심상소학교에 운동기구 일체를 기부하였다. 운동회가 개최된 이날 후원금은 689원에 달하였다.[13] 또한 이날 운동장은 만국기를 걸고 화려하게 장식하였으며, 말 그대로 찬란 굉장하였다. 뿐만 아니라 서울에서 유명한 악대까지 초빙하였는데 평택에서는 처음 보는 대행사였다고 평가하였다.

운동회는 1920년대 중후반까지 거의 해마다 개최되었다. 1921년에는 5월 15일,[14] 1922년에는 5월 7일,[15] 그리고 1923년에는 5월 13일[16]에 연합운동회

---

13 당일 운동회에서 기부금 명단은 다음과 같다. 李圭泰 1백원, 徐丙稷 50원, 李成烈 30원, 鄭鶴謨 30원, 南泰熙 30원, 李河善 20원, 金烱哲 20원, 金鎭圭 20원, 徐相馥 20원, 安鍾哲 20원, 金文煥 20원, 成周漢 20원, 崔漢肯 20원, 韓禹教 10원, 李弘商 10원, 吳壽泳 10원, 徐相浩 10원, 韓明錫 10원, 李晋善 10원, 鄭成教 10원, 李學峻 10원, 申贊雨 10원, 森賢吉 10원, 朴進謙 10원, 南相殷 20원, 朱榮煥 5원, 崔華燮 5원, 睦俊相 5원, 禹兢夢 5원, 尹錫東 5원, 高崎房吉 10원, 尹應九 5원, 李德相 5원, 閔光植 5원, 韓允教 5원, 柳現 10원, 崔承烈 5원, 徐丙復 5원, 徐丙德 5원, 李時英 5원, 金商國 5원, 李鍾九 10원, 申舜浩 5원, 朴鳳鎭 5원, 李漢圭 2원, 三苫磯介 3원, 濱田源 3원, 金熙敬 3원, 李圭翰 3원, 梅村由吉 3원, 金學奎 2원, 柳昌樓 30원.

14 《매일신보》 1921년 5월 4일 및 5월 18일자. 기사의 내용은 다음과 같다. "去 十五日 日曜는 舊曆 四月 八日에 浴佛日이오 平澤公立普通學校 校舍 一部의 落成日이라. 當日 同校 運動場 構內에서 當地 青年團과 聯合大運動會를 開催하였는데, 早朝에 青年團 一行 八十名은 樂隊를 先頭로 하고 自動車 六隊를 分乘하여 運動會場을 向할 새, 附近 沿路에 殺到하는 男女 觀覽客은 人山人海를 成하여 頗히 大混雜을 成하였으며, 運動會場에는 燦爛한 萬國旗와 宏傑한 天幕은 人의 情神을 恍惚케 하며 衝天하는 煙火聲과 瀏랑喨하는 奏樂聲裏에 嶄新奇援한 165鍾의 科目으로 空前絶後에 大盛況을 呈하였는데, 當日 觀光 男女는 約 一萬人 以上에 達하였고, 平澤 開基 以後 初有에 大集會이라더라."(《매일신보》 1921년 5월 18일)

15 《동아일보》 1922년 5월 14일자. 기사의 내용은 다음과 같다. "平澤公立普通學校에서는 本月 七日 即 日曜日을 利用하여 春季大運動을 開催하였는데, 當日 一般學父兄과 多數 來賓이 有하여 盛況을 이루었다더라."

16 《조선일보》 1923년 5월 16일자.

를 개최하여 평택 지역 전체가 들썩이는 지역 축제로 체육활동이 지속되었다. 1924년 5월 27일에는 안중공립보통학교에서 제1회 춘계대운동회를 개최하였다. 이날 운동회는 4, 5천 명의 지역민이 참여한 가운데 40종목의 경기가 열렸으며, 군수 최익하와 경찰서장 쓰가노(菅野芳松)의 '체육장려와 근학'이라는 훈사도 있었다.[17]

1924년 6월 3일에도 대규모의 운동회가 개최되었다. 당시 운동회는 진위군청이 주최하였는데 평택공립초등학교, 평택심상소학교, 안중공립보통학교, 서정리공립보통학교, 봉남공립보통학교 등 5개 학교의 연합으로 평택역 철도 부지에서 개최되었다. 비용은 군청에서 60원, 진위청년회에서 40원, 상인들이 60원, 일본인들이 40원, 평택공립보통학교 학부형이 30원 등 모두 230원이 소요되었다. 진위청년회가 운동장을 7일간 정비하였고, 관람객이 인산인해를 이룬 대성황이었다. 뿐만 아니라 경기에 참가한 선수만 1천 5백 명이나 되었다는 것은 평택지역의 가장 대표적인 체육행사였다고 할 수 있다. 당시의 운동회 상황은 다음과 같다.

> 振威郡廳의 主催와 振威青年會의 後援으로 平澤, 安仲, 西井里, 鳳南, 尋小 聯合大運動會는 지난 三日 平澤驛 前 廣場에서 열리었는데, 各校에서 出陣한 男女 兒童 一千 五百餘 名에 達하였고, 定刻에 이르러 會長 崔益夏 氏의 開會辭가 마치자 兒童의 競技는 徒步競技를 비롯하여 順序대로 進行하여 結局 優勝旗는 西井里公普校로 돌아갔으며, 뒤를 이어 振威青年團 徒步 自轉車 빵食 競走 滋味있는 競技와 來賓 中 青北里 日新講習院의 競走가 畢한 後 午後 四時

17 《동아일보》 1924년 5월 30일자.

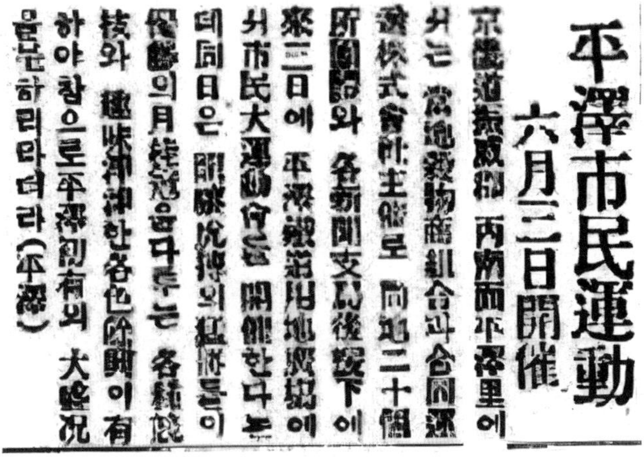

平澤市民運動
六月三日開催

京畿道振威郡丙南面平澤里에서는 穀物商組合과 合同運送株式會社主催로 同地二十個所團體와 各新聞支局後援下에 來三日에 平澤鐵道用地廣場에서市民大運動會를 開催한다는데同日은 [illegible]등이 優勝의 月桂冠을다투는 各種競技와 趣味津津한 各色餘興이 有하야 참으로平澤初有의 大盛況을呈하리라더라(平澤)

〈그림2〉 평택 시민운동회 기사(《동아일보》 1928년 6월 1일)

半에 閉會하였다고[18]

이외에 일제강점기에 개최되었던 운동회를 보면 다음과 같다. 1925년 10월 4일 평택공립보통학교에서 열린 추기대운동회는 6백여 명의 학생이 참가한 가운데 50여 종의 경기가 진행되었으며, 5천여 명의 관중이 모였다.[19] 1928년 6월 3일에는 평택곡물상조합과 합동운송주식회사에서 주최하고 20여 개의 단체와 각 신문사가 후원하여 평택역 철도부지 광장에서 시민대운동회를 개최한 바 있다.[20]

1931년 만주사변 이후 전시체제기가 엄중하였지만 운동회는 지속적으로

18 《동아일보》 1924년 6월 6일자.
19 《동아일보》 1925년 10월 7일자.
20 《동아일보》 1928년 6월 1일자.

개최되었다. 1932년 9월 18일 평택공립보통학교에서 추계대운동회를 개최하였으며,[21] 1935년 5월 5일 진위군교육회 주최로 진위군 1면 1교 완성을 축하하는 연합대운동회를 개최하였는데, 11개교가 참가하여 성황리에 마쳤다.[22] 1940년 11월 3일에는 평택군과 평택체육회가 주최하고 매일신보 평택지국의 후원으로 성동소학교에서 평택연합체육대회를 개최하였다. 당시 운동 종목에 참가한 선수는 500여 명, 관람객은 3천여 명이나 되었다.[23] 1941년에는 9월 29일 추계운동회[24]와 10월 5일 제2회 평택군민체육대회[25]를 가진 바 있다. 1942년 10월 18일에도 평택군 체육진흥회(회장 瑞原 평택군수) 주최로 성동국민학교에서 체육연성대회를 개최하였는데, 40여 종의 경기에 관람객은 인산인해를 이루었다.[26]

이처럼 평택에서 개최한 운동회는 대부분 관 주도로 체육대회가 개최되었다는 한계가 있다. 1921년 5월 15일 개최된 운동회의 경우 군수 주영환은 관내 유지 이성렬, 유창근, 신찬우, 이학준, 성주한 등을 초치하여 운동회 계획과 경비를 지원하는 것을 논의한 바 있으며,[27] 1924년에 개최한 운동회도 군청에서 주최하였다.[28] 전시체제기가 형성된 이후에는 평택군청과 관변단체라고 할 수 있는 평택체육회가 주관하였다.

또 하나 관심의 초점은 일제강점기 평택지역 운동회 개최에 적극 후원하

21 《동아일보》 1932년 9월 15일자.
22 《동아일보》 1935년 4월 18일자.
23 《매일신보》 1940년 10월 25일자; 1940년 11월 10일자.
24 《매일신보》 1941년 10월 3일자.
25 《매일신보》 1941년 10월 8일자.
26 《매일신보》 1942년 10월 25일자.
27 《매일신보》 1921년 5월 4일자.
28 《동아일보》 1924년 6월 6일자.

고 참여한 지역 유지들은 어떤 인물인가 하는 점이다. 이하에서는 이들의 지역적 역할을 살펴보고자 한다. 앞서 살펴보았듯이 운동회를 개최하는 데 적극 주도한 인물은 이성렬, 유창근, 신찬우, 이학준, 성주한, 서병직, 정학모 등이다.

먼저 이성렬은 병남면 평택리에 거주하는 유지로[29] 평택발전회 협의원,[30] 동아일보 평택지국 고문,[31] 평택합동운수(주) 사장,[32] 평택상사(주) 이사,[33] 계인조합 설립,[34] 평택제방 신축 위원,[35] 평택금융조합 감사[36] 및 평의원,[37] 진위군농회 특별의원,[38] 평택대행영업소 주임,[39] 평택상업조합장,[40] 평택면협의원,[41] 평택공립보통학교 증급기성회 고문,[42] 평택상공회 창립 역원,[43] 국민정신총동원 평택연맹 참여,[44] 경제통제협력회 상임위원,[45] 평택군농회 특별의

29 《동아일보》 1921년 3월 27일자.
30 《매일신보》 1919년 11월 5일자.
31 《동아일보》 1928년 1월 14일자.
32 《조선신문》 1929년 1월 22일자.
33 「한국근현대회사조합자료」; 국사편찬위원회 한국사데이터베이스.
34 《동아일보》 1927년 4월 23일자.
35 《조선신문》 1926년 6월 7일자.
36 《조선신문》 1929년 4월 17일자; 《경성일보》 1929년 4월 17일자.
37 《조선신문》 1931년 4월 24일자.
38 《경성일보》 1929년 4월 18일자.
39 《조선신문》 1932년 6월 2일자.
40 『조선신보』 1933년 1월 9일자.
41 《조선중앙일보》 1935년 5월 29일자.
42 《조선중앙일보》 1936년 2월 23일자.
43 《매일신보》 1938년 7월 12일자.
44 《매일신보》 1938년 7월 7일자.
45 《매일신보》 1942년 5월 28일자.

원,[46] 평택협찬회 평의원,[47] 진청학원 학부형회 고문[48] 등으로 활동하였으며 평택역 앞 시장통에서 주단과 포목을 취급하는 대성상회[49]·이성렬상점[50]을 경영하였다. 이 외에도 관변단체인 진위청년단 발단식에서 축사를 하기도 하였다.[51] 1937년 10월에는 차남 결혼비용을 절약한 70원을 평택방공감시초원의 위문금으로,[52] 또 이 무렵에 국방헌금 3백 원을 별도로 헌납하였다.[53] 그렇지만 지역 궁민(窮民)을 위한 구휼 활동도 적지 않게 한 것으로 보인다.[54]

성주한은 진위청년회 경리부장,[55] 평택발전회 서기,[56] 동아일보 평택지국 고문,[57] 상업조합 곡물부 주임,[58] 평택제방신축시민회 위원,[59] 안성천개수속진기성회 실행위원,[60] 평택면협의원,[61] 평택공립보통학교 증급기성회 상임위

---

46 《매일신보》 1941년 5월 16일자.
47 《경성일보》 1924년 11월 19일자.
48 《매일신보》 1942년 5월 6일자. 당시 이성렬은 창씨를 하였는데, '赤城成烈'이라고 하였다.
49 《조선신문》 1927년 6월 5일자; 1929년 1월 22일자.
50 《조선신문》 1934년 1월 1일자.
51 《조선신문》 1935년 12월 27일자.
52 《매일신보》 1937년 10월 9일자.
53 《매일신보》 1937년 8월 3일자. 이해 9월 10일에는 국방헌금 100원을(《매일신보》 1937년 9월 15일), 1940년 1월 황군장병 위로금 500원(《매일신보》 1940년 1월 23일)을 냈다.
54 《동아일보》 1921년 3월 27일자; 1940년 2월 6일자; 《조선중앙일보》 1934년 2월 14일자; 《매일신보》 1920년 2월 21일자; 1922년 8월 20일자; 1940년 1월 23일자.
55 《매일신보》 1921년 6월 26일자.
56 《매일신보》 1919년 11월 5일자.
57 《동아일보》 1937년 10월 20일자.
58 《조선신문》 1927년 6월 5일자.
59 《조선신문》 1926년 6월 7일자.
60 《조선신문》 1931년 8월 20일자.
61 《조선중앙일보》 1935년 5월 29일자.

원,[62] 평택축우증식조합 평의원,[63] 평택미곡상조합 이사장,[64] 평택상공회 창립 역원,[65] 국민정신총동원 평택연맹 이사,[66] 진위군농회 역원,[67] 평택협찬회 평의원[68] 등으로 활동하였다.

유창근은 병남면 평택리에서 양조장을 운영하였으며[69] 평택발전회 협의원,[70] 진위청년회 부회장,[71] 병남면장,[72] 경기도 평의원(평택),[73] 평택자동차운수(주) 감사,[74] 동아일보 평택분국장[75] 및 지국장[76] 등으로 활동한 지역 유지이다. 신찬우는 청북면에 거주하였으며 대동법률전문학교를 졸업한 후[77] 평택발전회 부회장,[78] 진위청년회 회장,[79] 조선소작인상조회 진위지회 이사,[80] 진위군농회 통상의원,[81] 평택군농회 통상의원,[82] 평택축산동업조합 평의원,[83] 청

62 《조선중앙일보》 1936년 2월 23일자.
63 《조선신문》 1930년 9월 21일자.
64 《조선신문》 1932년 1월 30일자.
65 《매일신보》 1938년 7월 12일자.
66 《매일신보》 1938년 7월 7일자.
67 《매일신보》 1933년 6월 1일자.
68 《경성일보》 1924년 11월 19일자.
69 《매일신보》 1927년 10월 30일자.
70 《매일신보》 1919년 11월 5일자.
71 《매일신보》 1921년 6월 26일자.
72 《조선신문》 1927년 6월 5일자.
73 《조선신문》 1926년 12월 31일자.
74 《조선신문》 1930년 2월 13일자.
75 《동아일보》 1920년 5월 8일자.
76 《동아일보》 1926년 7월 9일자; 1927년 11월 24일자.
77 《황성신문》 1910년 4월 30일자.
78 《매일신보》 1919년 11월 5일자.
79 《매일신보》 1921년 6월 26일자.
80 《매일신보》 1922년 5월 27일자.
81 《경성일보》 1929년 4월 18일자.
82 《매일신보》 1941년 5월 16일자.
83 《조선신문》 1932년 1월 30일자.

북면장,[84] 진위군농회 역원[85] 등으로 활동하였다. 이학준은 평택발전회 협의원,[86] 평택협찬회 부회장,[87] 평택제방신축시민회 위원[88]을 지내고 평택역 앞에서 평이상회(平二商會)를 운영하였다.[89] 서병직은 평택발전회 협의원,[90] 정학모는 평택발전회 회계,[91] 평택곡물무역상회 부회두[92] 등으로 활동하였으며 '평택 미곡계의 원조'라고 불렸다. 이들은 대부분 상당한 재력을 소유한 평택의 유력자들로 알려졌으며, 운동회뿐만 아니라 경제계에서도 큰 역할을 하였다.

위에서 살펴본 평택지역 운동회에 적극 참여한 지역 유력자들의 사회 활동 이력을 정리하면 〈표1〉과 같다.

〈표1〉 평택지역 운동회 지원 유력자 사회 활동 이력

이름	주요 경력	비고
이성렬	평택발전회 협의원, 동아일보 평택지국 고문, 평택합동운수(주) 사장, 평택상사(주) 이사, 계인조합 설립, 평택제방신축시민회 위원, 평택금융조합 감사 및 평의원, 진위군농회 특별의원, 평택대행영업소 주임, 평택상업조합장, 평택면협의원, 평택공립보통학교 증급기성회 고문, 평택상공회 창립 역원, 국민정신총동원 평택연맹 참여, 경제통제협력회 상임위원, 평택군농회 특별의원, 평택협찬회 평의원, 진청학원 학부형회 고문	평택리 거주, 대성상회, 이성렬상점 경영, 궁민 구휼, 국방헌금 헌납
신찬우	평택발전회 부회장, 진위청년회 회장, 조선소작인상조회 진위지회 이사, 진위군농회 통상의원, 평택군농회 통상의원, 평택축산동업조합 평의원, 청북면장, 진위군농회 역원	청북면 거주, 대동법률학교 졸업
유창근	평택발전회 협의원, 진위청년회 부회장, 병남면장, 경기도 평의원(평택), 평택자동차운수(주) 감사, 동아일보 평택 분국장 및 지국장	양조장 경영

84 《조선신문》 1930년 2월 13일자.
85 《매일신보》 1933년 6월 1일자.
86 《매일신보》 1919년 11월 5일자.
87 《경성일보》 1924년 11월 19일자.
88 《조선신문》 1926년 6월 7일자.
89 《조선신문》 1930년 2월 13일자.
90 《매일신보》 1919년 11월 5일자.
91 《매일신보》 1919년 11월 5일자.
92 《매일신보》 1921년 8월 7일자.

성주한	진위청년회 경리부장, 동아일보 평택지국 고문, 상업조합 곡물부 주임, 평택제방신축시민회 위원, 안성천개수속진기성회 실행위원, 평택면협의원, 평택공립보통학교 증급기성회 상임위원, 평택축우증식조합 평의원, 평택미곡상조합 이사장, 평택상공회 창립 역원, 국민정신총동원 평택연맹 이사, 진위군농회 역원	
이학준	평택협찬회 부회장, 평택제방신축시민회 위원,	평택리 거주, 평이상회 운영
서병직	평택발전회 협의원	
정학모	평택발전회 회계, 평택곡물무역상회 부회두	평택미곡계 원조

3. 지역을 넘어선 체육활동—정구대회와 얼네공 대회 등

체육활동은 지역을 넘어선 다른 지역과 연합대회를 개최하거나 단일종목의 전국대회를 개최하기도 하였는데, 평택에서도 지역별 또는 전국대회를 개최하였다. 평택에서 지역을 넘어서 개최한 체육활동의 대표적인 것은 정구대회이다. 당시 구기 종목 경기 중 정구가 전국적으로 인기가 높았다. 평택에도 정구구락부가 만들어졌고 인근 지역과 많은 교류 시합을 갖는 등 정기적인 정구대회를 개최하였다. 우선 1921년 7월 3일 평택, 안성, 천안, 인천 등 4개 지역 정구단이 참여하는 연합정구대회를 개최하였다. 당시 상황은 다음과 같다.

> 安城, 平澤, 天安, 仁川 四個 庭球團에서는 本月 三日(日曜)을 卜하여 平澤尋常小學校 運動場에서 聯合庭球大會를 開催하였는데, 安城團에서는 田基說 羅壽元 尹泳穆 金魯黙 外 六名이오, 當地 靑年 有志諸氏 五十餘名은 應援키 爲하여 李源翊 氏 引率 下에, 또 本社 安城分局 總務 及 記者團 一行은 同日 午前 七時 自動車를 驅하여 平澤에 往하였고, 午前 十一時에 到하여 開會하고 終日 勝負를 爭하되 午後 六時에 至하기까지는 雌雄을 未決하다가 最後에 至하여

仁川組 一行과 決戰한 바, 多幸히 安城側에서 勝捷하였고, 然後에 賞品授與式을 行하고 平澤側에서 主客을 慰問하는 宴會에 列하여 交歡하고 午後 七時 半頃에 散會 歸鄕하였더라.[93]

평택심상소학교 운동장에서 처음으로 개최한 연합정구대회는 안성정구단과 인천정구단이 결승에서 맞붙어 안성정구단이 우승하였다. 이날 안성정구단은 청년 50여 명과 매일신보 안성분국 임원들이 현장까지 와서 응원할 정도로 열성적이었다. 평택정구단은 안성정구단과 경기하였지만 패배하였다.[94]

평택정구구락부는 연합정구대회 참가에 이어 7월 30일 안성정구단과 시합하였다. 안성정구단은 안성공원에 정구장을 신설하며 이를 기념하는 발회식을 갖고 평택정구단을 초청하여 친선경기를 가졌다.[95] 계속해서 평택정구단은 7월 31일 천안에서 개최한 연합체육대회에 참가하였다.[96] 이후 평택정구구락부는 평택정구회로 명칭을 변경하였다. 언제 개명하였는지는

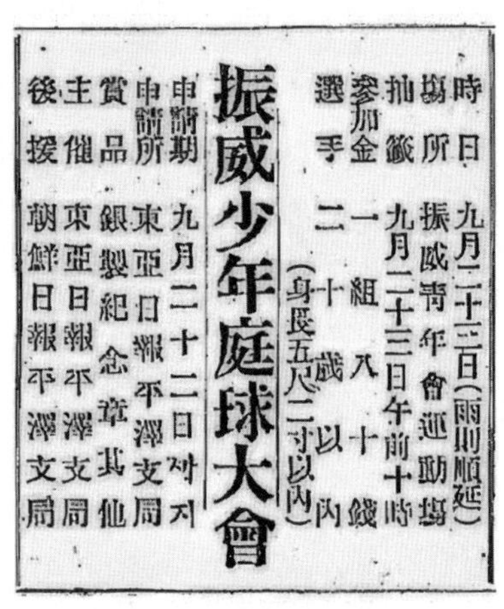
時日 九月二十三日(雨則順延)
場所 振威靑年會運動場
抽籤 九月二十三日午前十時
參加金 一組 八十錢
選手 二十歲以內(身長五尺二寸以內)
振威少年庭球大會
申請期 九月二十二日까지
申請所 東亞日報平澤支局
賞品 銀製紀念章其他
主催 東亞日報平澤支局
後援 朝鮮日報平澤支局

〈그림3〉 진위소년정구대회 광고
(《동아일보》 1923년 9월 16일)

93 《매일신보》 1921년 7월 7일자.
94 《동아일보》 1921년 7월 4일자.
95 《동아일보》 1921년 8월 2일자; 《매일신보》 1921년 7월 27일자. 《매일신보》는 7월 31일이라고 하였지만, 7월 30일이 맞다고 판단된다.
96 《동아일보》 1921년 8월 2일자. 천안에서 개최한 연합정구대회는 천안, 평택, 안성, 조치원 등 4개 지역 정구단이 참가하였다.

확인할 수 없지만 1923년 8월 19일 평택정구회 주최로 평택심상소학교 코트에서 진위군과 안성군의 정구대회를 개최하였으며, 진위군이 승리를 거두었다.[97]

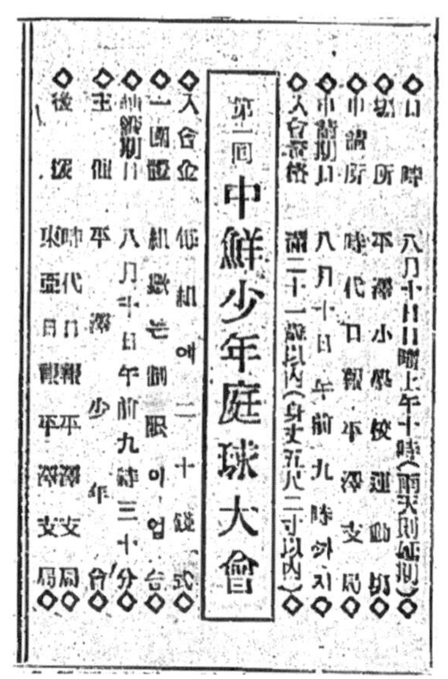

◇日時 八月十日日曜上午十時(雨天則延期)◇
◇場所 平澤小學校運動場◇
◇申請所 時代日報平澤支局◇
◇申請期日 八月十日午前九時까지◇
◇入會資格 滿二十一歲以內(身丈五尺二寸以內)◇

第一回 中鮮少年庭球大會

◇入會金 每組에 二十錢式◇
◇一團體 組數는 制限이 업슴◇
◇抽籤期日 八月十日午前九時三十分◇
◇主催 平澤少年會◇
◇後援 時代日報平澤支局 東亞日報平澤支局◇

〈그림4〉 평택소년회에서 주최한 제1회 중선소년정구대회 광고 (《동아일보》 1924년 8월 7일)

평택의 정구는 초기에 주로 청년들이 중심이 되었지만 1923년경부터 소년들에게까지 보급되었다. 이에 따라 1923년에는 소년정구대회가 개최되었다. 소년정구대회는 《동아일보》에 광고까지 게재하였는데, 그 내용은 다음과 같다.

일시: 9월 23일(우천시 순연)	장소: 진위청년회 운동장
추첨: 9월 23일 오전 10시	참가금: 1조 80전
선수: 20세 이내(신장 5척 2촌 이내)	신청기: 9월 22일까지
신청소: 동아일보 평택지국	상품: 은제 기념장 기타
주최: 동아일보 평택지국	후원: 조선일보 평택지국[98]

진위소년정구대회는 20세 미만으로 신장은 5척 2촌 즉 173㎝ 이하로 제한하였다. 참가금은 조당 80전으로 정하였으며, 상품은 은제기념장을 주었다.

97 《동아일보》 1823년 8월 29일자.
98 《동아일보》 1923년 9월 16일 및 9월 17일자.

이 정구대회는 동아일보 평택지국이 주최하고 조선일보 평택지국이 후원하였다. 그러나 진위소년정구대는 수해로 인하여 개최되지 못한 것으로 보인다. 이해 7월 20일경 시작된 장마로 인해 평택 일대는 안성천과 진위천의 범람으로 시내가 물에 잠겼다.[99] 이후 수해복구가 제대로 되지 않은 상황이었기 때문에 정구대회를 개최할 수 없었던 것이다.

수해로 인해 부득이 취소되었던 소년정구대회는 이듬해 규모가 확대되어 개최되었다. 평택소년회의 주최로 '제1회 중선소년정구대회'가 개최된 것이다. 8월 10일 개최된 중선소년정구대회는 시대일보 평택지국과 동아일보 평택지국 후원으로 성동소학교에서 경기도와 충청도를 아우르는 중부지역 정구대회로 개최되었다.[100] 또 이해 11월 2일에는 관내 연합정구대회가 개최되었으며, 5개 팀 25조가 참가하였는데 서정리군이 우승하였다.[101] 제1회 중선소년정구대회 상황은 다음과 같다.

> 平澤少年會에서는 時代日報 平澤支局, 東亞日報 平澤支局 後援으로 第一回 中鮮小年庭球大會를 平澤小學校(코-트)에서 八月 十日을 期하여 開催할 터인데, 中鮮地方 各郡에 在한 少年庭球團은 制限 없이 入會함을 바라며 名譽의 優勝旗와 (메달)記念章을 授與할 터이라고.[102]
>
> 이미 報道함과 같이 平澤少年會 主催 時代 本社 支局 後援인 少年庭球大會는 지난 十日 午前 十時부터 當地 小學校 코트에 開催하고 李相駿 君의 開會辭를

---

99 《매일신보》 1923년 7월 22일 및 7월 24일자.

100 《동아일보》 1924년 8월 7일; 8월 13일자. 제1회 중선소년정구대회는 시대일보와 동아일보 평택지국에서 후원하였으며, 인천 오산 서정리 안중 안성 직산 천안 등 7개 팀이 참가하여 안성팀이 우승하였다.

101 《시대일보》 1924년 11월 4일자.

102 《동아일보》 1924년 8월 8일자.

> 비롯하여 金錫鉉 李炳甲 朴建陽 三氏 主審 下에 競技를 始作하였는데, 勇壯한 各 團體의 選手들은 火輪같은 曝陽을 무릅쓰고 榮譽의 勝利를 얻고자 最後의 全力을 다하여 奮鬪한 結果 마침내 勝利는 安城 勤莊少年軍에 歸하였는데, 參加團體는 아래와 같다고. 仁川, 烏山, 西井里, 安仲, 安城, 稷山, 天安[103]

이후에도 중선소년정구대회는 1927년까지 해마다 개최되었다. 1925년 두 번째 개최된 중선소년정구대회는 조선일보와 동아일보 평택지국의 후원으로 8월 16일 평택공립보통학교 코트에서 열렸다.[104] 제3회 중선소년정구대회는 1926년 8월 1일 개최되었다.[105]

제4회 중선소년정구대회는 1927년 7월 31일 개최되었으며,[106] 서정리군이 우승하였다. 당시의 정구대회 상황을 간략하게 기사로 다루었는데, 다음과 같다.

> 진위군 평택소년회 주최와 진위청년회 조선 동아 양 지국 후원으로 제사회 중선소년정구대회는 예정대로 거월 삼십일일에 오전 구시부터 동 공보 코-트에서 개최하였는데, 서정리군이 우승하였다더라.[107]

중선소년정구대회는 일반 성인을 대상으로 하는 정구대회로 발전하였다. 첫 중선정구대회는 1925년 8월 30일에 개최하기로 하였는데, 그 내용은 다음

---

103 《동아일보》 1924년 8월 13일자.
104 《동아일보》 1925년 8월 11일자.
105 《동아일보》 1926년 7월 28일자.
106 《동아일보》 1927년 7얼 27일자.
107 《동아일보》 1927년 8월 5일자.

과 같다.

> 平澤體育協會 主催와 朝鮮 東亞 平澤支局 後援으로 來 三十日 上午 九時 半부터 平澤公普校 코-트에서 第一回 優勝旗 爭奪 中鮮庭球大會를 開催한다는데, 團體 或은 個人組라도 多數 參加하기를 바란다 하며, 參加金은 每組에 二圓式이고 賞品은 優勝旗 外에 優勝組에 限하여 車賃을 負辨하며 其他 賞品도 있다고.[108]

성인을 대상으로 한 중선정구대회는 평택체육협회가 주최하였고, 지역 언론기관인 조선일보와 동아일보 양 지국에서 후원하였다. 이 중선정구대회는 우천으로 인해 9월 13일로 연기되었다.[109] 연기된 9월 13일도 우천으로 인해 9월 20일로 다시 연기되어 치러졌다.[110] 이듬해에는 제2회 평택정구대회라는 대회명으로 1926년 8월 15일 평택공립보통학교 코트에서 개최되었다.[111]

평택체육회가 주최하였던 제1회와 제2회 중선정구대회는 제3회부터는 진위청년회에서 주최하였다.[112] 역시 조선일보와 동아일보 양보 양 지국과 평택소년회가 후원하였다. 3회 중선정구대회는 1927년 8월 14일부터 15일까지 양일간 개최되었으며, 참가팀은 11개의 단체팀에 55개조가 참가할 정도로 성황이었다. 결승전은 경성팀과 서정리팀이 경기하여 서정리팀이 참패하고 경성팀이 우승하였다.

---

108 《동아일보》 1925년 8월 28일자.
109 《동아일보》 1925년 9월 10일 및 9월 11일자.
110 《동아일보》 1925년 9월 20일자. 이후 정구대회에 대한 기사가 없어 실제 개최되었는지는 확인이 되지 않지만 1926년에 제2회로 평택정구대회가 열린 것으로 보아 개최된 것 같다.
111 《동아일보》 1926년 8월 13일자.
112 《동아일보》 1927년 8월 4일자.

振威青年會와 朝鮮 東亞 兩支局 及 平澤少年會 後援 下에 第三回 中鮮庭球大會는 旣報한 바와 如히 지난 十四日부터 十五日까지 當地 公普校 코-트에서 開催되었는데, 參加團體는 十一個 團體에 五十五組로 會長 金永柱 氏 開會辭를 이어 各組 選手의 白熱戰이 開幕되었는데, 當日에는 豫選戰을 마치고 翌日 午前 十時에 始作되어 勢不得한 西井里軍이 慘敗를 當하고 最後 優勝은 京城軍에게 歸하였더라.[113]

제5회 중선정구대회[114]는 1929년 7월 14일 개최하기로 하였다. 당시《동아일보》에는 광고와 기사가 게재되었는데, 기사 내용은 다음과 같다.

진위청년회(振威靑年會)에서 체육부 주최로 오는 십사일에 제5회 중조선개인정구대회(中朝鮮個人庭球大會)를 평택공립보통학교 코-트에서 거행할 터이라는데, 우승조(優勝組)에는 우승기를 주고 기타 부상품도 있다 하며, 신청기한은 대회 전날까지이고 참가금은 오십전(점심 자담)이라더라.[115]

이처럼 평택지역에서는 정구대회를 평택을 넘어선 중선 즉 중부지역을 대상으로 그 활동 영역을 확장하였으며, 평택지역의 대표적인 체육행사로 자리 잡았다. 이에 따라 정구대회는 소년뿐만 아니라 성인들을 위한 운동으로 발전하였다. 평택지역에서는 정구가 상당히 인기가 있었으며, 어느 정도 보편화되었다고 할 수 있다.

113《동아일보》1927년 8월 22일자.
114 제5회 대회명은 '中朝鮮個人庭球大會'이다.
115《동아일보》1929년 7월 9일자.

이 외에도 1933년 9월 3일에는 평택체육회에서 주최하고 동아일보와 조선일보 평택지국 후원으로 중조선연식야구대회(中朝鮮軟式野球大會)를 개최하였다.[116] 연식야구대회는 평택 시구(市區) 개정 준공을 축하하는 것이었다. 이 연식야구대회는 이듬해 1934년에는 9월 23일과 24일 양일간 평택 역전 그라운드에서 개최되었다.[117]

〈그림5〉 1934년 개최한 중조선연식야구대회 광고

한편 흥미로운 것은 민속놀이의 하나인 '얼네공치기'를 체육운동으로 활성화하고자 했다는 점이다. 얼네공치기는 '장구(杖球)'라고 하는데, 서양의 하키와 비슷한 전통 민속놀이의 하나이다.[118]

1931년 2월 1일 수원소년동맹 양감지부에서 용소리 진위천변에서 주최한 제1회 전조선 '얼네공 대회'를 개최한 바 있었다. 경기 상황은 다음과 같다.

116 《동아일보》 1933년 8월 29일 및 9월 1일자.

117 《동아일보》 1934년 9월 22일자.

118 얼네공 치기는 일명 장치기라고도 한다. 장치기는 서양의 필드하키와 비슷한 놀이로 나무채를 이용하여 나무 공을 쳐 가며 경쟁하는 민속놀이다. 지방에 따라 공치기, 타구(打毬) 놀이 등으로도 불리며, 한자로는 봉희(棒戲)라고 쓴다. 전통 격구 중에서 말을 타고 행하는 '기마격구'가 아닌 '보행격구'가 장치기에 해당한다. 두 편으로 나누어 각자 채를 가지고 공을 쳐서 상대방의 구문(毬門)에 넣어 승부를 내는, 음력 정초나 농한기에 하는 민속놀이다. 삼국시대부터 조선시대에 걸쳐 흔하게 행해졌던 전통 민속놀이였으나 요즘은 거의 행해지지 않고 있다.(다음 스포츠백과, http://100.daum.net/encyclopedia/view/162XX53500191)

우리 땅의 고래 운동을 부흥하는 의미 깊은 장거인데다가 더욱이 일반 무산아 동들에게도 체육을 장려하자는 '슬러건' 아래 수원소년동맹 양감지부 주최 『별나라』 양감지사와 수원청년동맹 양감지부, 조선 동아 양 일보 오산분국 후원으로 제1회 전조선 '얼네공' 대회는 지난 1일 오전 10시에 수원군 양감면 용소리 앞 천변에서 성대히 막을 열었다.

천변운동장에는 얼음 위에 푸른 솔로 대회 정문을 만들어 놓았고 그 위에 주최 측의 깃발이 휘날리어 의의 깊은 대회를 장식하였다. 이 대회에 출전한 선수는 텐진스러운 농촌의 소년소녀 32팀으로 160여 명에 달하였다. 이 세상에 태어난 뒤 처음으로 이렇게 장식한 장엄한 대회에 출전하는 기쁨에 어찌할 줄 모르고 날뛰는 어린 남녀들의 입장식이 끝난 뒤 넓은 눈벌판에 천여 명 관중이 모인 가운데서 오산군과 두릉군의 제1회전으로 근대 조선체육사의 새로운 페이지를 획기적으로 꾸밀 경기의 막이 열렸다.

별항과 같이 대회가 열리자 처음 출전하는 소년소녀들의 기쁨에 넘치는 동작으로 영예를 위하여 활약하는 광경은 장관을 이루었으며, 특히 두릉야학과 신흥학당 전은 가장 열전을 연출하였다. 소년소녀가 한데 어울려 접전에 접전을 거듭한 결과 최후의 우승은 두릉야학팀이 획득하였다. (하략)[119]

제1회 얼네공 대회는 무산아동에게도 체육을 장려하자는 슬로건으로 황구지천 빙판[120]에서 32개 팀 160여 명의 선수가 참가한 가운데 개최되었다. 평택에서 출전한 두릉야학팀이 오산팀과 첫 경기를 하였고, 결승전에서도 두

119 《동아일보》 1931년 2월 5일자.

120 제1회 얼네공 치기 대회 장소는 수원과 평택의 경계를 이루는 황구지천으로 서정리역에서 동서북으로 10리에 위치하고 있었다.

〈그림6〉《동아일보》에 소개된 얼네공 대회 광경(1931년 2월 5일)

릉야학팀이 신흥학당팀을 이겨 우승을 차지하였다. 아마도 두릉야학팀이 평택지역을 대표하여 참가하였던 것으로 보인다.

제1회 얼네공 대회는 당시 처음으로 열리는 것으로 "조선에 있어서 고래에 널리 성행되던 일종의 동절(冬節) 운동으로 거의 그 존재조차 없어질 형편이었는데 (중략) 향촌에 있는 일반 남녀소년들의 동절체육을 장려"[121]하기 위해 처음으로 개최하는 것이라고 밝히고 있다. 즉 시골에서 체육활동을 제대로 즐기지 못하는 아동을 위해 전통의 민속놀이인 장치기 즉 얼네공 치기를 근대 체육운동으로 개발한 것이다. 규정에 의하면, 얼네공 대회에서 사용하는 공은 고무제품의 단단한 공이었으며, 공을 치는 나무장의 길이는 4척으로 제

121 《동아일보》 1931년 1월 24일자. 이 외에도 얼네공치기 대회의 슬로건은 "우리 프롤레타리아 소년들도 체육을 장려하자!"는 것이었으며, "나무꾼은 지게 진 채로, 학생은 책보 낀 채로, 품 파는 소년은 호미를 든 채로 그대로 木杖 하나만 들고 뛰어오라."고 안내 문구로 홍보하였다.(《동아일보》 1931년 1월 28일자)

〈그림7〉 제1회 전조선축구대회 개최를 알리는 광고(《조선일보》 1939년 8월 10일자)

한하였다.[122]

얼네공 대회는 평택지역에서 개최하지는 않았지만, 평택에서 참가한 팀이 우승하였다는 점에서 평택 체육사의 귀중한 사례가 아닌가 한다. 그렇지만 이후 얼네공 대회를 개최하였다는 신문기사가 없는 것으로 보아 계속 이어

---

122 《동아일보》 1931년 1월 28일자. 얼네공대회 규정은 다음과 같다.

1. 本 大會는 第一回 얼네공 大會라 稱함.
2. 本 大會는 無産少年少女의 體育奬勵를 目的으로 함.
3. 4. 5는 생략
6. 參加申請은 當日 競技 前까지 主催側 事務所로 함을 要함.
7. 參加資格은 十八歲 以下의 少年少女로 함.
8. 一組는 五人式으로 하고, 一組 以上隨意 參加함.
9. 參加金은 一組 二十五錢으로 함.
10. 用球는 고무 製堅球로 함. 공채는 直木 四尺 限으로 함.
11. 競技規定은 距離(三百米) 及 線內로 하고, 其他는 審判指揮 下에 行함.
12. 一切 競技는 審判의 指揮에 服從함을 要하되, 異議가 있을 時는 參加組의 決議로 採決可否를 定함.
13, 14는 略함.

지지는 못한 것으로 보인다.

이 외에도 평택지역에는 다양한 체육활동이 있었다. 1939년과 1940년 두 차례에 걸쳐 평택에서 전조선축구대회[123]가 열리는 등 정기적으로, 또 비정기적으로 구기대회가 개최되었다.

1939년 8월 12일과 13일, 평택 공설운동장에서 평택전조선축구대회가 개최되어 8팀이 참가하였다. 결승전에는 평택과 안성 대표가 맞붙었으나 우승은 안성이 차지하였다.[124] 1940년 6월 23일에도 평택축구구락부에서 제2회 전 조선 축구대회를 성동소학교에서 개최하였다.[125] 이 대회에는 참가팀을 14조로 나누어 경기할 정도로 성황이었으며 평택군이 최종 우승하였다.[126]

4. 맺음말

이상으로 일제강점기 평택지역의 근대적 체육활동에 대하여 살펴보았다. 이를 정리하는 것으로 맺음말을 대신하고자 한다.

첫째, 일제강점기 평택지역의 체육활동은 진위청년체육구락부, 진위청년회, 평택체육협회, 평택군 청년단 체육회, 진위소년회 등 체육 관련 단체와 청년 및 소년단체 등이 주최, 주관하여 운동회와 체육행사 등을 통해 근대 체육을 보급하는 장이 되었다.

둘째, 평택지역에서의 체육활동은 연합운동회가 중심이 되었지만 점차 정구대회, 연식야구대회, 축구대회 등 평택지역을 넘어선 중선 또는 전국적인

123 《조선일보》 1939년 8월 12일자.
124 《조선일보》 1939년 8월 15일자.
125 《조선일보》 1940년 6월 18일 및 6월 21일자.
126 《조선일보》 1940년 6월 26일자.

규모로 단일 종목 체육행사도 개최하였다.

이처럼 일제 식민지라는 암울한 시기였지만 평택지역에서도 근대 체육이 발전하게 되었다. 특히 각 학교별 운동회뿐 아니라 대부분의 연합 체육대회는 학교의 기반 시설을 이용해서 대회를 개최 한 것을 보면 학교교육의 발전이 평택의 근대 체육활동에 적지 않은 영향을 미쳤다고 할 수 있다.

각종 체육대회는 관변단체에서 주최하는 위로부터의 움직임뿐 아니라 청년단체 등에서 주최하는 사회운동으로서의 움직임도 없지 않았다. 비록 일제강점기에서의 체육활동은 그들의 통제 아래 이루어졌다는 점에서 한계가 있지만, 한편으로는 일제의 억압된 식민 통치를 체육활동을 통해 민족의식을 고취시키는 구심체로 활용하였던 것으로 보인다. 평택지역 운동회 개최에 적극 후원하고 참여한 인물들은 대부분 상당한 재력을 소유한 지역 유력자들이었으며, 평택지역 사회활동 및 경제활동에 적지 않은 영향을 미쳤다고 할 수 있다.

제4부

근대전환기 평택지역 일본인 사회와 그들의 삶

01 평택지역의 일본인과 일본인 사회

01

평택지역의 일본인과 일본인 사회

1. 머리말

일반적으로 근대 전환기라고 하면 1876년 일본과 체결된 강화도조약과 이로 인한 개항 이후부터 해방된 1945년까지의 시기를 이른다. 이 시기 한국은 서구문명을 수용하는 한편 이에 대한 저항도 적지 않았다. 일제강점기에는 독립운동 또는 민족운동 등으로 일제의 식민 지배체제로부터 해방을 위해 투쟁하였는가 하면, 일제에 협력하는 세력과 인물들이 나름 주도권을 가지고 활동하기도 하였다. 그 과정에는 일본인 사회의 역할을 간과할 수 없다. 한말, 일제강점기 식민지 조선에 거주하였던 일본인을 일반적으로 '재조 일본인'이라고 한다. 용어 그대로 풀이하면 '조선에 거주하는 일본인'을 뜻한다. 이를 평택지역에 국한한다면 '재평 일본인' 또는 '평택 거주 일본인'이라고 칭할 수 있다.[1]

---

1 재조 일본인 관련 연구 성과는 다음과 같다. 고려대학교 글로벌일본연구원 재조 일본인 정보사전 편찬위원회, 『개화기·일제강점기(1876~1945) 재조 일본인 정보사전』, 보고사, 2018; 이동훈, 「재조 일본인 사회의 발전사(發展史) 간행과 식민자들의 창조된 향토」, 『비교일본학』 52, 한양대학교 일본학국제비교연구소, 2021; 이가혜, 「조선인 작가 문예물의 재조일본인 화류계 여성의 표상」, 『일본학보』 128, 한국일본학회, 2021; 엄승희, 「일제강점기 요업활동 주체자로서의 재조 일본인 구성과 그 식민성 연구」, 『한국도자학연구』 18-1, 한국도자학연구회, 2021; 엄승희, 「일제강점기 재조 일본인 엘리트들의 요업활동 본질과 조선통치론」, 『한국전통문화연구』 27, 한국전통문화대학교 전통문화연구소, 2021; 최혜주 외, 『일제의 식민지배와 재조 일본인 엘리트』, 어문학사, 2018; 이규수, 『개항장 인천과 재조 일본인』, 보고사, 2015; 고윤수, 「1910~1930년대 대전의 도시개발과 재조 일본인사회」, 『도시연

근대 시기 재조 일본인의 이주 과정은 시기별 특성에 따라 다르지만 크게 다섯 시기로 나눌 수 있다. 1기는 1876년 개항 시기부터 1894년 청일전쟁 시기, 2기는 청일전쟁 시기부터 1905년 러일전쟁 시기, 3기는 러일전쟁 시기부터 1920년대 중반, 4기는 1920년대 중반부터 1930년대 후반 중일전쟁 시기, 5기는 중일전쟁 시기부터 종전 즉 해방까지이다. 해방으로 인해 재조 일본인은 1946년 말까지 일본인이 본국으로 돌아가면서 재조 일본인 사회는 거의 해체되었다.[2]

어쨌든 한말과 일제강점기 재조 일본인은 식민 잔재를 포함해서 한국 사회에 적지 않은 영향을 남겼다. 뿐만 아니라 재조 일본인 사회가 형성된 지역에도 사회경제적으로 상당한 영향을 미치기도 하였다.[3] 물론 이 시기 한민족

구: 역사·사회·문화』 28, 도시사학회, 2021 등이 있다.

2 전성현, 「식민자와 식민지인 사이 '재조 일본인' 연구의 동향과 쟁점」, 『역사와세계』 48, 효원사학회, 2015, 37~41쪽

3 지역의 재조 일본인 사회와 관련된 연구는 류교열, 「1930년대 식민지 해항도시 부산의 일본인사회와 죽음의 폴리틱스」, 『일어일문학』 49, 대한일어일문학회, 2011; 한현석, 「해항도시 부산의 일본인사회와 신사: 개항기(1876년-1910년)를 중심으로」, 한국해양대학교 대학원 석사학위논문, 2010; 홍순권, 「일제시기 부산지역 일본인사회의 인구와 사회계층구조」, 『역사와 경계』 51, 부산경남사학회, 2004; 김승, 『근대 부산의 일본인 사회와 문화변용』, 선인, 2014; 이창언, 「식민지시기 구룡포지역의 일본인 사회」, 『민속학연구』 27, 국립민속박물관 민속연구과, 2010; 조윤수, 「1910~1930년대 대전의 도시개발과 재조 일본인사회」, 『도시연구: 역사·사회·문화』 18, 도시사학회, 2021; 김일수, 「일제강점기 김천의 일본인사회와 식민도시화」, 『사림』 56, 수선사학회, 2016; 배수형, 「1910년대 재경 일본인사회의 교육사업: 경성학교조합의 구성과 활동을 중심으로」, 중앙대학교 대학원 석사학위논문, 2013; 박철규, 「부산지역 일본인 사회단체의 조직과 활동: 1910년대를 중심으로」, 『역사와 경계』 56, 부산경남사학회, 2005; 강호강, 「일본인의 晉州 移住와 일본인 사회의 형성」, 『한국민족운동사연구』 106, 한국민족운동사학회, 2021; 이성우, 「1910년대 대전의 일본인 사회 동향과 『조선대전발전지(朝鮮大田發展誌)』 편찬」, 『탈경계 인문학』 13-2, 이화여자대학교 이화인문과학원, 2020; 박준형, 「용산 지역 일본인 사회의 형성과 변천, 1882~1945」, 『서울과 역사』 98, 서울역사편찬원, 2018; 오미일, 「식민지 조선의 일본인 사회와 지역 단체: 원산 지역을 중심으로」, 『역사문제연구』 34, 역사문제연구소, 2015 등이 있다.

은 독립을 위하여 끊임없이 일제 식민통치에 저항하였고, 마침내 1945년 8월 15일 해방을 맞을 수 있었다.

평택에 일본인이 정착한 것은 언제부터일까. 평택지역도 한말부터 일본인이 이주하기 시작하였고, 해방을 맞을 때까지 평택지역에서 사회경제적으로 크게 영향을 미쳤다. 평택지역 일본인 사회는 개항 이후 본격적으로 한국으로 이주한 일본인이 정착하면서 요소요소에 형성되었다. 평택지역은 부산, 서울, 인천 등 주요 도시나 개항장보다는 늦은, 경부선이 개통한 1905년을 전후하여 일본인이 하나 둘씩 이주하기 시작하였다. 이를 기반으로 1910년대 들어 평택역을 중심으로 일본인 사회가 형성되기 시작하였다. 평택역 일대는 기존의 평택인과 일본인 사이에 경제권을 둘러싸고 보이지 않는 총성이 울렸다. 일본인들은 관변적 성격이 강한 조합 등의 단체들을 조직하여 경제권을 장악해 나갔다. 물론 이들 단체에는 평택인들도 참여하였으며, 나름으로 경제권을 지키기 위해 노력하기도 하였다. 그렇지만 전시체제기 이후에는 대부분이 일제 지배에 협력하였다.

평택역을 중심으로 형성된 일본인 사회는 평택 지역민에게도 적지 않은 영향을 주었다. 그동안 평택지역은 진위군의 중심지인 북면 봉남리가 행정과 경제 등 사회적으로 중심이었지만 경부선 부설과 평택역이 개설되면서 평택역 주변으로 중심지가 이동하였다. 지금의 원평동, 비전동, 통복동은 대개가 일본인들이 잠식하였으며, 근대 도시의 모습으로 변화되어 갔다. 뿐만 아니라 이들은 안중, 팽성, 서정리, 서탄면 일대에 토지를 개간하거나 매입하여 크고 작은 농장을 경영하였다. 평택이 가마니와 배로 유명해진 것은 이들의 역할이 적지 않았다.

본고에서는 일본인의 평택 이주와 활동을 농업과 상업, 행정, 교육, 관변단체 등 분야별로 살펴보고자 한다. 이를 위해 당시 발간되었던 《매일신보》,

《경성일보》,《조선신문》 등을 주로 활용하였다. 다만 본 연구는 평택지역 일본인 사회 연구의 시론으로 이후 좀 더 본격적인 연구가 필요함을 밝혀두고자 한다.

2. 일본인의 이주와 일본인 사회 형성

초기에 평택지역에 이주한 일본인은 어느 정도였을까. 자료가 많지 않아 유의미한 결론을 얻기가 어렵지만, 몇몇 자료를 통해 어느 정도 확인해 볼 수 있다. 1915년 경기도에서 발행한 『경기도 안내』에는 〈표1〉과 같이 기록하고 있다.

〈표1〉 1910년~1914년의 평택 중심지 일본인 현황[4]

연도	조선인		일본인		계	
	가구수	인구	가구수	인구	호수	인구
1910	60	309	59	223	119	532
1911	77	325	65	258	142	583
1912	85	362	85	307	170	669
1913	91	463	91	310	182	773
1914	91	466	92	327	183	793

위의 〈표1〉은 일제 강점 직후인 1910년부터 1914년까지 평택역 일대의 조선인과 일본인의 통계이다. 지금의 원평동을 포함하여 비전동, 통복동 일대로 추정된다. 이 시기 즉 1910년대 초반 이 일대는 조선인이 일본인보다 조금

4 조선총독부 경기도, 『경기도 안내』, 糀谷 인쇄소, 1915, 35~36쪽.

많았지만 가구 수에서는 차이가 없음을 알 수 있다. 같은 자료에 의하면 1914년의 일본인 가구 수는 131호이며 남자 236명, 여자 191명으로 427명이 평택지역에서 살고 있었다. 당시 대부분의 일본인은 평택역 주변에 거주하였음을 알 수 있다.

평택지역 일본인 통계는 많지 않지만, 1921년 3월 7일 자《매일신보》에 의하면 평택지역 일본인은 호수 203호, 남자 400명, 여자 327명으로 모두 729명이 거주하였으며,[5] 1927년 4월 21일 자《동아일보》에 의하면 평택지역은 일본인 가구 116호, 642명이 거주하였다.[6] 그리고 1929년『진위군 군세 일반』에는 176호에 남자 344명, 여자 322명으로 총 666명의 일본인이 평택지역에서 살고 있었다.[7]

세 자료에 의하면 1921년에 일본인이 가장 많았으며, 1927년이 가장 적었다. 1921년이 1927년보다 87명이 더 많았음을 알 수 있다. 그리고 1927년부터 1929년까지 2년 동안 일본인은 불과 24명이 늘어났다. 이는 평택지역에 일본인 증가는 비교적 많지 않았음을 뜻한다. 이로 볼 때 해방 전까지 평택지역 일본인은 1천 명이 넘지 않았을 것으로 추정된다. 참고로 1929년 평택의 인구는 남자 34,383명, 여자 32,711명으로 총 67,094명이었다. 평택지역에 정착한 일본인은 평택 전체 인구의 약 1%를 차지한다.

1938년 6월에 발행된『진위군 군세 일반』에 의하면 일본인 현황은 〈표2〉와 같다.

---

5 白錦生,「근역지(61)」,《매일신보》1921년 3월 7일. 평택지역의 인근 수원지역은 796호, 남자 1675명, 여자 1460인, 합계 3135명이 있었다.

6 평택 일기자,「곡물 所産은 全鮮에 굴지, 교통이 편리한 평택」,《동아일보》1927년 4월 21일.

7 경기도 진위군,『경기도 진위군 군세일반』, 1929. 이 자료는 종로도서관에 소장되어 있다.

〈표2〉 1938년 『진위군 군세 일반』 평택지역 일본인 거주 현황(1937)

구분	호수	남	녀	계
평택면	151	313	306	619
송탄면	21	35	40	75
북면	8	15	16	31
서탄면	1	2	3	5
고덕면	1	2	2	4
오성면	6	12	8	20
청북면	5	5	2	7
포승면	2	2	0	2
현덕면	4	10	7	17
팽성면	9	24	25	49
합계	208	420	409	829

〈표2〉에 의하면, 1938년 평택지역의 일본인은 208호, 829명이었다. 10년 전인 1927년 666명에 비해 163명이 증가하였다. 이들 중 대부분은 평택역이 있는 평택면에 집중되어 거주하였다. 이는 평택역을 중심으로 일본인 사회가 형성되어 있었기 때문이었다. 『경기도 도세 일반』에 의하면 1926~1930년까지 평택지역의 일본인은 〈표3〉과 같다.

〈표3〉 『경기도 도세 일반』의 평택지역 일본인 거주 현황[8]

발행연도	호수	인구
1926.9	166	642
1927.11	182	669

8 『경기도 도세 일반』은 현재 종로도서관에 소장되어 있으며, 국사편찬위원회 한국사데이터베이스 한국근대지지자료.

1928.11	177	669
1929.10	174	651
1930.10	175	666

그렇다면 이들 일본인의 평택지역 이주는 언제부터 시작되었을까. 일본인의 조선 이주는 1876년 강화도조약으로 부산과 인천 등이 개항하면서 시작되었다. 물론 조선시대 부산 초량에 왜관이 있었지만, 본격적인 이주는 개항 이후였다.

일본인은 다양한 이유로 한국으로 건너왔다. 외교관이나 공관 직원, 일확천금을 노린 상인들이 개항과 더불어 이주하였다. 그렇지만 개항 직후 평택에 정착한 일본인은 없었던 것으로 보인다. 당시 일본인이 이주한 곳은 주로 서울이나 개항지였기 때문에 평택에는 정착할 상황이 아니었다. 그렇지만 1900년대 들어서면서 평택지역에도 일본인들이 이주하기 시작하였다.

평택에 일본인이 거주하기 시작한 시기는 명확하게 알 수 없으나 현재 확인할 수 있는 바에 의하면 1904년에 이주한 사례가 보인다. 기록상 가장 먼저 정착한 일본인은 야마다 아키요시(山田顯義)와 와다 쓰네이치(和田常市)이다. 야마다(山田)는 일본 도야마현(富山縣) 네이군(婦負郡) 미야가와촌(宮川村) 출신으로 1904년 일서면(현 서탄면) 금암리에 이주하였다. 1906년 황무지 170정보를 구입하고 4년 후인 1910년 말에는 85정보를 개간하면서 진위흥농주식회사를 설립하여 지배인으로 활동하였다.[9] 1908년 8월 진위공립보통학교를 유지하기 위해 향교를 수리할 때 2환을 기부하기도 하였다.[10] 1911년 12

9 《매일신보》 1913년 6월 12일자.

10 《황성신문》 1908년 8월 5일자. 당시 기부자는 다음과 같다. 郡守 金英鎮 닞○圜, 郡主事 尹

월 2일 병파면과 여방면 국유지 소작인조합을 창립할 때 농업개량에 대해 연설하였다.[11] 1923년 초 진위와 안성을 흐르는 안성천과 진위천을 활용하기 위해 진안수리조합기성회를 결성하였을 때 발기인 총대를 맡은 바 있다.[12] 1924년에는 경기도 평의원,[13] 1929년 진위군농회 평의원(서탄면)에 당선되기도 하였다.[14] 1930년 11월에는 금암교 건립에 기여한 공로로 대일본 농회 농사개량 장려 규정에 따라 농사공로자로 선정되어 표창을 받았다.[15] 이 외에도 지방민심의 융화와 지방개량의 공로로 경기도[16]로부터, 지방교화 사업 공헌으로 평택군청[17]으로부터 각각 표창패를 받았다. 와다(和田)는 규슈 오이타

秉緯 十圜, 前議官 高濟恒 五十圜, 訓導 鄭範時 十圜, 副訓導 李必善 十圜, 馬山面長 李鎬榮 二圜, 一北面長 前宣傳官 韓弼鎬 五圜, 二北面長 權東洙 五圜, 前侍徒 尹箕善 五圜, 一西面長 韓相玉 二圜, 一炭面長 崔昌和 二圜, 前土事 金元植 三圜, 松庄面長 元之鶴 二圜, 元厚德 二圜, 前主事 申錫璣 五圜, 城南面長 李鍾泰 三圜, 五朶面長 朴承九 五圜, 所古尼面長 李圭필 二圜, 可頭面長 李承轍 一圜, 金敎軾 一圜, 山田顯義 二圜, 金正賢 五圜, 裁判所書記 權泰亨 一圜, 梁弼洙 十五圜, 前主事 朴東勳 十圜, 郡內面長 李裕昆 五圜, 柳承基 五圜, 前先達 邊春一 七十圜, 前都事 朴昌勳 五十圜, 進士 李輔善 三十圜, 梁柱元 五十圜, 李錫璣 五圜, 柳聖九 五圜, 金仁培 五圜, 李容夔 十圜, 二北面 十八圜, 一北面 一百三圜, 一西面 五十九圜, 西面 三十五圜, 一炭面 百圜, 一炭面 一百二十圜, 馬山面 百圜, 松庄面 七十圜, 所古尼面 七十圜, 余方面 百圜, 丙坡面 一百二十圜, 城南面 百圜, 古頭面 一百四十圜, 五朶面 百圜, 金道心 二圜, 書記 柳珍基 五환, 書記 邊奭煥 二환, 崔希春 四환, 學徒 柳蒙致 五완, 朴鎬珍 三환, 林英完 一환, 合金一千六百八十圜.

11 《매일신보》 1911년 12월 5일자.

12 《매일신보》 1923년 1월 18일자.

13 《조선신문》 1924년 3월 15일자; 《매일신보》 1924년 3월 26일자. 당시 진위군 경기도 평의원 후보자는 야마다 아기요시 외에 尹承敏, 元河昇, 鄭雨興, 柳昌根 등이다. 이 중 야마다와 유창근이 당선되었다.

14 《조선신문》 1929년 5월 3일자. 이 외에 병남면 朴元用, 북면 韓弼鎬, 고북면 申贊雨, 현덕면 鄭雨範 등이 당선되었다.

15 《조선신문》 1930년 11월 8일자; 《경성일보》 1930년 12월 2일자; 《조선신문》 1930년 12월 5일자.

16 《조선신문》 1931년 2월 11일자.

17 《조선신문》 1931년 2월 14일자.

현(大分縣) 우사군(宇佐郡) 다카에촌(高家村) 출신으로 1881년 3월 부산을 거쳐 원산에서 약재상, 인천에서 무역상, 서울에서 수입무역점 등을 운영하다가 1904년 평택역 인근으로 이주하여 수백만 정보의 토지를 개간하고 1908년부터 일본 담배를 재배하였다.[18]

이어 평택에 정착한 일본인은 미야자키 부사키치(宮崎房吉)이다. 미야자키(宮崎)는 후쿠오카현(福岡縣) 와카마쓰시(若松市) 고이시(小石) 출신으로 1905년 평택으로 이주하였다. 평택역 인근에 정착한 미야자키(宮崎)는 미곡무역업에 종사하면서 비전동 일대에서 과수원을 경영하였다. 특히 미야자키(宮崎)는 평택에 배(梨)를 보급하고 가마니(叺)로 평택을 알리는 데 일정하게 기여하였다.[19]

두 사람의 뒤를 이어 평택지역에도 점차 일본인 이주가 늘어나기 시작하였다. 1906년 3월 1일《황성신문》과 3월 2일『대한매일신보』에 의하면 진위군 금복들(金福野)에 '외인(外人)' 즉 외국인이 황무지를 개간하는 것에 대해 지역주민의 민원이 발생한 소식이 보이는데, 당시 외국인은 일본인이었다. 평택지역에 이주한 일본인이 적지 않았음을 알 수 있다. 1908년 팽성읍에도 일본인 두 가구가 있었다.

이보다 늦은 시기 평택에 정착한 인물로는 모리 겐키치(森賢吉)가 있다. 『조선인사흥신록』에 의하면 모리(森)는 1882년 10월 일본 오이타현(大分縣) 우사군(宇佐郡) 나카수쵸(長洲町)에서 출생했다.[20] 1902년 5월 한국으로 건너와 경북 왜관에서 활동하다가 3·1운동 전해인 1918년 평택에 정착한 모리

18 국사편찬위원회 한국사데이터베이스 한국근현대인물자료.
19《조선신문》1931년 2월 22일자.
20 국사편찬위원회 한국사데이터베이스 한국근현대인물자료.

(森)는 평택역 앞에서 잡화상을 경영하였으며 점차 사업을 확장하여 미곡상을 운영하였다.[21] 모리는 평택에서 평택학교조합 의원,[22] 진위수리조합 실행위원,[23] 평택전기주식회사 발기 및 전무,[24] 평택운송합동주식회사 감사와 평택번영회장,[25] 진위수리조합 설립위원,[26] 평택자동차주식회사 사장[27] 등 지역 명망가로 활동하였으며, 1928년 추기 어대전 지역사찬 참례의 평택 민간인 대표로 선정되었다.[28]

평택지역에 일본인이 이주한 배경은 무엇보다도 드넓은 평택평야와 이곳에서 생산되는 쌀이었다. 지금은 이천 쌀이 유명하지만, 일제강점기에는 평택 쌀이 더 유명하였다. 당시만 해도 평택은 미곡 생산지로 전국적으로 유명세를 탔다.

일본인의 평택지역 이주에는 1905년 경부선 부설도 크게 영향을 미쳤다. 평택역이 설치됨에 따라 평택역 주변으로 일본인들이 몰려들기 시작하였다. 이로 인해 자연스럽게 평택역을 중심으로 일본인 사회가 형성되었다. 앞서 〈표1〉에서 본 바와 같이 평택역 주변에는 1910년에 이미 60여 가구에 223명의 일본인이 거주하였다. 1920년대 후반에는 7백여 명에 이르게 되었다. 생활권도 평택역 주변에서 서탄면, 오성면, 서정리 등으로 확대되었다. 평택 중심가에는 일본인이 경영하는 상점들도 점차 늘어갔으며, 외곽에는 일본인이

21 《조선신문》 1930년 8월 17일자.
22 《조선신문》 1926년 8월 26일자
23 《조선신문》 1927년 1월 22일자.
24 《조선신문》 1927년 3월 30일자; 1930년 8월 17일자.
25 《조선일보》 1928년 11월 8일자.
26 《조선신문》 1929년 3월 13일자.
27 《조선신문》 1929년 5월 13일자.
28 《조선신문》 1928년 11월 3일자.

경영하는 농장과 과수원 등이 늘어났다.

이처럼 일본인촌이 형성됨에 일본인의 이익을 수호, 확대하고 식민지배에 협력하기 위한 관변단체들이 조직되었다. 대표적인 일본인 단체는 소방조(消防組), 재향군인회, 애국부인회, 보덕회, 학교조합, 신사, 각종 조합 등이다. 보덕회는 기본적으로 지방의 개량, 자치의 진흥, 도덕경제의 조화, 교육식산의 연계를 목표로 하는 단체였지만, 일본인 니노미야 손도쿠(二宮尊德)의 정신을 기리기 위한 단체로 근대 일본 국민도덕 교화정책과 밀접한 관련이 있다. 1927년 9월 15일 창립된 평택보덕회는 모리 겐키치(森賢吉), 가키우치 츠네타로(垣內恒太郎), 하다 노데츠지로(波多野哲次郎), 미즈노 히로다라(水野弘道), 시부타니 코오헤이(澁谷光平) 등 일본인이 중심이었다. 이후 평택지역에는 제2구보덕회, 욱(旭)보덕회, 중앙보덕회 등이 조직되었다.

그뿐만 아니라 조선인과 일본인의 친목을 도모하거나 지역 발전을 위한 단체도 조직되었는데, 평택협찬회와 평택수양단 등이 그것이다. 평택 쌀을 일본에 알리기 위해 1924년 11월에 조직된 평택협찬회는 니시무라 츠오레타로(西村折太郎), 모리 겐키치(森賢吉), 시부타니 코오헤이(澁谷光平) 등 일본인과 이학준, 성주한, 이성렬, 안종철, 이하선, 김경철 등 조선인이 참여하였다. 이들 단체 역시 대부분 내선융화를 도모하였다. 이 외에도 당구대회, 바둑대회, 사격대회 등으로 일본인과 조선인의 친목을 도모하기도 하였다.

평택은 교통이 편리하여 군청과 경찰서 등 관공서를 비롯하여 서울에 본사를 둔 은행과 기업의 지점들도 자리 잡기 시작하였다. 관공서와 지점 등에 근무하는 일본인이 늘어나면서 일본인촌은 점차 평택지역에서의 영향력이 커져 갔다. 평택지역의 농업과 상권, 경제권을 서서히 장악하였고, 지역유지로 활동하였다. 이로 인해 평택역 일대는 가장 번화한 곳으로 변하였다. 자신감에 충만하여 '평택선전가'[29]를 만들어 지역에 대한 애착을 심화하기도 하였다.

3. 일본인 진출과 농업계 장악

한말 일본인 이주는 농업 이민이 중요한 동인이 되었다. 이 시기 농업 이주민 주체는 회사나 농장, 조합 개인 등으로 이루어졌다. 평택지역의 농업 이주는 주로 회사 또는 개인에 의해 진행되었다. 1912년 『토지조사부』에 의하면 '한국흥업주식회사(韓國興業株式會社)'는 고덕면 동청리와 문곡리, 부용면 내리와 석봉리, 북면 하북리 일대에 상당한 토지를 소유하고 있었다. 한국흥업주식회사는 1904년 일본 재벌인 시부자와(澁澤榮一) 등이 한국의 토지를 수탈하기 위해 설립한 회사로 일본 도쿄에 본점을 두고 있으며, 평택지역뿐만 아니라 전국에 토지를 확보하고 일본인을 이주 정착시켰다. 조선총독부의 국책기관인 동양척식주식회사도 평택지역에 상당한 토지를 소유하고 있었으며, 한국흥업주식회사와 마찬가지로 일본인의 이주와 정착을 적극 지원하였다.

개인으로는 나베시마 나오미쓰(鍋島直映, 도쿄도)와 마나베 사다이찌(眞鍋貞一, 수원군)는 고덕면 동고리에, 오오다케 구지로(大獄久治郎, 아이치현)는 부용면의 근내리 두리 석봉리에, 야마토 요지로(大和與次郎, 아산군)는 부용면 내리에, 야마다(山田近, 아이치현)는 부용면 석봉리에, 이와자키 구야(岩崎久彌, 도쿄도)는 북면 가곡리 갈곶리 견산리 봉남리 마산리 등지에, 사이죠(西淨隆興, 수원군)는 북면 하북리 등지에 적지 않은 토지를 소유하고 있었다.

나베시마(鍋島)는 후작으로 1904년에 이어 1906년 다시 한국으로 건너와

29 《조선신문》 1928년 11월 8일자.

통감부의 농업조사 촉탁으로 활동한 바 있는데. 이때 평택 일대에 토지를 확보한 것으로 추정된다. 이와자키(岩崎)는 미시비씨(三菱) 창업자 이와자키 야타로(岩崎彌太郎)의 장남으로 도잔농장(東山農場)을 설립한다. 서울에 거주하던 와다(和田尙市)는 미개간 황무지에 관심을 갖고 1904년 평택역 부근에 정착하여 수백만 정보의 토지를 개간하였으며, 1909년부터는 일본 담배를 재배하기 시작하였다. 이 외에도 적지 않은 일본인이 평택지역으로 이주, 정착하여 토지를 잠식하였다.

일본인이 발행한 《조선신문》에는 신년이나 창간기념일 등 특정한 날에는 지역별로 광고가 게재되었다. 평택지역에서도 그때그때 적지 않은 광고가 게재되었는데, 농업과 관련된 광고가 많다. 일본인 농장으로 도쿠가와농장(德川農場) 평택출장소, 메라농장(目良農場), 니시무라농장(西村農場), 쇼와농장(昭和農場), 이시다농장(石田農場), 진위홍농주식회사 등이 광고를 게재했다. 1927년 3월 14일 《중외일보》에 의하면 평택지역에는 앞서 살펴본 도쿠가와 농장과 72.9정보를 소유한 니시무라농장(西村農場, 소유주 西村篤雄)을 비롯하여 쇼와농장(昭和農場, 소유주 野坂茂三郎, 112.1정보), 메라농장(目良農場, 소유주 目良廣, 118정보) 등의 일본인 농장이 있었다. 이외에 부용면 두리에 이시다농장(石田農場)와 요시무라농장(吉村農場, 농장주 吉村謙一)이 있었다. 쇼와농장주 노자카(野坂)는 미간지 개간 공헌으로 1915년 조선물산공진회에서 은패를 수상하기도 하였다. 1929년에 조사한 기록에 의하면 하야시다농장(林田農場, 193정보), 아사미농장(淺見農場, 200정보), 사토농장(佐藤農場, 192정보)이 추가로 확인되고 있으며 평택을 포함하여 수원, 용인, 시흥, 안성 등지에 1,800여 정보의 토지를 보유한 대규모 도잔농장(東山農場)이 있었다.

평택의 대표적인 일본인 농장은 진위홍농주식회사이다. 진위홍농(주)는 1904년 서탄면 금암리에 이주 정착한 야마다(山田顯義)가 발의하여 설립한

회사로 1935년 7월 해산할 때 설립 30년이 되었다고 하였는바, 이를 역산하면 1905년에 설립되었다. 주로 토지개간, 경작, 식수 및 부대사업을 비롯해 농업에 필요한 자금을 대부하고, 농사에 필요한 가축을 기르거나 매매하고 농산물 매매업 등을 하였다. 해산 당시 진위흥농(주)는 논(畓) 108,401평, 밭(田) 274,874평, 임야 등 64,769평으로 총 44만 8천여 평을 소유하고 있었다. 당시 시가로는 8만 8천 원 정도였으며, 소작농 3백여 명이 넘었다.[30] 『조선은행회사요록』에 의하면 1913년 8월에 설립 인가를 받은 것으로 되어 있으며, 대표는 후카다(深田與三兵衛), 이사는 우치야마(內山芳治)와 센구치(片口安太郎), 감사는 츠다(津田榮太郎)와 모토무라(本村龜太郎) 등으로 모두 일본인이었다. 지배인 야마다(山田顯義)는 재향군인분회장, 농사장려회 부회장, 경기도농회 특별의원, 진위군농회 특별의원, 진위군 소작위원, 진위군진흥회 위원, 서탄면 협의원, 오산제2금융조합 감사 등 지역 유지로 활동하였다.[31]

〈그림1〉 평택 배 '이치하라(市原)'

30 《조선중앙일보》 1935년 7월 3일자.

31 《조선신문》 1934년 11월 8일자; 《조선중앙일보》 1935년 5월 29일자

도쿠가와농장(德川農場)은 전남 송정리에 본점을 두고 장성과 평택 등지에 출장소를 두었다. 1922년 평택역 인근에 출장소를 설치한 도쿠가와농장(소유주 德川賴倫)은 402.5정보를 소유한 대규모의 농장으로 농사개량, 수리사업, 종자보급 등의 공공사업을 전개하였다. 출장소 주임 이와미(石見龜藏)는 평택학교조합 의원, 분회장 등으로 활동하였다.

일제강점기 평택은 쌀뿐만 아니라 배도 유명하였다. 《매일신보》 1936년 8월 16일 자에 '평택에서 생산된 배'를 소개하는 사진이 크게 실린 바 있다. 내용은 「배계(梨界)의 선구」라 하여 전국에서 처음으로 서울에 배가 입하(入荷)되었다는 것으로, 평택에서 배가 널리 재배되었음을 알 수 있다. 지금도 평택에는 배밭이 산재해 있지만, 일제강점기에는 배를 재배하는 과수원이 상당하였다. 이시노(石野)과수원을 비롯하여 하라(原)과수원, 후쿠다(福田)과수원, 데이(梯)과수원, 다카사키(高崎)과수원, 아가와(阿河)과수원, 사다(佐田)과수원, 미야사코(宮廻)과수원, 미야자키(宮崎)과수원, 시모우라(下浦)과수원, 츠엔무라(津園村)과수원 등 11개의 과수원이 있었다. 이 중 다카사키(高崎)과수원은 1909년 가장 먼저 비전리에 개원하였으며, 11개 과수원의 면적은 780정보, 식재 수량은 1만 3천 본으로 대부분 배나무였다. 당시 평택에서 생산된 배는 '이치하라(市原)'라고 불린 조생종이다.

평택지역에 정착한 일본인이 경영하는 농업회사는 농장이나 과수원 외에도 농사개량과 관련된 것도 있었다. 대표적인 회사가 하야시다조선농사개량주식회사(林田朝鮮農事改良株式會社)이다. 이 회사는 1925년 3월 당시 병남면 평택리 185번지에 설립되었으며, 대표는 하야시다(林田春次郞), 이사는 하야시다 마사유키(林田政幸), 구마가야(熊谷平治兵衛), 하다(波多野哲二郞), 감사는 구마가야 오우(熊谷押), 모리(森半次) 등이었다. 주요 사업은 토지 수와 농사개량이었다.

농업 이주한 일본인은 지주간담회, 평택과수조합(조합장 高崎利信), 평택미곡조합(부조합장 垣內恒太郎), 진위수리조합, 평택곡물입검사소(지소장 瀨良彦三郎), 평택축우조합(부조합장 森賢吉), 진위군지정묘포조합(德田兼藏 등), 평택농업창고(주사 緖方尙), 평택곡물협회, 농촌진흥회 등 농업과 관련된 단체 조직에 직간접으로 참여하고, 대표 내지는 주요 임원으로 관여하면서 지역 유지로 이름을 알렸다. 그리고 평택의 농업계에 긍정적이든 부정적이든 적지 않은 영향을 남겼다. 무엇보다도 평택에 거주한 이들 일본인은 식민지라는 시공간에서 식민지배정책에 협력적이었다. 평택에서 영향력을 점차 확장한 이들은 직간접으로 유무형으로 농업계를 장악해 나갔다.

4. 일본인의 평택 상권 잠식

1876년 강화도조약은 한국이 세계사에 편입되는 계기가 되었다는 의의도 있지만, 한편으로는 일제의 침략이 본격적으로 진행되는 시발점이라는 의미가 크다. 강화도조약에는 당시 일본이 한국의 경제를 침탈하기 위한 내용이 상당히 포함되어 있다. 항구의 개방과 일본인의 통상 허가, 항구에 일본인 상인을 관리하는 관청의 수시 설치, 양국의 자유로운 무관세 무역, 일본 화폐의 통용 등인데, 이는 일제가 한국의 상권을 침탈하려는 목적을 노골화한 내용이라 할 수 있다. 이에 따라 일본인 상인들은 값싸고 질 좋은 상품으로 상권을 장악해 나갔다. 일제 강점 이후 이러한 상황은 더욱 심화되었고, 이른바 지방의 크고 작은 도회지까지 일본인 상인이 진출하였으며, 목 좋은 곳을 차지하였다.

평택도 일본인 상인들이 진출함에 따라 일본인 회사와 상점, 단체들이 늘어났고 상권을 잠식하였다. 일본어 《조선신문》 광고에 의하여 일본인이 경영하는 회사나 상점 등을 확인할 수 있는데, 다음 〈표4〉와 같다.

〈표4〉《조선신문》(일본어판) 광고를 통해 본 일본인 상업계 명단

상점/점주	위치	주요취급품	기타
사카이(坂井)백화점	경부선 평택	화양잡화, 건축재료, 신탄 등	전화19
미야자키(宮崎)상점	경부선 평택역 앞	문방, 잡화	전화20
가키우치(垣內)상점	경부선 평택역 앞	미곡, 잡곡, 가마니, 소금, 비료 등	전화9
노무라(野村)의원	경부선 평택	병원	
요누야(よねや)여관	경부선 평택역 앞	숙박업	전화31
카미타니(上谷)상점	경부선 서정리역 앞	잡화상	
야마노(山野)치과의원 출장소	경부선 평택 진위군청 앞	치과	
오쿠무라(奧村)상점	경부선 평택	칠기류, 도자기류, 화양금물류, 좌관재료, 망물류, 시멘트 등	전화24
나까세(長瀨)철공소	경부선 평택	차량 제작, 기계수전, 건축금물	전화25
평택치과의원	평택 군청 앞	치과	
隻鴻館	경부선 평택역 앞	중화요리	
보쿠이치루(北一樓)	경부선 평택	고급요리	전화38
가노(加納)여관	경부선 평택역 앞	숙박	전화7
가네모(カネモ)상회		미곡상, 발동기 특약점	전화10, 森賢吉
가나하시(金橋)상점	경부선 평택역 앞	농장경영, 화양잡화, 석탄, 도서, 매약	전화36
에도야(江戶屋)	경부선 평택	간이식당	
마루니시(丸西)여관	경부선 평택역 앞	숙박	전화31
나카와키겐소우(中脇源藏)상점	진위군 오성면 안중리	일본 서양 잡화, 식료품	
오까다(岡田)상점	경부선 평택	목재상, 매약	전화26
희락(喜樂)간이식당	경부선 평택역 앞	간이식당	
니시무라(西村折太郞)	경부선 평택	비료, 농구, 곡물, 석유 등	전화54
나카쓰야(中津屋)여관	경부선 평택	숙박	전화35
후지야(ふじや)	경부선 평택역 앞	회식요리	
세토 시노부오(瀨戶信夫)	경부선 평택	토목 건축 청부	
카메자와(龜澤)여관	경부선 평택역 앞	숙박	
이카고마루(生駒樓)	경부선 평택	회식 요리	전화38
도히 기타로(土肥儀太郞)	경부선 평택역 앞	안중리, 내기리 운행 운수	

〈표4〉에 의하면, 일본인이 진출한 상권은 잡곡을 포함한 미곡상, 숙박업, 요리업, 건축토목 및 관련 재료업계, 차량 및 기계 관련 업종, 병원 등 다양한 분야였다. 특히 숙박업소 다섯 곳이 있었는데, 모두 일본인이 운영하였다. 이는 숙박시설을 주로 관청이나 단체 직원이 이용하였기 때문인 것으로 추정된다.

평택역을 중심으로 형성된 일본인 사회는 상권에서도 역세권을 나름 활용하고 있다. 우선 교통이 편리한 평택역 부근에 가게나 상점을 확보하였다. 〈표4〉에서 보는 바와 같이 사카이백화점을 비롯하여 가나하시상점 등 일본인이 운영하는 대부분의 가게들은 '경부선 평택' 또는 '경부선 평택역 앞'이라고 하여 평택역 부근에 있음을 알 수 있다. '경부선 평택'은 현재의 통복시장 일대로 보이고, '평택역 앞'은 원평동 일대이다.

평택역 아닌 곳으로는 서정리역과 안중리 등에 한두 개의 일본인 가게가 있었다. 서정리역 앞에 있는 카미타니(上谷)상점은 점주인 카미타니 가메타로(上谷龜太郞)가 자신의 이름을 상호로 하였는데, 여러 가지 신식 생활용품을 파는 잡화점이었다. 카미야마는 송탄 서정리의 유지로 1929년 10월 서정리에서 양교리와 신포를 잇는 자동차 노선을 허가받기 위해 시민대회를 주도한 바 있다. 안중에는 나카와키겐소우(中脇源藏)상점이 있었는데, 역시 자신의 이름을 상호로 하고 있으며, 일본과 서양의 잡화류와 식료품을 판매하였다. 가키우치(垣內)상점을 운영하는 가키우치 쓰네타로(垣內恒太郞)는 1901년 부산항에 상륙하여 부산 고쿠라(小倉)상회에서 근무하였다. 1909년 독립하여 평택에 정착한 후 미곡상을 개점하고 1933년에는 쌀 독점권을 확보하였는데, 생산액이 연 2백만에 달하였다.[32]

---

32 국사편찬위원회 한국사데이터베이스 한국근현대인물자료.

백화점의 어원은 '갖가지 종류의 상품을 취급하는 집'이라고 한다. 청나라 시기에는 모든 물건이 있다는 의미로 '만화점'이라고 하였는데, 방문한 황제가 찾는 물건이 없다고 해서 '백화점'이라고 고쳤다고 한다. 아무튼 백화점은 근대의 상징이기도 하다.

백화점은 규모가 큰 도시에 있는 것이 일반적이지만, 평택에도 백화점이 등장하였다. 바로 사카이(坂井)백화점이다. 처음으로 이름이 등장하는 것은 일본인이 발행하는《조선신문》1928년 11월 17일 자 광고에서다. 광고의 내용은 간단하다. 위치는 경부선 평택, 전화 19, 안성에 지점이 있다는 것이 전부였다. 사카이백화점은《조선신문》에 모두 10회 광고를 게재하였다. 사카이백화점의 점주는 사카이 부헤이(坂井武平)이며 초기에 사카이상점으로 출발하였다.

초기 취급 상품은 농기구, 잡화, 식료품, 의류 등이었지만 점차 품목을 늘려 나가서 재목(材木), 금물(金物), 매약(買藥), 자전거, 비료, 지물(指物), 석탄, 건축물 등을 갖추었다. 1928년부터 백화점이라고 광고를 하였는데,《조선신문》에 의하면 서울의 혼마치(本町)의 대상점을 능가하는 내용 충실한 상점이라고 하였다.

이처럼 일본인 상점뿐만 아니라 평택 자주 조선인의 상점들이 늘어나고 상권이 크게 형성되면서 은행지점, 금융조합 등이 설립되었다. 지점이나 금융조합은 조선인 외에 일본인도 참여하였다. 상업은행 평택지점에는 니노미야(二宮久一), 시마다(島田昇), 야마자키(山崎健藏), 다나베(田邊實), 와구다(和久田政) 등이, 평택곡물검사소는 세라(瀨良彦三郞), 이치카와(市川省), 니시시마(西島音平) 등이, 평택금융조합에는 우에노(上野進一郞), 이케다(池田養治), 마에가와(前川金藏), 고지마(小島純雄), 아라마끼(荒劵定己), 다카시마(高島隆助) 등이, 안중금융조합에는 오노(小野雅文), 유(理鐸) 등이 지점장 또는 이사장,

이사 등으로 활동하였다. 이들은 대부분 지역에서 유지로 활동하였는데, 이케다(池田)는 1928년 가뭄으로 지역 주민들이 어려움을 겪을 때 농촌구제에 노력하는 등 농촌 생활 개선에 힘썼다. 그 밖에 평택학교조합, 평택소방조, 평택재향군인회 등에도 참여하였다.

예나 지금이나 평택의 중요한 상권은 전기, 교통 등 기간산업과도 밀접한 관련이 있었다. 일제강점기 평택의 전기와 교통 등 기간산업과 관련된 사업체는 대부분 일본인이 장악하였다. 이는 일본인의 자금력이 컸기 때문이라고 할 수 있다. 평택전기주식회사는 1929년 4월 24만 원으로 창립되었으며, 사장 고세(小瀨守次郞), 전무 모리 겐키치(森賢吉), 이사 히구치(樋口虎三) 쿠라시게(倉重理良), 감사 나까시바(中柴萬吉)로 임원은 모두 일본인이었다.

교통 관련 회사로 대표적인 것은 평택자동차운수주식회사이다. 평택자동차운수(주)는 1929년 5월 창립되었으며, 초대 사장으로 모리 겐키치(森賢吉), 전무에는 다카자키(高崎利信)가 취임하였다. 1932년 임원진은 사장에 이치카와(市川直衛), 전무 송병황, 이사에 모리 겐키치, 가야마(香山弘), 나까세(長瀨熊次郞), 감사에 메라(目良廣)와 송륜헌 등이었는데, 일본인 비중이 절대적이었다. 초대 사장 모리 겐키치는 평택역 인근에서 농기구를 취급하는 가네모(カネモ)상회를 경영하고 광산업에도 뛰어들었다. 뿐만 아니라 평택학교조합 평의원, 병남면협의원, 평택소방조두, 경기도의원 등으로 활동하였는데 평택에서 가장 영향력이 큰 지역 유지이기도 하였다.

이 외에도 서정리운수합자회사가 있었으며 대표는 일본인 카미타니(上谷龜太郞)이다. 평택합동운수주식회사는 사장은 이성열이었지만 오카다(岡田武吉)와 후지모토(藤本新二)는 이사로, 모리 겐키치는 감사로 있어서 임원 대부분은 역시 일본인이었다. 국제통운주식회사 평택지점의 점주는 평택합동운수(주) 이사로 활동하던 오카다(岡田武吉)가 맡았다. 오카다는 〈표4〉에서 보는 바와 같이 오카다상점을 경영하였다.

5. 교육기관과 일본인 교사들

평택지역 첫 근대학교는 1899년에 설립된 진위공립소학교이다. 이후 1908년 진문소학교, 1909년 동명의숙 등 사립학교가 설립되면서 근대교육이 사회적으로 확산되었다. 일제 강점 이후 평택지역에 설립된 공립학교는 진위보통학교(진위심상소학교→진위국민학교), 청북보통학교(청북심상소학교→청북국민학교), 고덕보통학교(고덕심상소학교→고덕국민학교), 내기보통학교(내기심상소학교→내기국민학교), 서탄보통학교(서탄심상소학교→서탄국민학교), 부용보통학교(부용심상소학교→부용국민학교), 서정리보통학교(서정리심상소학교→서정리국민학교), 평택보통학교(성동심상소학교→성동국민학교), 안중보통학교(안중심상소학교→안중국민학교), 평택공립심상고등소학교, 진위공립간이농업학교 등이 있다.

이들 공립학교는 일본인 교사와 한국인 교사가 함께 근무하였다. 초기에는 초등교육기관에 해당하는 보통학교는 일본인 교사가 대부분 1명에 불과하였지만 일제 말기로 가면서 점차 늘어났다. 진위보통학교의 경우 1910년에는 일본인 교사가 1명(한국인 교사 2명)이었지만 1925년에는 2명(한국인 교사 8명), 1935년에는 3명(한국인 교사 4명)으로 늘어났다. 이는 3·1운동과 전시체제로 인해 식민교육을 강화하고자 하는 의도로 풀이된다. 다만, 학교에서 절대적 권한을 행사하는 교장은 반드시 일본인이 맡았다.

진위공립간이농업학교는 진위보통학교 일본인 교사 1명과 한국인 교사 2명이 맡아 겸직하였다. 평택공립심상고등소학교는 중등교육기관으로 일제 말기에는 중학교로 명칭이 변경된다. 이 심상고등소학교는 일본인 교사만 임명되었는데, 1912년에는 1명이었지만, 1922년에는 3명, 1934년에는 4명, 1940년에는 5명의 일본인 교사가 근무하였다.

앞서 언급하였듯이 공립학교는 식민교육이 전제되었기 때문에 일본인 교사가 교육의 중심이었다. 각 공립학교의 일본인 교사의 현황을 정리해 보면 다음 〈표5〉와 같다.

〈표5〉 일제강점기 평택지역 교육기관 근무한 일본인 교사 현황[33]

학교명	이름	재직기간
진위보통학교(심상소학교, 국민학교)	大矢五一	1910
	岩佐米次郎	1911~16
	植村良藏	1917~18
	長友眞喜哉	1919~22
	原口峰三郎	1923~24
	菊川貞子	1924
	白井模一郎	1924~27
	松浦マツ	1925
	橫山政吉郎	1926~27
	村田セスエ	1926
	後藤春治	1928~32
	北村知	1928
	古川ツイ	1928
	辻高義	1929
	德原霞	1932~39
	田中勇	1933~37
	附田鎭嗜	1935~36
	瀧澤龍雄	1937
	土屋勝司	1938~40
	土橋鶴雄	1940
	島ノ江寅夫	1940~41
	岩月周夫	1942~43

33 〈표5〉는 국사편찬위원회 한국사데이터베이스의 『조선총독부 직원록』에서 정리하였다.

<table>
<tr><td rowspan="15">안중보통학교
(심상소학교, 국민학교)</td><td>種子島久</td><td>1923~25</td></tr>
<tr><td>蓮問森信</td><td>1925~26</td></tr>
<tr><td>吉田熙</td><td>1927~34</td></tr>
<tr><td>進藤利明</td><td>1930~31</td></tr>
<tr><td>依田多助</td><td>1932~34</td></tr>
<tr><td>佐藤龜市</td><td>1934~36</td></tr>
<tr><td>石見利明</td><td>1934~37</td></tr>
<tr><td>名執國之</td><td>1935~37</td></tr>
<tr><td>金原辰五郎</td><td>1937~38</td></tr>
<tr><td>近藤利仲</td><td>1938~41</td></tr>
<tr><td>岡本利春</td><td>1938~41</td></tr>
<tr><td>前平榮</td><td>1939~41</td></tr>
<tr><td>松井政壽</td><td>1939~41</td></tr>
<tr><td>沼田世民</td><td>1939~41</td></tr>
<tr><td>豐島靖夫</td><td>1943</td></tr>
<tr><td rowspan="7">청북보통학교
(심상소학교, 국민학교)</td><td>井關學</td><td>1927</td></tr>
<tr><td>淵上九郎左衛門</td><td>1928~31</td></tr>
<tr><td>橋本忠吉</td><td>1937</td></tr>
<tr><td>和田和夫</td><td>1937</td></tr>
<tr><td>豐田章一</td><td>1940</td></tr>
<tr><td>大槻寬一</td><td>1940~41</td></tr>
<tr><td>細川巴之市</td><td>1941</td></tr>
<tr><td rowspan="11">고덕보통학교
(심상소학교, 국민학교)</td><td>大塚欣一</td><td>1932</td></tr>
<tr><td>日高雄三郎</td><td>1933</td></tr>
<tr><td>山本稔太</td><td>1934~35</td></tr>
<tr><td>早津隆平</td><td>1936~37</td></tr>
<tr><td>重信美保</td><td>1938</td></tr>
<tr><td>小川巳代治</td><td>1939~40</td></tr>
<tr><td>德原從文</td><td>1940~41</td></tr>
<tr><td>本田稔</td><td>1940</td></tr>
<tr><td>原元鐵雄</td><td>1941</td></tr>
<tr><td>山口秀子</td><td>1941</td></tr>
<tr><td>末廣正路</td><td>1941</td></tr>
<tr><td rowspan="6">내기보통학교
(심상소학교, 국민학교)</td><td>島田清</td><td>1930~33</td></tr>
<tr><td>石黑春</td><td>1934~36</td></tr>
<tr><td>藤本武夫</td><td>1937~38</td></tr>
<tr><td>郡山清香</td><td>1939~41</td></tr>
<tr><td>豐田川本</td><td>1941</td></tr>
<tr><td>日村藤枝</td><td>1941</td></tr>
</table>

서탄보통학교(심상소학교, 국민학교)	石橋兵矣	1931~33
	山本新一	1934~38
	野村義男	1939
	大竹作市	1940~41
	西原淸吉	1941
	信川美枝	1941
	丸山恭二	1941
	白川睦人	1942~43
평택보통학교(심상소학교, 국민학교)	谷本榮吉	1913~17
	石井龜藏	1917~18
	赤堀董	1918~21
	山本勝大	1919~24
	松村近太郎	1920
	杉浦逸夫	1922~23
	伊藤幾太	1922~24
	阿宅鈴子	1923~27
	久原吉次	1924
	渡邊定雄	1925~27
	井關學	1925~26
	吉田久勝	1927~28
	林新兵衛	1928~29
	村田ヤスヱ	1928~32
	小島秀一	1929
	宮里貞德	1930~32
	田中靜夫	1930
	中岡義彦	1931~32
	伊藤兵吾	1933~42
	竹澤繁之	1933~37
	泰敏	1934
	塚崎淸明	1934~36
	更田上	1934~36
	武內三千代	1935~39
	澤田稔	1937~38
	稻石平吉	1937
	鳥飼三義	1937

	古川誠治	1938~40
	三木彌榮麿	1938
	名執國之	1938
	田部數衞	1939~41
	富士本義春	1939~41
	山下大生	1939
	千葉昌治	1943
	笛木傳三郎	1941
	松本健一	1941
	佐藤實	1941
부용보통학교 (심상소학교, 국민학교)	小武愛人	1928~29
	小島秀一	1930~31
	淵ノ上士龍	1932~34
	間森信	1935
	蓮間森信	1936~37
	佐藤只三郎	1938~40
	今野邦一	1941
	平岡一夫	1941
	松岡義子	1941
	香田茂一	1941
평택심상고등소학교	井山勘三	1912
	澁谷郡治	1915
	長谷川馨	1915~19
	見原正治	1917~19
	赤堀董	1920
	楠二郎	1920
	小山暢雄	1921~22
	山室恭一	1921~22
	藤崎ヤスヱ	1922~23
	澤幡虎夫	1923~24
	石橋兵矣	1923~24
	村田ヤスヱ	1924
	荻田鐵雄	1927
	進直好	1926~27
	中川巖	1928~30
	吉村宗雄	1928~30
	定岡榮	1928
	野津美代	1929

평택심상고등소학교	森田サキ	1930
	木野一夫	1933~38
	梁瀨次郎	1933~34
	前崎初子	1934~36
	大野朝子	1934
	小黑博	1935~36
	市丸村次	1935~41
	濟湯キク	1937
	菅原哲治	1937
	永田良日出	1938~40
	三方淸三郎	1938~39
	簑毛千代香	1938~39
	植田夏彦	1939~40
	齋藤重家	1940
	市丸ユエキ	1940~41
	矢內ちよ	1940~41
서정리보통학교	冲原南海	1923~28
	西村淸治	1924
	橫田彦胤	1925~29
	進直好	1929~33
	大塚欣一	1930~31
	神島源淸	1932~36
	鳥原光好	1934~35
	岡本利春	1934~37
	松崎正雄	1936~39
	松田龍一	1937~38
	江並幸郎	1938
	高橋靜一	1939-40
	高山貞子	1939~40
	繁山一秀	1940~41
	小島藤衛	1940~41
	森吉恒夫	1941
	山根吟子	1941
	山本仁淳	1941
	石見富子	1941
	靑木明	1941
	越智通雄	1942~43

〈표5〉와 같이 일본인 교사들은 짧게는 1년, 길게는 5년을 한 학교에서 근무하였지만 대부분은 2~3년 정도 근무했다.

일제강점기 평택지역에서 근무하였던 일본인 교사들이 〈표5〉에서 본 바와 같이 적지 않았지만, 그들의 출신이나 이후(혹은 이전) 근무지를 확인하기는 쉽지 않다. 물론 관련 자료에 의하면 근무지는 나름 확인이 가능하지만, 출신과 경력에 대해서는 확인하는데 어려움이 많다. 자료가 남아 있는 몇몇 일본인 교사를 토대로 개략적인 정황을 살펴보자.

진위공립보통학교에서 근무한 이와사 요네지로(岩佐米次郎)는 1911년 12월 2일 병파면과 여방면의 국유지 소작인조합 창립회에서 「농업교육의 설명」에 대해 강연한 바 있으며, 1914년 10월 총독부에서 소학교 및 보통학교 교장을 선발하여 도쿄부 주최의 전국교육자대회에 조선교육회 대표로 선발되어 견학하기도 하였다. 진위심상소학교 교장으로 근무한 바 있는 1938년 국방헌금으로 18원 70전을 내기도 하였다.

이와츠키 치카오(岩月周夫)는 가고시마현(鹿兒島縣) 출신으로 1913년 조선공립소학교 교사로 근무한 이래 용산공립심상소학교 교사, 양곡공립보통학교장 등을 거쳐 1942년부터 1943년까지 진위국민학교장으로 재직하였다. 사토 카메이치(佐藤龜市)는 미야자키현(宮崎縣) 출신으로 1912년 한국으로 건너와 여러 학교를 거쳐 1934년부터 1936년까지 안중보통학교에서 교장으로 근무하였다. 노브 나오요시(進直好)는 평택심상고등소학교와 서정리보통학교에서, 이세키 마나부(井關學)는 평택보통학교와 청북보통학교, 나집 쿠니유키(名執國之)는 안중보통학교와 성동심상소학교 등 이른바 관내에서 근무하기도 하였다.

하야시 신베에(林新兵衛)는 평택보통학교장을 퇴임하면서 평택 재근을 기념하기 위하여 군 교육회에 5원, 보통학교 학부형회에 10원, 청년회 야학부에 5원, 학교조합에 10원, 재향군인회에 10원, 소방조에 10원을 기부했다. 그런데 기부받은 이들 단체들은 대부분 관변단체였다는 점에서 일본인의 전형을 확인할 수 있다. 이토 효고(伊藤兵吾)는 1942년 3월 성동국민학교 교장으로 재직할 당시 『문교의 조선』이라는 잡지에 「대동아전쟁과 초등교육의 중점」이라는 글을 게재한 바 있는데, 침략전쟁을 옹호하는 인식을 드러냈다. 이로 볼 때 일본인 교사들은 일제의 식민지배에 적극 협력하였을 뿐만 아니라 전쟁까지도 미화시키고자 하였다고 할 수 있다.

6. 군청과 경찰서 등 행정기관과 일본인

강점 직후 평택지역은 경기도의 진위군과 충남의 평택군으로 나누어져 있었지만 1914년 행정구역 개편으로 진위군과 평택군이 통합되어 진위군이 되었다. 이후 1938년 진위군에서 평택군으로 변경되었다. 이는 평택역과 평택역을 중심으로 일본인 사회가 형성되면서 전통적 중심지였던 진위군 봉남리 일대의 행정기관을 비롯한 경제 관련 기관들이 교통의 중심지이며 역세권인 평택역 일대로 몰려들었기 때문이다. 강점기 일본인 유지와 이에 동조한 평택 유지들은 행정 지명을 병남면에서 평택면(후에는 평택읍), 진위군을 평택군으로 변경해 줄 것을 요청하였고, 앞서 언급하였듯이 1938년 평택군이 되었다. 평택지역은 행정구역이 개편되기 전에는 두 개의 군이, 개편 후에는 1개의 군이 있었던 것을 알 수 있다.

일제강점기 식민지배 상황에서 군수의 역할은 어느 정도였을까? 일제강점기 군수는 예하 소 행정단위와 중앙행정관서(도와 총독부)를 연결하는 요충적 행정기관의 대표로서 식민지배 정책을 펴나가는 핵심 요직이라는 점에서 친일 인물로 분류된다. 거꾸로 생각하면 식민지배에 협력하지 않으면 군수가 될 수 없었다. 그렇기 때문에 일본인이나 협력자들이 군수를 역임하였다. 평택지역은 일본인보다는 한국인을 군수로 임명하여 '일선융화'를 표방하였다. 일제강점기 평택지역에서 군수를 지낸 인물은 김복규(1910~1913), 김동항(1914~1918), 고원식(1919), 주영환(1920~1922), 최익하(1923~1929), 이원보(1930~1931), 김진민(1932~1937, 이상 진위군수), 이기(1910), 유원종(1911), 임연상(1912~1913, 이상 평택군수) 등 한국인이었지만, 1937년 중일전쟁 이후 전시체제가 강화되면서 일본인이 군수로 임명되었다. 모리야마(森山淸吾, 1938~1940), 미스하라(瑞原世中, 1941~1943), 가네마쓰(金松秀明, 1943~1945) 등 3명이다. 이처럼 진위(평택)군은 군수는 대부분 한국인이었지만 실무를 담당하는 직은 일본인이 차지하였다. 1930년대 진위(평택)군청에 근무한 일본인 직원은 다음 〈표6〉과 같다.

〈표6〉 1930년대 진위(평택)군청에 소속 일본인 직원

이름	재직기간	이름	재직기간	이름	재직기간
道家武	1929~30	瀨良産三郎	1930	川路森藏	1928~33
宮迵曉	1930	井上一郎	1927~31	杉井平作	1929~31
吉村德三	1930~33	森山淸吾	1929~33	澄川正利	1931~34
中尾湖十郎	1932~35	鴇田庸雄	1932	西島明	1931~36
田吉秀	1930~33	武內貞雄	1933~38	田中計	1933~36
塚崎淸明	1934~36	長嶺政六	1934~36	岡末雄	1934~38
稻野勝三郎	1923, 34~35	三森善正	1935~37	小林愼治	1937~39
長井又三	1937~41	澤田稔	1937~38	伊籐亦吉	1937
川野鷹千	1937~39	林田磯次	1937~39	納富猪六	1936~37
折橋龍男	1937~39	永田良比古	1937	岡谷義雄	1938
松若鐵雄	1939~41	井ロ久祿	1938~40	武內貞雄	1933~39
三角喜代治	1938	肥後利盛	1939~40	田中耕作	1939~41
小坂橋英作	1939	田部數衛	1939~41	寒川豪	1939~41
小山安重	1939~40				

〈그림2〉미스하라 평택군수

〈그림3〉모리야마 진위군수

〈그림4〉야노 평택경찰서장

모리야마(森山)는 1923년 경기도 연천군 소속으로 관에서 일을 시작하여 경성부, 수원군, 김포군을 거쳐 1929년 7월 진위군에 배치되었다. 《조선신문》에 의하면 그는 서무주임으로 재직 중 평택에서 미증유의 수해를 당하여 이재민이 발생하였을 때 이들을 구조하는 데 노력하였으며, 농민들의 부업으로 가마니 생산을 적극 장려하였고 수해를 막기 위한 평택리(현 원평동) 제방공사 준공에도 많이 노력하였다. 1934년 인천부, 1935년 수원군, 1936년 개풍군, 1937년 양주군을 거쳐 1938년 진위군수로 발령되었다. 이후 1941년 안성군수, 1942년과 1943년 양주군수를 지냈다. 인천부로 발령받아 평택을 떠날 때 송별회를 가졌는데, 지역 유지들이 뜻을 모아 기념품을 전달하였다. 진위(평택)군수로 있는 동안 국민정신총동원 평택연맹, 평택신사조영봉회 등 관변단체를 조직하는 등 식민 정책을 적극적으로 펼쳐나갔다.

미스하라(瑞原)는 경기도 이천군과 장단군수를 거쳐 1941년 평택군수로 부임하였는데, 장단군수 재직 당시 군정에 진봉한 명군수로 평가를 받았다. 이는 그만큼 식민지배 정책의 시행에 충실하였다는 의미이기도 하다. 평택군수로 재직할 때는 국민정신총연맹 평택군연맹 이사장으로 관내 각종 연맹

대표를 이끌고 부여신궁을 조성하는 노력 봉사에도 참여하였다.

1943년 평택군수로 임명된 가네마쓰(金松) 군수는 부임 당시 "평택은 곡식일 뿐만 아니라 경기도의 관문으로 가장 중요한 곳이므로 나로서는 큰 책임을 통감하고 있다. 미력이나마 성심전력을 다하여 생산 확보에 노력하여 봉공할 터이다."라고 밝힌 바 있다. 그는 일제 말기 군수로 활동하면서 강제동원, 공출, 국방헌금을 강요하는 등 전시체제에 충실한 관료에 불과하였다.

경찰서는 이른바 치안을 담당하는 행정기관으로서 절도, 사기 등 범죄를 예방하고 범죄자를 검거하는 일도 기본적이었지만 일제강점기에는 통치기관으로서 사찰 등으로 지역민에게 악명이 높았다. 그러다 보니 경찰서는 경찰서장을 비롯한 대부분의 구성원이 일본인이었다. 한국인도 경찰서에 근무하였지만 주로 통역이나 경부보였고, 경부는 극히 일부에 불과했다.

우선 한국인으로 진위경찰서에 근무하였던 인물은 채규병(1914, 통역 및 경부)와 주익상(1915~19, 통역 및 경부), 평택경찰서는 이상훈(1922~26, 경부보), 신형수(1927, 경부보), 강대규(1928~30), 서재욱(1931~35, 경부보), 이중수(1936~37, 경부보), 김일석(1938~39, 경부보) 등이 있었다.

경찰서장의 직급은 경부였으며, 진위경찰서장으로 확인되는 일본인은 사루와타리 타다스케(猿渡唯助, 1914), 오카모토 이노키치(岡本亥之吉, 1915~16), 이노우에 스에지로(井上末次郞, 1917~18), 오자키 리이치(小崎利一, 1919~20), 토미타 에에슌(富田英俊, 1921) 등이 있다. 진위경찰서는 1921년에 평택경찰서로 명칭이 변경되는데, 근무했던 일본인은 〈표7〉과 같다.

〈표7〉 평택경찰서에 근무한 일본인들

이름	재직기간	이름	재직기간	이름	재직기간
富田英俊	1921	花輪庫次郎	1921	兼太郎	1921~22
藤田三四作	1922	岡稠松	1922	管野芳松	1923~24
長尾猛馬	1923	坂本爲之助	1925~27	田邊信治	1926~27
新海公	1925	夏井一雄	1928~30	田中傳次郎	1928~29
梅田新太郎	1930~31	渡邊武重	1931	野口謙吉	1932~34
岩崎良太	1932~33	岡村寛義	1934	矢野儀	1935~37
工藤鐵雄	1935~39	墓田藤藏	1935~37	通澤良三郎	1938~39
藤原友之助	1938	中川實次	1939	石邊治平	1940
本多三郎	1940	曾根喜吉	1940	富田政人	1941
宮尾治平	1941	芝山光雄	1941	萬藏雄	1943

위의 〈표7〉에 의하면 진위(평택)경찰서는 대개 1~2년 정도 근무하였으며, 쿠토(工藤鐵雄)처럼 5년을 근무하는 경우도 있었다. 1935년 평택경찰서장을 역임한 야노(矢野儀)는 미야자키현(宮岐縣) 출신으로 일제 강점 직후인 1911년부터 조선총독부 순사를 시작으로 순사부장, 도경부보, 도경부, 용인경찰서장 등을 역임하고 1935년에 평택경찰서장으로 부임하였다.

이보다 앞서 1928년 경찰서장이었던 다나카(田中傳次郎)는 재임 시 독특한 수완으로 관민융화에 노력하였다고 하였으며, 특히 소방시설과 전염병 예방시설에도 공적이 컸다고 하였다. 그는 1930년 1월 17일 수원경찰서장으로 발령을 받았는데, 지역 유지들이 진위군청에서 송별회를 갖고 기념품을 전달하였다.

〈그림5〉 우메다 평택경찰서장

일제 말기 반쿠라(萬藏雄)는 평택경찰서장으로 부임할 때, 관민 유지들이 평택역에서 그를 맞이하였다. 반쿠라는 평택신사를 참배하면서 공식 일정을 시작하였다. 그는 평택이 평야지대이므로 "식량증산과 치산치수에 경민일치(警民一致)로 9만 군민 각위의 노력을 얻어 멸사봉공할 각오"가 되어 있다고 밝히기도 하였다.

1930년도에 평택 경찰서장이던 우메다(梅田)는 부임 초기에는 도박단 검거에 많은 성과를 이루었는데, 30여 명을 검거하기도 하였다. 그는 치안 외에도 도로부설에 관심이 많았다. 그는 교통로가 산업 발달뿐만 아니라 치안유지에도 긴요하다는 관점 하에 도로 확보에 노력하였다. 특히 홍수로 인해 유실된 평택교, 백봉교, 안궁교 등 복구에 집중하였다.

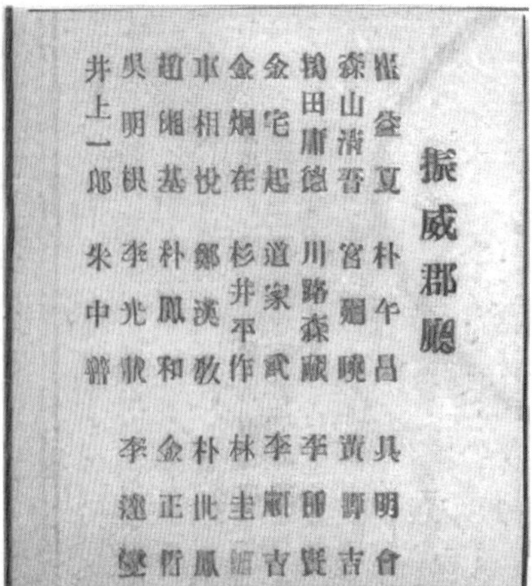

〈그림6〉 조선신문에 게재된 진위군청 광고

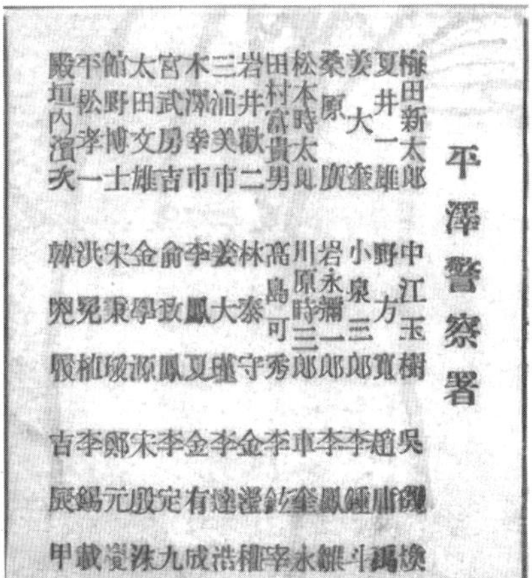

〈그림7〉 조선신보에 게재된 평택경찰서 광고

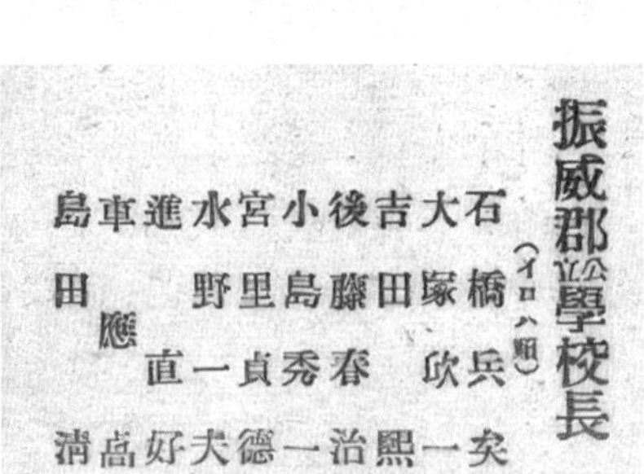

〈그림8〉 공립학교장 신문광고
(조선신문 1932년 1월 30일)

1940년 2월 경찰서장으로 부임한 소네(曾根喜吉)는 경무쇄신, 한해대책, 미곡통제조합, 방범협회 설치 등의 실적을 남겼다. 그는 그해 10월 후진을 위해 용퇴하고 실업계에 진출하였다. 소네는 항공기 모형 및 그 자재를 가공 배급하는 조선항공기모형재료배급(유)을 설립하여 지배인이 되었다.

7. 일본인 단체와 주요 인물들

일제강점기 일본인은 이른바 '1등 국민'이었다. 일제는 강점기 내내 동화정책이라는 기치를 내세우고 '내선융화'를 강조하였지만, 한국인에 대해서는 철저하게 차별하였다. 예외적인 경우는 일제 지배에 협력하는 관계였다. 이른바 '친일'이다. 이러한 상황에서 일본인은 자신들의 기득권을 지키고 일본인의 정체성을 유지하기 위해 일본인 중심의 민간단체 또는 자치단체를 조직하였다. 즉 이들은 재조 일본인이 본국(일본)과 거리감을 갖지 않도록 함으로써 식민지 일본인의 정체성을 확보할 뿐만 아니라 국가 의식을 효과적으로 주입하는 단체이다. 일본인 중심의 단체로 대표적인 것은 소방조(消防組), 재향군인회(在鄕軍人會), 애국부인회(愛國婦人會), 경방단(警防團), 학교조합(學校組合) 등이 있다.

소방조는 일본인이 한국에 이주 정착하면서 조직된 단체이다. 일본인은 자신들의 거류지 내지 거주지의 화재를 방지하기 위해 소방조라는 단체를 만들었다. 《황성신문》 1910년 2월 19일 자에 의하면 이 시기에 이미 31개의 소방조가 조직되었다. 1918년에 이르면 전국적으로 7백여 개의 소방조가 조직되었다. 일본인과 한국인으로 구성되었지만, 조장이나 조두 등 간부들은 일본인이었다. 창립 20주년에는 기념식을 갖고 공로가 많은 조원에게 표창패를 수여하기도 하였다. 소방조는 전시체제기인 1939년에 경방단으로 명칭을 변경하게 된다.

'군인정신의 보지(保持)'를 목적으로 하는 재향군인회는 제국재향군인회의 약칭으로, 1910년 본부가 조직된 이후 각 지역의 일본인 사회를 중심으로 분회가 조직되었다. 애국부인회는 박애사업을 표방하였지만 실제로는 군사원호사업과 일선융화를 사업 내용으로 하였다. 서울에 본부가 있고 역시 각지의 일본인 사회에 분회가 조직되었다. 학교조합은 1909년 학교조합령에 따라 설립되기 시작하였고, 일본인 사회의 일본인 학교 설립과 운영을 담당하였다. 이들 관변단체는 일본인 유지들이 조직과 운영 등 주체가 되었으며, 정치와 경제, 교육 등 식민지 사회 전반에 막강한 영향력을 미쳤다.

1) 평택소방조

일본인이 거주하는 지역에는 대부분 소방조가 조직되었으며, 당시 발행되었던 총독부 기관지《매일신보》를 통해 확인되고 있다. 평택소방조 조직은 언제였는지 명확하지 않다.《매일신보》1916년 5월 9일 자에「평택소방조 점검」이라는 기사가 게재되었으며,《조선신문》1932년 5월 22일 자에 '메이지(明治) 45년(1911) 3월 공인 창설 이래'라고 하였다. 이로 볼 때 평택소방조는 한일병탄 이듬해인 1911년 3월에 조직되었다.

《매일신보》기사에는 '경기도 경무부 관하에 있는 평택소방조'라고 하였다는 점에서 자발적인 단체라기보다는 관 주도하에 조직된 것임을 알 수 있다. 이 기사에서는 새로 소방기구를 구입함에 따라 다이라쿠(大樂) 순사부장이 출장하여 점검 연습을 하였고 성적이 매우 양호하다고 하였다. 평택소방조 조직 당시 주요 인물은 확인되지 않지만, 1924년 4월 임원을 개선하였는데 조장(助長)은 모리 켄키치(森賢吉), 소두(小頭)는 오쿠무라 세에지로(奧村政治郎), 이와미 카메조오(石見龜藏), 하마무라 미야나나(濱村宮七) 등이 선임되었다.

평택지역에는 평택소방조 외에 서정리소방조, 안중소방조, 봉남소방조 등 4개의 소방조가 있었다. 이들 소방조에서 활동한 인물은 〈표8〉과 같다.

〈표8〉 평택지역 소방조에 활동한 인물들

평택소방조	서정리소방조	안중소방조	봉남소방조
森賢吉, 奧村政次郎, 石見龜藏, 濱村宮七, 최영향, 정인창, 高崎利信, 龜澤莊次郎, 長瀨態次郎, 안종옥, 橋本柳助, 住田安次郎, 永井春吉, 藤本新二, 藤定準一, 岡田武吉, 伏見安男, 안종각, 橋本右一, 佐藤正吉, 장대완, 尾上霜吉, 藤本新次, 小笠原男, 김호길, 손언득, 손훈기, 김윤환, 小尾勇之助, 이명환, 小林鹿藏, 長谷幸太郎, 신기휴, 안경열, 김진한, 문도상, 김천수	多田仲太郎, 上谷龜太郎, 鳥越太郎, 三宮金治, 이재관, 한범교, 이남룡, 김종태, 이광룡, 박윤석, 유병렬	中村昇, 엄계긍, 김창서, 中脇源藏, 김덕성	勝紀藏, 우종룡, 安藤瀧藏, 박성백, 眞木淸五郎,

평택소방조 부조두였던 오쿠무라(奧村)는 시가현(滋賀縣) 가모우군(蒲生郡) 히노쵸(日野町) 출신으로 1909년 11월에 평택에 정착하여 20여 년간 평택지역 발전 특히 소방조에 가업을 기울여 희사할 정도로 적극 활동하였다. 평택역 인근에서 칠기와 도자기, 시멘트, 금속류 등 잡화를 취급하는 오쿠무라상점(奧村商店)을 경영하였다. 태평양전쟁이 한창 진행 중인 1944년 3월에는 국방헌금 1천 원을 납부하기도 하였다.

초대 모리(森賢吉)에 이어 1933년 1월 조두로 임명된 하시모토 유이치(橋本右一)는 야마구치현(山口縣) 구마겐군(熊毛郡) 무로쯔미쵸(室積町) 출신으로 야마구치보병대에 입대하여 러일전쟁에 참전하였으며 1909년 한국으로 건너와 평택에 정착, 학교조합 의원으로 활동한 바 있다.

평택소방조는 평택역 구내 광장에서 봄과 가을에 정기 소방연습을 하였으며, 이날 운동회를 개최하기도 하였는데 1924년 5월 춘계운동회는 평택경찰서 연무장에서 개최되었다. 1929년 6월에는 일본 오사카에서 활동하는 일본 국기로 알려진 스모(相撲) 선수단을 초청하여 경기를 가진 바 있는데, 평택과 서정리, 안중 등 평택뿐만 아니라 안성, 둔포, 성환 등지에까지 홍보하여 관객을 동원하였다.

소방연습은 경찰서장의 조원 및 기구점검, 펌프의 조작 교련, 가상 방화 연습 및 방수 시험, 강평 및 연습 등의 순서로 진행되었다. 일반적으로 오전 9시에 시작하여 오후 2시 반에 종료되었다. 소방조의 주요 활동은 화재를 진압하는 것이었기 때문에 주민들로부터 긍정적인 반응도 있었다. 1927년 1월 21일부터 21일간 일본인과 한국인 등 4명으로 구성하여 화재 및 도난방지 경계를 하는 한편 화재방지 소책자를 전 시내에 배포하기도 하였다. 특히 화재 진압과 홍수로 인한 재난구조, 야간 경계 등 소방조의 활동에 대해 지역 주민들은 감사를 표시하였다.

2) 평택 재향군인회

평택지역 재향군인회의 첫 기록은 조선총독부 일본어판 기관지 《경성일보》(1924.2.23)에 등장한다. 처음 명칭은 재향군인회 진위분회이다. 당시 진위분회는 사기를 고무할 목적으로 청일전쟁 당시 죽은 마쓰자키(松崎) 대위를 기리는 충혼비 참배를 겸한 원족회를 가졌다. 마쓰자키 충혼비는 성환에 있었지만 평택을 소개할 때 자주 언급되었다. 마쓰자키 충혼비는 일본인이면 참배해야 하는 주요 기념물이었으며, 일제는 이를 적절하게 활용하였다.

재향군인회는 일왕의 조서(詔書)가 내리면 이를 봉독하는 의식을 가졌는데, 진위분회도 평택경찰서 연무장에서 조서봉독식을 가졌다. 봉독식에는 경성지부장 대리 다카츠카(高塚) 대위가 조서를 봉독하고 '우리(일본) 국민사상의 현상과 외국과의 대조', '국민통일 지도가 되는 영국의 노력' 등 군사 강연을 가졌다. 이 시기 분회는 니시무라 오리타이로(西村折次郎)가 회장, 아사노 야스유키(淺野保之)가 부회장을 맡았다. 니시무라(西村)는 평택역 앞에서 비료,

농구, 곡물, 석유 등을 판매하는 사업을 하는 유지였으며, 아사노(淺野)는 평택역 도쿠가와(德川) 농장의 조선토산부 주임으로 오랫동안 활동하였다.

《조선신문》 1927년 2월 18일 자에 의하면, 2월 13일 개최한 역원(役員) 월례회에서 재향군인회 진위분회를 평택분회로 명칭을 변경하였다. 흥미로운 것은 총회는 육군기념일에 맞추어 개최하였으며, 용산 조선군사령부로부터 장교를 파견해 줄 것을 요청하기도 하였다. 재향군인회는 전시체제기에는 국방헌금 모금, 출정군인 가정위문, 실전좌담회, 국방사상 보급, 시국강연 등 전쟁과 관련된 활동을 활발하게 전개하였다. 뿐만 아니라 전쟁에 참전할 항공기 조선호 제작을 위한 국방헌금을 기탁하기도 하였다.

재향군인회에 참여한 조선인으로는 박병석(朴炳奭)이 있다. 그는 합정리에서 태어났으며 평택역 앞에서 미곡상을 운영하였다. 일본어판 신문인《조선신문》과《부산일보》의 지국장, 평택소방조 부조두, 재향군인회 명예회원, 평택면협의회 의원 등으로 활동하였다.《조선신문》은 그를 '일선융화의 선구자'라고 평가하였다.

애국부인회 평택분회는 1938년 10월 22일 조직되었다. 그렇지만 주요 인물이 잘 드러나지 않고 있다. 설립대회인 제1회 총회에서 모리야마(森山)가 분회장으로 선출되었으며, 총후부인으로서 역할을 다할 것을 다짐하였다. 1940년 1월 국방부인회와 함께 초회(初會)를 개최하고 표창장 전달식을 갖는 한편 츠다(津田節子)를 초청하여 강연회를 열었다. 애국부인회 오성지부는 1939년 국방헌금을 납부한 바 있다.

3) 평택학교조합

평택학교조합은 1911년 11월 9일 설립 인가를 받았다. 설립 당시에는 팽성면이 활동 구역이었지만 1914년 행정구역 통폐합 이후에는 병남면으로 구역을 옮겼다. 일제 강점 직후 평택에서도 학교조합이 설립되었지만 활동은 미미한 편이었다. 즉 1910년대 조합 의원과 활동이 전혀 확인이 되지 않는다.

학교조합 활동은 1926년 7월 28일《경성일보》에 처음으로 소개되었다. 내용인즉 학교조합 의원 임기가 만료됨에 따라 총선거를 위해 7월 24일부터 3일간 선거인 명부를 열람한다는 것이다. 21명이 입후보한 선거전은 치열하였고 그 결과 모리 겐키치(森賢吉), 메라 히로시(目良廣), 핫토리 고키(服部五畿), 오하시 카조오(大橋嘉藏), 니시무라 오리타이로(西村折太郎), 아사쿠라 카즈야(朝倉一彌) 등이 당선되었다. 평택학교조합은 관리자 1명과 의원 5명으로 구성되었다. 선거 입후보와 선거권은 납세 기준에 의해 주어졌다. 확인된 평택학교조합 의원은 다음 〈표9〉와 같다.

〈표9〉 평택학교조합 의원 명단[34]

연도	평택학교조합 의원
1926	森賢吉, 目良廣, 服部五畿, 大橋嘉藏, 西村折太郎, 朝倉一彌
1929	橋本右一, 西村折太郎, 石見龜藏, 目良廣, 森賢吉, 栗屋寅槌
1932	目良廣, 澁谷光平, 西村折太郎, 西村義雄, 波多野哲二郎, 荒木倉一
1933(보궐)	西村折太郎, 波多野哲二郎 → 岡田武吉, 石見亀藏
1936	目良廣, 石見龜藏, 荒木倉一, 西村義雄, 岡田武吉, 澁谷光平

학교조합 의원들은 대부분 지역 유지였다. 관리자였던 모리(森)는 농업계뿐만 아니라 실업계에서도 영향을 미치는 인물이었으며, 아사쿠라(朝倉)는 평택금융조합 이사를 겸임하였다. 특히 근 관민융화를 위해 노력하였다고 평가받았다. 하시모토(橋本)는 앞서 언급한 바와 같이 평택소방조 조두, 재

34 〈표9〉는《조선신문》을 통해 작성하였다.

향군인회 평택분회 부회장으로 활동하였으며, 특히 평택에 전화를 가설하는 데 노력하기도 하였다.

〈표9〉에서는 확인되지 않지만, 가시와기 쿠라키치(柏木庫吉)도 학교조합 의원으로 활동한 바 있다. 1910년대로 추정된다. 그는 오이타현(大分縣) 시모게군(下毛郡) 나카츠쵸(中津町) 출신으로 1906년 9월 한국으로 건너와 서울에 정착하였다. 시미즈 시게타로(淸水繁太郎) 상점에 입사하여 용산지점 지배인이 되었다가 1910년 독립한 후 평택에서 잡화 무역, 소가죽 수매, 대금업 등으로 부를 축적하였다. 이를 기반으로 평택청년회장, 평택거류민회 평의원 등으로 활동한 바 있다.

이상으로 살펴본 일본인 단체는 기본적으로 관의 식민지배에 적극 협력하였기 때문에 이른바 관제단체 또는 관변단체라고 할 수 있다. 이 외에도 일본인의 친선을 목적으로 하는 단체들도 조직되었지만, 이들 단체 역시 관변적 성격을 띠고 있으며, 관의 적극적 후원이 뒤따랐다. 이들 일본인 단체는 식민지 조선에서 일본인의 교류와 결속을 유지하는 구심적 역할을 하였다. 특히 전시체제기인 1930년대 이후에는 인적 물적 동원을 적극 주선하였다. 이들 관변단체 주변에는 그 권력에 기생하려는 한국인들이 서성거렸고, 적극적으로 참여한 이른바 친일 인물이 적지 않았다.

8. 해방 이후 일본인 사회, 그 음과 양

평택에 정착한 일본인들은 자신들의 정체성을 유지 확립하기 위해 일본인 중심의 각종 단체를 조직하였다. 학교조합, 소방조, 재향군인회, 애국부인회 등이 그것이다. 학교조합은 일본인 본위의 교육을 위한 조직이었다. 1906년 거류민단법의 공포로 당시 한국 내에 일본인들은 자치조직인 거류민단을 설치하였고, 일제 식민 당국은 일본인의 교육에 관한 학교조합령을 발포하였다. 이를 계기로 평택에서도 학교조합이 조직되었다. 학교조합은 거류민단이 해체된 이후 일본인 사회에 가장 영향력을 미치는 단체가 되었으며, 평택 지역 일본인 유지들이 운영의 중심이 되었다. 소방조는 화재를 예방하고 진화하기 위해 조직된 민간단체였지만 영향력이 적지 않았다.

소방조 조직은 조두과 부조두와 그 아래 부장과 소두, 소방수 등을 두었다. 조두와 부조두는 대부분 일본인들이 맡았다. 1915년 '소방조 규칙'이 발포됨에 따라 경찰서의 지휘 감독을 받는 관변단체가 되었다. 당시에는 오늘날과 같은 소방서가 없었기 때문에 화재가 발생하면 소방조의 역할이 컸다. 평택역 일대에 크고 작은 화재가 많이 발생하였는데, 이들의 활동이 기사로 소개되기도 하였다. 따라서 지역 주민의 인식도 호의적이었다. 재향군인회와 애국부인회는 철저하게 일본인 중심의 관변단체였다. 이 두 개의 단체는 원래 단체명 앞에 '제국'이란 명칭이 붙어 있었던 데서 보듯이, 철저하게 제국 일본을 위한 단체였다. 재향군인회는 해군기념일 또는 육군기념일에 총회를 개최하여, 제국 일본의 정신을 기리고자 했다. 1927년 3월에 개최한 정기총회에서는 「러일전쟁과 구주전쟁」이라는 강연을 통해 일본이 승리한 전쟁의 영광을 기억하고자 하였다. 이는 침략전쟁을 미화하려는 일본 정신이 그대로 담겨 있다고 할 수 있다.

이처럼 일본인 단체는 일본인의 정체성을 유지하는 데 큰 역할을 하였다는 점에서, 식민지배 체제와 맞물려 갔다고 할 수 있다. 특히 전시체제기가 전개되는 1931년 이후에는 전쟁 동원에 앞장섰으며, 철저한 내선일체 즉 황국신민화 시책의 수행에 앞장섰다고 할 수 있다.

1945년 해방으로 개항 이후 형성된 일본인 사회는 급격히 해체되었다. 패전 이후 일부 일본인은 계속해서 한국에 머물려고 하였지만, 미군정은 무조

건 송환을 발표함에 따라 평택지역의 일본인도 모국으로 돌아갔다. 해방 당시 평택지역의 일본인에 관한 기록들이 남아 있지 않아 그 동태를 확인할 수 없지만, 그들의 대부분은 빈털터리로 한반도를 떠나 일본 본토로 귀국하였다. 이 과정에서 일본인은 한국인에게 상당한 피해를 입기도 하였는데, 이에 대해 일본 우익들은 이들이 '피해자'라는 인식을 가지고 있다. 이는 '요코 이야기'에서 잘 드러나고 있다.

일제강점기 평택지역에 살았던 일본인에 대한 지역민의 인식은 어떠했을까가 궁금하다. 이와 관련된 기록은 사실상 남아 있지 않다. 그렇지만 당시 신문기사를 보면 호의적인 면도 드러난다. 일제강점기에 평택지역에서 한국인-일본인 간의 갈등이 크지 않았음을 보여준다고 할 수 있다. 그러나 강점기에 일본인이 평택주민을 하대하거나 함부로 린치를 가하기도 하였다. 1932년 7월 평택경찰서 안중주재소에 근무하는 일본인 순사 가와하라(川原時三郞)은 22세에 불과하였는데, 63세의 노인을 함부로 린치한 사건이 있었다. 가와하라(川原)는 새벽까지 술을 먹고 돌아가던 중 수상한 사람을 발견하고 뒤쫓아 갔으나 찾을 수 없었다. 마침 63세 되는 주민 황영천을 만나 수상한 사람의 행방을 물었으나 모른다고 하자 목도(木刀)로 난타하여 사망하였다. 이 사건에 대해 우에나이(上內) 경기도 경찰부장이해명을 했지만, 평택 지역민의 인식은 싸늘하였다. 가와하라(川原)는 이 살인사건으로 징역 5년을 구형받았다.

1933년 5월 일본인 평택 가마니 검사원 삿사(佐佐)의 구타사건이 일어났다. 송탄 사는 청년 한원석은 가마니 검사에서 한국인 검사원에게서는 상등급을 받았으나 삿사(佐佐)에게는 중등급을 받았다. 이에 대해 억울함을 불평하였다가 삿사(佐佐)에게 무수하게 구타당하였다. 이 사건에 대해 지역민은 크게 비난하였다. 이는 그동안 일본인 검사원에 대한 불만이 적지 않았기 때문이기도 하였다. 이 외에도 일본인이 병남면 동삭리에서 평택지역민 5명을 살해한 사건이 발생하기도 하였다. 이 살인사건은 동삭리 주민 30여 명이 일본인을 살해하는 사건으로 이어졌다. 주민은 일본인을 잡으려고 하였는데, 들고 있던 절구공으로 반항하므로 결국 일본인을 죽이게 되었다. 그런데 이 사건에서 지역민의 행위는 정당방위에서 벗어난다고 해서 주동 인물 2명을 살인죄를 적용하여 경성감옥으로 송치하였다. 이들은 결국 징역 4년을 구형받았다.

평택에 이주한 일본인들은 어떻게 살았을까. 회고록이나 구술이 남아 있지 않은 상태에서 일본인의 삶을 거론하는 것은 무의미하지만, 일본인이 발행한《조선신문》을 보면 어느 정도 유추가 가능하다.

소방조 조두와 부조두로 활동한 바 있는 모리(森賢吉), 오쿠무라(奥村政次郎), 나가세(長瀨熊次郎)는 다년간 소방 활동에 진력하였으며 평택에 소방시설을 확충하였다. 평택지역에 화재가 나면 진화 활동에 적극 나섰으며, 수해가 발생하면 구호 활동에도 적극 나섰다. 모리(森賢吉)는 소방 활동과 소방시설 구비 등의 공적으로 평택경찰서와 조선소방협회로부터 감사장이나 표창패를 받는 등 명조두로 이름을 알렸다. 이 외에도 그는 평택의 여러 분야에서 공직을 맡아 평택지역 개발에 공적이 많아 일본인뿐만 아니라 평택 지역민으로부터 신뢰가 크다고 하였다.

서탄면 금암리에서 진위흥농을 설립한 야마다(山田顯義)는 평택에 이주하여 황구지천 일대를 개간하여 농지를 확보하였으며, 진위흥농을 해산할 때에는 소작인들에게 분급하기도 하였다. 소작인들과도 원만한 관계를 유지한 것으로 평가된다.

일본인들은 자신들이 사는 평택을 발전시키기 위해 평택발전회를 설립, 운용하였다. 평택발전회는 3·1운동 이후 평택 지역 조선인을 중심으로 조직되었지만, 점차 일본인이 중심이 되었다. 1930년 평택시가 중심에 있는 연못을 메워 시장을 신설하기로 하였는데, 이를 앞장서 추진한 것이 평택발전회

회장 모리(森賢吉)였다. 모리는 이 사업을 평택 번영의 중대한 문제로 인식하고 적극 추진하였다. 《조선신문》의 기사에 의하면 모리에 대해서 "10년을 하루같이 평택 발전에 힘을 다해 부지런히 노력하였다"고 평가하였다.

이들은 대부분 나름 자기 삶을 치열하게 살았다고 할 수 있다. 그렇기 때문에 이들은 선전가를 만들어 부르기도 했다. 선전가는 조선에서 쌀 생산지는 평택평야, 역에는 산과 같이 쌓여 있는 가마니 등으로 평택의 평야와 쌀, 가마니 생산을 자랑하고 있으나, 청일전쟁에서 일본이 승리한 평택·성환전투를 찬양하고 있다는 점에서 일본인의 우수성을 자랑하고 (일본)민족적 정체성을 확립하고자 하는 의도가 그대로 드러나고 있다.

최근 한 기사에 의하면 한국에서 2000년대 초 유기발광다이오드(OLED)를 생산한다고 할 때 일본에서는 "차라리 후지산을 물구나무 걸음으로 오르겠다고 하는 편이 낫겠다"고 하였다고 한다. 이는 일본은 여전히 강점기 시기의 우월의식에서 벗어나지 못하고 있음을 보여주는 사례이다. 최근 들어 일제강점기 일본인 또는 일본인 단체 관련 연구가 상당히 진행되고 있다. 지역에서도 이러한 일본인 연구에 관심을 가지고 있으며, 연구하는 분위기가 형성되고 있다. 이러한 연구 분위기는 한편으로 암울했던 역사를 극복하고자 하는 적극적인 생각의 발로이기도 하다. 이런 관점에서 한말과 일제강점기 평택에 이주 정착한 일본인과 일본인 사회에 대한 연구도 필요하다.

일본인에 대한 한국인의 입장은 두 가지 시선이 상존하고 있다. 침략과 식민지배, 근대 이양이라는 양면성이다. 그러면서도 일본과 마주할 때는 '늘 이겨야 한다'는 생각 즉 극일의식을 장착하고 마주하게 된다. 이를 실현하기 위해서는 더더욱 그들의 과거와 현재를 깊이 알아야 한다. 본 연구에서 한말과 일제강점기 평택에서 살았던 일본인 사회를 조금이나마 밝혔다는 점에서 의미가 있지 않을까 한다.

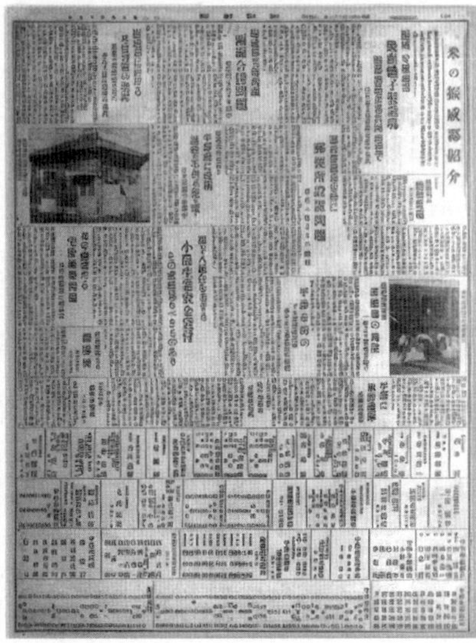

〈그림9〉《조선신문》 1935년 11월 1일자 6면 전면에 소개된 평택
〈그림10〉《조선신문》 1931년 2월 22일자 6면 전면에 소개된 평택

〈그림11〉《조선신문》 1932년 1월 30일자 6면 전면에 소개된 평택

보론 01
평택지역 근대현대사 연구 현황과 과제

1. 머리말

'지역사'라는 용어를 사용하기 이전에는 대부분 '향토사'라는 말을 한 시기가 있었다. '지역사와 향토사의 경계'가 무엇인지는 모호하지만, 근래에는 지역사가 더 보편적으로 쓰이고 있다. 향토사라고 하면 자기 향토에 대한 강한 애정 또는 애향심을 바탕으로 한 향토사학자들의 전통적인 지역사 연구 경향을 통칭한다.[1] 이에 비해 지역사는 지역사라고도 불리지만, 그동안 중앙에 집중되었던 전문가들의 역사 연구 흐름을 지역으로 확장하여 지역의 개별성과 독자성을 밝힘으로써 지역의 정체성을 확립하는 데 의미를 두고 있다.

우리나라는 오랫동안 중앙집권의 전통 속에서 정치, 경제, 사회, 문화의 전 영역에 대한 이해들이 진행되어 왔다는 점에서 '지역'을 그 자체로 이해하는 '지역'[2]이라는 개념보다는 중앙으로부터 멀리 떨어진 지방 또는 향토라는 인식이 강하였다. 그렇지만 1990년대 지방 자치제가 본격적으로 추진되고 지역의 정체성을 확립하려는 시도가 전개되면서 개별성과 독자성을 찾아가기 시작하였다. 이를 계기로 지역사 연구가 활성화되었으며, 나아가 지역의 명

---

1 정진영, 「영남지역 지역사 연구의 현황과 과제」, 『지역사와 지방문화』 1, 역사문화학회, 1998.11, 59쪽.

2 현재 지방사라는 용어가 향토사라는 용어의 대체어로서 쓰이고 있으나 본 논문에서는 지역사를 기본 용어로 사용한다. 지방사라고 할 때 지방은 중앙의 하위개념으로서의 지방의 의미보다 지역의 의미로 이해된다.

칭을 딴 '○○학'이라고 하는 하나의 학문으로서 점차 자리매김하고 있다. 지역사 연구가 활발하게 된 것은 지역사회의 발전과 지방 자치제를 근본적으로 뿌리내리기 위해서 역사와 문화를 모태로 지역의 정체성을 확립하려는 작업이 선결과제로 인식되었기 때문이다.[3] 또한 지역 주민들로 하여금 자신들이 거주하는 지역의 역사와 문화를 알게 함으로써 자긍심과 애착심을 갖게 하고, 나아가 지역 공동체의 연대감과 공동체 의식을 형성케 함으로써 지역 발전의 의지를 고취시키는 것이 필요하였던 것이다.[4] 지방정부(지방자치단체) 또한 여기에 보조를 맞추거나 때로는 선도적으로 다양한 지원을 쏟아내고 있다.[5] 이에 따라 그동안 역사와 문화의 중심은 늘 '중앙'이라는 인식에서 벗어나 지역이 또 하나의 역사 및 문화의 중심지로서 변모해 가고 있다. 이는 지역사회의 발전 과정을 이해하는 것은 물론 지역문화의 발굴 및 형성에도 긍정적인 효과를 드러내고 있다.

지역사 역시 중앙과 마찬가지로 고대에서 현재에 이르기까지 폭넓은 시기를 연구의 대상으로 삼고 있다. 이에 따라 지역의 고대에서 현재까지 다양한 주제를 가지고 상당한 연구 성과를 생산해 내고 있다.[6] 본고에서는 평택지역 근현대 시기 연구 현황을 살펴보고 쟁점과 과제에 대해 파악해 보고자 한다.

---

3 최홍규, 「수원지역사 연구의 현황과 과제」, 『한국지역사 연구의 현황과 과제』, 경인문화사, 2000, 41쪽.

4 오영교, 「강원지역사 연구의 현황과 과제」, 『한국지역사 연구의 현황과 과제』, 경인문화사, 2000, 77쪽.

5 평택도 예외가 아니어서 다양한 지원을 시도하고 있지만, 이웃한 수원이나 천안, 용인, 안성 등 여타 지역에 비하면 아직도 지원해야 할 방안들이 적지 않다.

6 이에 대해서는 차기 발표할 예정인 김해규, 「평택지역 지역사 연구의 성과와 과제」를 참조할 것.

2. 학술 논문으로 본 근현대사 연구 현황

한국사에서 근대의 개념에 대한 논란은 있지만, 대체로 1860년대를 기점으로 하고 있다. 이후 현대에 이르기까지 다양한 역사적 사건이 중첩되어 왔다. 개화와 위정척사, 동학과 동학농민혁명을 비롯하여 의병전쟁, 일제강점기 민족운동을 포함한 농민운동, 노동운동 등 다양한 사회운동이 전개되었다. 이 외에도 사회적, 문화적 변화와 단체나 시설, 기관의 변천과 발전, 여러 가지 사업과 행사 등이 지역을 배경으로, 또는 지역의 입장에서 전개되어 왔다. 이러한 역사적 흐름은 평택지역에서도 고스란히 전개되었다. 이에 따라 평택지역에서도 근현대 시기의 역사와 문화를 조명하기 위한 연구가 꾸준히 전개되었다. 평택지역과 관련된 근현대 시기의 연구 현황[7]을 정리하면 아래 〈표1〉과 같다.[8]

〈표1〉 평택지역 근현대사 연구 현황_논문

시기	한말			일제강점기								계
구분	동학·동학농민혁명	애국계몽운동	의병	민족운동		교육운동	청년운동	농민·노동운동	사회주의	경제	기타	
				1910년대	3·1운동							
편수	1	1	1	1	5	1	1	2	1	2	1	17

〈표2〉 평택지역 주제별 근대사 연구 현황

구분	이주	기지촌	생활사(대곡일기)	새마을	선거	미군기지	계
편수	1	2	4	1	1	1	10

7 이 논문의 연구현황은 2021년을 기준으로 하였음을 밝혀둔다.

8 지역사의 가장 큰 연구의 중요 자료는 郡誌, 市史, 面誌, 洞誌 등이 기본이 된다. 다만 이들 자료는 어느 한 시기나 분야에 국한되지 않고 종합적으로 이루어졌다는 점에서 본고에서는 논의하지 않는다. 본고에서는 연구 논문을 대상으로 한 것이다.

〈표3〉 평택지역 주제별 현대사 연구 현황

구분	안재홍		원심창		이병헌		이택화		권태휘		지영희	계
	근대	현대	근대	현대	근대	현대	근대	현대	근대	현대		
편수	35	7	3	1	1	0	1	0	1	0	62	111
	42		4		1		1		1		62	111

〈표4〉 평택지역 근현대 인물 관련 연구 현황

구분	안재홍		원심창		이병헌		이택화		권태휘		지영희	계
	근대	현대	근대	현대	근대	현대	근대	현대	근대	현대		
편수	35	7	3	1	1	0	1	0	1	0	62	111
	42		4		1		1		1		62	111

〈표5〉 평택지역 주제별 연구 현황

구분	농악	문학			건축	언어 (방언)	무 속	지 리	계
		문학	민요	전래동화					
편수	24	1	4	1	1	3	2	2	38

〈표6〉 지영희 관련 연구 현황

논자	제목	발표지	발표연도	비고
백진주	민요 태평가의 해금선율 연구: 김봉업 · 지영희 · 김영재의 가락을 중심으로	부산대학교 대학원	2020	석사학위
김현희	지영희 해금 줄풍류의 시김새 연구: 1969년 음원 중 본영산을 중심으로	國樂院論文集 40	2019.12	
박혜리나, 김민지	지영희 무용음악 연구: 창작음악을 중심으로	우리춤과 과학기술 45	2019.5	
황한나	지영희류 해금산조 연구	영남대학교 대학원	2018	박사학위
손유민	지영희류 해금산조 중중모리 장단을 활용한 중학교 음악 수업 지도방안 연구: 칼 오르프의 음악교수법 중심으로	연세대학교 교육대학원	2018	석사학위
이태은	지영희류 해금산조 경기시나위가락과 경드름가락에 관한 음악형태 연구	세한대학교 대학원	2018	석사학위
오우림	지영희류 해금산조의 선율변화 양상연구	중앙대학교 대학원	2018	석사학위
목진호	지영희 무속장단의 이론적 배경과 실제	한국무속학 36	2018.2	
박성민	한영숙류 태평무 음악의 장단 분석 연구: 지영희와 김덕수 구성을 중심으로	영남대학교 대학원	2017	석사학위
이주항	지영희 대풍류 중 염불풍류의 전승과 확장: 피리 · 해금 · 대금 선율을 중심으로	이화여자대학교 대학원	2016	박사학위
김서하	지영희류 해금산조 · 경기시나위 선율과 리듬 비교 연구: 중중모리와 도살풀이를 중심으로	중앙대학교 대학원	2016	석사학위

성연영	〈양산도〉 해금선율 연구: 김덕진 · 김봉업 · 지영희 · 김영재의 연주를 중심으로	한국예술종합학교	2016	석사학위
김보미	해금산조의 기보법 연구: 지영희 류 짧은산조를 중심으로	한국예술종합학교	2016	석사학위
최태영	지영희 · 임선문 해금경기시나위 비교분석: 도살풀이 · 도살풀이모리 장단을 중심으로	한국예술종합학교	2015	석사학위
천지윤	지영희류 해금산조 변천 과정 연구	이화여자대학교 대학원	2015	박사학위
김승택	임선문 · 지영희 해금산조 중중모리의 리듬분석	동국대학교 문화예술대학원	2015	석사학위
김지연	중등 음악의 산조감상 지도방안 연구: 지영희 류 해금산조에 기하여	부산대학교 대학원	2015	석사학위
이충우	『지영희민속음악연구자료집』에 나타난 경기도당굿 장단연구: 열채 가락을 중심으로	추계예술대학교 교육대학원	2015	석사학위
이현신	지영희류 해금산조의 비교 연구: 『해금산조연구』와 『뿌리깊은나무 산조전집』 악보를 중심으로	목원대학교 대학원	2015	석사학위
김형석	지영희, 성금연 구성 "새 가락 별곡"의 선율과 리듬분석	중앙대학교 대학원	2015	석사학위
임주영	지영희류 해금산조 진양 시김새의 오선보 표기방법 비교 연구: 최태현과 강덕원/양경숙 편저 악보에 기하여	추계예술대학교 교육대학원	2014	석사학위
김한성	경기무가 창부타령 피리선율비교 연구: 지영희, 최경만 가락을 중심으로	추계예술대학교 교육대학원	2014	석사학위
김은영	지영희와 전통음악의 근대성	음악과 미술 47	2014.4	
고수영	줄풍류의 선율 구성에 관한 연구: 국악원줄풍류, 구례향제줄풍류, 지영희줄풍류를 중심으로	서울대학교 대학원	2013	박사학위
지현정	해금산조 중중모리의 리듬형태 비교 연구: 지영희류와 한범수류를 중심으로	중앙대학교 대학원	2012	석사학위
반은진	해금산조의 조성에 관한 연구: 한범수류 · 지영희류 · 서용석류를 중심으로	우석대학교 대학원	2012	석사학위
이보라	〈방아타령〉 해금 선율 연구: 김봉업, 지영희, 김영재의 연주를 중심으로	용인대학교 예술대학원	2012	석사학위
최은주	해금산조의 비교연구: 지영희 · 한범수 · 서용석 · 김영재류를 중심으로	이화여자대학교 대학원	2012	박사학위
장재경	대풍류의 해금가락 비교 분석 연구: 지영희와 허용업의 가락 중 염불, 굿거리, 당악을 중심으로	중앙대학교 대학원	2012	석사학위
김기범	지영희류 해금산조의 자진모리 리듬형태 연구	대불대학교 대학원	2012	석사학위
박은경	해금산조의 조와 선율의 비교 연구: 한범수류와 지영희류의 중모리를 중심으로	경북대학교 대학원	2011	석사학위
김성준	박범훈 피리산조 창작에 대한 음악적 연구: 지영희 경기시나위와 산조를 중심으로	한국예술종합학교	2011	석사학위

이은화	청을 중심으로 한 해금산조 진양의 운지법 분석 연구: 한범수・지영희・김영재류 진양을 중심으로	경북대학교 대학원	2010	석사학위
장지연	해금산조의 음고와 음기능 연구: 서용석류와 지영희류를 중심으로	우석대학교 대학원	2010	석사학위
남미선	지영희 피리 평조회상 중 상령산 선율분석: 국립국악원 피리선율을 중심으로	한국예술종합학교	2010	석사학위
안재숙	국립국악원과 지영희・김정길의 관악영산회상 비교 연구: 해금선율을 중심으로	이화여자대학교 대학원	2009	박사학위
권미희	관악영산회상의 대금 선율에 관한 연구: 김기수보와 지영희보를 중심으로	경북대학교 대학원	2009	석사학위
양진영	지영희류 해금산조 선율분석	전북대학교 교육대학원	2009	석사학위
최스칼렛	지영희의『지영희민속음악연구자료집』중 경기무속 장단 연구	한국예술종합학교	2009	석사학위
박진아	해금산조 시김새의 오선보 기보법 비교연구: 지영희류 짧은 산조 중 진양・중모리 중심으로	추계예술대학교 교육대학원	2008	석사학위
김진	경기시나위의 음악어법 연구: 지영희 해금독주 시나위 가락을 중심으로	한국예술종합학교	2008	석사학위
박거현	해금산조 중중모리 장단의 분할에 대한 고찰: 지영희, 한범수, 서용석류를 중심으로	추계예술대학교 교육대학원	2008	석사학위
김지희	〈노랫가락〉 해금선율 연구: 김봉업・지영희・김영재의 연주를 중심으로	한국예술종합학교	2008	석사학위
이승희	지영희 해금 줄풍류 전승의 음악적 연구	한국예술종합학교	2007	석사학위
백지혜	지영희류 해금산조의 굿거리에 관한 연구	영남대학교 대학원	2007	석사학위
이동훈	지영희류 해금산조 리듬에 관한 연구: 중중모리를 중심으로	중앙대학교 대학원	2007	석사학위
황세원	지영희와 이충선의 대풍류 피리선율비교: 긴염불, 굿거리, 당악을 중심으로	서울대학교 대학원	2006	석사학위
이상동	대풍류 중 긴염불의 전승에 나타나는 선율비교: 지영희의 피리 가락을 중심으로	전남대학교 대학원	2006	석사학위
강봉천	지영희 창작음악에 관한 연구: 국악관현악곡 「만춘곡」을 중심으로	중앙대학교 대학원	2006	석사학위
김성엽	능게굿거리 선율 비교 분석: 지영희, 최경만 선율을 중심으로	추계예술대학교 교육대학원	2005	석사학위
박혜진	국립국악원 줄풍류와 지영희 줄풍류의 비교: 상령산의 해금선율을 중심으로	이화여자대학교 대학원	2004	석사학위
김성두	피리산조 비교 분석 연구: 지영희류, 박범훈류를 중심으로	용인대학교 예술대학원	2003	석사학위
박승률	산조의 구성원리 연구: 지영희 피리산조를 중심으로	한국예술종합학교논문집.제6집	2003・12	
김종찬	국립국악원 전승 '군악'과 지영희가 계승한 "취타풍류 한바탕"의 '별곡타령' 비교고찰: 대금선율을 중심으로	중앙대학교 교육대학원	2002	석사학위

채수련	「지영희 류」와 「김영재 류」 해금산조의 선율비교 연구	청주대학교 대학원	2001	석사학위
김종국	관악영산회상과 지영희보 민간대풍류 비교연구: 중영산을 중심으로	용인대학교 예술대학원	2001	석사학위
이호섭	「지영희 류」와 「김영재 류」해금산조에 관한 비교 연구: 진양조의 「조 변화」와 「운지법」을 중심으로	상명대학교 교육대학원	2000	석사학위
유재용	지영희 피리산조 선율에 분석연구	용인대학교 예술대학원	2000	석사학위
김정림	奚琴散調의 리듬에 관한 고찰: 한범수류와 지영희류를 중심으로	이화여자대학교 대학원	1995	석사학위
김영재	서울시립국악관현악단의 창단배경: 지영희 선생님을 중심으로	韓國音樂史學報.제12집	1994.6	
주영위	奚琴散調의 調에 대한 硏究: 池暎熙 流의 진양조를 中心으로	한양대학교 대학원	1988	석사학위
송권준	한범수 해금산조의 선율구성에 대한 연구: 한범수 대금산조 및 지영희 해금산조와의 선율비교를 중심으로	서울대학교 대학원	1984	석사학위

3. '평택학' 강좌를 통해 본 근현대사 연구 현황

지역학은 지역의 특수한 조건과 배경, 현실, 성격(지역성)을 구분하고 설명해내는 일이다. 지역학 연구의 과제는 지역의 자원을 개발, 활용하는 일 등을 포함하고 있다. 그런 점에서 지역학에서 연구해야 할 분야는 매우 넓고 다양하다. 예를 들어 지리, 생태, 자원, 환경, 역사, 문화, 정치, 사회, 경제, 예술, 문화관광, 문화산업 등 모든 분야가 지역학 연구의 대상이라 할 수 있다. 따라서 지역학의 연구는 다양한 분야의 협력과 공동보조, 즉 학제간 연구가 필요하다.

더욱이 21세기가 '문화의 산업화' 시대라는 것은 우리 모두가 자각하는바, 어느 새 문화산업, 문화상품, 문화경쟁력, 문화전략 등의 용어가 친숙하게 다가오고 있다. 그만큼 문화자원 활용 요구도 증대되고 있다. 이제는 지역 문화 특성과 이미지가 상품이 되고 경쟁력이 돼 미래자원이 되는 시대이다. 지역 문화자료는 가치를 올바르게 계승하는 것과 더불어 결국 문화자원으로 활용이 가능해야 한다. 그렇기 때문에 연구만큼이나 중요한 일은 우수하고 의미 있는 지역의 문화가 제 가치를 인정받고 확산되어 지역사회 속에서 살아 숨쉬는 것으로 활용될 수 있도록 해야 한다. 이를 위해서는 지역 문화자원 활용을 위해 그 문화유산의 '경쟁력'과 '차별성'을 보강하는 콘텐츠 개발에 투자가 필요하다. 콘텐츠는 문화 알기, 느끼기, 생각하기, 선양하기, 체험하기의 방법을 개발하는 작업이며, 이를 위해서는 풍부하고 다양하며 전문성 있는 자료와 연구자가 있어야 한다. 또한 문화 아이디어는 역사적 소재와 프로그램의 특성(경쟁력), 수요자의 수준과 기대치, 다양하고 적절한 매체 동원 등이 합해져 완성되는 것이다.

'평택학'이라는 용어가 등장한 것은 2010년이다.[9] 당시 평택에 박물관을 건립해야 한다는 인식이 제기되었고, 이를 계기로 지역학으로서의 평택학이 논의되기 시작하였다. 평택시청에서는 이해 2월 "'평택학'을 기반으로 한 시민의 정신문화 및 선현 추모, 고양사업 추진"이라는 제한적 의미에서 '평택의 정신적 철학 정립 연구용역' 사업을 공고한 바 있다.[10] 그리고 이해 12월 23일 평택문화원 주최로 '일류 문화도시의 정체성 확립과 평택학 정립을 위한 학술대회'[11]를 개최함으로써 평택학이라는 용어가 자연스럽게 쓰이게 되었다. 이후 평택문화원은 2013년부터 평택의 정체성 확립과 평택학의 이해를 위한

---

9 필자는 2010년 11월 14일 평택시민신문과 대담을 통해 '평택학'이라는 용어를 사용하였다.
10 평택문화원 홈페이지(http://www.ptmunhwa.or.kr/)
11 당시 학술대회에서는 「지역학의 대두와 평택학」(윤한택), 「평택학과 평택시사」(이진한), 「문화유산을 통해 살펴본 평택의 역사」(양정석), 「평택의 정체성과 평택 출신 역사인물, 안재홍과 민세주의」(김인식), 「평택의 예인과 전통문화, 지영희와 평택의 전통예술」(이보형), 「문화도시 평택과 그 미래」(유동환) 등이 발표되었다. 그런데 이날 발표에서 '평택학'이 필요하는가에 대한 회의론의 없지 않았다.

방안의 하나로 '평택학 시민강좌'[12]를 개설하였다. 2013년부터 2016년까지 진행된 '평택학 시민강좌'는 다음 〈표7〉과 같다.

〈표7〉 평택학 시민강좌 프로그램

연도	강의 주제	강사	일시
2013	지역학으로서의 평택학의 이해	성주현	5/23
	지리로 보는 평택의 역사	김해규	6/27
	평택의 역사인물1-지영희	노동은	7/25
	평택 전통 예인과 그들의 삶	박성복	8/22
	평택의 자연과 환경	김만제	9/26
	조선학, 민세학, 평택학	황우갑	10/24
	원균 다시보기, 역사의 편견을 넘어서다	김인호	11/28
	평택지역 근대의 초상	김해규	12/19
2014	일제강점기 평택지역의 민족운동 양상	김일	9/25
	근대 교통의 발달과 평택의 변화	김찬수	10/2
	진위천 생태 탐방	김만제	10/9
	일제강점기 평택지역의 사회운동	김방	10/16
	평택의 새마을운동	김영미	10/23
	해방 전후 평택지역의 사회동향	박철하	10/30
	한국전쟁과 평택	양영조	11/6
	동학농민혁명 · 청일전쟁과 평택	성주현	11/20
	평택지역의 간척과 경관변화	김해규	11/27
	일제강점기 평택의 돈과 권력	김인호	12/4

12 평택문화원 김은호 원장은 평택학 시민강좌에 대해 "평택의 역사, 문화예술, 도시환경 등에 대한 시민의식을 고취시켜 시민들에게 생활 주변에 대한 관심을 불러일으키기 위한 강좌"이며 "이를 통해 평택에 대한 애향심과 시민문화의식을 함양할 수 있을 것"이라고 취지를 밝혔다.

2015	평택지역의 선사유적과 문화	신연식	10/8
	원효의 오도성지와 평택	엄기표	10/15
	신라의 서해 항로와 평택	장일규	10/22
	고려의 지방제와 평택지역	정선용	10/29
	여말선초 왜구의 침략과 평택지역	이재범	11/5
	조운제도와 평택지역의 해창	문경호	11/12
	정유재란 소사벌대첩과 왜란의 추이	신효승	11/19
	조선후기 대청외교와 삼학사에 대한 인식	지두환	11/26
	영조 초 '무신 난'과 평택지배층의 변화	김해규	12/3
	평택을 지나는 조선의 대로와 역원	김종혁	12/10
2016	평택지역 생태계의 변화	김만제	9/1
	지속가능한 지역 공동체(평택)와 로컬거버넌스	이창언	9/8
	평택 민요 자세히 읽기	최자운	9/22
	신성장경제신도시 평택의 발전방향	장정민	9/29
	해방 후 평택의 정치	성주현	10/6
	대를 잇는 평택의 맛집	임봄	10/13
	평택지역의 역사 지명	김해규	10/20
	미군 주둔과 평택	박성복	10/27
	반환 미군 공여지를 활용한 평택의 문화예술공간 조성	이수연	11/3
	아름다운 삶을 위하여	나태주	11/10
2018	전통연희에 담긴 삶과 문화	박혜영	11/19
	풍물과 사물놀이 그리고 전문예인집단	정재호	11/20
	음악과 춤을 사랑한 한민족의 음악 이야기	송혜진	11/21
	평택지역 민속 문화의 지역적 배경	김해규	11/22
	옛 그림 속 우리 음악	윤진영	11/23
	우리 무당굿의 다양성	홍태한	11/26
	우리의 전통탈춤	허창열	11/27
	우리 음악과 평택, 평택의 전통예인	박성복	11/28
	왕실 음악기관 장악원	송지원	11/29
	민간에서 전해오는 노래들	김인숙	11/30

2019	민중이 주체가 된 평택지역 3·1운동	김해규	3/7
	3·1운동 독립선언서 작성과 배포 어떻게 이뤄졌나	이정은	3/14
	민족대표는 어떻게 만들어졌나	임형진	3/21
	3·1운동 참여세력, 기생도 만세를 불렀다	이동근	3/28
	3·1운동은 과연 비폭력이었나	성주현	4/4
	평택의 민족운동은 어떻게 진행되었나	김해규	9/3
	국외로 간 민족운동가들은 누구였나	박환	9/10
	우리 문화재 어떻게 지켰나	김인덕	9/17
	대한민국 임시정부는 어떻게 활동하였는가	한시준	9/24
	종교는 어떻게 민족운동에 참여했는가	성주현	10/1

또한 평택문화원과 향토사연구소는 2009년부터 '평택학 학술대회'를 개최하여 평택지역 근현대사 연구의 토대를 마련하였다. '평택학 학술대회'의 내용은 〈표8〉과 같다.

〈표8〉 평택학 학술대회 연구 현황

일시	대주제	발표주제	발표자/토론자
2009.6.26	평택항일운동 기억과 전승	아나키스트 원심창과 아리요시(有吉明) 암살사건	성주현/이동언
		일제강점기 평택지방의 사회운동	김해규/장연환
		항일역사인물 기념사업의 현황과 과제	황우갑/김형목
2010.6.30	평택항일운동 기억과 전승	아나키스트 원심창의 일본에서의 활동	이동언/
		해방 후 재일한인사회와 원심창	성주현/
		평택 항일운동 유적지의 현황과 홍보방안	황우갑/
2012.6.8	새로 쓰는 평택 3·1운동	평택지역 3·1운동의 역사적 배경	박철하/김방
		평택지역 3·1운동의 재검토와 전개양상	성주현/김인덕
		안재홍의 기미운동과 임정법통성의 역사의식	김인식/김형목
2015.10.23	평택 민족운동가 재조명	안재홍의 민족의식 형성과 변화	김형목/김인식
		아나키스트 원심창의 민족운동	김명섭/김인덕
		수진농민조합과 남상환의 활동	조성운/김해규
2015.11.20	평택의 근대 바라보기	평택지역의 식민지배와 일제협력	박철하/서태정
		근대 평택 경제의 진로	김인호/최재성
		평택역 부설과 근대 평택의 형성	김해규/황민호

2019.12.7	이석영 · 이회영 육형제의 민족운동과 평택	경주이씨 우당 이회영 육형제의 가계와 독립운동	황원섭/김일
		이석영과 만주지역에서의 활동에 관한 고찰	성주현/정혜경
		경주이씨 육형제와 평택	김해규/장연환
		경주이씨 이석영과 육형제 콘텐츠화 방안	박성복/황수근

또한 평택문화원은 국사편찬위원회와 공동으로 2017년 상반기 '평택지역의 근대적 공간 변동과 유지 및 농민들'이라는 주제로 지역사 워크숍을 개최하였는데, 당시 발표 내용은 다음 〈표9〉와 같다.

〈표9〉 평택문화원과 국사편찬위원회 워크숍

발표주제	발표자/토론자
근대 평택지역 행정구역의 변화와 평택의 정체성 모색	성주현/김대호
일제강점기 평택 경제인의 지역별 실태-요록과 등기를 중심으로-	김인호/홍종욱
농민적 환경 지식의 혼종성과 지역성: 『평택대곡일기』 및 현장 연구의 사례들	안승택/장연환
평택의 난민정착사업과 농지소유 변동	김아람/김해규

민세안재홍선생기념사업회에서도 2006년부터 '민세학술대회'를 해마다 개최하였는데, 이 중 안재홍과 관련된 주제는 다음 〈표10〉과 같다.

〈표10〉 '민세학술대회' 중 안재홍 및 평택 관련 연구 현황[13]

회수	일시	발표주제	발표자/토론자
제5회	2010.11.8	대한민국 정부수립 전후 민세 안재홍의 정치활동	정윤재/
제6회	2011.9.7	일제강점기 민세 안재홍의 언론활동과 언론사상	안종묵/
		해방 이후 민세 안재홍의 언론활동과 언론사상	박용규/
		민세 안재홍의 집필기사 및 논설에 대한 내용분석	윤상길/

13 민세학술대회는 평택지역 언론 평택시민신문과 평택시사신문에서 검색하여 정리한 것이다. 〈표10〉은 제1회에서 제4회, 제11회가 누락되었음을 밝혀둔다.

제7회	2013.9.6	안재홍, 그 제애(際涯)없는 정전(征戰)의 삶	윤대식/정원희
		안재홍의 3 · 1민족운동상과 신민족주의 역사의식	김인식/임형진
		안재홍의 '조선신문소사' 연구	김영희/박용규
		6 · 10만세운동과 피어선 신학교	성주현/김권정
제8회	2014.9.19	1930년대 안재홍의 '조선학론'	김인식/황민호
제9회	2015.10.21	민세 안재홍 전집 발간의 역사와 자료 집성의 과정	김인식/김형목
		기념사업 15년의 역사와 성과, 향후 고덕국제신도시 민세기념관 조성 방향	황우갑/김상덕
제10회	2016.9.23	민세 안재홍의 민족운동과 조선정치철학	정윤재/이선민
제12회	2018.8.20	안재홍과 대한민국청년외교단	김인식/김권정
제13회	2019.9.27	민세 안재홍의 성인교육활동과 온정적 합리주의 리더십	황우갑/김인식
제14회	2020.8.14	안재홍의 구미정세 인식	김명구/조형렬
		중국혁명을 바라보는 안재홍의 시각과 태도	윤대식/홍원표
		조선학 연구에서 근대 정체성 서사	이지원/채관식
		조선건국준비위원회 건국 구도	김인식/오영섭
제15회	2021.11.2	대한민국과 안재홍	김인식/황민호
		조선의 사마천이 되려던 소년에서 민족을 주제로 해석한 역사가	윤대식/홍원표
		1920년대 기행문에 나타난 근대조선의 발견:안재홍의 영호남 기행을 중심으로	방유미/이경민
		한국 근현대 체육발전과 민세 안재홍	황우갑/손환
		이승만과 안재홍:독립과 건국을 위한 비판과 협력관계	오영섭/김권정

한편 3·1운동 1백주년을 전후하여 평택지역에서도 3·1운동과 관련된 학술토론회를 개최하였는데, 이를 정리하면 다음 〈표11〉과 같다.

〈표11〉 3 · 1운동 1백주년 기념 학술토론회 현황

회수	일시	연구주제	발표자/토론자
제1회	2018.2.8	경기남부지역의 3 · 1만세운동	성주현/조성운
		평택지역의 3 · 1만세운동	김해규 · 장연환/황수근
제2회	2018.3.29	평택 독립운동의 내용과 특징	조규태/김방
		평택지역 3 · 1운동 관련 자료와 지역별 현황	이승원/황우갑
		평택시 근대사적지 관련자료와 현황	진주완/최치선
		평택 3 · 1만세운동과 성역화 사업	박성복/공병인

제3회	2018.7.13	평택 3・1만세운동 100주년 성역화 및 조형물 건립방안	이태영/
제4회	2019.12.30	평택지역 2019년 포상된 독립유공자	성주현/
		평택지역 독립운동가 발굴 및 선양방안	조성운/

이 외에도 2016년 12월에는 '평택학, 길을 묻다'라는 주제로 '평택학 학술포럼'을 개최한 바 있다.[14] 이처럼 평택문화원은 평택의 역사와 문화를 통해 '평택학'을 확산시키고자 노력하였다.

4. 맺음말

평택지역 근현대사 연구는 1990년대 지방자치제 시행과 더불어 크게 활성화되었다. 이는 지역학과 관련된 일반적인 경향이기도 하다. 연구는 개인적으로는 학술적 연구가 주를 이루고 있으며 기관은 평택문화원 주도하에 많은 연구가 축적되었다. 결론으로, 쟁점과 과제를 정리해 보고자 한다.

첫째, 연구 주제의 다양화이다. 앞서 살펴본 바와 같이 평택지역의 근현대사 연구는 1990년대부터 최근까지 적지 않은 성과를 쌓았지만 여전히 한계를 보이고 있다. 무엇보다도 연구의 주제가 다양하지 못하다. 평택지역의 근현대사 연구는 주제로 볼 때 3·1운동, 인물로 볼 때는 안재홍과 원심창, 그리고 예인 지영희에 집중되고 있다. 현재 다양한 관점에서 좀 더 폭넓게 소재를 개발한 연구가 이루어져야 평택학의 학문적 생태계를 건강하게 조성할 수 있다.

---

14 '평택학 학술포럼'에서는 「수원학이 걸어온 길」(최성환), 「소통으로서의 용인학 운영실태와 과제」(김장환), 「천안학이 걸어온 길 걸어갈 길」(채경석) 등이 발표되었다.

평택지역 민족운동과 관련된 연구는 한말 3편, 일제강점기 14편에 불과하다. 그것도 3·1운동에 편중되어 있다. 평택지역의 민족운동은 3·1운동 이 외에도 한말 애국계몽운동과 의병, 일제강점기에는 사회운동, 문화운동, 사회주의 계열 운동, 교육운동, 종교활동, 언론활동, 농민운동 등 다양한 각 분야에서 전개되었다. 물론 자료의 한계가 있겠지만 각 분야별, 활동별로 융합적 연구가 이루어질 필요가 있다. 예를 들면 평택지역 대표적인 농민운동의 하나인 수진농민조합의 활동에 대한 연구는 아직도 진척을 보지도 못하고 있다. 다양한 연구 주제의 개발이 필요하지만, 개인 차원의 접근에는 한계가 있다. 평택문화원 등 기관이 중심이 되어 기존의 연구에서 미비하였던 점을 보완할 뿐만 아니라, 개인 연구자가 미치지 못하는 연구 주제를 발굴하여 적극적으로 연구 환경과 분위기를 조성하여야 할 것으로 판단된다.

둘째, 인물 연구의 확대이다. 대부분 지역사는 애향심을 통한 지역 정체성과 공동체 유지 및 강화에 도움이 되고 있다는 점에서 중요한 것은 분명하다. 평택지역 인물과 관련된 기존 연구는 102편으로 상당한 성과가 축적되고 있지만, 안재홍과 원심창, 지영희 등에 집중되었다. 이들과 관계된 연구가 전체의 90% 이상을 차지한다는 점은 평택지역 인물 연구의 한계를 그대로 드러내고 있다. 뿐만 아니라 대부분 인물에 대한 평가가 부실하거나 대체로 긍정적인 측면을 강조하고 있다. 인물 연구 자료 부족 등으로 한계가 많지만 객관적 평가가 무엇보다도 중요하다. 기존의 연구를 보완할 뿐만 아니라 남상환, 권익수 등 새로운 인물을 발굴하여 꾸준한 연구가 축적되어야 한다고 본다. 또한 민족운동과 관련된 인물 외에 지역 유지와 친일활동과 관련된 인물, 평택에 거주하였던 일본인 등의 연구도 반드시 필요하다. 최근 이들과 관련된 연구가 시도되었다는 점은 고무적이지만 단편적 연구가 아닌 집중적 연구가 필요하다.

셋째, 현대사 연구의 확장이다. 평택지역과 관련된 연구는 근대 시기에 편중되었다. 물론 한말과 일제강점기 민족운동, 사회운동 그리고 인물 등에 걸쳐 많은 연구가 진행되었다. 이에 비해 해방 이후 현대사와 관련된 연구는 아직도 연구자나 연구기관의 관심을 얻지 못하고 있는 것이 현실이다. 현대사는 평택지역의 모습을 재현한다는 점에서도 생활사를 비롯하여 사회현상 및 변화과정, 시민단체, 민주화운동 등에 걸친 폭넓은 연구가 진행되어야 한다.

넷째, 이상에서 살펴본 연구의 확장 및 학대, 심화를 위해서는 기존 자료의 수집 및 발간, 그리고 새로운 자료의 발굴이 체계적으로 이루어져야 한다. 이는 기존 연구의 보완과 새로운 연구 주제의 발굴과도 밀접한 관계가 있다. 최근 일제강점기 신문 자료와 평택군수를 지낸 오횡묵의 정무일기 『총쇄록』과 『평택쇄언』 등이 자료집으로 발간되고 있지만, 민족운동과 관련된 신문조서, 판결문, 관보, 공문서 등과 현대사와 관련된 자료를 적극 수집하고 자료집으로 간행해야 한다.

끝으로 연구지원 및 연구자의 참여 확대이다. 일반적 연구는 크게 두 가지 관점에서 추진된다. 하나는 개인의 필요에 의한 연구이고, 다른 하나는 연구기관이 필요에 따라 발주하는 연구이다. 개인의 연구는 학문적 필요에 따른 연구라는 점에서 지역사 연구와 연관되기에는 한계가 있다. 석사 또는 박사 학위 취득을 위한 연구 과정에서 지역사와 관련된 연구는 학계에서는 여전히 미개척 분야이다. 최근 들어 점차 지역사를 주제로 한 연구 접근이 늘어나고 있지만 개인 연구자에만 맡기기에는 무리가 있다. 이러한 점에서 개인 연구자의 지역사 연구에 대한 지원이 절실하다. 나아가 전문 연구자의 참여를 확대할 필요가 있다. 지역에서 활동하는 연구자의 육성도 필요하지만 평택지역과 관련하여 해당 분야의 전문 연구자를 지역사 연구에 적극적으로 참여할 수 있도록 함으로써 평택학의 미래가 결정될 것이다.

보론 02
해방 후 원심창의 민단활동과 평화통일운동

1. 머리말

"우리가 바라던 세상은 언제 오는 것일까. 남북으로 국토와 민족이 분열된 후에는 무엇이나 비참하지 않는 것이 없다. 그러나 이와 같은 현실이 우리 4,000만 동포에게 좌시와 묵인을 강요하더라도 우리는 이와 같은 약자의 입장에 서 있다고 해서 그 원인과 책임을 기회가 있을 때마다 세계에 알리고 우리 형제들을 일깨워주는 일을 게을리해서는 안 될 것이다.…"

이 글은 원심창의 「병상일기」의 한 부분이다. 그의 「병상일기」는 대부분 조국, 민족, 통일, 재일한인사회, 그리고 동지들에 대한 내용을 담고 있다. 그는 병상에 있으면서도 늘 평화통일을 염원하였고, 비록 영면하였지만 지금도 조국통일을 기원하고 있지 않을까 한다.

원심창은 1906년 12월 1일 평택에서 출생하여 1971년 7월 4일 일본에서 생을 마쳤다. 그의 일생은 '식민지' 조선과 '일본'이라는 이역을 오가며 어디서나 차별받는 가운데서 치열한 삶을 살았다. 그리고 민족을 늘 잊어버리지 않았다. 해방 전에는 일본과 중국에서 아나키스트로 민족운동에,[1] 해방 후에는

1 해방 전 원심창의 민족운동에 대해서는 성주현, 「아나키스트 원심창과 육삼정 의열투쟁」, 『숭실사학』 24, 숭실사학회, 2010.6; 김명섭, 「원심창의 항일 의열투쟁과 육삼정의거」, 『백범과 민족운동 연구』 9, 백범학술원, 2012.12; 박찬승, 「1933년 상하이 '有吉明공사 암살미수사건'의 전말」, 『한국독립운동사연구』 60, 독립기념관 한국독립운동사연구소, 2017.11

재일한인사회에서 통일운동에 전념하였다.[2]

원심창은 1933년 아리요시(有吉名) 주중공사 암살미수사건으로 1945년 체포 구속되어 해방을 가고시마(鹿兒島)형무소에서 맞이하고, 10월 10일 석방되었다. 그리던 해방된 고국으로 돌아와 국내에서 신탁통치반대운동에 참여하였으나 국내에서 활동이 여의치 않았던 원심창은 1946년 초 다시 일본으로 건너왔다. 이후 식민지 시기 일본에서 같이 활동하였던 박열, 육삼정의거의 동지였던 이강훈과 함께 신조선건설동맹 결성을 주도하였다. 뿐만 아니라 재일 한인의 생활안정과 권익옹호를 위해 재일본대한민국거류민단 창설에도 적극 참여하여 초대 사무총장을 비롯하여 민단 부단장 및 단장, 고문 등으로 활동하였다.

한국전쟁의 참화와 휴전으로 인한 조국의 분단, 그리고 국내외 정세의 전환 등의 소용돌이 속에서 원심창은 통일운동에 매진하였다. 그는 통일운동 기관으로 한국전쟁 이후 남북통일촉진협의회[3]를 결성하였으며 중앙대표위원과 사무국장을 맡아 실질적으로 남북통일촉진협의회를 이끌어갔다. 그러나 남북통일촉진협의회는 한국 정부와 민단의 견제, 그리고 조련의 방해로 1년 만에 활동에 어려움을 겪어야만 했다. 더욱이 남북통일촉진협의회 결성 초기에 함께 활동하였던 인사들이 사회민주동맹을 결성하여 그의 곁을 떠났지만, 원심창은 끝까지 남북통일촉진협의회를 지키고자 하였다. 본고에서는 해방 후 일본에서의 원심창의 민단활동과 평화통일운동에 대해 살펴보고자

등의 연구성과가 있다.

2 성주현, 「해방 후 원심창의 민족운동과 통일운동」, 『한국민족운동사연구』 65. 한국민족운동사학회. 2010.12.

3 남북통일촉진협의회에 대해서는 나주현, 「1955년 남북통일촉진협의회에 관한 연구」, 『한일민족문제연구』 11, 한일민족문제학회, 2006.12를 참조할 것.

한다.[4]

2. '건동'과 '민단'의 설립

해방은 국내뿐만 아니라 해외 한인사회에도 큰 변화를 가져왔다. 1945년 8월 15일 일제의 항복으로 해방을 맞은 재일한인사회는 해방의 기쁨도 컸지만 조국으로 귀환하는 일이 급선무로 다가왔다. 징용 영장을 받고 히로시마(廣島)의 한 공장에서 복무하다가 해방을 맞은 정충해(鄭忠海)는 "라디오 앞에서 무조건 항복을 한다고 하는 천황의 방송을 듣고 있던 우리 한국인들은 내심 날뛰듯이 기뻤다. 그러나 지금 이 장소에서는 기뻐할 수도 없고, 그렇다고 하여 슬퍼할 수도 없는 미묘한 입장이었다. (중략) 이제 돌아갈 수 있다. 우리에게 때가 온 것이다. 자유세계의 자유로운 튼튼한 사슬로 꽉 매어 있던 몸이 일시에 풀려난 것이다"라고 회고한 바 있다. 식민지 본국에서 맞이한 해방은 기쁨인 동시에 귀환의 현실화였다.

해방을 맞은 재일한인사회는 귀환인을 위한 원호활동을 목적으로 하는 홍생회를 비롯하여 각지에서 한인의 자위단체 또는 자치단체들이 우후죽순으로 생겨났다. 해방을 맞은 8월 중에만 재일조선건국촉진동맹(8.15, 도쿄), 관동지방조선인회(8.18, 요코하마), 재일조선인대책위원회(8.20, 도쿄), 재일조선인귀국지도위원회(8.22, 도쿄), 재일조선인대책위원회(8.22, 도쿄), 재일조선인거류민연맹(8.22, 도쿄), 재일조선인거류민단(8.23, 도쿄), 조선국제노동동맹(8.24, 오사카), 재일조선인회(8.27, 도쿄), 일본거류고려인중앙협의회(8.28, 오

---

4 본 발표문은 성주현, 「해방 후 원심창의 민족운동과 통일운동」, 『한국민족운동사연구』 65. 한국민족운동사학회. 2010.12을 보완하였음을 밝혀둔다.

사카) 등이 조직되었다.[5] 이들 단체들은 귀환인 지원과 신조선 건설을 기치로 내세웠다.[6] 그렇지만 9월 들어 도쿄를 중심으로 중앙집권적 대중조직으로의 일원화 움직임이 활발해졌고, 9월 10일 재일조선인연맹(이하 조련)중앙결성 준비위원회가 구성되었다.[7]

이처럼 해방을 맞은 재일한인사회에 각종 단체가 설립되고 통합되는 이 시기에 원심창은 가고시마(鹿亞島) 형무소에 수감 중이었다. 원심창은 중국에서 남화한인청년연맹과 흑색동포단에 가입한 후 1933년 3월 17일 주중 일본공사 아리요시 아키라(有吉明) 암살미수사건, 즉 육삼정의열투쟁으로 피체되어 그해 11월 24일 나가사끼(長崎) 지방재판소에서 무기징역형을 받고 나가사키 형무소를 거쳐 가고시마 형무소로 이감되어 수감되었다. 원심창은 이 형무소에서 해방을 맞이하였다.

조국의 해방을 위해 민족운동에 투신하였던 원심창은 누구보다도 해방의 기쁨이 컸을 것이다. 그러나 옥중에서 해방의 기쁨을 누리는 것은 자유롭지 못하였다. 원심창은 이해 10월 10일에서야 형무소에서 나올 수가 있었다. 원심창의 출옥이 늦어진 데에는 패망한 일본의 정치적 상황이 적지 않게 작용하였다. 포츠담 선언은 제2차 세계대전에서 패전한 일본 정부에게 정치범을 석방하도록 규정하였다.[8] 또한 「초기 대일방침」에서도 "정치적 이유로 일본

5 이들 외에도 재일본경도조선인거류민단, 目黒조선인협의회, 埼玉縣조선인협의회, 동경와세다유지회, 재일본조선인노동연맹 등의 단체도 있었다고 한다.

6 박경식, 『해방 후 재일조선인운동사』, 삼일서방, 1989, 49쪽; 최영호, 『재일한국인과 조국광복-해방 직후의 본국 귀환과 민족단체 활동-』, 글모인, 1995, 151-152쪽.

7 김인덕, 『재일본조선인연맹 전체대회 연구』, 선인, 22-23쪽.

8 포츠담선언 제10조에는 다음과 같이 규정하고 있다. "일본국 정부는 일본국 국민 간에 있어서 민주주의적 경향의 부활 강화에 대한 일체의 장애를 제거해야 한다. 언론 종교 및 사상의 자유와 더불어 기본적 인권의 존중이 확립되어야 한다."

당국에 의해 감금되어 있는 자를 석방할 것"과 "인종, 국적, 신앙 또는 정치적 견해를 이유로 차별대우를 규정하고 있는 법률, 명령 및 규칙을 폐지할 것"을 명기하였다. 그러나 일본 정부는 전혀 그럴 의도가 없었다.[9] 정치범 석방이 늦어지자 9월 25일 일본 측 정치석방위원회와 한국 측 정치범석방운동촉진연맹은 미군사령부와 일본 법무성 앞에서 대중 집회를 열고 정치범 석방을 요구하였다. 이와 같은 요구에 미군 맥아더 사령부는 정치범들을 면담하는 한편 석방을 모색하였다. 10월 6일 양 단체는 통합하여 해방운동희생자구원회를 결성하고 본격적인 석방운동을 전개하였다. 그 결과 정치범 석방은 맥아더 사령부의 '정치범 석방 명령'에 의해 10월 8일부터 시작되었고, 원심창은 이틀 후인 10월 10일 옥중생활 13년 만에 가고시마 형무소를 자유의 몸으로 나설 수가 있었다. 가고시마 형무소에서 석방된 원심창은 대부분의 재일한인과 마찬가지로 귀국선을 타고 고국으로 귀환하였다.[10] 원심창의 귀환 시기는 분명하게 알 수는 없지만 1945년 11월경으로 추정된다.

귀환 이후 원심창은 해방된 조국에서 신국가 건설운동에 참여하고자 하였으나 상황은 그렇게 여의치 않았다. 당시 국내의 정세는 신탁통치에 대한 찬반으로 혼란이 가중되었다. 1945년 12월 27일 자《동아일보》의「외상회의에 논의된 조선 독립 문제, 소련은 신탁통치 주장, 소련의 구실은 삼팔선 분할 점령, 미국은 즉시 독립 주장」이라는 기사가 게재되면서, 정국은 우익의 반탁과 좌익의 찬탁으로 대립되었다. 이 시기에 원심창은 반탁운동에 적극 참여한 것으로 보인다.[11] 그러나 원심창의 반탁운동 관련 행적은 구체적으로

---

9 최영호,『재일한국인과 조국광복-해방 직후의 본국 귀환과 민족단체 활동-』, 글모인, 1995, 158~159쪽.

10『의사 원심창』, 원주원씨중앙종친회, 1979, 73쪽.

11 이 시기와 관련하여『의사 원심창』에는 다음과 같이 기록하고 있다. "(전략) 선생은 일시 귀

포착되지는 않고 있다. 이와 같이 국내에서 신탁통치에 대한 찬반으로 대립이 심화되자 원심창은 귀환한 지 3개월여 만에 다시 도일하였는데, 1946년 1월 초 도일한 것으로 추정된다.[12]

다시 일본으로 돌아온 원심창은 재일한인사회의 안정과 수습에 진력하였다. 그 과정에서 신조선건설동맹(이하 건동)과 재일본대한민국거류민단(이하 민단)의 설립에 적극 참여하였다.

해방 직후 재일한인사회는 앞서 언급하였듯이 귀환과 신조국 건설을 목표로 수많은 단체들이 조직되었고, 9월 들어 점차 대일본조선인연맹(이하 조련)으로 통합되어 갔다.[13] 그러나 조련의 창립 과정은 좌우익의 성향과 과거 친일경력 등 성향이 다른 세력이 혼재되어 있어 순탄하지 않았다. 조련 창립대회에 앞서 10월 12일 조련 도쿄지부 결성대회에서는 친일 인사로 알려진 고산광(高山光)이 린치를 당하고 '반동분자 일소'가 가결되었다. 이러한 가운데서 조련 창립대회는 10월 15일과 16일 양일간 도쿄에서 열렸다. 조련은 창립대회 첫날 「선언」, 「강령」, 「규약」 등을 채택하였다.[14]

국하셨을 때에는 강대국들이 우리 민족에게 강요하려던 신탁통치의 반대운동에 몸 바쳐 투쟁하였고…."

12 재일본대한민국거류민단, 『민단40년사』, 1987, 37쪽. 원심창은 1946년 1월 20일 신조선건설동맹 결성 당시 이강훈과 부위원장으로 선임되었다. 이로 볼 때 원심창은 1946년 1월 초에 도일한 것으로 확인된다.

13 재일본조선인연맹에 대해서는 김인덕, 『재일본조선인연맹 전체대회 연구』, 선인, 2007을 참조할 것.

14 朝鮮民衆社 편, 水野直樹 역, 『寫眞集 朝鮮解放 1年』, 新幹社, 1994, 11쪽: 김인덕, 『재일본조선인연맹 전체대회 연구』, 28쪽 재인용. 조련의 선언과 강령은 다음과 같다.
〈선언〉 인류의 역사상 유례없는 2차 세계대전도 포츠담선언에 의해 종결되었고, 여기에 우리 조선도 마침내 자유와 독립의 영광이 약속되었다. 우리는 총력을 다하여 신조선 건설에 노력할 것이며, 관계자 당국과의 긴밀한 연락하에 우리들이 당면한 일본국민과의 우의보전과 재류동포의 생활안정, 귀국동포의 편의를 기도하려고 한다. 우를 선언한다.
〈강령〉 일. 우리는 신조선 건설에 헌신적 노력을 기함. 일. 우리는 세계평화의 항구유지를 그런데 이 중 「선언」과 「강령」은 조련의 내분을 내재하고 있었다. 일본의 식민체제 속에서 '역사에 대한 반성'이라는 절차 없이 미래에 대한 전망만 제시하자 조직원으로부터 불만이 제기되었다. 이에 따라 둘째 날인 16일 대회 속개 전, '친일파와 민족 반역자를 일소하라'는 내용이 담긴 『민중신문』이 살포되었고, 권일(權逸)을 비롯하여 권혁주, 강경옥, 이능상 등이 별실에 감금되었다. 이후 속개된 회의에서 조련의 활동 방침을 의결하는 한편 임원진을 구성하였다.[15] 이러한 일련의 과정을 거치면서 우익 성향과 친일 경력이 있는 인물들이 배제되었으며, 조련은 자연스럽게 공산주의 운동가 중심으로 정비되어 갔다.

한편 조련의 결성 과정에서 민족주의를 표방하는 청년들이 중심이 되어 새로운 단체를 조직하고자 하였다. 여기에는 초기 조련에 참여하였던 서종실과 허운용이 중심이 되고, 뜻을 같이 하는 청년들이 모이면서 조선건국촉진청년동맹(이하 건청) 결성이 가시화되었다. 이들은 10월 하순경 청년단체 조직을 논의하였고 회원 확보에 주력하였다. 그리고 이들은 11월 5일 「조선청년 제군」이라는 격문을 통해 건청의 결성을 공식화하였다. 이어 건청 조직을 위한 조직위원 구성과 규약 초안을 마련하고 11월 16일 결성대회를 하기로 하였다. 이와 같이 건청 조직 과정에서 조련으로부터 배척당한 세력들이 건청 결성을 지지, 참여함으로써 건청 조직위원회의 활동은 활성화되었다. 건청에 참여한 청년들은 대외적으로는 선명한 민족주의 노선을 표방하였지

기함. 일. 우리는 재류동포의 생활안정을 기함. 일. 우리는 귀국동포의 편의와 질서를 기함. 일. 우리는 일본국민과 호양우의를 기함. 일. 우리는 목적달성을 위하여 대동단결을 기함.

15 최영호, 『재일조선인과 조국광복』, 169-175쪽; 김인덕, 『재일본조선인인연맹 전체대회 연구』, 27-36쪽.

만 친일파로부터 자금을 지원받기도 하였다. 이에 따라 건청에는 친일파로 불리는 인물들이 역사적 반성도 거치지 않고 참여하였다.[16] 이로 인해 건청은 조련으로부터 적지 않은 비판을 받게 되었다. 이처럼 해방 직후 재일한인 사회는 조련과 건청이 각각 결성되어 대립적 구도가 되었다.

1946년 1월 초 일본으로 다시 건너온 원심창은 앞서 언급하였던 조련과 건청에 참여하지 않고 신조선건설동맹 결성을 주도하였다. 원심창이 조련이나 건청에 참여하지 않은 이유는 두 가지로 보인다. 첫째는 조련의 좌익화이며, 둘째는 건청의 친일 인사의 참여였다. 앞서 살펴보았듯이 조련은 해방 직후 재일한인사회를 아우르는 단체로 출발하였으나 점차 공산주의자들이 주도권을 장악하면서 좌익화되었다. 이에 비해 건청은 조련의 좌익화에 반발하는 인사들로 단체를 구성하였지만 이 과정에서 친일 인사들이 참여하여 그 정체성에 의문점이 제기되었었다.

이러한 상황에서 원심창은 1920년대 흑우회 등 아나키스트로 함께 활동하였던 박열, 그리고 중국에서 아리요시 주중공사 암살미수사건 즉 육삼정의열투쟁의 동지였던 이강훈 등과 새로운 단체 결성에 나서 신조선건설동맹(이하 건동)을 조직하였다. 원심창 자신이 아나키스트로 민족해방운동에 일생을 바쳤고, 또한 무기수로 장기간 옥중생활을 하였기 때문에 그 정신을 잇는 단체의 필요성을 느낀 것으로 볼 수 있다. 결국 원심창은 이미 설립된 조련이나

16 한편 『민단40년사』에는 건청의 설립과정을 다음과 같이 기록하고 있다. "종전 직후부터 추진되어 오던 조련의 조직운동이 구 친일파와 공산계의 야합인 것이 불만을 갖고 있던 洪賢基, 金相浩, 許雲龍, 朴元淳 등은 9월 10일 비밀히 동지 10여 명과 조선건국촉진청년동맹을 조직코 암암리에 활동해오다가 조련이 좌파의 주도하에 들어감으로써, 구 친일파와 반공주의자들이 결립하여 11월 16일 당당하게 건청의 결성을 성명하고 다음날 우파와 중립파 동지 30여 명이 집합하여 神田 神保町 3-13 大木宅에서 종식 결성을 확인하였다."(재일대한민국거류민단, 『민단40년사』, 1987, 35쪽)

건청에 참여하지 않고 건동을 설립하고 주도적으로 참여하였다.

건동은 전면에 박열과 이강훈을 내세웠다. 박열은 원심창이 가고시마 형무소에서 출감한 10월 10일보다 17일 후인 10월 27일 아키다(秋田) 형무소에서 석방되었다. 박열은 재일한국인 중 가장 오랫동안 투옥생활을 하였다. 이러한 경력을 가지고 있는 박열에 대해 조련에서는 극진히 대우하였다. 조련 아키다 본부는 박열 출옥 당일에 '박열출옥환영대회'를 열어주었다. 그의 거처는 정원진 조련 아키다 본부 섭외부장의 집으로 마련해주는 등 환대하였다. 그럼에도 도쿄의 조련 총본부에서는 박열을 적극적으로 섭외하거나 그에 걸맞는 지위를 주지 않았다. 이는 중앙조직의 경우 대부분 공산주의를 추종하는 세력들이 중요 직책을 이미 차지하고 있었을 뿐만 아니라 사상적으로 박열과 같은 아나키스트에 대해 부정적인 인식을 가지고 있었기 때문이다.[17] 이러한 상황에서 박열 또한 좌익화되어 가는 조련에 적극 참여하지 않았다. 이는 박열이 공산주의에 대해 비판적이었기 때문이다. 이에 따라 박열은 자연스럽게 민족 진영의 구심체가 되었다.

조련에 반대하는 이른바 민족진영은 12월 2일 도쿄의 고엔지(高圓寺)에 있는 한 일본인의 집에서 박열의 옥중담을 듣고 조련에 대항할 별도의 단체로 신조선건설동맹(이하 건동)을 조직하기로 결의하였다. 이 자리에는 조련에서 제명된 권일과 조영주, 건청의 홍현기와 서종실 등도 참여하였다. 이 외에도 김광남, 김정주, 정찬진 등이 참석하였다. 결국 조련이 공산주의적 조직 방향으로 흘러가는 데 불만을 가지고 있던 인물들이 대거 건동에 참여하였다.

건동은 이듬해 1946년 1월 20일부터 건청 본부가 있던 도쿄 아오야마(青山)

---

17 일제강점기 아나키스트와 공산주의자는 연대보다는 대립적이었다.

의 옛 육군대학 2층에 본부를 두고 결성대회를 준비하였다.[18] 이후 건동의 결성에는 이강훈과 원심창의 역할이 적지 않았다고 본다. 당시 이강훈은 윤봉길, 이봉창, 백정기 등 삼의사 유해 봉환과 대학기성회 후원을 목적으로 귀국하였다가 2월 초에 일본으로 돌아왔다. 국내에서 김구 등 민족주의 세력과 만나는 한편 신탁통치 반대 상황을 직접 목도하였다.

앞서 언급한 바 있듯이, 1946년 1월 초 일본으로 건너온 원심창은 박열을 중심으로 건동 조직에 적극 참여하였다. 이에 건동은 2월 8일 도쿄 나카노(中野) 구민회관에서 결성대회를 개최하였다. 이날 결성된 건동의 선언과 행동강령, 그리고 임원진은 다음과 같다.

〈선언〉

조련의 민족해방을 망각한 신탁통치 지지의 태도는 진심으로 유감이다. 우리는 어디까지나 자주, 자유, 조국의 완전 독립을 위해 신조선 건설을 목표로 隣邦 諸 민족과 협동하여 여기에 그 선구가 되고자 한다.

〈행동강령〉

一. 우리는 진정한 민주주의적 건국의식을 함양하자.

---

18 이에 비해 『민단40년사』에는 건동 설립에 대해 다음과 같이 기록하고 있다. "좌익의 음모로 좌경화된 「조련」이 이에 맞서 일어선 「건청」을 말살코자 함으로서 폭력쟁투가 치열해지고 있을 때, 1945년 10월 27일 정치범으로 23년 秋田형무소에서 복역하고 있던 박열이 석방되어 11월 26일 東京으로 오게 되었다. 이에 장작중, 서성한, 한견상, 이강훈, 원심창, 정찬진 등 아나키스트계는 물론 민족주의 중립파와 구친일계의 재일한인들은 박열 생환의 기적에 만세를 불렀다. 때마침 조련 측이 김해천의 출옥으로 자기 쪽 진용을 강화시키고 있을 때라서 「건청」은 박열 옹립의 결의를 굳게 하였다.이러한 기대 속에 박열을 주축으로 「신조선건설동맹」이 1946년 1월 20일에 결성되었다."(『민단40년사』, 37쪽)

一. 우리는 세계 대세에 호응하여 사해동포 세계 협동을 기하자.

一. 우리는 민족의 자주성을 무시하는 신탁통치에 반대한다.

一. 우리는 근로대중의 진정한 동지가 되자.

一. 우리는 재일동포의 현실적 제 문제를 민속하게 해결하자.

一. 우리는 성실히 각 분야의 운동을 지원하자.

一. 우리는 조국건설의 大綱과 구체안을 하루라도 빨리 완성하자.

〈임원진〉

위원장: 박열, 비서 이호근 박준

부위원장: 이강훈 원심창

총무부장: 김광남, 차장 이영렬

재정부장: 박노정, 차장 진태일 홍용우

문화부장: 김광남, 차장 박준

선전부장: 정태성, 차장 이수국

지방부장: 이동욱, 차장 전용도

사회부장: 정주화, 차장 김병영

외무부장: 전두수, 차장 김정주 이옥동

기획위원: 전두수 김광남 조영주 권일 최팔[19]

---

19 이강훈 회고록에는 다음과 같이 밝히고 있어 약간의 차이를 보이고 있다. 위원장 박열 비서 이호근, 부위원장 이강훈, 총무부장 김광남, 재무부장 박노식, 문화부장 김광남, 선전부장 정태성, 지방부장 이옥동, 사회부장 정주화, 외무부장 전두수, 기획위원 전두수, 총무차장 김영열, 재무차장 홍용우, 외무차장 김정주.(『민족해방운동과 나』, 204쪽)

건동 결성대회에서 원심창은 이강훈과 함께 부위원장으로 선출되었다.[20] 원심창이 부위원장으로 선출된 것은 일본에서 13년의 긴 옥중생활과 그의 명망 때문이었다. 원심창이 참여한 건동은 건청과 함께 간다(神田) 공회당에서 '신탁통치 반대 민중대회'를 개최하는 등 반탁운동을 적극 전개하였다.[21] 또한 건동은 결성 이후 첫 8·15 해방 1주년을 맞아 성명과 기본강령을 새로 발표하였다.[22] 이때 발표한 행동강령에는 '민족통일선전'의 구축이 포함되었는데, 이는 이후 원심창이 전개하였던 평화통일운동으로 잘 나타나고 있다.

그러나 건동은 실제적으로 재정과 지방조직의 취약성으로 조직체가 잘 정비되지는 못하였다. 건동의 지방조직으로 설치된 지부는 1946년 10월까지 일본 전역에 5개에 불과하였으며[23] 이들 지방조직 대부분은 건청의 건물을 같이 사용하였다. 뿐만 아니라 재정적으로도 취약할 수밖에 없었다. 당시 재일한인들의 생활이 어려웠던 상황에서 몇몇 지도자들이 민족주의적 호소에 의해 조직 자금을 마련하기에는 한계가 많았다. 때문에 건동은 독자적으로

---

20 이강훈은 그의 회고록 『민족해방운동과 나』에서 자신만 부위원장이 되었고, 원심창이 부위원장으로 선출된 것은 누락시키고 있다. 그의 회고록을 살펴보면 다분히 의도적인 면이 없지 않다고 본다.

21 『민단40년사』, 37쪽.

22 『민단40년사』, 37-38쪽. 새로 발표한 성명과 기본 강령은 다음과 같다.
◇ **성명**: 세계 제2차 대전에서 일본제국주의의 패전에 의하여 해방 1주년을 맞이한 우리들은 감개무량하여 어디까지나 세계의 항구평화를 위하여 노력한다. 자유와 평화를 희구하는 인류로서 8·15해방기념일은 우리들이 영구히 기념하는 의의 깊은 날로서 우리들의 금후의 사명은 중대하다 하겠다.
◇ **기본행동 강령**: ① 노농대중의 자유를 득하여 민주주의 체제 확립을 기한다. ② 사회주의적 계획경제를 단행하여 균등한 국민생활의 향상을 기한다. ③ 세계 항구 평화의 국제협조를 기한다. ④ 우리는 38도선의 분단을 자력으로 해결한다. ⑤ 우리는 민족통일전선을 급속히 해결한다. ⑥ 자주독립의 민주정부 수립에 노력한다.

23 건동의 지부는 서일본총본부, 橡木縣본부, 九州지방본부, 神奈川縣본부, 秋田縣본부 등 5개이다.

조직을 운영할 수 있는 여건을 마련하지 못하였다.[24]

이처럼 조직과 재정 면에서 취약성을 가지고 있던 건동은 결성 7개월 만인 1946년 8월 15일, 해방 1주년을 계기로 변화를 꾀하였다. 건동은 8월 31일 동맹청년학교에서 개최된 제2회 전체대회에서 재일한인의 생활 보호와 권익 옹호를 하기 위해 '거류민단'을 조직한다는 안건을 결의하였다. 이어 건동은 9월 25일 본부 강당에서 32개 한인단체 대표들이 참석한 가운데 '거류민단결성준비위원회'를 구성하는 한편 조련에서 탈퇴한 고경흠을 위원장으로 선출하였다. 한편 이날 건청도 나가타쵸(永田町) 초등학교 강당에서 제3회 전국대회를 개최하고 거류민단결성추진위원회에 참여하기로 결정하였다. 이에 따라 건동과 건청은 9월 28일 합동대회를 개최하고 재일본거류민단(이하 민단) 설립의 제 원칙을 마련하였다.[25] 이로써 원심창이 참여하였던 건동은 사실상 해체되었다. 민단 결성대회는 1946년 10월 3일 도쿄 히비야(日比谷) 공회당에서 개최되었다. 2천여 명이 참석한 결성대회는 건청 기획부장 김용태의 사회로 진행되었는데, 의장은 고경흠, 부위원장은 홍현기가 각각 맡았다. 그리고 임원진을 선출하였는데, 원심창은 민단의 실무를 관장하는 사무총장에 선임되었다. 당시 민단의 임원진은 다음과 같다.

단장: 박열, 부단장: 이강훈　　사무총장: 원심창, 차장: 김용태
섭외부장: 김정주, 차장: 유호일　　내무부장: 김종제, 차장: 박명옥

---

24 이영호, 『재일한국인과 조국광복』, 233쪽.

25 『민단40년사』, 38쪽; 이영호, 『재일한국인과 조국광복』, 241-242쪽. 거류민단에 참여한 단체는 건국촉진회, 조선구락부, 조선교역사, 조선거류민회, 대한협회, 조선무역회, 과학연구협회, 부용회, 국제신보사, 산업건설단, 신조선건설회, 자유신문사, 후생회, 조선문화협회, 조선협회, 대한산업개발, 박열후원회, 상공연맹, 동우사 등이다.

재정부장: 현희, 차장: 정원진　　　문교부장: 정철, 차장: 박준

사회부장: 배정, 차장: 이옥동　　　지방부장: 김재화, 차장: 전용도[26]

민단은 결성대회에서 선언서와 9개의 기본요령을 발표하였다. 선언서에서는 "재일한인은 이방민족인 가운데서 필연적 결합과 공동된 목적 달성을 위하여 굳은 단결이 필요함을 강조하고 민단의 목적하는 바를 첫째 거류민단의 생활안정, 둘째 거류민단의 교양향상, 셋째 국제친선"이라고 밝혔다. 그리고 위의 목적을 달성하기 위해 기본요령을 다음과 같이 선언하였다.

1. 본단은 재류동포 전체를 구성원으로 하고 누구나 평등하게 본단의 단원이 될 수 있다.
2. 본단은 조직 확산을 위해 재류동포의 총의를 파악하고 거기에 맞는 조직체와 규약을 정비한다.
3. 본단은 결코 본국 또는 해외의 여하한 사상이나 정치의 흐름에 가담하지 않는다.
4. 본단은 재류동표의 자치단체이며, 장차 필요한 경우 본국 또는 그 외의 필요한 당국이 승인하는 자치단체로 발전하거나 관설단체의 보조기관이 될 것을 목표로 한다.
5. 본단은 재류동포의 생활 대책에 효과적으로 대처한다.
6. 본단은 장래 국가발전을 도모하는 한편 재류동포 기업활동 및 무역활동을 적극 지원한다.
7. 본단은 재류동포의 교육과 교양향상에 주력한다.

---

26 『민단40년사』, 38-39쪽.

8. 본단은 청년운동을 적극 지원하며 여성의 지위향상을 도모한다.

9. 본단은 재류동포의 총의를 파악하고 이를 위한 과학적 입안과 시책을 창조 실천한다.[27]

이와 같이 건동과 건청이 중심이 되어 결성된 민단은 도쿄의 소수 조직가와 군소 단체가의 집합체, 재일한인의 현실적 생활향상 도모를 위한 자치단체, 그리고 나아가 한국 정부의 보조단체를 지향하고 있다고 평가받고 있다.[28] 즉 민단은 재일한인의 현실적 상황에 의한 시대적 요청으로서, 그리고 일본인의 멸시와 박해가 표출되는 가운데 한국인으로서의 정체성을 회복하고 현실적 문제를 해결하기 위한 필요성에 의해 결성되었다고 할 수 있다. 따라서 민단은 당면한 생활안정과 교육향상 등 현실적 문제해결을 최우선 과제로 두었다. 민단은 앞서 결성된 조련과 함께 재일한인사회를 이끌어 가는 구심체로 성장했지만 두 단체 사이에는 적지 않은 갈등의 요소가 잠재해 있었고, 대립은 점차 격화되어갔다.[29]

이러한 상황에서 민단 초대 사무총장으로 선임된 원심창은 민단이 제2 선언을 위해 다시 소집된 1948년 10월 4일까지 사무총장으로 활동하였다. 이 시기 민단의 주요활동은 결성대회 의장단으로서 본국 및 각국 대사관에 보내는 결의문 발송, 12월 13일 생활위기 돌파 거류민대회, 1947년 1월 민단신보 창간, 사법육성회와 민단협동조합 창립, 외국인 등록령 반대 등을 주도하였다. 원심창은 민단 사무총장 외에 1947년 3월 31일 재일한인의 인권 및 생

---

27 『민단40년사』, 39-40쪽. 원래 민단의 기본요령은 장문으로 되어 있다. 본고에서는 이를 요약 정리하였음을 밝혀둔다.

28 이영호, 『재일한국인과 조국광복』, 244-245쪽.

29 이에 대해서는 『민단40년사』, 235-244쪽을 참조할 것.

활권 확보를 위해 창립된 사법육성회의 부회장, 재일한인의 생활안정 도모를 위해 창립한 민단협동조합의 조합장으로 활동하였다.[30]

이처럼 민단 결성에 중요한 역할을 하고 초창기 민단을 이끌어 갔던 원심창은 1948년 3차 전체대회에서 이강훈과 함께 일선에서 물러났다가 이듬해 1949년 4월 1, 2일 양일간 교토 한국회관에서 개최된 제6회 임시대회에서 부단장으로 복귀하였다. 이후 한국전쟁 기간인 1951년 4월 3일 제11회 임시대회에서 원심창은 단장으로 선출되었다.

당시 원심창은 김재화와 경합을 하였는데, 인신공격을 일삼던 김재화에 비해 원심창은 "오늘날 민단이 필요로 하는 지도자란 거물을 자칭하는 김 후보와 같은 웅변적인 책사보다는 우리 재일동포와 동지적 입장에 설 수 있는 선량한 애국투사 원심창과 같은 인사가 필요하다"고 강조하였다. 이러한 원심창의 선거 전략이 주효하여 단장에 추대되었다.

이듬해 1952년 4월 3일 제12회 전체대회에서 원심창은 김재화, 김광남과 집단지도체제로 민단을 이끌었고, 10월 3일 개최된 제13회 전체대회에서는 일선에서 물러나 고문으로 추대되었다.[31] 이 밖에도 원심창은 민단 도쿄도(東京都) 지방본부의 5대 단장으로 활동하기도 하였다.[32]

한편 원심창은 일본에서 활동하면서도 국내와 연계되어 정당활동에도 적극 참여하였다. 원심창이 참여한 정당은 독립노농당이었다. 독립노농당은 1946년 6월 6일 아나키스트로 활동한 바 있는 유림(柳林)을 중심으로 기성정당과 지도자에 대한 불만을 가져온 청년 정치인들이 집결하여 조선의 완전

---

30 『민단40년사』, 40-52쪽.

31 『민단40년사』, 66쪽 및 69-70쪽.

32 『민단49년사』, 439쪽.

자주독립을 전취하자는 슬로건으로 발기인대회를 개최하였다.[33] 원심창은 1947년 중앙감찰위원으로 선임되었으며,[34] 1948년에는 일본 특별당부를 결성한 바 있다. 원심창이 독립노농당에 가입 활동한 것은 이 당이 일제강점기 아나키스트로 활동하였던 인물들이 중심이 되어 결성되었기 때문이다. 즉 민족해방운동의 연장선에서 정당 활동을 전개하였다고 할 수 있다.

이상에서 살펴보았듯이 원심창은 해방 직후까지 가고시마 형무소에서 수감되어 있다가 10월 10일 석방되었다. 이후 고국에 귀환한 원심창은 국내에서 신탁통치반대운동에 참여하였고, 1946년 1월 초 일본으로 다시 건너와 식민지 시기 일본에서 같이 활동하였던 박열, 육삼정의열투쟁의 동지였던 이강훈과 함께 건동 결성을 주도하였다. 뿐만 아니라 재일한인의 생활안정과 권익옹호를 위해 민단 창설에도 적극 참여하여 초대 사무총장을 비롯하여 부단장, 단장, 고문 등으로 활동하였다. 원심창이 건동과 민단의 주요 인물로 활동한 것은 아나키스트로서 공산주의에 대한 반감과 민족주의 세력의 집결이라는 당위성 때문으로 풀이된다.

3. '통협' 설립과 평화통일운동

재일한인사회에서 원심창의 활동 중 핵심은 평화통일운동이라 할 수 있다. 1950년 6월 25일 시작된 한국전쟁은 3년의 참화를 겪고 1953년 7월 휴전

---

33 《조선일보》 1946년 6월 7일. 독립노농당의 강령은 다음과 같다. 1) 본당은 국가의 완전 자주독립을 위하여 투쟁함. 1) 본당은 노동자 농민 일반 근로대중의 최대복리를 위하여 투쟁함. 1) 본당은 일체 독재를 배격하고 진정한 민주주의를 국내외 세력과 평등호조의 원칙에 의하여 합작함(《동아일보》 1946년 7월 8일; 『자유신문』 1946년 5월 11일).

34 『자유신문』 1947년 5월 10일.

으로 중단되었다. 한국전쟁이 발발한 지 1년 후인 1951년 4월 민단 단장에 선임된 원심창은 민단 산하에 전재원호사업위원회를 발족시키고, 위원장으로 활동하였다.[35] 또한 좌우합작으로 동화신용조합을 창설하였다.[36]

한국전쟁의 참화와 휴전으로 인한 조국 분단은 원심창으로 하여금 평화통일운동에 적극 참여케 하였다. 일제강점기 아나키스트로 민족운동에 참여한 경험이 있는 원심창은 조국의 분단이 무엇보다도 안타까웠다. 그는 "남북으로 국토와 민족이 분열된 후에는 무엇이나 비참하지 않는 것이 없다"고 분단의 아픔을 토로하였다.[37] 그렇다면 원심창은 이러한 분단의 책임이 어디에 있다고 보았을까?

> 우리가 우매했던 것은 제2차 세계대전에 즈음하여 역력한 참가와 협조의 사실이 있음에도 불구하고 근세사상 최악의 입장 즉 국토분단의 쓰라림을 맛보게 되었던 것이다. 미소 양국의 책임은 물론이지만 우리들 자신도 공상에 불과한 외국에의 의뢰심도 청산하지 않으면 안 될 것이다. 지금도 미소 양대 진영은 자국의 입장과 많은 사정이 있을지라도 자국의 이익만을 위해서 약육강식하는 예는 헤아릴 수 없을 정도로 많다.[38]

원심창은 미소 강대국의 이익 때문에 조국이 분단되었다고 인식하면서도 자주적인 세계 정세 파악 역량을 갖추고 적절한 대응책을 취하는 것이 필요하다고 보았다. 한편으로 이들 강대국은 결코 영원하지 않을 것이라고 보았

---

35 국사편위원회 한국데이터베이스.
36 『민단40년사』, 70쪽.
37 『의사 원심창』, 36쪽.
38 『의사 원심창』, 36쪽.

다. 분단의 현실에서 원심창은 분단의 원인과 책임을 기회가 있을 때마다 세계에 알리고 우리 형제들을 일깨워주는 일을 게을리 하지 않으면 안 된다고 하였다. 이에 따라 원심창은 남북통일촉진협의회(이하 통협)를 조직하여 재일한인사회의 통일운동을 주도적으로 이끌어갔던 것이다.

통협의 설립에는 대내외적 요인이 크게 영향을 미쳤다. 우선 외적 요인으로는 1954년 4월 한국전쟁의 종결을 위한 제네바회의, 6월 네루와 주은래의 '평화 5원칙' 성명, 7월 인도네시아 휴전협정의 성립 등 국제적인 평화공존의 분위기가 대두하였다. 특히 한국전쟁으로 수십만 명이 희생을 당한 참상을 본 재일한인들은 무력통일을 배제하고 남북의 평화통일을 실질적인 문제로 인식하였다.

내적 요인으로는 이해 10월 북한이 제안한 '남조선 전체 인민에게 보내는 호소문'이 영향을 끼쳤다.[39] 북한은 10월 30일 제8차 최고인민회의에서 조국의 평화적 통일을 논의하기 위해 남북의 각 정당, 사회단체 및 각계 대표들이 모여 회담을 갖자고 제안하였다. 이 호소문은 한국 내뿐만 아니라 재일한인에게도 전달되었다. 즉 조련과 민단의 간부, 중립계 인사, 상공계, 문화계 등 다양한 인사들에게 전달되었다. 여기에는 원심창, 권일, 박춘금, 백무 등 민

39 '남조선 전체 인민에게 보내는 호소문'의 내용은 다음과 같다. 1. 평화적 통일문제를 토의하기 위하여 남북 조선의 각 정당, 사회단체 및 각계각층의 대표자 연석회의 또는 조선민주주의인민공화국 최고인민회의와 대한민국 국회의 공동회의를 평양 또는 서울에서 1955년 내에 소집할 것. 2. 전기 회의 소집에 관한 문제와 남북 조선 간의 경제 및 문화교류, 통상, 통행, 서신왕래의 개시에 관한 문제를 토의하기 위하여 남북 조선 대표자회의를 1955년 2월에 판문점 또는 개성에서 소집할 것. 3. 남북 조선 각 정당, 단체 및 각계각층의 애국적인 인사는 조국의 평화적 통일의 대책을 강구하기 위하여 상호 연락 왕래하고 상호 접촉하지 않으면 안 된다. 남북 조선의 주권 당국은 전조선 지역에 있어서 이 사람들의 자유로운 활동이 보장되도록 할 것(노중선, 『민족과 통일』 1, 사계절, 1985, 329-330쪽; 朴慶植, 「解放後における在日朝鮮人の民族統一運動の再検討」, 『在日朝鮮人研究』 15, 在日朝鮮人運動史研究會, 1985, 105쪽).

단계 인사들도 포함되었다.[40]

이와 같은 상황에서 조련은 호소문을 지지하는 한편 재일조선민족회의 소집, 남북조선대표자회의에 재일대표 파견, 재일조선인의 권리획득 등을 결의하였다. 뿐만 아니라 민단과 중립계 인사를 만나 평화통일촉진운동을 전개코자 하였다.[41] 이에 비해 민단에서는 북한의 제안을 정치적 모략으로 인식하여 반대 성명을 하였다. 하지만 민단의 일부 인물들은 남북의 평화통일에 찬성하였다.[42] 민단의 일부 인물들은 원심창을 비롯하여 권일, 배정, 정인훈 등이 이에 속한다.

원심창 등은 그동안 배척하였던 조련의 인물과 교류하면서 평화통일운동의 열기를 고조시켰다. 여기에 중립계 인사들도 동참하였다. 민단계는 원심창, 권일, 배정, 정인훈 등이며, 조련계는 남호영, 이북만, 이희원, 서종실 등이다. 중립계 인사로는 김삼규, 박춘금 등이 참여하였다. 원심창 등은 11월 30일 남북통일촉진준비회를 결성하였으며, 이후 수십 차례의 회의를 갖고 좌우합작의 방법으로 민단과 조련의 조정 역할을 하는 새로운 단체 조직을 목표로 12월 5일 남북통일운동준비위원회를 결성하였다. 이어 16일 히비야 공원에서 선언문과 강령, 통일방안을 발표하였다.[43] 이 중 통일방안은 다음과 같다.

첫째, 조선의 통일독립을 실현하기 위하여 민족의 대국에 서서 대동단결을 할

40 『解放新聞』 1954년 11월 11일; 朴慶植, 「解放後における在日朝鮮人の民族統一運動の再検討」, 105쪽,

41 나주현, 「1955년 남북통일촉진협의회에 관한 연구」, 67쪽.

42 『민단40년사』, 71쪽.

43 《매일신문》 1955년 1월 17일.

것, 둘째, 통일중앙정부는 남북 조선을 통한 자유 총선거에 의해 옹립할 것. 셋째, 자유총선거와 조선의 통일독립은 국제적으로 보장할 것

이들은 1954년 12월 23일 남북통일간담회를 갖고 이듬해 1955년 1월 10일 조국통일전국유지간담회를 개최하기로 결정하였다.[44]

이러한 가운데 원심창이 소속되어 있는 민단은 남북통일운동준비위원회의 활동에 대해 매우 우려하였다. 민단은 "통일은 좋으나 본국(대한민국-필자주)이 거부했으니 우리도 거부한다"고 하여, 남북통일운동준비위원회와의 교류를 거부하였다.[45] 이어 민단은 12월 30일 3개 항의 경고를 발표하는 한편 1955년 1월 10일 도쿄본부 단장으로 있던 원심창과 권일을 제명처분하였다.[46] 그럼에도 불구하고 원심창은 권일과 함께 평화통일운동을 더욱 적극적으로 이끌어갔다.

남북통일운동준비위원회는 1955년 1월 30일 도쿄 시타야(下谷) 공회당에서 통협 전국발기인대회를 갖고 통협을 결성하였다. 통협은 이날 선언, 강령, 규약 등을 발표하였다. 이 중 선언과 강령은 다음과 같다.

〈선언문〉

우리는 조국의 통일독립을 열망한다. 그것은 각 개인의 입장과 사상과 賢愚를 초월하여 항상 이것을 염원하여 마지않는 바이다. 그럼에도 불구하고 우리의

---

44 坪井豊吉, 『在日朝鮮人運動の概況』, 法務研修所, 1958, 503-504쪽; 나주현, 「1955년 남북통일촉진협의회에 관한 연구」, 71쪽.

45 《해방신문》 1954년 12월 16일.

46 《한국일보》 1955년 1월 17일; 『민단40년사』, 80쪽. 그런데 『민단40년사』는 2월 5일 제명처분하였다고 기록하고 있다. 이 제명처분은 1958년 10월 18일자로 해제되었다.

이 염원은 언제 성취를 보게 될 것인가를 모르는 형편에 있으며, (중략) 이제 우리는 조국의 참상을 생각하고 우리의 궁상도 반성하여 이에 동지의 규합으로 결연히 일어서서 조국의 통일독립을 위해 미력을 다할 것을 맹세한다. (중략) 우리는 이에 세계평화와 민족자결을 위해 최선의 노력을 다해 많은 사람들에게 경의를 표하는 동시에 특히 제네바 회의에 있어서의 쌍방의 주장을 유념하여 다음과 같은 통일방안을 제시하는 바이다.

(1) 조선의 통일독립을 실현하기 위하여 민족의 대국에 서서 우리 스스로가 대동단결을 할 것

(2) 통일중앙정부는 남북 조선을 통한 자유 총선거에 의해 수립할 것

(3) 자유총선거와 조선의 통일독립은 국제적으로 보장될 것 (하략)[47]

〈강령〉

(1) 우리 동포가 범한 과거의 모든 잘못은 서로 관용하고 반성하여 민족의 총친화를 도모한다.

(2) 우리들은 여하한 단체, 정당, 개인, 사상, 신앙을 불문하고 서로 협의함으로써 조국건설과 민족 내의 모든 문제를 평화적으로 해결할 것을 제의한다.

(3) 우리들은 남북을 통한 자유선서에 의해 통일 중앙정부를 수립할 것을 요구한다.

(4) 우리들은 자유 총선거와 우리들의 통일독립이 국제적으로 보장될 것을 요구한다.

(5) 우리들은 상호부조에 의해 외국에서 우리의 생활권 옹호에 기여한다.[48]

---

47 『민단40년사』, 80쪽.

48 『總親和』, 1955년 2월 15일; 朴慶植, 「解放後における在日朝鮮人の民族統一運動の再檢討」

선언문과 강령에 의하면, 조국의 통일을 위해 대동단결할 것을 강조하였다. 그리고 통일정부는 자유 총선거에 의해 구성할 것을 제안하였다. 이러한 통협의 주장은 유엔의 방안과 유사하였다. 이는 통협이 북한의 호소문을 적극 지지하였던 조련과 일정한 거리를 두고 있음을 보여주는 것이다. 통협은 다음날 1월 31일 중앙협의위원회를 열고 중앙대표위원 12명을 선출하고 사무국 임원진을 구성하였다. 중앙대표위원과 사무국 임원진은 다음과 같다.[49]

◇**중앙대표위원**: 원심창 권일 이재동 정인훈 양조한 남호영 이중추 홍관천 김삼규 이북만 박춘금 이희원

◇**사무국**: 국장 원심창, 차장 이철삼, 조직책임: 김학봉, 선전책임: 서종실, 총무책임: 박준

원심창은 중앙대표위원과 겸하여 사무국장으로 선임되어 사실상 통협을 이끌어 갔다. 뿐만 아니라 통협은 전문위원회를 두었는데, 원심창은 섭외위원으로도 활동하였다. 또한 통협은 이날 당면운동방침을 결정하였다.[50] 그

, 107-108쪽.

49 『總親和』, 1955년 2월 15일; 朴慶植, 「解放後における在日朝鮮人の民族統一運動の再検討」, 108쪽.

50 당면운동방침은 다음과 같다. "1. 민단원은 민단에 소속된 채 그대로 민전 구성원은 민전에 구성된 채 그대로, 각 개인은 각자가 현재 놓여 있는 채로 그대로의 상태에서 이 운동에 참가하고, 민족의 공통목표인 조국의 평화적 통일과 독립달성이라는 일점에 결집하여 모든 문제를 협의할 것, 2. 우리 동포의 거주지 부, 현, 군, 시, 정, 촌 어느 지역을 불문하고 협의기관을 조속히 결성하고 일상 경제생활에 결부된 협의를 추진할 것, 3. 협의기관 결성과 동시에 남북통일촉진 서명운동을 전개할 것, 4. 3월 1일의 민족적 기념식은 모든 단체와 개인이 합동하여 거행하도록 알선에 노력할 것, 5. 발기인대회에 참가한 전원은 4월에 개최하는 전체협의회가 명실공히 전국적 거족적인 행사가 되도록노력할 것"(朴慶植, 「解放後における在日朝鮮人の民族統一運動の再検討」, 108쪽).

주요 내용은 좌우합작, 협의기관 결성, 통일운동 촉진 서명운동, 거족적 3·1운동 기념식 거행, 전체협의회 개최 등이었다. 이에 따라 통협은 3·1절 기념식을 해방 후 10년 만에 처음으로 좌우 이념을 초월하여 2만여 명이 참가한 가운데 성대하게 거행하였다. 이 과정에서 통협은 3·1절 기념식 명칭을 '조국의 평화적 통일독립촉진 제36회 3·1절 기념중앙대회'로 정하였고, 슬로건과 결의문을 결정하였다.[51]

이 외에도 통협은 평화적 남북통일 및 원자전쟁반대서명운동, 아시아 제국회의 및 반둥회의에 통일문제에 관한 요청문을 보내는 등 대내외적으로 활동하였다.[52] 이로써 통협은 재일한인사회에서 새로운 영향력을 행사하면서 이념과 사상을 떠나 통일전선체로 교포사회를 지도하였다.

그런데 이처럼 재일한인사회에서 평화통일운동을 이끌어 가던 통협은 한

---

51 슬로건과 결의문은 다음과 같다.

◇슬로건: 3·1독립운동 애국선열의 정신을 잊지 말자, 외래세력의 내정간섭 절대 반대, 통일중앙정부는 남북을 통한 자유 총선거로 수립하자, 조국의 평화적 통일독립을 위해 남북회의를 즉시 개시하라, 사상과 정견과 신앙의 차이를 불문하고 거족적 원익을 위하여 협의하자, 거주권 생활권과 조국과의 왕래와 민족교육의 자유를 확보하자, 모든 외국군대는 동시에 철퇴하고 우리나라 문제는 우리 민족에 맡겨라, 일본국민과 문화적 경제적 교류와 우호 친선 만세, 원수폭 금지, 전쟁 반대 평화공존 세계 항구 평화 만세

◇결의문: 오늘 36주년 3·1절 기념식을 맞이함에 있어서 재일본 동포 2만여 명이 동경 양국 국기관에 모여 선열의 거룩한 독립정신을 추모하며, 조국의 평화적 통일을 위하여 미력을 다할 굳은 결의를 새로이 하였다. 조국의 평화적 통일은 세계평화를 전제로 하지 않고는 실현될 수 없음을 명기하고 우리의 조국통일이 동시에 세계평화에 공헌하는 방향에 있어서 추진되어야 할 것을 믿고 전력을 경주하여 노력할 것을 여기에 맹세한다. 이 기회에 여러 가지로 곤란한 정세 밑에서 조국통일에 진력하시는 본국동포에게 심심한 경의를 표하는 동시에 다음과 같이 요청한다. 1. 양 정부 당사자는 조속히 남북회담을 열고 통일중앙정부 수립달성에 노력할 것, 2, 관계 각국과 국련은 우리 민족의 자유의지에 의한 총선거와 통일독립을 국제적으로 보장할 것, 3. 일본 정부는 우리 동포의 거주권, 생활, 교육, 본국과의 왕래 등 기본적인 권리를 보장하라.(『總親和』, 1955년 3월 19일자)

52 이에 대해서는 나주현, 「1955년 남북통일촉진협의회에 관한 연구」, 87-90쪽을 참조할 것.

국 정부와 민단의 견제, 그리고 조련의 방해로 불과 1년 만에 사실상 막을 내리고 말았다.[53] 통협은 1955년 6월 25일에 '6·25기념평화제'를 3·1절 행사처럼 전국적인 행사와 평화시위로 기획하였으나, 민단과 조련의 비협조와 방해로 인한 동포의 저조한 참가로 뜻을 이루지 못하였다.

이러한 상황에서 북한은 해방 10주년을 맞는 8월 15일에 대규모의 경축행사를 갖기로 하고 통협 대표들을 초대하였다. 통협은 사무국장 원심창을 비롯하여 권일, 박춘금, 정인훈, 남호영, 이희원 등 6명을 파견하고자 하였으나 실현되지 못하였다.[54]

통협은 일본에서 3일간 8·15해방 10주년 기념행사를 좌우를 포함하여 거족적으로 치르고자 하였으나 조련의 방해로 끝내 제대로 기념행사를 갖지 못하였다.[55] 조련이 통협의 행사를 방해한 것은 통협의 활동이 좌우를 아우르고 민족주의적인 입장에서 재일 한인으로부터 점차 호응을 받고 있었기 때문이었다. 이에 조련은 통협을 무력화시키고자 하였고, 통협은 점차 설 자리를 잃고 말았다. 통협은 위기를 타개하기 위해 방안을 모색하였으나 사정이 여의치 않았고, 결국 초기의 의욕적인 출발에 비해 그 활동이 흐지부지하게 되었다. 이로 인해 통협에 참여하였던 일부 인사들은 민주사회동맹[56]이라는 새로운 조직을 결성하여 통협을 떠났다.[57] 이후 통협은 원심창만 계속 남

---

53 『의사 원심창』, 22쪽. 원심창은 이 외에도 통협의 부진한 활동의 원인을 동지들의 비열한 이탈, 한국문제에 대한 관계 제국의 냉각, 이에 따른 지지 대중의 이산 등이라고 하였다.

54 朴慶植,「解放後における在日朝鮮人の民族統一運動の再検討」, 109-110쪽.

55 권일,『祖國への念願』, 松澤書店, 1959, 253-254쪽; 나주현,「1955년 남북통일촉진협의회에 관한 연구」, 91쪽.

56 민주사회동맹은 1956년 1월 31일 우리민주사회동맹으로 권일(위원장), 이강훈(상임고문) 등이 중심이 되어 결성하였다. 이어 5월 6일 민주사회동맹, 이후 한국민주사회동맹으로 변경하였다.(『민단40년사』, 82-83쪽)

57 『민단40년사』, 82-85쪽; 朴慶植,「解放後における在日朝鮮人の民族統一運動の再検討」,

아 명맥을 이어갔고, 1959년 이승만 정권에 반대하여 일본으로 건너온 이영근과 조국의 평화적 자주통일운동을 추진하기 위해 『통일조선신문』을 창간하고 대표상임고문에 취임하였다. 그리고 1965년에는 한국민족자주통일동맹 일본본부를 결성하고 대표위원으로 선출되어 통일운동을 계속하였다.

끝으로 원심창의 평화통일운동의 이론과 방법에 대하여 살펴보자. 원심창이 통일운동에 적극 참여하게 된 배경은 앞서 언급하였듯이 한국전쟁의 참화와 휴전으로 인한 분단, 그리고 한국통일에 유리한 국내외 정세였다.

원심창은 통일운동을 전개하면서 가장 강조한 것은 민족 주체성의 확립이었다.[58] 그는 민족 주체성의 확립이 없는 통일은 '비참한 것'으로 인식하였다. 따라서 원심창의 평화통일운동의 핵심이론은 '주체성'이었다. 원심창은 평화통일운동의 주체성을 다음과 같이 설명하였다.

> 그러면 통일운동에 있어서 주체성이란 무엇인가?
> 그것은 우선 우리 조국의 통일은 우리들의 손으로 성취한다는 자각이며, 우리의 통일운동을 우리 스스로의 힘으로 추진한다는 각오가 되어 있어야 한다는 것이다. 이와 같은 자각과 각오는 적어도 조국통일운동이 민족해방운동의 연장이라는 것을 인식하고 나아가 민족해방운동의 혁명적 전통을 계승하여 조국과 민족을 위하여 희생한다는 신념을 전제로 하는 것이 아니면 안 된다. 이와 같은 정신적 근거가 확립되어야 비로소 통일운동의 기초가 성립되는 것이다.[59]

110쪽; 나주현, 「1955년 남북통일촉진협의회에 관한 연구」, 892쪽.
58 『통일조선신문』 1959년 6월 11일.
59 『의사 원심창』, 22-23쪽.

즉 원심창은 평화통일운동의 주체성의 핵심을 '우리의 손으로 성취한다는 자각과 이를 스스로 추진한다는 각오'라고 하였다. 그리고 평화통일운동은 '민족해방운동'의 연장선으로 인식하였다. 나아가 '민족해방운동의 혁명적 전통의 계승과 자신의 희생'을 강조하였다. 이러한 인식은 그가 일제강점기 민족해방운동 방략으로 선택한 아나키즘의 연장이라 할 수 있지 않을까 한다. 이에 따라 원심창은 평화통일운동의 주체성을 갖추기 위한 사상적 원칙을 다음의 네 가지로 설명하였다.

> 그 사상적 원칙은 첫째는 민족자결의 원칙이고, 둘째는 평화의 원칙이고, 셋째는 민주주의의 원칙이고, 그리고 넷째는 국가동원의 정신에 입각한 국제협조의 원칙이다.[60]

즉 원심창은 평화통일운동의 사상적 원칙은 민족자결, 평화, 민주주의, 국제협조였다. 이를 구체적인 실천운동으로 다음과 같이 설명하였다.

> 예컨대 우리들이 조국의 국토로부터 외군의 철수를 요구하는 것이나 남북협상을 요구하는 것은 민족자결의 원칙에 그 기초를 둔 것이고, 남북을 통한 총선거에 의해서 통일정부 수립을 부르짖는 것은 민주주의의 원칙에 의한 것이다. 그리고 우리가 관련 국제회의에서의 합의를 바라는 것은 국제협조의 원칙이다.[61]

60 『통일조선신문』 1959년 6월 11일.
61 『의사 원심창』, 24쪽.

즉 외군철수와 남북협상은 민족자결의 원칙, 남북 자유총선거에 의한 통일중앙정부 수립은 민주주의의 원칙, 그리고 국제회의를 통한 합의 도출은 국제협조의 원칙에 따르는 것이라고 인식하였다. 결론적으로, 원심창의 평화통일운동의 기본정신은 주체성 확립, 사상적 원칙은 민족자결, 평화, 민주주의, 국제협조로 정리할 수 있다고 본다.

이에 따른 원심창의 평화통일운동 방법은 한마디로 "각자의 정치, 사상은 그대로 고수하고 평화적인 통일을 위하여 협의운동을 일으키는 것"이라고 밝힌 바 있다.[62] 즉 협의운동을 전개하되 조국의 어느 한 국가를 지지하면서 진행하는 것이 아니라 조국의 양 정부를 동시에 협의해 자리에 나오는 것이다. 남북대화, 남북협상까지 이를 수 있게끔 우선 재일한인사회부터 통일을 이뤄보자는 취지에서 협의 운동을 제안하였고, 이를 실천하였던 것이다. 이러한 점에서 볼 때 통협의 통일운동은 원심창의 통일이론과 방법을 그대로 적용한 것이라고 할 수 있다.

4. 맺음말

이상으로 해방 후 재일한인사회에서의 원심창의 민단활동과 평화통일운동에 대해 살펴보았다. 해방 후 원심창의 활동은 크게 두 가지로 분류할 수 있다. 하나는 민족주의 세력을 집결하여 건동과 민단의 결성을 주도한 것이며, 다른 하나는 좌우합작을 통한 평화통일운동을 전개한 것이다.

원심창은 해방 직후 가고시마 형무소에 수감되어 있던 중 10월 10일 석방되었다. 이후 고국으로 귀환한 원심창은 국내에서 신탁통치반대운동에 참

62 『總親和』, 1955년 3월 15일.

여하였고, 1946년 1월경 일본으로 다시 건너와 식민지 시기에 일본에서 같이 활동하였던 박열, 육삼정의열투쟁의 동지였던 이강훈과 함께 건동 결성을 주도하였다. 뿐만 아니라 재일한인의 생활안정과 권익옹호를 위해 민단 창설에도 적극 참여하여 초대 사무총장을 비롯하여 민단 부단장 및 단장, 고문 등으로 활동하였다. 원심창이 조련이 아닌 건동과 민단의 주요 인물로 활동한 것은 아나키스트로서 공산주의에 대한 반감과 민족주의 세력의 집결이라는 당위성 때문으로 풀이된다.

한편 원심창은 한국전쟁의 참화와 휴전으로 인한 조국의 분단, 그리고 국내외 정세의 전환 속에서 일본에서의 남북통일운동을 주도하였다. 그는 통일운동 기관으로 통협을 결성하였으며 중앙대표위원과 사무국장을 맡아 실질적으로 통협을 이끌어 갔다. 그러나 통협은 한국 정부와 민단의 견제, 그리고 조련의 방해로 1년 만에 활동을 접어야만 했다. 통협 결성 초기에 함께 활동하였던 인사들이 사회민주동맹을 결성, 그의 곁을 떠났지만 원심창은 끝까지 통협을 지키고자 하였다.

그러한 가운데서도 통협의 통일운동은 원심창의 평화통일운동의 기본정신과 사상적 원칙이 있었기 때문에 가능하였다. 원심창의 평화통일운동의 이론은 두 가지로 구분할 수 있다. 하나는 기본정신인 주체성의 확립이었고, 다른 하나는 사상적 원칙이었다. 주체성 확립은 민족자결의 통일에 대한 자각과 각오였으며, 사상적 원칙은 민족자결, 평화, 민주주의, 국제협조로 집약할 수 있다. 이러한 정신과 원칙에 따라 원심창은 제3 지역이라 할 수 있는 재일한인사회에서 통협을 결성, 마지막 삶을 통일운동에 투신할 수 있었다. 그런 의미에서 원심창이 주도한 통협을 해외에서 최초로 그리고 자발적으로 결성된 통일운동단체라고 평가할 수 있다.

참고문헌

1. 자료
「이도상 등 4인 판결문」「박성백 등 6인 판결문」「최만화 등 6인의 판결문」「안용만 등 2인의 판결문」「정경순 등 6인의 판결문」「윤기선 등 4인의 판결문」「김용성 등 3인의 판결문」「안구현 · 이택화 · 오창선 판결문」「안재홍 신문조서」「이병철 등 판결문」「원심창 외 판결문」「이용준 판결문」
《한성주보》《황성신문》《동아일보》《조선일보》《시대일보》《중외일보》《매일신보》《조선중앙일보》《중앙일보》《신한민보》《권업신문》《조선신문》《한국일보》《경성일보》《평택시사신문》《통일조선신문》
『개벽』『천도교회월보』『종고성교회월보』『조선성공회보』『고종실록』『조선치안상황』(1922)『함평이씨 대동보』『천도교강습소규정』(1911)『천도교청년당일람표』『천도교청년회회보』『천도교중앙총부 직원록』『평택시사신문』『기려수필』『韓民』『한국청년』『국민보』『신흥학우보』『조선출판경찰월보』『조선총독부관보』『사상휘보』『고종시대사』『삼국사기』『신증 동국여지승람』『대동지지』『여지도서』『양성읍지』(1899)『양성현읍지』(1891)『중추원 조사자료』『경기읍지』(1871)『백주집』『신증동국여지승람』『경기도 진위군 군세일반』(1929).

이병헌, 『3 · 1운동비사』, 시사시보사출판국, 1959.
김정명, 『조선독립운동 I -민족주의운동편-』, 原書房, 1968.
강덕상, 『현대사자료 조선-3 · 1운동편(1)』, みすず書房, 1977.
이용락, 『3.1운동실록』, 1969.
이용락, 『3.1운동실록』(상), 사단법인 3.1동지회, 1985.
『한국민족운동사료』(3 · 1운동편 기2), 국회도서관, 1977.
『독립운동사자료집』6, 독립운동사편찬위원회, 1973.
『독립운동사자료집』5(3 · 1운동 재판기록), 독립운동사편찬위원회, 1973.
이동초 편저, 『천도교회종령존안』, 모시는사람들, 2005.
『대한민국임시정부 자료집』 35(한국국민당 Ⅰ), 국사편찬위원회, 2009.
안동독립운동기념관, 『국역 석주유고』, 경인문화사, 2008.
류시중 · 박병원 · 김희곤 역주, 『국역 고등경찰요사』, 선인, 2010.
편찬위원회, 『독립운동사자료집』〈별집 3〉, 독립운동사편찬위원회, 1978.
坪江汕二, 『개정증보 조선민족독립운동비사』, 고려서림, 1986.
『독립운동사』7(의열투쟁사), 독립운동사편찬위원회, 1976.

박경식 편저, 『재일조선인관계자료집성』 2, 삼일서방, 1975.
조선총독부, 『조선하천조사서』, 1929.
경기도, 『경기도세개요(상)』, 행정학회인쇄소, 1936.
통감부 철도관리국, 『한국 철도노선 안내』, 1908.
조선총독부 경기도, 『경기도 안내』, 1915.
多田省軒, 『繪本通俗征清軍記』, 1895.
吉田英三郎, 『조선지』, 町田文林堂, 1911.
藤戶計太, 『최신조선지리』, 경성일보사 대리부, 1918.
日高友四郎, 『新編朝鮮地誌』, 조선홍문사, 1924.
김태영, 『안성기략』, 동아인쇄소, 1925.
淺香幸雄, 『조선신지지』, 恒春閣, 1943.
大田才次郞, 『新撰朝鮮地理志』, 博文舘, 1894.
矢津昌永, 『韓國地理』, 丸善株式會社, 1904.
田淵友彦, 『韓國新地理』, 博文舘, 1905,
地理硏究會, 『最新新地理』, 田中宋榮堂, 1910.
足立栗園, 『朝鮮新地誌』, 積善舘, 1910.
『한국토지농산보사보고(IV)_경기도,충청도,강원도』, 1905.
『明治 27 · 8年 日清戰史(第1卷)』, 東京印刷株式會社, 1904.
이병연, 『조선환여승람』, 보문사, 1929.
이병연, 백승명 외 역주, 『(역주)조선환여승람(상)-천안군편』, 성환문화원, 2005.

2. 단행본

『대한성공회 평택교회 40년사』, 대한성공회평택교회, 2008.
『독립운동사사전』 7, 독립기념관 한국독립운동사연구소, 2004.
『민세안재홍선집』 4, 안재홍선집간행위원회, 지식산업사, 1992.
『안성천』, 경기도 박물관, 2003.
『의사 원심창』, 원주원씨중앙종친회, 1979.
『평택시사』, 평택시사편찬위원회, 2001.
『한국사』 45(신문화운동 I), 국사편찬위원회, 2000.
『혁명가들의 항일 회상』, 민음사, 1988.
고려대학교글로벌일본연구원재조 일본인정보사전편찬위원회, 『개화기 · 일제강점기(1876~1945) 재조 일본인 정보사전』, 보고사, 2018.
김삼웅, 『이회영 평전』, 책보세, 2011.
김승, 『근대 부산의 일본인 사회와 문화변용』, 선인, 2014.

김승태,『일제강점기 종교정책사-기독교편』, 한국기독교역사연구소, 1996.
김인식,『민세 안재홍』, 역사공간, 2008.
김인식,『안재홍의 신국가건설운동』, 선인, 2005.
김인식,『중도의 길을 걸은 신민족주의자 안재홍의 생각과 삶』, 역사공간, 2009.
박환,『식민지시대 한인아나키즘운동사』, 선인, 2005.
信夫淸三郎,『增補 淸日戰爭』, 南窓社, 1970.
신용하,『신간회의 민족운동』, 한국독립운동사편찬위원회, 2007,
이관직,『우당 이회영실기』, 을유문화사, 1985.
이덕일,『이회영과 젊은 그들』, 역사의아침, 2009.
이은숙,『서간도 시종기』(번역본), 일조각, 2017.
이재정,『대한성공회백년사』, 대한성공회출판부, 1990.
이정은,『3 · 1독립운동의 지방시위에 관한 연구』, 국학자료원, 2009.
이학래,『한국근대체육사연구』, 지식산업사, 1990.
이학래,『한국체육사연구』, 국학자료원, 2003.
장환,『한국 아나키즘운동사 연구』, 국학자료원, 1998.
정윤재 외,『민족에서 세계로』, 봉명, 2002.
정윤재,『다사리국가론: 민세 안재홍의 사상과 행동연구』, 백산서당, 1999.
정혜경,『일제시대 재일조선인민족운동연구』, 국학자료원, 2001.
평택문화원,『평택항일독립운동사』, 2007.
평택시,『평택3 · 1독립운동사』, 1977.
한국학중앙연구원,『민세 안재홍 심층연구』, 황금알, 2005.
후지무라 미치오 지음, 허남린 옮김,『청일전쟁』, 소화, 1997.

3. 논문

「천도교강습소규정 부 소칙」,『신인간』621, 2002.5.
강호강,「일본인의 晉州 移住와 일본인 사회의 형성」,『한국민족운동사연구』 106, 한국민족운동사학회, 2021.
고윤수,「1910~1930년대 대전의 도시개발과 재조 일본인사회」,『도시연구 : 역사 · 사회 · 문화』 28, 도시사학회, 2021.
공기택,「남화한인청년연맹의 무정부주의 활동」, 국민대학교 석사학위논문, 1990.
김명섭,『재일 한인아나키즘운동 연구』, 단국대학교 박사학위논문, 2001.
김방,「평택지방의 3 · 1독립만세운동」, 평택항일독립운운동사 세미나 자료집, 2008.
김삼웅,『이회영 평전-항일무장투쟁의 전위, 자유정신의 아나키스트』, 책으로보는세상, 2011.
김자연,「3.1운동 약사」,『앞길』 39, 1945.3.

김주용,「《신흥교우보》를 통해 본 신흥무관학교」,『한국독립운동사연구』 40, 독립기념관 한국독립운동사연구소, 2011.
김태국,「신흥무관학교와 서간도 한인사회의 지원과 역할」,『한국독립운동사연구』 40, 독립기념관 한국독립운동사연구소, 2011.
김학규,「지난 30년간 중국 동북지방의 한국혁명운동」,『광복』 1, 1941.3.
김해규,「경주이씨 육형제와 평택지역」,『이석영 · 이회영 육형제의 민족운동과 평택』(발표자료집), 2019 평택학 학술대회, 2019.
나순성,「한말 학교체육의 발전 과정에 대한 고찰」,『숙명여자대학교 논문집』 10, 숙명여자대학교, 1970.
류교열,「1930년대 식민지 해항도시 부산의 일본인사회와 '죽음'의 폴리틱스」,『일어일문학』 49, 대한일어일문학회, 2011.
문영일,「원주민과 유입인구의 화합, 지역정체성 확립을 위한 지역학의 역할」,『평택학 길을 묻다』, 2016 평택학 학술포럼 자료집, 평택문화원, 2016.
박성순,「1910년대 신흥무관학교 학생모집의 경로와 거점」,『한국근현대사연구』 82, 2017.
박영석,「일제하 재만한인의 독립운동과 민족의식-경학사의 설립 경위와 그 취지서를 중심으로」,『사학연구』 33, 한국사학회, 1891.
박준형,「용산 지역 일본인 사회의 형성과 변천, 1882~1945」,『서울과 역사』 98, 서울역사편찬원, 2018.
박철규,「부산지역 일본인 사회단체의 조직과 활동 : 1910년대를 중심으로」,『역사와 경계』 56, 부산경남사학회, 2005.
박환,「만주지역의 신흥무관학교」,『만주한인 민족운동사 연구』, 일조각, 1991.
박환,「신흥무관학교에 대한 새로운 사료와 졸업생들의 민족운동」,『만주지역 한인민족운동의 재발견』, 국학자료원, 2014.
박환,「이회영의 생애와 민족운동」,『나라사랑』 104, 외솔회, 2002.
배수형,「1910년대 재경 일본인사회의 교육사업 : 경성학교조합의 구성과 활동을 중심으로」, 중앙대학교 대학원 석사학위논문, 2013.
서인원,「전근대 평택지역 지명과 하천명의 변화」,『평택을 흐르는 강과 하천에 대한 학술회의』(발표자료집), 평택시 · 역사와교육학회, 2021.
서중석,「이회영의 교육운동과 독립군 양성」,『나라사랑』 104, 외솔회, 2002.
서중석,「청산리전쟁 독립군의 배경 : 신흥무관학교와 백서농장에서의 독립군 양성」,『한국사연구』 111, 한국사연구회, 2000.
서중석,「후기 新興武官學校」,『역사학보』 169, 역사학회, 2001.
서중석,『신흥무관학교와 망명자들』, 역사비평사, 2001.
성주현,「1920년대 금산청년회의 조직과 활동」,『역사와교육』 16, 역사와교육학회, 2013.4.

성주현, 「근대시기 '안성천'의 명명과 이칭들」, 『향토사연구』 31, 한국향토사연구전국연합회, 2021.
성주현, 「수원지역의 3·1운동과 제암리학살사건에 대한 재조명」, 『수원문화사연구』 4, 수원문화사연구회, 2001.
성주현, 「신앙보국의 화신 이병헌(李炳憲)」, 『신인간』 575호, 1998.7.
성주현, 「천도교청년당연구」, 한양대 박사학원논문, 2009.
엄승희, 「일제강점기 요업활동 주체자로서의 재조 일본인 구성과 그 식민성 연구」, 『한국도자학연구』 18-1, 한국도자학연구회, 2021.
엄승희, 「일제강점기 재조 일본인 엘리트들의 요업활동 본질과 조선통치론」, 『한국전통문화연구』 27, 한국전통문화대학교 전통문화연구소, 2021.
오미일, 「식민지 조선의 일본인 사회와 지역 단체 : 원산 지역을 중심으로」, 『역사문제연구』 34, 역사문제연구소, 2015.
이가혜, 「조선인 작가 문예물의 재조 일본인 화류계 여성의 표상」, 『일본학보』 128, 한국일본학회, 2021.
이규수, 『개항장 인천과 재조 일본인』, 보고사, 2015.
이덕일, 『아나키스트 이회영과 젊은 그들』, 웅진닷컴, 2001.
이덕일, 『이회영과 젊은 그들-아나키스트가 된 조선 명문가』, 역사의아침, 2009.
이동언, 「여산 이용준의 생애와 항일독립투쟁」, 『제천 애국지사 이용태의 삶과 사상』, 역락, 2005.
이동훈, 「재조 일본인 사회의 '발전사(發展史)' 간행과 식민자들의 창조된 '향토'」, 『비교일본학』 52, 한양대학교 일본학국제비교연구소, 2021.
이병헌, 「수원사건」, 『신천지』 2, 서울신문사, 1946.
이병헌, 「신간회운동」, 『신동아』, 동아일보사, 1969.8.
이상찬, 「1906~1910년의 지방행정제도 변화와 지방자치 논의」, 『한국학보』 42, 일지사, 1986.
이성우, 「1910년대 대전의 일본인 사회 동향과 『조선대전발전지(朝鮮大田發展誌)』 편찬」, 『탈경계 인문학』 13-2, 이화여자대학교 이화인문과학원, 2020.
이정식, 「구성-민세 안재홍의 자서전」, 『신동아』, 1976년 1월호.
이창언, 「식민지시기 구룡포지역의 일본인 사회」, 『민속학연구』 27, 국립민속박물관 민속연구과, 2010.
이행열, 「일제강점기 『조선명승시선(朝鮮名勝詩選)』에 나타나는 명승고적의 문화경관 연구-충청남도 천안을 사례로-」, 『한국전통조경학회지』 108(37-2), 한국전통조경학회, 2019.
이현희, 「신흥무관학교 연구」, 『동양학』 19, 단국대학교 동양학연구소, 1989.
이호룡, 「이회영의 아나키스트 활동」, 『한국독립운동사연구』 33, 독립기념관 한국독립운동사연구소, 2009.

이홍근, 「역사적 진군에의 동참」, 『국민문화회보』 11, 1983.
장석홍, 「대한민국청년외교단연구」, 『한국독립운동사연구』 2, 독립기념관 한국독립운동사연구소, 1988.
장세윤, 「新興校友團의 기관지 《新興校友報》(자료소개)」, 『한국독립운동사연구』 36, 독립기념관 한국독립운동사연구소, 2010.
전성현, 「식민자와 식민지인 사이 '재조 일본인' 연구의 동향과 쟁점」, 『역사와세계』 48, 효원사학회, 2015.
조윤수, 「1910~1930년대 대전의 도시개발과 재조 일본인사회」, 『도시연구: 역사 · 사회 · 문화』 18, 도시사학회, 2021; 김일수, 「일제강점기 김천의 일본인사회와 식민도시화」, 『사림』 56, 수선사학회, 2016.
주동욱, 『항일독립운동의 요람, 신흥무관학교』, 삼인, 2013; 이현희, 신흥무관학교 연구, 『동양학』 19, 단국대 동양학연구소, 1989.
채근식, 「경학사와 신흥학교」, 『무장독립운동비사』, 대한민국공보처, 1949.
천관우, 「민세 안재홍 연보」, 『창작과 비평』 50, 1978 겨울호.
최혜주 외, 『일제의 식민지배와 재조 일본인 엘리트』, 어문학사, 2018.
한시준, 「신흥무관학교와 尹琦燮」, 『한국근현대사연구』 67, 한국근현대사학회, 2013.
한시준, 「신흥무관학교와 한국독립운동」, 『한국독립운동사연구』 40, 독립기념관 한국독립운동사연구소, 2011.
한현석, 「해항도시 부산의 일본인사회와 신사: 개항기(1876년-1910년)를 중심으로」, 한국해양대학교 대학원 석사학위논문, 2010.
허성관, 「이석영 선생의 독립투쟁과 고뇌」, 『망국의 길 그리고 망명, 독립운동과 이석영 선생』(발표자료집), 광복 70주년 기념 경기도 제1차 학술토론회, 2015.
홍순권, 「일제시기 부산지역 일본인사회의 인구와 사회계층구조」, 『역사와 경계』 51, 부산경남사학회, 2004.
황원섭, 「경주이씨 우당 이회영 육형제의 가계와 독립운동」, 『이석영 · 이회영 육형제의 민족운동과 평택』(발표자료집), 2019 평택학 학술대회, 2019.

4. 기타

국가보훈처 공훈전자사료관 홈페이지(http://e-gonghun.mpva.go.kr/).
국사편찬위원회 한국사데이터베이스(http://db.history.go.kr/).
한국민족문화대백과사전(https://100.daum.net/encyclopedia/).

찾아보기

[ㄱ]

[ㄴ]

[ㅈ]

[ㅊ]

근대전환기 평택과 평택인의 삶

등록 1994.7.1 제1-1071
1쇄 발행 2024년 8월 20일

지은이 성주현
펴낸이 박길수
편집장 소경희
편 집 조영준
관 리 위현정
디자인 조영준
펴낸곳 도서출판 모시는사람들
03147 서울시 종로구 삼일대로 457(경운동 수운회관) 1306호
전 화 02-735-7173 / 팩스 02-730-7173

인 쇄 피오디북(031-955-8100)
배 본 문화유통북스(031-937-6100)
홈페이지 http://www.mosinsaram.com/

값은 뒤표지에 있습니다.
ISBN 979-11-6629-201-9 93910